高等学校交通运输与工程类专业规划教材

道路与桥梁检测技术

（第二版）

胡昌斌　主　编
韩建刚　副主编
王建华　主　审

人民交通出版社股份有限公司
China Communications Press Co.,Ltd.

内 容 提 要

本书共分六章,其主要内容为:总论,振动与波动理论基础,量测仪表与技术,路基路面工程现场检测技术,桥梁上部结构检测技术,地基基础工程现场检测技术等。

本书可作为高等学校土木工程领域中公路工程、城市道路工程、桥梁隧道工程、机场工程等专业的教材,也可供从事公路与城市道路、桥梁工程及交通运输部门有关人员学习参考。

图书在版编目(CIP)数据

道路与桥梁检测技术/胡昌斌主编. —2 版. —北京:人民交通出版社股份有限公司,2015.6
ISBN 978-7-114-12164-7

Ⅰ.①道… Ⅱ.①胡… Ⅲ.①道路工程—工程质量—质量检验②桥梁工程—工程质量—质量检验 Ⅳ.①U415.12②U445.1

中国版本图书馆 CIP 数据核字(2015)第 068912 号

高等学校交通运输与工程类专业规划教材

书　　名:	道路与桥梁检测技术(第二版)
著 作 者:	胡昌斌　韩建刚
责任编辑:	郑蕉林　李　瑞
出版发行:	人民交通出版社股份有限公司
地　　址:	(100011)北京市朝阳区安定门外外馆斜街 3 号
网　　址:	http://www.ccpress.com.cn
销售电话:	(010)59757973
总 经 销:	人民交通出版社股份有限公司发行部
经　　销:	各地新华书店
印　　刷:	北京虎彩文化传播有限公司
开　　本:	787×1092　1/16
印　　张:	19.5
字　　数:	450 千
版　　次:	2007 年 3 月　第 1 版 2015 年 6 月　第 2 版
印　　次:	2023 年 7 月　第 2 版　第 7 次印刷　总第 12 次印刷
书　　号:	ISBN 978-7-114-12164-7
定　　价:	40.00 元

(有印刷、装订质量问题的图书由本公司负责调换)

第二版前言

"道路与桥梁检测技术"是高等学校土木工程领域中公路工程、城市道路工程、桥梁隧道工程、机场工程等专业的重要专业课,课程涉及内容广泛并与工程实践联系密切。

本书以我国有关现行工程技术标准、规范为依据,叙述道路与桥梁检测技术中的关键技术及原理,力求理论联系实际。

与道路桥梁检测技术相关的学科有很多,如机电工程、振动波动理论、自动控制、电子量测技术等。从高等学校本科教育的培养目标出发,本书重点阐述相关学科的基本概念、基本理论。由于第二章理论较深,建议授课时,根据课时安排选择讲授。

本课程是一门理论与实践并重、工程性较强的课程,讲授本课程除了系统的课堂教学之外,应配合组织现场实习、实际操作等辅助教学环节,以提高学生的感性认识和动手能力。

本书第一版是根据面向 21 世纪交通版高等学校教材(公路类)编审委员会 2001 年审定的教学大纲而编写的。本次修订主要针对以下四个方面来进行的:一对涉及的相关规范及参考文献做了更新,增强时效性;二是针对读者反馈意见,对本书错误做了改正;三为增强教学效果,对较为冗杂的内容进行了调整或删改,对一些需要详述的部分增加相关图文;四为便于学生自主学习,对课后习题做了补充和一些课外阅读的延伸。全书共分六章:本书第一、二、四、六章由福州大学胡昌斌编写;第三、五章由海南大学韩建刚编写。全书由福州大学胡昌斌主编并担任全书统稿工作,由长安大学王建华主审。

本教材涉及面广、内容较新、实践性强。但由于作者的知识面和水平所限,书中难免有未尽善之处,希望有关院校师生及读者提出宝贵意见,以便及时修改完善。

胡昌斌
2014 年 11 月于福州大学

第一版前言

《道路与桥梁检测技术》是高等学校土木工程领域中公路工程、城市道路工程、桥梁隧道工程、机场工程等专业的重要专业课。课程涉及内容广泛并与工程实践联系密切。

本书以我国有关现行工程技术标准、规范为依据,叙述道路与桥梁检测技术中的关键技术及原理,力求理论联系实际。

与道路桥梁检测技术相关的科学有很多,如机电工程、振动波动理论、自动控制、电子量测技术等。从高等学校本科教育的培养目标出发,本书重点阐述相关科学的基本概念、基本理论,由于第二章理论较深,建议授课时,根据课时安排选择讲授。

本课程是一门理论与实践并重、工程性较强的课程,讲授本课程除了系统的课堂教学之外,应配合组织现场实习、实际操作等辅助教学环节,以提高学生的感性认识和动手能力。

本书是根据面向21世纪交通版高等学校教材(公路类)编审委员会2001年审定的教学大纲而编写的:全书共分六章:本书第一、二、四、六章由福州大学胡昌斌编写;第三、五章由韩建刚编写。全书由福州大学胡昌斌主编并担任全书统稿工作,由长安大学王建华主审。

这本新教材涉及面广、内容较新、实践性强。但由于作者的知识面和水平所限,书中难免有未尽善之处,希望有关院校师生及读者提出宝贵意见,以便及时修改完善。

胡昌斌
2006 年 12 月于福州大学

目录 CONTENTS

第一章　总论 ·· 1
　第一节　概述 ··· 1
　第二节　道路与桥梁检测的技术分类 ··· 3
　第三节　本门课程的学习内容与特点 ··· 9
　思考题 ··· 9
第二章　振动与波动理论基础 ··· 10
　第一节　振动的分类 ··· 11
　第二节　简谐振动（谐和振动）及其描述 ·· 12
　第三节　单自由度系统振动分析 ·· 14
　第四节　周期振动的谐波分析 ··· 19
　第五节　振动量的峰值、有效值和平均值 ··· 21
　第六节　冲击与瞬态振动的频谱分析 ·· 23
　第七节　随机振动信号的描述 ··· 24
　第八节　系统对谐波激励的响应及频率响应函数 ·· 27
　第九节　系统对脉冲激励的响应与脉冲响应函数 ·· 29
　第十节　信号的时域分析和频域分析 ·· 31
　第十一节　弹性固体介质中的机械波 ·· 32
　第十二节　波在弹性固体介质中的传播速度 ··· 35
　第十三节　声场 ··· 36
　第十四节　声波在两种介质界面上的传播规律 ·· 37
　思考题 ··· 42

第三章 量测仪表与技术 ... 44
第一节 概论 ... 44
第二节 静态测试仪器 ... 46
第三节 动态测试仪器 ... 77
思考题 ... 97

第四章 路基路面工程现场检测技术 ... 98
第一节 路面使用性能检测 ... 98
第二节 路面平整度检测 ... 101
第三节 路面破损状况现场检测 ... 107
第四节 沥青路面车辙测试方法 ... 113
第五节 路面结构强度检测 ... 117
第六节 路面抗滑性能试验检测方法 ... 133
第七节 路基路面几何尺寸与路面厚度检测 ... 143
第八节 路面压实度的测试和评价方法 ... 150
第九节 路面强度和模量的测试试验方法 ... 158
思考题 ... 164

第五章 桥梁上部结构检测技术 ... 166
第一节 桥梁工程试验概论 ... 166
第二节 桥梁结构静载试验 ... 169
第三节 桥梁结构动载试验 ... 183
第四节 成桥检测实例 ... 190
第五节 旧桥检测与评估 ... 198
第六节 桥梁的健康监测 ... 210
思考题 ... 220

第六章 地基基础工程现场检测技术 ... 221
第一节 地基承载力检测 ... 221
第二节 桥梁桩基质量检测技术 ... 231
第三节 灌注桩成孔质量检测 ... 234
第四节 桩基完整性检测 ... 238
第五节 桩的静载试验 ... 259
第六节 高应变动测法 ... 265

第七节　高速公路软土地基与路堤施工现场监测技术 ………………………… 273
　　思考题 ……………………………………………………………………………… 294
参考文献 …………………………………………………………………………… 296

第一章
总　　论

【学习目的与要求】

通过了解我国公路的建设概况,认识到道路与桥梁检测技术已成为公路工程建设、养护、设计、科研等方面的重要手段。本章要求掌握道路与桥梁检测的技术分类,了解道路桥梁检测课程的学习内容及特点。

第一节　概　　述

随着国民经济的飞速发展,我国公路建设取得了令人瞩目的巨大成就。普通公路和高速公路的发展,极大地提高了中国公路网的整体技术水平,优化了交通运输结构,有力地促进了我国经济发展和社会进步。

根据我国最新国家公路网规划,到2030年,公路总里程将达580万公里,届时将形成布局合理、功能完善、覆盖广泛、安全可靠的国家干线公路网络。可见,今后的十几年里,我国将面临公路建设和公路养护管理的双重任务,如何保证公路建设质量和进行科学合理的养护管理,都是摆在公路建设者和管理者面前的重要任务。

实践证明,建立有效的质量监督和管理保障体系是实现这两个任务的关键所在,而道路与桥梁工程的试验检测工作则是实现这一目标的重要手段。其意义主要有以下几点:

1. 通过对旧路的检测工作，可以为养护及改建提供准确依据

公路基本建设一般会经历三个阶段：新建阶段、新建与养护并重阶段、养护与改建阶段。从我国公路发展及路网分布的状况分析来看，我国部分省份地区已进入新建与养护并重阶段，对于较发达的地区，则已进入以养护、改建为重点的阶段。随着交通量的进一步增长和交通轴载的增加，各地大量的道路和桥梁都需要进行养护维修和改建加固。而旧道路与桥梁工程检测得到的数据，则是确定合理养护改建方案，进行科学养护管理的重要依据。

在对旧路或旧桥进行维修、加固和改建之前，对需要维修、加固或改建的旧路或旧桥进行深入细致地调查与检测，研究分析检测资料和数据，确定病害的性质、范围、程度以及成因，评价公路及桥梁工程的质量，可以为制订养护对策、确定养护改建与加固设计方案，提供科学客观的依据。这对于制订出科学客观、安全经济的养护措施，是十分重要的。

2. 通过对新建公路的检测工作，可以保证工程质量

对新建公路、道路与桥梁工程进行检测是确定工程设计参数、控制施工质量、工程验收评定的重要依据。新建公路施工前、施工中进行的检测工作，可以积累必要的原始技术资料；施工结束后的竣工检测，可以评估建设质量，这些都是保证新建公路工程质量的必要手段。在高等级公路建设中，桥梁工程不仅规模巨大，而且技术难度相对较高。为确保桥梁承载能力和质量，在大中型桥梁竣工后，均应进行鉴定检测。通过对测试结果的综合分析，掌握桥梁的技术状况，确定桥梁的使用条件，可以有效地保证桥梁结构物使用的安全性与耐久性。此外，对新型结构桥梁进行鉴定性监测工作，通过了解荷载作用下桥梁实际受力状态，探索具有普遍意义的规律，可为充实和发展桥梁结构计算理论积累丰富的经验和宝贵资料。

3. 通过检测工作，为路网养护管理系统的形成提供数据基础

公路养护资金庞大，如何科学合理、经济地安排养护资金，是公路养护管理者需要面对的重要课题。随着道路桥梁检测技术、计算机及互联网技术的发展，一些发达国家陆续建立了区域内乃至全国的路网养护及管理系统，通过管理系统软件，应用系统分析的方法，使公路的管理和养护系统化、整体化，以最经济的投资使路网达到最高的服务水平。

近 20 年来，我国的科研单位也进行了一系列公路养护及管理系统的开发与研究，并取得很大进展。公路养护管理系统的科学决策和分析必须建立在大量信息的基础上，以数据作为支承。这样，才能使系统提出的对策具有客观性和针对性。因而，整个管理系统须包含一个数据管理子系统，它应由两部分组成，即路况监测（数据采集）系统和数据库。路况监测系统主要是定期采集道路与桥梁性能检测数据，如施工过程中的检测、竣工验收检测、通车后的定期检测等数据。这些检测资料都需要通过长时间内的定期检测来获得，通过对其进行回归分析、归纳整理，计算机模型处理，就可以得到科学的管理方法，提出养护时间与养护方案的合理建议。

另外，科研单位进行科学技术研究，施工单位进行施工质量监控、工程质量事故的调查分析等，均需要通过道路与桥梁检测工作来提供技术参数。

可以看到，随着科技的发展，道路与桥梁工程检测工作已日益成为公路工程建设、养护、设计、科研等方面的重要手段和组成环节。掌握道路与桥梁检测技术，充分发挥检测技术在公路工程质量管理和公路养护工作中的作用，已成为一项重要工作。

第二节 道路与桥梁检测的技术分类

道路与桥梁检测技术是一门正在发展的新兴学科,融合试验检测基本理论、测试操作技能及公路桥梁工程相关学科基础知识于一体。随着时代发展,机电工程、光电工程、工程动力学、自动控制与量测技术等现代科技,都强有力地促进和推动着道路与桥梁检测技术的发展。

根据检测对象,道路与桥梁检测大体可以分为路基路面工程检测、桥梁结构工程检测和地基基础工程检测三大类。依据所依托的技术手段,道路与桥梁检测技术又可大体分为机械类检测技术、机电类检测技术、振动类检测技术、雷达类(电磁波)检测技术、超声波类检测技术、射线类检测技术、激光类检测技术、红外类检测技术、摄像类检测技术和集成类检测技术等几大类。

1. 机械类检测技术

此类技术是通过机械或人工操作而获得道路桥梁的技术参数和计量信息的一种技术手段,一般具有结构简单、制作容易、使用寿命长、故障率低以及价格便宜实用等优点,但由于机械类检测技术本身固有的特性,往往存在测量精度低、操作劳动强度大、效率低等缺点。3m直尺、摆式摩擦仪(图1-1)、路基回弹模量测定仪、基于贝克曼梁的路面回弹弯沉仪(图1-2)、画线式路面车辙测定仪等都属于典型的机械类检测仪器。

图1-1 摆式摩擦仪　　　　　　　　图1-2 贝克曼梁及百分表

2. 机电类检测技术

机电检测技术是通过机械、人工和电子测试采集相结合而获得道路桥梁的技术参数和计量信息的一种技术手段。机电检测仪器通过机电转换,具有仪器牢靠、使用寿命长、价格合理、使用方便等优点。近十几年来,随着数字计算机工业的发展,机电类检测技术有了重大发展,测定应力、应变、位移等力学和位移参量的电子类、光纤类传感器和数字化仪表(图1-3～图1-5)得到了广泛应用,大大提高了检测工作的精度和效率。

路面检测中的连续式路面平整度测定仪检测(图1-6)以及路面自动弯沉测试仪检测都是典型的机电类检测技术。

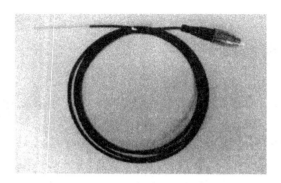

图1-3 GSYD 光纤结构测试仪器

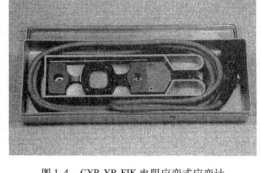

图1-4 CYB-YB-FIK 电阻应变式应变计

图1-5 颠簸累计仪

图1-6 STPZ-3 型连续式八轮路面平整度仪

3. 振动类检测技术

振动类检测技术是指利用机械振动以及由于机械振动引起的波（应力波）在结构中的振动特性，及在土木工程介质中的传播特性获得道路桥梁的技术参数和计量信息的一种技术手段。基于振动和冲击原理的振动类检测技术，已成为近年来道路桥梁动态无损检测的一个热点。目前，桥梁动力检测（图1-7）、桩基反射波动力检测（图1-8）、SAWA 表面波检测（图1-9）、FWD 落锤式弯沉检测（图1-10）等技术都属于此类的典型检测技术。

图1-7 手持式落锤弯沉仪

图1-8 桩基完整性低应变反射波动力检测

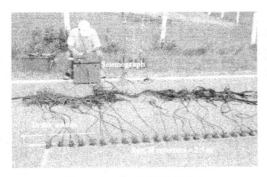

图 1-9　SAWA 表面波检测技术

图 1-10　EP-73011 型落锤式弯沉仪

4. 雷达（电磁波）类检测技术

雷达无损检测是一种高新技术检测，其实质是超高频电磁波发射与接收技术。雷达技术用于路基路面物理力学指标的无损检测开始于 20 世纪 80 年代后期，欧、美最早应用，到我国应用的时间大约在 90 年代初。雷达波由自身激振产生，直接向路基路面发射射频电磁波，通过波的反射与接收获得路基路面的采样信号，再经过硬件、软件及图文显示系统，得到检测结果。雷达所用的采样频率一般为数兆赫（MHz）左右，而发射与接收的射频频率有的要达到吉赫（GHz）以上。雷达波虽然频率很高，波长很短，但该种电磁波同样遵守波的传播规律，即同样具有入射、反射、折射与衰变等传播特点。技术人员正是利用这些特点，使之为工程质量监控服务，达到无损、快速、高精度的检测要求。

目前，采用雷达进行公路路基路面的检测包括了多个技术领域，主要有雷达测厚、测湿、测异常物、测密实度与弹性模量等。由于这些物理量与几何量的测量都依赖于同一雷达检测仪，因此可以达到一机多能。而且由于雷达检测技术具有无损、快速、简易、精度高的突出优点，在高等级公路施工质量监控以及养护等方面具有广阔的应用前景。如图 1-11 与图 1-12 所示为雷达在公路检测中的典型应用。

图 1-11　高速公路探地雷达测试

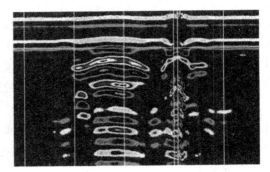

图 1-12　公路下的脱空检测剖面

5. 超声波类检测技术

超声波检测技术是一种利用超声波的传播特性进行道路桥梁检测的无损检测新技术。超声波是一种频率高于人耳所能听到的频率的声波。人耳能听到的声波频率范围为 20Hz～20kHz，而超声波的频率超过了 20kHz。由于超声波是属于波的一种，因此，它在传输过程中同样服从于波的传输规律。利用这些特点，也可以使之为工程质量监控服务，达到无损、快速的检测要求。

超声波检测技术早在20世纪70年代就得到了较快发展。我国应用超声波检测开始于建筑工程与岩土工程,在土工试块与某些岩体中利用波速法(实践证明,波速对水泥路基路面检测十分有用,因此一般也称超声波检测法为波速法)进行无损检测有比较成熟的经验,应用也比较广泛。超声波的两个探头(发射与接收)容易安置,用穿透式的测定方法,其能量发射与接收都比较集中,规律性明显,只要测出相关声学参数,用波在介质中传播的基本公式就能算得所求指标(如强度、缺损等)。公路工程中,超声波检测技术已广泛地应用于桩基成孔测量、桩基完整性质量检测、混凝土质量检测等领域(图1-13与图1-14)。

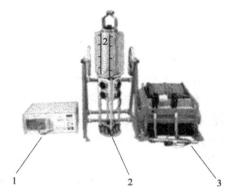
图1-13 CDJ-1型超声波大口径桩孔检测仪
1-超声仪;2-探头;3-卷扬机

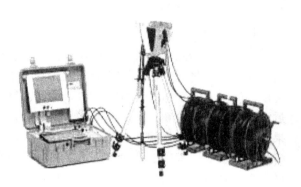
图1-14 CSL-1桩基超声波跨孔测试仪

6. 射线类检测技术

射线是同位素或核子散发的一种无形能束。同位素中的某些元素所散发的能束,与土壤的密度及水分有着十分密切的关系,而且具有十分明显的规律性。射线检测技术就是利用了某些同位素的这种特性来进行工程检测的技术。射线检测技术具有快速、无损(或有损)、测法简单的独特优点,因而,国内外许多专家较早地设计了核子检测仪器,用于土密实度与土含水率的测定。国外从20世纪50年代末到60年代初开始采用核子方法测量土密实度,美国、日本、前苏联、英国、法国与前联邦德国等国家相继开发了仪器,并在土木工程中广泛应用。目前,这种技术在我国公路工程中也已得到了较好的应用(图1-15)。

射线属于放射性物质,对人体的健康会产生危害,甚至是严重危害。因此,在利用射线原理检测路基路面的物理指标时,其检测装置或设计的检测仪器,对射线源一定要进行有效的防护,使射线在工作过程中,对人体的危害控制在最低的限度。这是核子仪在设计时所必须考虑的关键问题。

7. 激光类检测技术

激光是20世纪60年代发展起来的一门尖端科学。由于激光具有高亮度、高方向性、很好的相干性与衍射性、高光强、高测微精度、高时间分辨和全息反映能力等独特的技术特点,因此,激光在国防建设、工农业生产及科学试验等方面均有着广泛的用途。几十年来,国内外研制开发了一大批具有现代水平的可用于道路桥梁检测的激光类测量仪器与技术。道路桥梁检测中常见的激光应用仪器有激光测距仪、激光挠度仪(图1-16)、激光纹理测试仪(图1-17)、多激光路面断面测试仪等。

图1-15 核子密度湿度仪

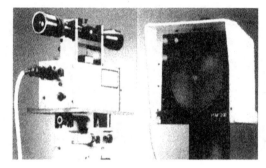

图1-16 激光挠度仪

图1-17 TM-2型手推式激光纹理测试仪

8. 摄像类检测技术

摄像检测技术在欧、美试用于20世纪70年代(野外摄像,人工读数)。我国传统的路面病害检测均用眼睛观察记数,以作为养护修补的基本依据,但测记效率与准确度较低。80年代以来,随着我国高等级公路修建,在引进国外技术的基础上,发展了我国高等级路面(包括桥梁)养护评价系统,需要对路面(主要对高等级公路的沥青混凝土路面)的状况定期做出快速评价,以便做出合理、科学的养护投资安排。在这种情况下,我国开始重视公路路面(主要是沥青混凝土路面)的病害摄像检测,并进行了路面摄像检测仪器科技研发和实际应用。

2003年,江苏省宁沪高速公路股份有限公司、南京理工大学和南京路达基础工程新技术研究所,共同研制出新型路面状况智能检测车,为国内公路建设与养护提供了智能化的高科技技术检测设备。该检测车是利用安装在检测车辆上的高速、高精度图像采集与处理设备,在测量车以正常速度行驶的同时,进行路面图像采集与存储。在获得路面全部图像后,利用图像处理与分析软件,对获得的全部图像进行处理与分析,从中提取出路面破损、平整度等方面的精确测量数据。路况智能检测车工作时,以70km/h的速度在高速公路上行驶,即可提供包括公路平整度、路面裂缝、破损等情况的系列数据,还能在计算机显示的图像上观测到小至1mm的裂缝,并标明裂缝所在的位置,大大提高了检测效率。

9. 红外类测温技术

温度在0K以上的物体都会因自身的分子运动而辐射出红外线。红外线是一种电磁波,具有与无线电波及可见光一样的本质。红外线的波长为 0.76~100μm,按波长的范围可分为近红外、中红外、远红外、极远红外四类。它在电磁波连续频谱中的位置是处于无线电波与可见光之间的区域。红外线辐射是自然界存在的一种最为广泛的电磁波辐射,任何物体在常规环境下都会产生自身的分子和原子无规则的运动,并不停地辐射出热红外能量,分子和原子的运动愈剧烈,辐射的能量愈大,反之,辐射的能量愈小。通过红外探测器将物体辐射的功率信号转换成电信号后,成像装置(图 1-18)的输出信号就可以完全一一对应地模拟扫描物体表面温度的空间分布,经电子系统处理,传至显示屏上,得到与物体表面热分布相应的热像图(图 1-19)。运用这一方法,便能实现对目标进行远距离热状态图像成像和测温并进行分析判断。

图 1-18　TH5102 红外成像仪

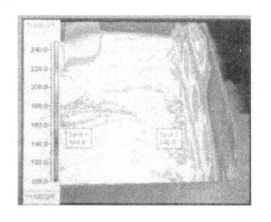

图 1-19　运料车车箱内沥青混合料的温度差别

使用红外热像仪进行探测,具有轻便、快速、直观、非接触、大面积、远距离探测等优点。只要被测目标体与周围环境表现出不同的热力学特征,就可能用该法测到,并通过分析红外热像图,就可以对被检测对象进行判断。因此,红外类检测技术具有极广的应用前景。可以预见,随着分析理论和应用的进一步深入,该类技术可望在工程检测领域解决诸多问题。目前,红外测温技术已成功应用于桥面板中的剥离和分层现象检测,以及裂缝、钢结构焊缝探伤、地下管线探测技术等领域中。

10. 集成检测技术

集成检测技术是指将单项测量技术按一定要求组装在同一辆车上的一种检测技术。国外许多国家对道路桥梁的物理力学指标都是实行单项测量,该种测量的效率不高并且增加了每次测量的投资费用。高速公路的迅速发展使很多国家更注重于检测效率与质量。法国、加拿大、澳大利亚等国已率先开发了集成检测技术。我国近年来也开展了此方面的研发工作,于是就出现了代表集成检测技术的多功能道路检测仪、高智能路面检测车、模块化路面测试系统、桥梁多功能检测车等。这些集成类检测设备往往一机多能,如多功能路面测试车可以同时进行路况摄像、路况监测分析、裂缝探测、路面纹理测试、车辙及横断面测试、路标反光监测、摩擦系数测定等,大大提高了检测效率。如图 1-20 与图 1-21 分别所示为桥梁检测车与路面裂缝检测车。

图 1-20　我国徐工集团生产的桥梁检测车

图 1-21　路面裂缝检测车

第三节　本门课程的学习内容与特点

综上所述,道路与桥梁检测技术是一门正在发展的新兴学科,不仅存在着多种现代学科知识的交叉,还强调试验检测基本理论和测试操作实践相结合。随着现代科学技术的发展,道路与桥梁检测技术也在不断革新和发展,无损、动态、电子化检测已成为现代道路桥梁检测技术发展的主流。这些都直接提高了交通土建类专业学生在学习本门课程时的要求,需要在掌握道路与桥梁工程专业知识的同时,也要了解和掌握相关现代科技的理论基础并综合运用,以适应不断发展的道路桥梁现代化检测技术实践要求。

本课程主要介绍的内容有振动与波动理论基础、量测仪表与技术、路基路面工程现场检测技术、桥梁上部结构检测技术、地基基础工程现场检测技术等。

内容涉及学科较多,同时强调理论知识和现场操作、工程实践相结合,在学习时应注意理解检测的目的、问题的实质和技术原理,紧密结合工程实践,理论联系实际,进行多种检测手段的组合与综合运用以掌握道路与桥梁检测技术。

【思　考　题】

1. 道路与桥梁检测的意义有哪些?
2. 道路与桥梁检测的对象是什么?可分为几大类?
3. 简述各类检测技术的优缺点。
4. 简述各类检测技术的代表性仪器名称及用途。
5. 简述本门课程的学习内容与特点。

第二章
振动与波动理论基础

【学习目的与要求】

通过对振动与波动理论的学习,掌握振动和波动的区别及联系,掌握振动的分类及单自由度系统振动分析,熟悉声波在两种介质界面上的传播规律,熟悉周期振动的谐波分析以及冲击与瞬态振动的频谱分析,了解信号的时域分析、频域分析,以及波在弹性固体介质中的传播速度。

如前所述,道路桥梁工程动态无损检测工作中,经常利用振动和冲击激振被检测对象,通过分析被检测对象的时域和频域动力响应,来诊断和分析结构系统的特性。典型的振动类检测技术有桩基高低应变动力检测、桥梁上部结构动力检测、FWD落锤式弯沉仪检测、SAWA表面波测试等。学习和掌握这些振动类动态无损检测技术,必须首先掌握振动与冲击理论的基础知识。

振动和波动是既有区别又有联系的两种物理现象。振动是物质的一种运动形式,波动是振动的传播过程。连续弹性体中的一个质点在外力作用下,在其平衡位置附近沿直线往复运动,则该质点的运动称作机械振动。对于连续介质,当某一质点振动时,该质点的振动能量就会传递到周围质点上,从而引起周围质点的振动。这种振动能量在介质内部的传播过程称为波动。

第一节　振动的分类

1. 按产生振动的原因分类

（1）自由振动

当振动体系的平衡被破坏,扰力已撤除,只靠弹性恢复力来维持振动,振动的频率就是体系的固有频率。当存在阻尼时,振动会逐渐衰减直至停止。

（2）强迫振动

在外扰力持续作用下,体系被迫产生振动,其振动特性与体系的刚度、阻尼、质量以及外扰力方向、幅值、频率等有关,而其振动频率等于扰力频率。

2. 按振动的振型分类

（1）单向振动

单向振动是指仅用一个位移量或转角就可表示质点在某一个方向的瞬时位置（一个自由度）,如图 2-1a)所示的竖向振动和图 2-1b)所示的绕 z 轴的扭转振动。

（2）耦合振动

耦合振动是指需要用两个或两个以上的位移量或转角才能表示刚体在某一瞬时的位置（多自由度）。其振动特点是刚体在一个方向的运动必将引起另一方向的运动,如图 2-2a)所示的刚体,当沿 x 轴水平运动时,引起绕 y 轴的摇摆振动。图 2-2b)是两个具有不同质量的刚体,用两根弹簧串联,当质量 m_1 沿 z 轴运动时,引起质量 m_2 也沿 z 轴运动,这也属于耦合振动。

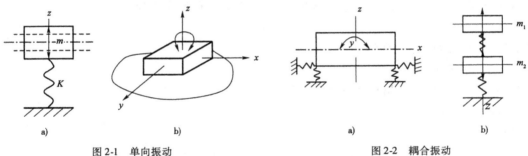

图 2-1　单向振动
a)竖向振动;b)扭转振动

图 2-2　耦合振动
a)水平—摇摆振动;b)双质点竖向振动

3. 按振动规律分类

（1）简谐振动

简谐振动是指能用一项正弦函数或余弦函数表达体系运动规律的周期性振动。

（2）复合周期振动

复合周期振动是指由有限个不同频率的简谐振动所合成,且任意两个简谐振动频率之比为有理数的振动。

（3）随机振动

随机振动是指不能用简谐振动或其简单合成来表达运动规律的振动,也就是无规律的非周期振动。

第二节 简谐振动(谐和振动)及其描述

简谐振动是最简单、最基本的振动形式,如图2-3所示。

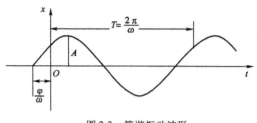

图2-3 简谐振动波形

振动量的重要特征在于它是时间的函数。描述简谐振动的主要特征参数是频率、周期和振幅。

频率是指每秒钟往复(振动)的次数,常用符号 f 表示,单位是赫兹(Hz)。当以弧度/秒(rad/s)表示时,则称为圆频率或角频率,常用 ω 表示。

周期是每往复(振动)一次所需的时间,常用 T 表示,单位是秒(s),它与频率 f 互为倒数,即

$$T = \frac{1}{f} \tag{2-1}$$

此外,f 与 ω 的关系为

$$f = \frac{\omega}{2\pi} \tag{2-2}$$

振幅是振动体离开其平衡位置的最大位移,常用 A 表示。简谐振动在一周中从最大正位移到最大负位移称双振幅,其一半称单振幅或振幅。

简谐振动可以用正弦函数或余弦函数表达,其振动位移的通式为

$$z(t) = A\sin(\omega t - \varphi_0) \tag{2-3}$$

式中:$z(t)$——时刻 t 的振动位移;

A——振幅;

ω——角速度(即角频率或圆频率);

φ_0——初相位。

速度

$$\dot{z} = \frac{dz}{dt} = A\omega\cos(\omega t - \varphi_0) = A\omega\sin\left(\omega t - \varphi_0 + \frac{\pi}{2}\right) \tag{2-4}$$

加速度

$$\ddot{z} = \frac{d^2z}{dt^2} = -A\omega^2\sin(\omega t - \varphi_0) = A\omega^2\sin(\omega t - \varphi_0 + \pi) \tag{2-5}$$

可见,若位移为简谐函数,其速度和加速度也是简谐函数,且具有相同的频率。只不过在相位上,速度和加速度分别超前位移90°和180°。也可以从式(2-6)看出,简谐振动的加速度大小与位移成正比,而方向与位移相反,始终指向平衡位置。这是简谐振动的重要特征。质点简谐振动时扰力与位移的关系如图2-4所示。

$$\ddot{z} = -\omega^2 z \tag{2-6}$$

在振动与波动的研究中,广泛使用简谐振动的复数表示法,可使问题的分析大为简化。在介绍简谐振动的复数表示法前,先列出几种基本公式,记 $i = \sqrt{-1}$。

(1) $z = x + iy = \text{Re}(z) + i\text{Im}(z)$,$\text{Re}(z) = x$,$\text{Im}(z) = y$。这里 Re( ) 表示对后面的复数取实部,Im( ) 表示对后面的复数取虚部。

(2) $z_A = x_A + iy_A = re^{i\theta}$,$r = |z_A| = \sqrt{x_A^2 + y_A^2}\,(\geqslant 0)$,$\theta = \tan^{-1}\dfrac{y_A}{x_A}$。这是复数的复平面表示法,$z_A$ 表示复平面上的任一点 A。若横轴为实轴 x,纵轴为虚轴 iy,r 或 $|z_A|$ 称为复数 z_A 的模,θ 称为复数 z_A 的幅角,如图 2-5 所示。

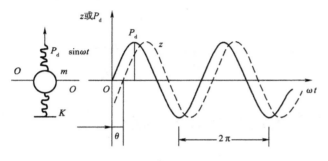

图 2-4 质点简谐振动时扰力与位移的关系　　图 2-5 复数表示法

(3) $e^{i\theta} = \cos\theta + i\sin\theta$。

(4) $\dfrac{1}{z_A} = \dfrac{1}{|z_A|^2}[\text{Re}(z) - i\text{Im}(z)]$。

(5) $i = e^{i\frac{\pi}{2}}$,$-1 = e^{i\pi}$。

根据以上基本公式,就可用复数表示如下几种与振动有关的量。

(1) 简谐变化的激振力

幅值为 Q_0,激振频率为 ω 的激振力,用复数可表示为 $Q = Q_0 e^{i\omega t}$。如仅取 Q 的实部,则可得余弦函数表示的激振力 $\text{Re}(Q) = \text{Re}(Q_0 e^{i\omega t}) = Q_0 \cos\omega t$。

(2) 简谐振动

简谐振动可通过复平面上的旋转矢量用复数来表示:

$$z = A e^{i(\omega t + \phi)} = A\cos(\omega t + \phi) + iA\sin(\omega t + \phi) \tag{2-7}$$

式(2-7)表示复平面上模为 A,从 ϕ 角开始以等角速度 ω 逆时针绕原点旋转的一个矢量。复数的实部和虚部可分别表示为

$$\left.\begin{array}{l}\text{Re}(z) = A\cos(\omega t + \phi)\\ \text{Im}(z) = A\sin(\omega t + \phi)\end{array}\right\} \tag{2-8}$$

因此,该旋转矢量在虚轴上的投影,即虚部表示简谐振动。这时,简谐振动的位移 z 可表示为

$$z = \text{Im}[A e^{i(\omega t + \phi)}] \tag{2-9}$$

同时,简谐振动的速度和加速度可表示为

$$v = \dot{z} = i\omega z = \text{Im}[i\omega A e^{i(\omega t + \phi)}] = \text{Im}[A\omega e^{i(\omega t + \phi + \pi/2)}] \tag{2-10}$$

$$a = \ddot{z} = -\omega^2 z = \text{Im}[-\omega^2 A e^{i(\omega t + \phi)}] = \text{Im}[A\omega^2 e^{i(\omega t + \phi + \pi)}] \tag{2-11}$$

需要注意,这些关系仅对简谐振动成立。用复指数形式描述简谐振动,给运算带来很多方便。因为复指数 $e^{i\omega t}$ 对时间 t 求导一次相当于在其前乘以 $i\omega$,而每乘一次 $i\omega$ 相当于有初相角 $\pi/2$。在用复指数表示时,计算结果有时不一定都要写上 Im(对于正弦函数)或 Re(对于余弦

函数),仍可用复指数原式表示。此时,作为物理现象,只要考虑它的虚部或实部即可。

幅角表示位移滞后于扰力的相位角。

$$\theta = \tan^{-1}\frac{\text{Im}(z)}{\text{Re}(z)} \tag{2-12}$$

式(2-7)也可改写为

$$z = Ae^{i\phi}e^{i\phi t} = \bar{A}e^{i\phi t} \tag{2-13}$$

式中:

$$\bar{A} = Ae^{i\phi} \tag{2-14}$$

$\bar{A}$ 是一复数,称为复振幅。它包含振动的振幅和相角两个信息。在振动分析时,由于它会给运算带来许多方便而常常得到应用。

第三节 单自由度系统振动分析

一、自由振动

1. 无阻尼自由振动

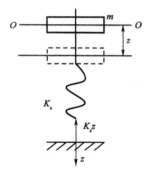

图2-6 无阻尼自由振动

图2-6是质量为 m 的刚体(或质点)置于弹簧常数为 K_z 的弹簧上振动。现选择静止时质点的位置 O 作为坐标原点,竖直方向为 z 轴,向下为正。从原点 O 开始作为竖向振动时间 t 的起点。在任一时刻 t,质点离 O 点的距离为 z,显然位移 z 是时间 t 的函数。作用于质点的弹性恢复力为 $K_z z$,方向指向原点。质点(或刚体)的自重已与弹簧的静位移弹性反力相平衡,故可不计入。质点运动的惯性力为 $m\ddot{z}$,其方向与加速度 $\ddot{z}$ 方向相反。由此得出竖向无阻尼自由振动方程。

$$m\ddot{z} + K_z z = 0 \text{ 或 } \ddot{z} + \frac{K_z}{m}z = 0 \tag{2-15}$$

设解

$$z = A\sin\lambda t + B\cos\lambda t \tag{2-16}$$

利用边界条件求待定系数 A,B。因 $t=0$ 时,$z=0$,得 $B=0$。于是

$$z = A\sin\lambda t \tag{2-17}$$

将式(2-17)代入式(2-15)得

$$-m\lambda^2 A\sin\lambda t + K_z A\sin\lambda t = 0 \tag{2-18}$$

其中,令

$$\lambda = \sqrt{\frac{K_z}{m}} \tag{2-19}$$

λ 称无阻尼自振圆频率或固有圆频率(对于竖向振动 λ 写成 λ_z)。可见,固有圆频率取决于振动系数的动力参数——弹簧常数 K_z 和质量 m。

振幅 A_z 由初始条件确定。

(1) 若振动由初位移 z_0 引起,则振幅 A_z 等于初位移 z_0,即 $A_z = z_0$。
(2) 若振动由初速度 v_0 引起,则

$$v = \dot{z}|_{t=0} = A_z \lambda \cos \lambda t|_{t=0} = A_z \lambda \tag{2-20}$$

$$A_z = \frac{v_0}{\lambda_z} \tag{2-21}$$

至此,可得无阻尼竖向自由振动质点位移

$$z = z_0 \sin \lambda_z t \tag{2-22}$$

或

$$z = \frac{v_0}{\lambda_z} \sin \lambda_z t \tag{2-23}$$

若以时间 t 为横坐标,位移 z 为纵坐标,可绘出无阻尼自由振动 z-t 曲线(或动力反应),如图 2-7 所示。该曲线为等幅正弦曲线。

由于无阻尼振动不耗失能量,所以一经激发将无休止地振动下去。但实际情况并非如此,因为自然界的各种振动现象总是有阻尼存在的,自由振动总会逐渐衰竭而停止。无阻尼振动只是理论上的。相应的无阻尼自振圆频率(λ)可看成是振动体系的一个几何物理常数而不赋予物理意义,因此也称之为"固有圆频率"。

2. 有阻尼自由振动

图 2-8 是有阻尼竖向自由振动计算模式。除了惯性力 $m\ddot{z}$ 和弹簧恢复力 $K_z z$ 外,再加上一个阻尼力 $c\dot{z}$。该阻尼力视为黏滞体中质点移动的阻力,故与质点运动速度成正比,方向与速度反向。用 c 表示单位速度时的阻尼力,称阻尼系数。于是,可写出振动方程

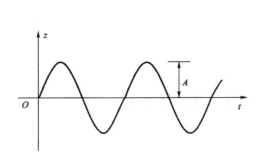

图 2-7 无阻尼自由振动时程曲线

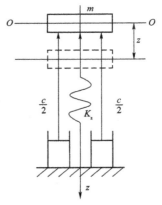

图 2-8 有阻尼自由振动

$$m\ddot{z} + c\dot{z} + K_z z = 0 \tag{2-24}$$

设解

$$z = A_z e^{\beta t} \tag{2-25}$$

则式(2-24)的特征方程为

$$m\beta^2 + c\beta + K_z = 0 \tag{2-26}$$

解得

$$\beta_2^1 = \frac{1}{2m}[-c \pm \sqrt{c^2 - 4mK_z}] \tag{2-27}$$

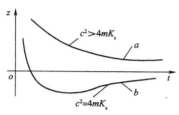

图 2-9 过阻尼和临界阻尼振动

讨论：

（1）当 $c^2 > 4mK_z$ 时，β_1、β_2 均为负实数，于是有

$$z = C_1 e^{\beta_1 t} + C_2 e^{\beta_2 t} \tag{2-28}$$

式中，C_1、C_2 为常数，位移 z 按时间 t 的指数函数衰减，最后为 0，如图 2-9 所示 a 线。此时体系停止振动，称"过阻尼体系"。

（2）当 $c^2 = 4mK_z$ 时，

$$\beta_1 = \beta_2 = -\frac{c}{2m} \tag{2-29}$$

于是

$$z = (C_1 + C_2 t) e^{-\beta t} \tag{2-30}$$

此时，体系不产生振动。但面临即将发生振动的状态，如图 2-9 所示 b 线，称"临界阻尼体系"。

其临界阻尼系数为 $c_{cr} = 2\sqrt{mK_z}$，为了计算方便，引用一个阻尼比 D_z，即阻尼系数与临界阻尼系数之比。

$$D_z = \frac{c}{c_{cr}} = \frac{c}{2\sqrt{mK_z}} \tag{2-31}$$

或

$$c = 2D_z \sqrt{mK_z} \tag{2-32}$$

于是，振动方程可写成

$$m\ddot{z} + 2D_z \sqrt{mK_z} \dot{z} + K_z z = 0 \tag{2-33}$$

或

$$\ddot{z} + 2D_z \lambda_z \dot{z} + \lambda_z^2 z = 0 \tag{2-34}$$

（3）当 $c^2 < 4mK_z$ 时，β_1、β_2 为共轭复数，引入阻尼比 D_z 和固有频率 λ_z 后有

$$\left.\begin{array}{l} \beta_1 = \lambda_z (-D_z + \sqrt{1-D_z^2}\,\mathrm{i}) \\ \beta_2 = \lambda_z (-D_z - \sqrt{1-D_z^2}\,\mathrm{i}) \end{array}\right\} \tag{2-35}$$

于是，振动位移

$$z = e^{-D_z \lambda t}(C_3 \sin \sqrt{1-D_z^2}\,\lambda t + C_4 \cos \sqrt{1-D_z^2}\,\lambda t) \tag{2-36}$$

振动曲线如图 2-10 所示。式中，常数 C_3、C_4 由初始条件确定。当阻尼系数小于临界阻尼系数（即 $D_z < 1$）时，振动是衰减的周期性运动，而且有阻尼自振圆频率为

$$\lambda'_z = \sqrt{1-D_z^2} \cdot \lambda_z \tag{2-37}$$

λ'_z 称为有阻尼自振圆频率，为了与固有圆频率 λ_z 有区别，又称 λ'_z 为"自振圆频率"。

二、强迫振动

质点(或刚体)在竖向扰力 $P_z e^{i\omega t}$ 作用下,引起体系竖向强迫振动,如图 2-11 所示。其振动方程为

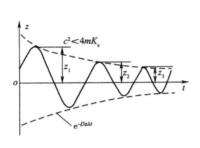

图 2-10　正常阻尼振动　　图 2-11　竖向强迫振动

$$m\ddot{z} + c\dot{z} + K_z z = P_z e^{i\omega t} \tag{2-38}$$

设解

$$z = A_z e^{i(\omega t - \theta)} \tag{2-39}$$

代入方程(2-38)得

$$[(K_z - m\omega^2) + i\omega c]z = P_z e^{i\omega t} \tag{2-40}$$

所以

$$\begin{aligned} z &= \frac{P_z e^{i\omega t}}{(K_z - m\omega^2) + ic\omega} \\ &= P_0 \left[\frac{K_z - m\omega^2}{(K_z - m\omega^2)^2 + (c\omega)^2} - i \frac{c\omega}{(K_z - m\omega^2)^2 + (c\omega)^2} \right] e^{i\omega t} \end{aligned} \tag{2-41}$$

由于

$$\cos\theta = \frac{K_z - m\omega^2}{\sqrt{(K_z - m\omega^2)^2 + (c\omega)^2}}$$

$$\sin\theta = \frac{c\omega}{\sqrt{(K_z - m\omega^2)^2 + (c\omega)^2}}$$

位移滞后于扰力的相位角

$$\theta = \arctan \frac{c\omega}{K_z - m\omega^2} \tag{2-42}$$

则

$$z = \frac{P_z}{\sqrt{(K_z - m\omega^2)^2 + (c\omega)^2}} \cdot e^{i(\omega t - \theta)} \tag{2-43}$$

于是振幅

$$A_z = \frac{P_z}{\sqrt{(K_z - m\omega^2)^2 + (c\omega)^2}} \tag{2-44}$$

将 $\lambda_z^2 = \dfrac{K_z}{m}$ 和 $D_z = \dfrac{c}{2\sqrt{mK_z}}$ 代入式(2-45)后,得

$$A_z = \frac{P_z}{K_z} \cdot \frac{1}{\sqrt{\left(1 - \frac{\omega^2}{\lambda_z^2}\right)^2 + 4D_z \frac{\omega^2}{\lambda_z^2}}} = A_{st} \cdot \eta \tag{2-45}$$

$$\theta = \arctan \frac{2D_z \frac{\omega}{\lambda}}{1 - \frac{\omega^2}{\lambda_z^2}} \tag{2-46}$$

式中：

$$\left. \begin{array}{l} A_{st} = \dfrac{P_z}{K_z}(\text{称静位变}) \\ \eta = \dfrac{1}{\sqrt{\left(1 - \dfrac{\omega^2}{\lambda_z^2}\right)^2 + 4D_z \dfrac{\omega^2}{\lambda_z^2}}}(\text{称动力系数}) \end{array} \right\} \tag{2-47}$$

若 $D_z = 0$，即假定为无阻尼强迫振动，此时

$$A_z = \frac{P_z}{K_z} \cdot \frac{1}{1 - \frac{\omega^2}{\lambda_z^2}} = A_z \cdot \eta_0 \tag{2-48}$$

讨论：

（1）对于无阻尼振动

①当 $\omega < \lambda_z$ 时，随着 $\frac{\omega}{\lambda_z}$ 的增大，η_0 增大，即 $A_z > A_{st}$；

②当 $\omega = \lambda_z$ 时，η_0 无限大，$A_z \to \infty$，称"共振"，实际上由于阻尼的存在，η_0 不可能无限大，而是一个有限值；

③当 $\omega > \lambda_z$，位移滞后于扰力 $180°$（半周），此时强迫振动解可由

$$z = A\sin(\omega t - \pi) \tag{2-49}$$

同样解得

$$A_z = \frac{P_z}{K_z} \cdot \frac{1}{\frac{\omega^2}{\lambda_z^2} - 1} \tag{2-50}$$

（2）对于有阻尼强迫振动

①位移滞后于扰力，相位差为 θ，相位时间为 $\frac{\theta}{\omega}$；

②动力系数 η 较无阻尼时小，在 $\frac{\omega}{\lambda_z} = 0.75 \sim 1.25$ 区间特别明显；

③当 $\omega < 0.75\lambda_z$ 或 $\omega > 1.25\lambda_z$ 时，阻尼的作用不大，此时振幅可简化为

$$A_z = \frac{P_z}{K_z} \left| \frac{1}{1 - \frac{\omega^2}{\lambda_z^2}} \right| \tag{2-51}$$

综上所述，可得以下结论。

(1) 当 $0.75 < \dfrac{\omega}{\lambda_z} < 1.25$ 时,动力系数 η 较小,通常称"共振区"。共振区的振幅是频率比 $\dfrac{\omega}{\lambda_z}$ 和阻尼比 D_z 的函数,而且与阻尼比关系较大。

(2) 当 $\dfrac{\omega}{\lambda_z} \leq 0.75$ 时,为低频振动,相位角 θ 较小,振幅大于静变位,$\eta = 1.0 \sim 2.28$,振幅主要取决于弹簧常数 K。

(3) 当 $\dfrac{\omega}{\lambda_z} \geq 1.25$ 时,为高频振动,动力系数 η(或 $\bar{\eta}$)随频率比 $\dfrac{\omega}{\lambda_z}$ 的增大而减小,振幅主要取决于质量 m。

第四节　周期振动的谐波分析

周期振动是指每经过相同的时间间隔,且振动量重复出现的振动。显然,简谐振动是最简单的周期振动。周期振动的一般数学表达式为

$$x(t) = x(t \pm nT) \quad n = 1, 2, 3, \cdots \quad (2\text{-}52)$$

其中,T 为周期振动 $x(t)$ 的周期,图 2-12 是周期振动的图示。

如果 $x(t)$ 在 $[0, T]$ 内是分段单调连续的,则可以通过傅立叶级数展开为

$$x(t) = \dfrac{a_0}{2} + \sum_{n=1}^{\infty} (a_n \cos n\omega_1 t + b_n \sin n\omega_1 t) \quad (2\text{-}53)$$

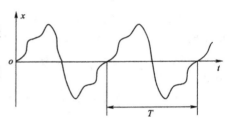

图 2-12　周期振动波形

式中:

$$\left.\begin{aligned} a_0 &= \dfrac{2}{T} \int_{\tau}^{\tau+T} x(t) \, \mathrm{d}t \\ a_n &= \dfrac{2}{T} \int_{\tau}^{\tau+T} x(t) \cos n\omega_1 t \, \mathrm{d}t \\ b_n &= \dfrac{2}{T} \int_{\tau}^{\tau+T} x(t) \sin n\omega_1 t \, \mathrm{d}t \end{aligned}\right\} \quad (2\text{-}54)$$

式中:

$$\omega_1 = \dfrac{2\pi}{T} \quad (2\text{-}55)$$

称为基频,τ 为任一时刻。记

$$\left.\begin{aligned} c_n &= \sqrt{a_n^2 + b_n^2} \\ \varphi_n &= \tan^{-1} \dfrac{a_n}{b_n} \end{aligned}\right\} \quad (2\text{-}56)$$

式(2-53)又可以写为

$$x(t) = \dfrac{a_0}{2} + \sum_{n=1}^{\infty} c_n \sin(n\omega_1 t + \varphi_n) \quad (2\text{-}57)$$

其中，$a_0/2$ 表示周期振动 $x(t)$ 的平均值，级数的其余各项都是简谐振动。可见，通过傅立叶级数展开，周期振动被表示成一系列频率为基数倍的简谐振动（或称谐波）的叠加，c_n 及 φ_n 是频率为 $n\omega_1$ 的简谐振动分量的振幅及相位角。因此，又将傅立叶展开称为谐波分析。

记 $\omega = n\omega_1$，由式（2-54）及式（2-56）看出，如果以频率 ω 作为自变量，幅值 c_n 与 ω 以及 φ_n 与 ω 的函数关系可以用图 2-13 表示，图 2-13a）称为振幅频谱图或简称频谱图，图 2-13b）称为相位频谱图。由于 n 取正整数，两张频谱图中的图形都是离散的垂直线，称为谱线，各离散谱线之间的间隔为 ω_1（基波频率）。这种分析振动的方法称为频谱分析，它将时域中的时间历程信号以"幅值—频率"关系来表示。

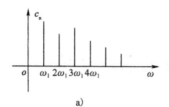
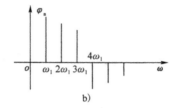

图 2-13 周期信号的谐波分析
a）振幅频谱图；b）相位频谱图

虽然周期振动的谐波分析以无穷级数出现，但一般可以用前几项近似表示周期振动。图 2-14 所示振动信号可分解为两个简谐振动信号之和。其中，周期为 T_1 的谐波称为基波；周期为 $T_2 = T_1/2$ 的谐波称为二次谐波。这个信号中只包含这两种频率成分。图 2-15 为该信号的频谱。

现以图 2-16 中矩形波为例，说明周期振动谐波分析的原理。

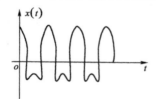

图 2-14 周期振动信号

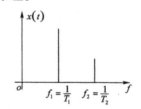

图 2-15 周期信号在频域的分解

一个周期内，矩形波 $f(t)$ 可以表示为

$$f(t) = \begin{cases} p_0 & 0 < t < \dfrac{T}{2} \\ -p_0 & \dfrac{T}{2} < t < T \end{cases} \quad (2\text{-}58)$$

由式（2-54），因一周内总面积为 0，故
$$a_0 = 0$$
当 n 取偶数时，
$$b_0 = 0 \quad n = 2,4,6,\cdots$$
当 n 取奇数时，
$$b_n = \frac{2}{T} \int_0^T f(t) \sin n\omega_1 t \, dt$$

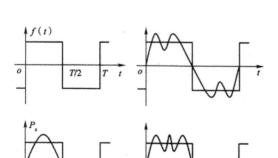

图 2-16 谐波合成

$$= \frac{8}{T}\int_0^{\frac{T}{4}} P_0 \sin n\omega_1 t \mathrm{d}t = \frac{4P_0}{n\pi} \quad n=1,3,5,\cdots \tag{2-59}$$

于是,周期性方波的傅立叶级数为

$$f(t) = \sum_{n=1}^{\infty} b_n \sin n\omega_1 t$$

$$= \frac{4P_0}{\pi} \sum_{n=1,3,\cdots}^{\infty} \frac{1}{n} \sin n\omega_1 t$$

$$= \frac{4P}{\pi}\left(\sin\omega_1 t + \frac{1}{3}\sin 3\omega_1 t + \frac{1}{5}\sin 5\omega_1 + \cdots\right) \tag{2-60}$$

其中,$\omega_1 = \frac{2\pi}{T}$。

图 2-17 表示了傅立叶级数的前面三项对方波的贡献。

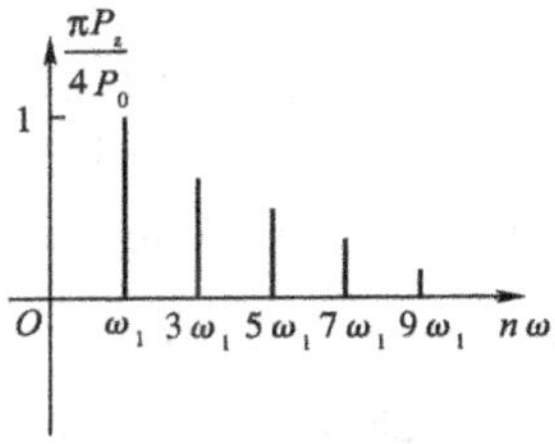

图 2-17 方波的振幅频谱图

第五节 振动量的峰值、有效值和平均值

振动大小通常用峰值、有效值以及平均值来度量。

1. 峰值

峰值是指波形上与零线的最大偏离值,可用 X_{peak} 或 X_p 来表示。

对于正弦振动,$X_p = A$,A 或 X_p 为正弦振动的振幅,也就是它的峰值。在稳态周期振动中,峰值是反复周期出现的并且是恒定的。如图 2-18 所示三种周期振动的峰值。由该图可见,峰值相同的波,其波形可能差别很大。

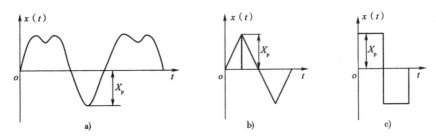

图 2-18 三种周期振动的峰值

峰值在实用中有它的价值,例如,结构的强度性破坏就直接与其峰值有关。

2. 有效值

一个任意振动函数 $x(t)$,其有效值定义为

$$X_{\text{RMS}} = \sqrt{\lim_{T\to\infty} \frac{1}{T}\int_0^T x^2(t)\mathrm{d}t} \tag{2-61}$$

如果是周期振动,$x(t) = x(t+T)$,则其有效值为

$$X_{\text{RMS}} = \sqrt{\frac{1}{T}\int_0^T x^2(t)\,\mathrm{d}t} \qquad (2\text{-}62)$$

式中：T——振动周期。

对于简谐振动，$x = A\sin(\omega t + T)$，其有效值则为

$$X_{\text{RMS}} = \sqrt{\frac{1}{T}\int_0^T A^2\sin^2(\omega t + \varphi)\,\mathrm{d}t} = \frac{A}{\sqrt{2}} \qquad (2\text{-}63)$$

用有效值衡量振动量的大小是一种比较好的方法，它涉及振动时间变化过程，不像峰值那样根本不涉及整个时间波形；重要的是，有效值直接关系到振动能量。例如，位移的有效值直接与位能有关，速度的有效值则与动能有关。

3. 平均绝对值

振动函数 $x(t)$，其平均绝对值定义为

$$X_{\text{av}} = \lim_{T\to\infty}\frac{1}{T}\int_0^T |x(t)|\,\mathrm{d}t \qquad (2\text{-}64)$$

对于周期振动，$x(t) = x(t+T)$，其平均绝对值为

$$X_{\text{av}} = \frac{1}{T}\int_0^T |x(t)|\,\mathrm{d}t \qquad (2\text{-}65)$$

对于简谐振动，$x(t) = A\sin\omega t$，其平均绝对值为

$$X_{\text{av}} = \frac{1}{T}\int_0^T |A\sin\omega t|\,\mathrm{d}t$$

$$= \frac{2}{T}\int_0^{\frac{T}{2}} A\sin\omega t\,\mathrm{d}t$$

$$= \frac{2}{\pi}\cdot A \qquad (2\text{-}66)$$

为了称呼方便，工程应用上直接将平均绝对值称为平均值。平均值显然也涉及了波形变化的过程，但其价值不如有效值。

4. 峰值、有效值、平均值之间的关系

对于简谐振动，三者之间的关系可表示为

$$X_{\text{RMS}} = \frac{\pi}{2\sqrt{2}}X_{\text{av}} = \frac{1}{\sqrt{2}}X_{\text{p}} \qquad (2\text{-}67)$$

如图 2-19 所示正弦波的峰值、有效值和平均值三者之间的大小关系。

一般情况，上述三值之间的关系为

$$X_{\text{RMS}} = F_{\text{f}}X_{\text{av}} = \frac{1}{F_{\text{c}}}X_{\text{p}} \qquad (2\text{-}68)$$

其中，F_{f} 和 F_{c} 分别称为波形系数和波峰系数，这两个系数在一定程度上反映了波的形式差别。

正弦波：$F_{\text{f}} = 1.11$，$F_{\text{c}} = 1.414$。

三角波：$F_{\text{f}} = 1.156$，$F_{\text{c}} = 1.732$。

矩形波：$F_{\text{f}} = 1$，$F_{\text{c}} = 1$。

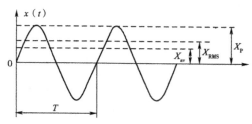

图 2-19 正弦波峰值、有效值和平均值

第六节　冲击与瞬态振动的频谱分析

若描写振动随时间变化的函数是非周期的，则称其为非周期振动。在工程实际中，最常见的非周期振动是冲击与瞬态振动，在瞬态法检测中都会遇到这两类信号。它们的共同特点是过程突然发生，持续时间短暂，但能量较大。

冲击与瞬态振动的频谱分析法是基于傅立叶积分或称傅立叶变换。对于非周期函数 $x(t)$ 及其频谱 $x(\omega)$ 有如下一对积分变换关系。

$$x(t) = \frac{1}{2\pi}\int_{-\infty}^{\infty} x(\omega) e^{i\omega t} d\omega \tag{2-69}$$

$$x(\omega) = \int_{-\infty}^{\infty} x(t) e^{-i\omega t} dt \tag{2-70}$$

与式(2-53)和式(2-54)傅立叶级数相对比，可以看出，式(2-69)将 $x(t)$ 分解为无限多个具有无穷小幅值 $\frac{1}{2\pi}x(\omega)d\omega$ 的频率分量之和。一般情况下，$x(\omega)$ 是 ω 的复变函数，其模 $|x(\omega)|$ 对频率 ω 的关系表现为连续曲线，即幅值频谱为连续谱。

由式(2-69)和式(2-70)给出的 $x(\omega)$ 和 $x(t)$ 的积分表示式又称为傅立叶变换对。

图 2-20 为几种典型的冲击函数及其频谱图。图中给出的 $F(f)$ 的表达式中，随着 f 趋近 0，括号内的表达式趋于 1。这表明，在低频下，谱分量的大小等于冲击脉冲的面积。它意味着只要冲击脉冲比其作用下的机械系统的固有振动周期短，则冲击强度就可用脉冲所包围的面积来确定。

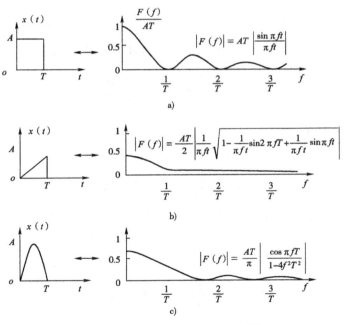

图 2-20　典型的脉冲函数及其傅立叶谱

如图 2-20c）所示为半正弦冲击信号，其数学表达式为

$$f(t) = \begin{cases} A\sin\dfrac{\pi t}{\tau} & 0 \leqslant t \leqslant \tau \\ 0 & t < 0; t > \tau \end{cases} \quad (2\text{-}71)$$

其频谱函数 $F(f)$ 为

$$F(f) = \int_0^\tau A\sin\dfrac{\pi t}{\tau} e^{-i2\pi f \tau} dt \quad (2\text{-}72)$$

分部积分两次可得

$$F(f) = -\dfrac{A}{4\pi f^2 \tau}[(\cos 2\pi f\tau + 1) - i\sin 2\pi f\tau] + \dfrac{1}{(2f\tau)^2}\int_0^\tau A\sin\dfrac{\pi t}{\tau} e^{-i2\pi f\tau} dt \quad (2\text{-}73)$$

所以

$$F(f) = \dfrac{A\tau}{\pi(1 - 4f^2\tau^2)}[(\cos 2\pi f\tau + 1) - i\sin 2\pi f\tau]$$

$$|F(f)| = \dfrac{2A\tau}{\pi}\left|\dfrac{\cos\pi f\tau}{1 - 4f^2\tau^2}\right| \quad (2\text{-}74)$$

第七节　随机振动信号的描述

随机振动是常见的一种振动形式。在这种振动过程中，振动周期没有规则并且永不重复。因此，随机振动是一种非确定性振动。

1. 均值

各态历经随机过程的均值（μ_x）等于样本函数的时间平均值，即

$$\mu_x = \lim_{T\to\infty}\dfrac{1}{T}\int_0^T x(t)dt \quad (2\text{-}75)$$

式中：T——样本长度或取样长度（s）。

2. 均方值、均方根值

均方值定义为

$$\Psi_x^2 = \lim_{T\to\infty}\dfrac{1}{T}\int_0^T x^2(t)dt \quad (2\text{-}76)$$

均方根值 Ψ_x 是均方值的正平方根。显然，均方根值就是有效值。

3. 方差、标准差

方差定义为

$$\sigma_x^2 = \lim_{T\to\infty}\dfrac{1}{T}\int_0^T [x(t) - \mu_x]^2 dt \quad (2\text{-}77)$$

标准差 σ_x 是方差的正平方根。

均值表征了随机信号的直流分量，方差与标准差表征了随机信号的动态分量或交流分量。

将式(2-77)展开

$$\sigma_x^2 = \lim_{T\to\infty}\frac{1}{T}\int_0^T [x^2(t) - 2x(t)\mu_x + \mu_x^2]dt = \Psi_x^2 - \mu_x^2 \tag{2-78}$$

或

$$\Psi_x^2 = \mu_x^2 + \sigma_x^2 \tag{2-79}$$

因此，均方值既包含了信号的直流分量，又包含交流分量。当均值等于 0 时，方差等于均方值，标准差等于有效值。

4. 相关函数

在波速测量和反射波衰减分析中，经常要计算两个相似波形波前的时延或比较两个波形的相似程度，如图 2-21 所示。

为了定量地衡量两个信号的相似程度和时延，引入相关函数概念。

设 $x(t)$、$y(t)$ 是由桩顶同一个测点所检测的入射和反射速度信号。在时移中，采用式(2-80)描述这两个信号的相似性或时延，即

$$R_{xy}(\tau) = \lim_{T\to\infty}\frac{1}{T}\int_0^T x(t)y(t+\tau)dt \tag{2-80}$$

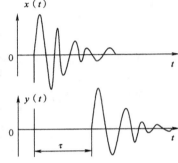

图 2-21 相关信号波形

$R_{xy}(\tau)$ 称为 $x(t)$ 和 $y(t)$ 的互相关函数，τ 为两信号的时移。对于不同的时移值 τ，互相关函数取值不同，也可以考虑信号 $x(t)$ 与其自身经过时移 τ 后的信号 $x(t+\tau)$ 之间的相似性，这就是自相关函数

$$R_x(\tau) = \lim_{T\to\infty}\frac{1}{T}\int_0^T x(t)x(t+\tau)dt \tag{2-81}$$

正弦振动信号的自相关函数为

$$R_x(\tau) = \lim_{T\to\infty}\frac{1}{T}\int_0^T A\sin\omega t \cdot A\sin\omega(t+\tau)dt = A^2\cos\omega\tau \tag{2-82}$$

这说明正弦信号的自相关函数是同频率的余弦波，无论正弦信号初相位是多少，其相关函数总是在 $\tau=0$ 时取最大值，如图 2-22 所示。

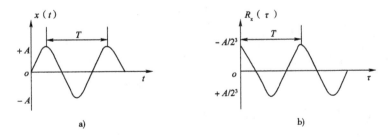

图 2-22 正弦波及其相关函数

自相关函数保留了时域信号的全部频率成分,但每一个频率成分的分量却是时域函数相应成分的平方。这也是自相关函数的一个重要性质。它表明自相关函数与信号中各频率成分的能量存在着对应关系。互相关函数说明一个信号与另一个信号经过延迟τ后的相似程度。

5. 功率谱密度

假设$R_x(\tau)$从$-\infty \to +\infty$的积分是有限的,则定义功率谱密度函数为

$$S(f) = \int_{-\infty}^{\infty} R_x(\tau) e^{-i2\pi f\tau} d\tau \tag{2-83}$$

式中:f——频率。

反之,$R_x(\tau)$也可以由上述积分的逆变换求得

$$R_x(\tau) = \int_{-\infty}^{\infty} S(f) e^{i2\pi f\tau} df \tag{2-84}$$

从$R_x(\tau)$和$S_x(\tau)$之间的傅立叶积分关系通常称为维纳—辛钦关系,它在随机振动中起着十分重要的作用。

在实际的稳态过程中,只用正频率运算,而$R_x(\tau) = R_x(-\tau)$,因此,$R_x(\tau)$的积分变为

$$R_x(\tau) = 2\int_{0}^{\infty} S(f) \cos(2\pi f\tau) df \tag{2-85}$$

如果定义函数$G(f)$,使得

$$\left. \begin{array}{l} G(f) = 2S(f) \quad f \geq 0 \\ G(f) = 0 \quad\quad\quad f < 0 \end{array} \right\} \tag{2-86}$$

则

$$R_x(\tau) = \int_{0}^{\infty} G(f) \cos(2\pi f\tau) df \tag{2-87}$$

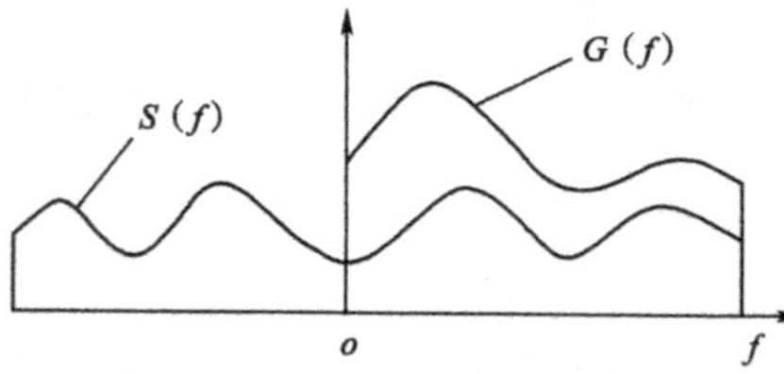

这里,$G(f)$称为单边谱,其中f为正值;而$S(f)$称为双边谱,其中f包括正值和负值,如图2-23所示。

和自功率谱密度函数类似,两组随机数据的互谱密度函数可从互相关函数的傅立叶变换直接求得。若$x(t)$、$y(t)$分别表示两个各态所经随机过程的样本函数,$R_{xy}(\tau)$是其互相关函数,当绝对可积条件

$$\int_{-\infty}^{\infty} |R_{xy}(\tau)| d\tau < \infty$$

图2-23 单边谱和双边谱

成立时,则可定义为双边互谱密度

$$S_{xy}(\omega) = \frac{1}{2\pi} \int_{-\infty}^{\infty} R_{xy}(\tau) e^{-i\omega\tau} d\tau \tag{2-88}$$

其中,ω是振动圆频率,取值范围是$(-\infty, \infty)$。

与式(2-84)相似的逆变换是

$$R_{xy}(\tau) = \int_{0}^{\infty} S_{xy}(\omega) e^{i\omega\tau} d\omega \tag{2-89}$$

由于不是偶函数,所以双边互谱密度函数是复数可以表示为

$$\begin{aligned} S_{xy}(\omega) &= \frac{1}{2\pi} \int_{-\infty}^{\infty} R_{xy}(\tau) \cos\omega\tau d\tau - \frac{i}{2\pi} \int_{-\infty}^{\infty} R_{xy}(\tau) \sin\omega\tau d\tau \\ &= C'_{xy}(\omega) - iQ'_{xy}(\omega) \end{aligned} \tag{2-90}$$

其中，
$$C'_{xy}(\omega) = \frac{1}{2\pi}\int_{-\infty}^{\infty} R_{xy}(\tau)\cos\omega\tau \mathrm{d}\tau \qquad (2\text{-}91)$$

为 ω 的偶函数；
$$Q'_{xy}(\omega) = \frac{1}{2\pi}\int_{-\infty}^{\infty} R_{xy}(\tau)\sin\omega\tau \mathrm{d}\tau \qquad (2\text{-}92)$$

为 ω 的奇函数。

$C'_{xy}(\omega) = Q'_{xy}(\omega)$ 的单位与 xy/ω 的单位相同。

在实际工程中经常使用单边互谱，其频率只取正值。单边互谱密度函数定义为
$$\left.\begin{array}{l} G_{xy}(f) = 2S_{xy}(f) \quad f \geq 0 \\ G_{xy}(f) = 0 \quad\quad\quad\quad f < 0 \end{array}\right\} \qquad (2\text{-}93)$$

则
$$G_{xy}(f) = |G_{xy}(f)| \mathrm{e}^{-\mathrm{i}\theta f} = C_{xy}(f) - \mathrm{i}Q_{xy}(f) \qquad (2\text{-}94)$$

其中，实部 $C_{xy}(f)$ 称为（单边）共谱、协谱或余谱；虚部 $Q_{xy}(f)$ 称为（单边）正交谱、方谱或重谱。其模与相角分别为
$$\left.\begin{array}{l} |G_{xy}(f)| = \sqrt{[C_{xy}(f)]^2 + [Q_{xy}(f)]^2} \\ \theta(f) = \tan^{-1}\dfrac{Q_{xy}(f)}{C_{xy}(f)} \end{array}\right\} \qquad (2\text{-}95)$$

互谱的这两种复数表达式都经常用到。显然有如下关系
$$\left.\begin{array}{l} C_{xy}(f) = 2C'_{xy}(f) \quad f \geq 0 \\ C_{xy}(f) = 0 \quad\quad\quad\quad f < 0 \end{array}\right\} \qquad (2\text{-}96)$$

$$\left.\begin{array}{l} Q_{xy}(f) = 2Q'_{xy}(f) \quad f \geq 0 \\ Q_{xy}(f) = 0 \quad\quad\quad\quad f < 0 \end{array}\right\} \qquad (2\text{-}97)$$

以上分别介绍了随机振动的一些统计参量，这些统计参量除都能定量地描述随机振动的某些特性外，还都有明确的物理意义。归纳起来，一般从以下三方面描述一个随机振动。

（1）幅值域描述：包括概率密度函数、均方（均方根）和均方差（标准差）。

（2）时延域描述：包括自相关函数和互相关函数。

（3）频率域描述：包括自功率谱密度函数、互功率谱密度函数等。

第八节　系统对谐波激励的响应及频率响应函数

强迫振动情况下，设力函数为谐波函数 $f(t) = F\cos\omega t$，则单自由度振动系统的运动微分方程为
$$m\ddot{x} + c\dot{x} + kx = F\cos\omega t \qquad (2\text{-}98)$$

令 $f(t) = F\mathrm{e}^{\mathrm{i}\omega t}$，于是式（2-98）成为
$$m\ddot{x} + c\dot{x} + kx = F\mathrm{e}^{\mathrm{i}\omega t} \qquad (2\text{-}99)$$

对式（2-99）的解 $x(t)$ 取实部就是式（2-98）的解。因此，讨论式（2-99）的解与讨论方程

(2-98)的解本质上是一样的。式(2-99)中 F 为激振力幅,实常数 ω 为强迫振动圆频率。

式(2-99)可改写为

$$\ddot{x} + 2\xi\omega_0\dot{x} + \omega_0^2 x = \omega_0^2 \frac{F}{k} e^{i\omega t} \tag{2-100}$$

这是一个非齐次二阶常微分方程。它的通解包含强迫振动部分及自由振动部分,只要系统存在阻尼,自由振动部分很快衰减,剩下强迫振动解。因此,可限于讨论强迫振动解。假定解的形式为 $z = xe^{i\omega t}$,代入式(2-101)可得

$$z = xe^{i\omega t} = \frac{F}{k} \cdot \frac{1}{1 - \left(\frac{\omega}{\omega_0}\right)^2 + i2\xi\frac{\omega}{\omega_0}} e^{i\omega t} \tag{2-101}$$

从式(2-101)可知,强迫振动位移与激励力成正比,比例因子 $H(\omega)$ 是随 ω 而变的复函数,即

$$H(\omega) = \frac{x(t)}{f(t)} = \frac{x}{F} = \frac{1}{k\left[1 - \left(\frac{\omega}{\omega_0}\right)^2 + i2\xi\frac{\omega}{\omega_0}\right]} \tag{2-102}$$

$H(\omega)$ 称为单自由度振动系统位移输出对力输入的频率响应函数,也称为位移导纳函数。这是一个在振动分析中十分重要的概念。

将复频响函数 $H(\omega)$ 分成实部和虚部,分别称为实频响应(或实频特征)及虚频响应(或虚频特征),即

$$R_e(\omega) = \frac{1}{k} \frac{1 - \left(\frac{\omega}{\omega_0}\right)^2}{\left[1 - \left(\frac{\omega}{\omega_0}\right)^2\right]^2 + \left(2\xi\frac{\omega}{\omega_0}\right)^2} \tag{2-103a}$$

$$I_m(\omega) = \frac{1}{k} \frac{-2\xi\frac{\omega}{\omega_0}}{\left[1 - \left(\frac{\omega}{\omega_0}\right)^2\right]^2 + \left(2\xi\frac{\omega}{\omega_0}\right)^2} \tag{2-103b}$$

将式(2-103a)及式(2-103b)代入式(2-101)中得

$$x = F(R_e + iI_m)e^{i\omega t} \tag{2-104}$$

取其实部即为系统在简谐力 $F\cos\omega t$ 作用下的真实振动。

$$x(t) = FR_e\cos\omega t - FI_m\sin\omega t \tag{2-105}$$

式(2-105)表明,频率响应的实部代表强迫振动响应中与力信号同向的分量($\cos\omega t$ 的系数),虚部代表与力信号正交的分量($\sin\omega t$ 的系数)。

频率响应函数的模和幅角称为幅频特性和相频特性,表示为

$$A(\omega) = \frac{1}{k}\frac{1}{\sqrt{\left[1 - \left(\frac{\omega}{\omega_0}\right)^2\right]^2 + \left(2\xi\frac{\omega}{\omega_0}\right)^2}} \tag{2-106}$$

$$\theta(\omega) = \tan^{-1}\frac{I_m(\omega)}{R_e(\omega)} = \tan^{-1}\frac{-2\xi\frac{\omega}{\omega_0}}{1 - \left(\frac{\omega}{\omega_0}\right)^2} \tag{2-107}$$

第九节 系统对脉冲激励的响应与脉冲响应函数

单自由度阻尼振动系统在一个短时间 Δt 内的力脉冲下作用的响应,可以作为两个作用力的叠加:第一个力为常力 F,从 $t=0$ 时刻作用;第二个力也为常力,方向相反大小相同,从 $t=\Delta t$ 时刻开始作用到系统上(图 2-24)。若第一个力作用下系统的响应是 $x_1(t)$,那么第二个力作用下的响应为 $x_2=-x_1(t-\Delta t)$。两个响应的叠加为

$$x(t)=x_1(t)-x_1(t-\Delta t)\approx\frac{\mathrm{d}x_1}{\mathrm{d}t}\Delta t \tag{2-108}$$

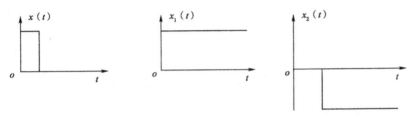

图 2-24 力脉冲的分解

为求第一个力的响应,即计算在初始条件等于 0 的情况下,系统受到一个突加的静态力作用下的响应,运动方程为

$$\begin{cases} m\ddot{x}_1+c\dot{x}_1+kx_1=F \\ x_1(0)=0,\dot{x}_1(0)=0 \end{cases} \tag{2-109}$$

若作变换,令 $y=x_1-F/k$,则上式方程成为

$$\begin{cases} m\ddot{y}+c\dot{y}+ky=0 \\ y(0)=-\dfrac{F}{k},\dot{y}(0)=0 \end{cases} \tag{2-110}$$

这就转变为初始位移等于 $-F/k$ 的自由振动问题,即

$$x_1(t)=\frac{F}{k}\left\{1-\mathrm{e}^{-\xi\omega_0 t}\left(\cos\omega_\mathrm{d}t+\frac{1}{\sqrt{1-\xi^2}}\sin\omega_\mathrm{d}t\right)\right\} \tag{2-111}$$

所以

$$x(t)\approx\frac{\mathrm{d}x_1}{\mathrm{d}t}\cdot\Delta t=\frac{F\Delta t}{m\omega_\mathrm{d}}\mathrm{e}^{-\xi\omega_0 t}\sin\omega_\mathrm{d}t \tag{2-112}$$

其中,$F\Delta t$ 为力脉冲冲量。当 $F\Delta t=1$ 时,上式就是单自由度振动系统的脉冲响应函数。
单位脉冲响应函数

$$h(t)=\frac{1}{m\omega_\mathrm{d}}\mathrm{e}^{-\xi\omega_0 t}\sin\omega_\mathrm{d}t \tag{2-113}$$

图 2-25 是频率为 10Hz,阻尼比为 0.05 的单自由度振动系统的脉冲响应。

利用脉冲响应函数,可以计算在任意形式为信号 $f(t)$ 作用下系统的响应,如图 2-26 所示。

将力函数 $f(t)$ 分解为一系列脉冲之和。其中任一个力是从 τ 到 $\tau+\Delta\tau$ 内的一个单个脉冲,其高度为 $f(\tau)$。这一个脉冲作用下的响应为

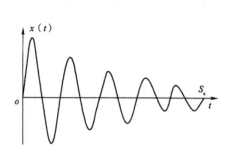

图 2-25 单自由度系统脉冲响应

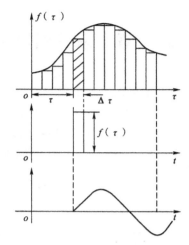

图 2-26 任意力作用下的响应

$$x_\tau(t) = \frac{f(\tau)\Delta\tau}{k} \cdot \frac{\omega_0}{\sqrt{1-\xi^2}} \cdot \sin\omega_d(t-\tau)e^{-\xi\omega_0(t-\tau)} \tag{2-114}$$

全部脉冲作用的叠加为

$$x(t) = \int_0^\infty \frac{f(\tau)}{k}\frac{\omega_0}{\sqrt{1-\xi^2}}\sin\omega_d(t-\tau)e^{-\xi\omega_0(t-\tau)}d\tau$$

$$= \frac{\omega_0}{k\sqrt{1-\xi^2}}\int_0^\infty f(\tau)\sin\omega_d(t-\tau)e^{-\xi\omega_0(t-\tau)}d\tau \tag{2-115}$$

一般情况下,若系统的脉冲响应函数为 $h(t)$,则在任意作用力 $f(t)$ 下系统的响应为

$$x(t) = \int_0^\infty f(\tau)h(t-\tau)d\tau \tag{2-116}$$

式(2-116)称为杜哈美积分,其实际上是输入力函数 $f(t)$ 与脉冲响应函数 $h(t)$ 的卷积。只要知道系统的脉冲响应函数 $h(t)$,就可以由任意输入 $f(t)$ 求出系统的响应 $x(t)$。因此,用 $h(t)$ 也可以完全描述线性振动系统的动力特性。脉冲响应函数在时间域内描述了系统的动力特性,而频率响应函数则是在频率域内描述了系统的动力特性。无论是频率特性还是脉冲响应都是描述系统的动态特性的,所以二者必定存在着内在联系。式(2-102),如输入为 $f(t) = e^{i\omega t}$,则输出为 $x(t) = H(\omega)e^{i\omega t}$,代入式(2-116),则

$$H(\omega)e^{i\omega t} = \int_{-\infty}^{\infty} h(\tau)e^{i\omega(t-\tau)}d\tau = \left[\int_{-\infty}^{\infty} h(\tau)e^{-i\omega\tau}d\tau\right]e^{i\omega t} \tag{2-117}$$

由此得

$$H(\omega) = \int_{-\infty}^{\infty} h(\tau)e^{-i\omega\tau}d\tau \tag{2-118}$$

此式表明频率特性是单位脉冲响应的傅立叶变换。

根据式(2-116)与式(2-117)以及傅立叶变换的性质,时域卷积相当于频域乘积,因此

$$x(\omega) = H(\omega) \cdot F(\omega) \tag{2-119}$$

其中,$x(\omega)$ 与 $F(\omega)$ 为 $x(t)$ 及 $f(t)$ 的傅立叶变换。

式(2-119)还可改写为

$$H(\omega) = \frac{x(\omega)}{F(\omega)} \tag{2-120}$$

第十节 信号的时域分析和频域分析

测试信号的传统分析方法通常是在时间域上进行的。所谓时域分析是指对信号波形在时间域内进行分析处理;所谓频域分析是指对信号波形在频率域内进行分析处理。时域分析和频域分析是以两种不同的角度对同一物理现象进行描述和解释,如图 2-27 所示。一般而言,时域较为形象、直观,频域分析则更为简洁、深入。时域分析往往出现大信号掩盖小信号的现象,而频域分析则可找出某些微弱而又重要的信号。因此,两种分析方法是相辅相成的,它们之间的变换可以通过傅立叶变换来进行。图 2-27 表示了时域分析和频域分析的对应关系。

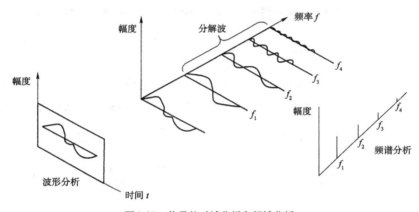

图 2-27 信号的时域分析和频域分析

脉冲信号若以时间为横坐标来描述,则得到时域波形图;若以频率为横坐标来描述,则可得到频域里的各种振幅—频率图,即频谱图。

傅立叶变换的物理意义就是把一个时域波动看成是许多不同频率、不同振幅的余弦波(正弦波)叠加的结果。

在实际应用时,仪器设备总是按照一定的时间间隔 τ 采集反映时域波形的一个数列,因而总是运用离散傅立叶变换。

离散傅立叶变换的表达式为

$$x\left(\frac{n}{N\tau}\right) = \sum_{k=0}^{N-1} x(k\tau) \cdot e^{-j2\pi nk/N} \qquad (n = 0, 1, 2, \cdots, N-1) \tag{2-121}$$

通常在频谱分析中,对时域波形截取长度越长,频域分辨率就越高,泄漏的信号也越小。

当采样频率一定时,增加采样点数 N,使 Δf 变小,频域分辨率提高;当采样点数 N 一定时,提高采样频率,使 Δf 变大,频域分辨率降低。

因此,时域精度和频域精度存在一定的矛盾,在实际检测时,应合理选择采样频率,使信号的时域分析和频域分析都有足够的精度。

第十一节　弹性固体介质中的机械波

在进行道路桥梁工程检测时,经常利用各种波(机械波或电磁波)在介质中传播的特性和现象来诊断和分析所测对象的特性。

在空间某处发生的扰动,以一定的速度由近及远地传播,这种传播着的扰动称为波动。波从宏观来讲,分为机械波和电磁波两大类。机械扰动在介质内的传播形成机械波,如通常所说的水波、声波、应力波、超声波、弹性波都属于机械波的范畴。电磁场扰动在真空或介质内的传播即形成了电磁波,如通常所说的无线电波、光波、红外线、雷达波等都属于电磁波。波是物质运动的一种形式,也是能量传播的一种方式。按频率或波长划分的振动与波的分布图,如图2-28所示。

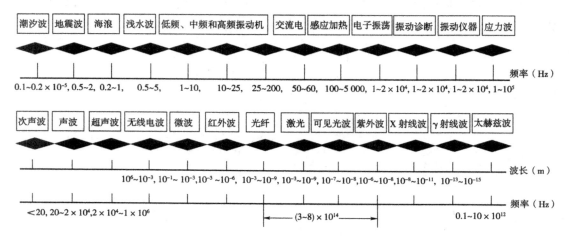

图2-28　按频率或波长划分的振动与波的分布图
(图中各种振动或波并非完全按照频率或波长的大小由左向右排列)

在不同的场合,人们往往将一些特定的波动定义为相应的名称,如机械振动可通过不断变化的应力或应变在固态物质中进行传递,这种波通常被称为应力波或弹性波。广义的声波是指在介质中传播的机械波,依据波动频率的不同,声波可分为次声波、可闻声波、超声波。人们可以听见的声音频率在 20~20 000Hz,称作可闻声波,频率低于 20Hz 的声波称为次声波,而频率高于 20 000Hz 的声波称为超声波。

声波实质上就是传声介质质点所产生的一系列力学振动传递过程的宏观表现,而且声波的产生也来源于物体的振动。

任何固体材料,从微观结构上看都可以看成许多质点的集合体。这些质点之间通过一定的方式彼此联系。在弹性材料中,质点间的联系具有弹性性质。在弹性介质中,质点间由弹性力相互联系着。任何一个质点做机械振动时,由于弹性力的相互作用,必将引起与其相邻的质点产生振动。以此类推,这种连锁反应在宏观上表现为运动形式(振动)以一定的速度在介质内向某一方向(或多个方向)传播,从而形成了机械波。这种运动状态的传播速度称为波速。如果介质具有弹性性质,则称为弹性波。

显然,机械波的产生必须具备两个条件,即做机械振动的波源和传播机械振动的介质。根据介质中质点振动方向与波的传播方向的差别可将机械波分为若干种类型(表 2-1)。

常见机械波的类型与特点　　　　　　表 2-1

波　形		质点振动与波的传播方向
纵波（压缩波）		
横波（剪切波）	垂直偏振（SV 波）	
	水平偏振（SH 波）	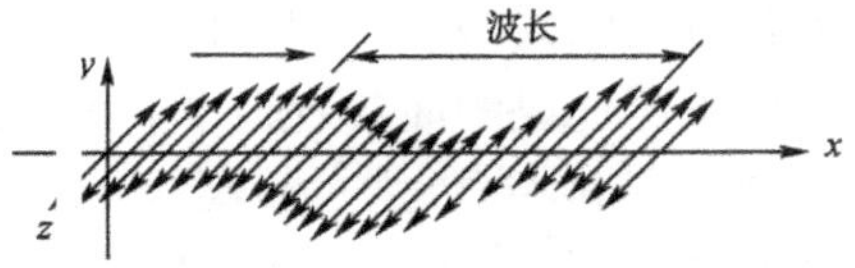
瑞利波		
蓝姆波	对称型	
	反对称型	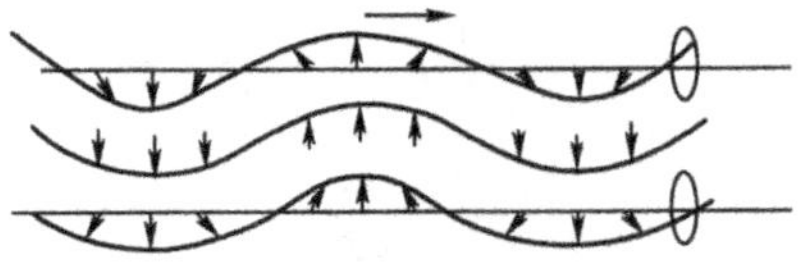

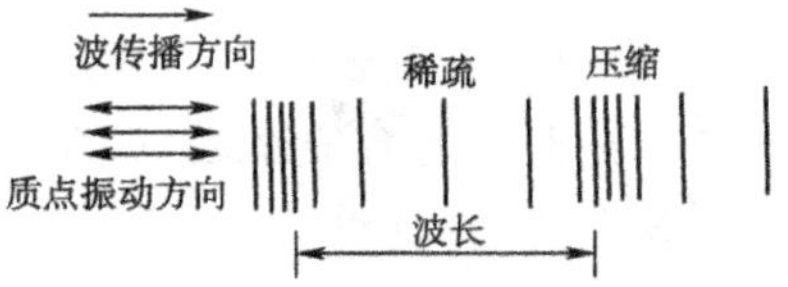

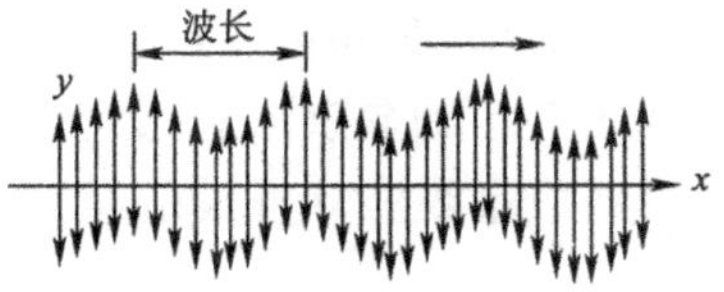

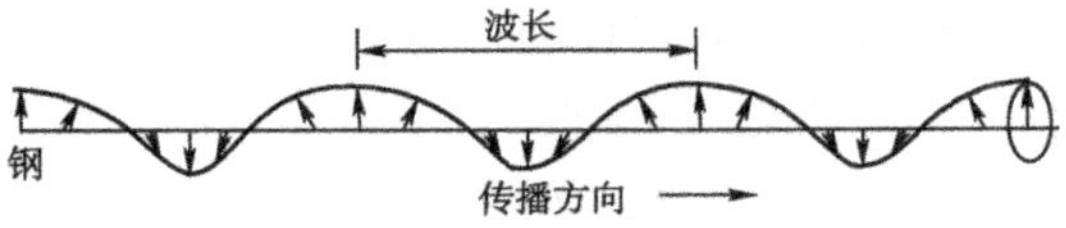

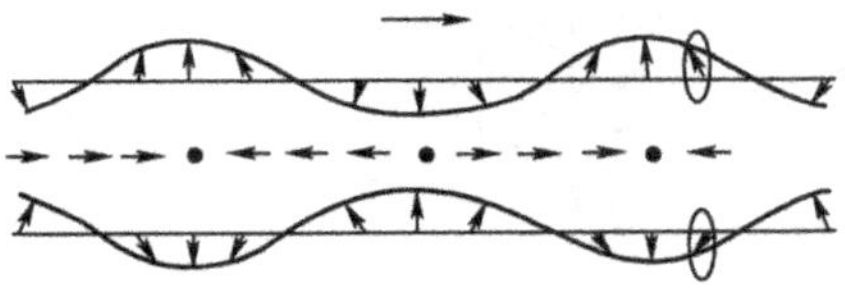

1. 波的分类

(1) 纵波

介质质点的振动方向与波的传播方向平行,这种波称为纵波。例如,在空气、水中传播的声波就是纵波,又称为 P 波。

纵波的传播是依靠介质时疏时密使介质的局部容积发生变化引起压强的变化而传播的,因此和介质的体积弹性相关。任何弹性介质都具有体积弹性,所以纵波可以在任何固体、气体及液体中传播。

(2) 横波

介质质点的振动方向与波的传播方向垂直,这种波称为横波,又称为 S 波。

横波的传播是依靠使介质产生剪切变形（局部形状变化）引起的剪应力变化而传播的，它和介质的剪切弹性相关。由于液体、气体形状变化时，不能产生抗拒形变的剪应力，因此，液体和气体不能传播横波，只有固体才能传播横波。

（3）表面波

固体介质表面受到交替变化的表面张力作用，介质表面质点发生相应的纵向振动和横向振动，结果使质点做这两种振动的合成运动，即绕其平衡位置作椭圆运动。该质点的运动又波及相邻质点，而在介质表面传播，这种波称为表面波，又称 R 波、瑞利波。

表面波传播时，质点振动的振幅随深度的增加迅速减少，当深度超过 2 倍的波长时，振幅已很小了。所以，表面波也只能在固体中传播。

自然界中的机械波还有多种复杂形式，如蓝姆波、扭转波等。但根据运动学的叠加原理，任何复杂的波动都可以看成是纵波和横波的叠加。因此，纵波和横波是最基本的机械波。

2. 波的形式

声波在无限大且各向同性的介质中传播时，其形式（波形）根据波在传播过程中某一瞬间到达各质点的几何位置所连成的面（波阵面）的形状来区分。

波阵面：介质中振动相位相同的点的轨迹称为波阵面。在波的传播过程中，波阵面有任意多个。

波前：最前面的波阵面称为波前。某一时刻，波前只有一个。

波线：自波源出发且沿着波的传播方向所画的线称为波线。在各向同性介质中，波线与波阵面是垂直的。

平面波：波阵面为平面的波，如图 2-29a）所示。

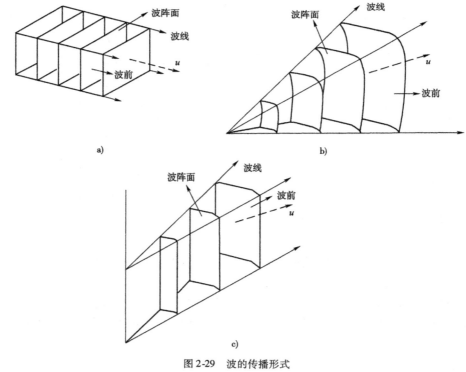

图 2-29　波的传播形式
a）平面波；b）球面波；c）柱面波

球面波:波阵面为球面的波,如图 2-29b)所示。
柱面波:波阵面为同轴圆柱面的波,如图 2-29c)所示。

第十二节　波在弹性固体介质中的传播速度

1. 弹性固体介质中声速的影响因素

固体介质中声波的波速取决于波动方程的形式和介质的弹性常数,而波动方程的形式则取决于波的类型和介质的边界条件。因此,声波在固体介质中的传播速度主要受下列三方面因素的影响。

(1) 波的类型:由于不同类型的波在固体介质中的传播机理不同,也就导致了传播速度的差异。

(2) 固体介质的性质:对于弹性介质,主要取决于它的密度、弹性模量、泊松比。这是影响波速的内在因素。介质的弹性特征愈强(E 或 G 愈大,ρ 愈小),则波速愈高。

(3) 边界条件:实际上就是固体介质的横向尺寸(垂直于波的传播方向上的几何尺寸)与波长的比值,比值越大,传播速度越快。

2. 弹性固体介质中各类声波在不同边界条件下的波速

依据声波在介质中的波动方程和介质的边界条件,可推导出各类声波在介质中的波速。

1) 纵波波速

(1) 在无限大固体介质中传播的纵波波速

$$v_\mathrm{p} = \sqrt{\frac{E}{\rho} \cdot \frac{1-\mu}{(1+\mu)(1-2\mu)}} \tag{2-122}$$

式中:E——介质杨氏弹性模量;
　　　μ——介质泊松比;
　　　ρ——介质密度。

(2) 在薄板(板厚远小于波长)中纵波波速

$$v_\mathrm{p} = \sqrt{\frac{E}{\rho} \cdot \frac{1}{(1-\mu^2)}} \tag{2-123}$$

(3) 在细长杆(横向尺寸远小于波长)中纵波波速

$$v_\mathrm{p} = \sqrt{\frac{E}{\rho}} \tag{2-124}$$

2) 横波波速

在无限大固体介质中传播的横波波速

$$v_\mathrm{S} = \sqrt{\frac{E}{\rho} \cdot \frac{1}{2(1+\mu)}} = \sqrt{\frac{G}{\rho}} \tag{2-125}$$

式中:G——介质剪切弹性模量。

3) 表面波波速

在无限大固体介质表面传播的表面波波速

$$v_R = \frac{0.87 + 1.12\mu}{1+\mu}\sqrt{\frac{G}{\rho}} \tag{2-126}$$

对于混凝土，取 $\mu = 0.20 \sim 0.30$，则 $v_R \approx 0.9 v_S$，$v_P = (1.81 \sim 2.08) v_R$。所以，在混凝土中 $v_P > v_S > v_R$。

第十三节 声　　场

充盈声波的介质所占据的空间称为声场。声压、声强、声阻抗是描述声场特征的基本物理量。下面仍以平面余弦波在弹性固体介质中传播形成的声场为例，介绍声场的特征物理量。

1. 声压

声场中某一点在某一瞬间所具有的压强 P_1 与没有声场存在时同一点的静态压强 P_0 之差称为声压（单位为 Pa）。

若在声场中取出一体积元，该体积元的质量为 m，长度为 dx，与声传播方向垂直的截面积为 dA，并假设面积元 dA 上的压强为 P，则面积元所受的力为 $F = PdA$，根据动量定理

$$Fdt = mV \tag{2-127}$$

其中，V 为体积元振动速度，当体积元很小时，即为质点振动速度

$$V = -A_0\omega\sin\omega\left(t - \frac{x}{v}\right) \tag{2-128}$$

假定介质密度为 ρ，则 $m = \rho dx dA$，有

$$PdAdt = \rho dAdx\left[-A_0\omega\sin\omega\left(t - \frac{x}{v}\right)\right]$$

因 $dx/dt = v$（波速），所以

$$P = \rho v V \tag{2-129}$$

2. 声强

将垂直于声波传播方向上单位面积、单位时间内通过的声能量（即在垂直于声传播方向单位面积上的平均能流）称为声强，通常用 J 表示。在单位时间 t 内，声波传播的距离为 $v \times 1 = v$。

依据声强的定义，声强应等于长方体介质所具有的机械能。因此

$$J = \frac{1}{2}mV_m^2 = \frac{1}{2}\times v \times 1 \times \rho \times V_m^2 = \frac{1}{2}\rho v V_m^2 \tag{2-130}$$

式中：m——长方体介质的质量；

　　　ρ——介质密度；

　　　v——波速；

　　　V_m——质点的最大速度。

所以

$$J = \frac{1}{2}\rho v V_m^2 = \frac{1}{2}\rho v A_0^2 \omega^2 \tag{2-131}$$

3. 声阻抗率

声学中,把介质中某点的声压与质点振动速度的比值 P/V 称为声阻抗率,用符号 z 表示 ($z = \rho v$),它仅取决于介质的特性,又称为特性阻抗。

显然,声压一定时,ρv 越大,V 越小;ρv 越小,V 越大。当振动速度 V 一定时,ρv 越大,质点声压越大。

表 2-2 给出了声波透射法检测混凝土质量时常遇见的材料的特性阻抗。

声波透射法常见材料的弹性模量、波速和特性阻抗　　表 2-2

项目 材料	弹性模量 (10^3 MPa)		泊松比 μ	密度 (t/m^3)	声　　速 (m/s)				特性阻抗 Z [10^4 g/ ($cm^2 \cdot s$)]
	E	G			v_p (无限大介质)	v_p (薄板)	v_p (杆)	v_s	
钢	210	81	0.29	7.8	5 940	5 420	5 190	3 220	470
铜	124	46	0.34	8.9	4 560	3 900	3 670	2 250	445
铝	70	26	0.31	2.7	6 320	5 410	5 090	3 100	170
玻璃	70	28	0.25	2.5	5 800	5 460	5 300	3 350	129
橡胶	0.002	0.000 7	0.50	0.93	1 040	53	46	27	9.7
有机玻璃	5.5	2.0	0.34	1.18	2 640			1 300	31
环氧树脂	3.8			1.16					
锆钛酸铅	84		0.33	7.5				3 375	
陶瓷	59	24	0.23	2.4	5 300	5 077	4 940	3 100	130
混凝土*	44	18	0.20	2.4	4 500	4 368	4 280	2 756	108
石灰石	72	28	0.31	2.7	6 130	5 452	5 180	5 200	166
淡水(20℃)				0.998	1 481				14.8
海水				1.026	1 500				15.4
空气(20℃)				0.001 2	343				0.004

注: *混凝土组成不同,其对应的各种声参数都有差别,表中所列数值系一般混凝土参考值。

第十四节　声波在两种介质界面上的传播规律

声波在介质中的传播过程,遇到与原有介质阻抗不同的障碍物(另类介质)时,在两种介质的界面上声波的传播规律、声波能量的分配都将发生变化。这种变化的规律依赖于声波波长和障碍物尺寸的比率、两种介质的特性以及声波的入射角度。

如果障碍物的尺寸远大于波长,则声波在两种介质的界面处发生反射、折射等现象。如果障碍物的尺寸与波长相近,则将发生显著的绕射现象。当障碍物的尺寸比波长还小时,声波的大部分能量可绕过障碍物,少部分能量向障碍物四周散射。

如果障碍物为刚性球状物(直径为 d),且 $kd \gg 1$ $\left(k = \dfrac{2\pi}{\lambda}, \text{角波数}\right)$,则障碍物形成一个新

波源将声波能量向四周散射。例如,混凝土中的粗骨料就可看作是声波散射源。

以下将重点讨论两种介质的界面尺寸远大于声波波长时声波在介质分界面上的传播规律。

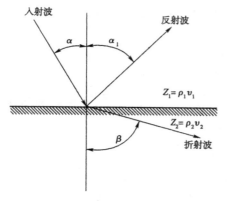

图 2-30 声波在界面上的反射和折射

一、声波的反射与折射

1. 反射定律

声波从一种介质($Z_1 = \rho_1 v_1$)传播到另一种介质($Z_2 = \rho_2 v_2$)时,在界面上有一部分能量被界面反射,形成反射波,如图 2-30 所示。

入射波波线及反射波波线与界面法线的夹角分别为入射角和反射角。入射角 α 正弦与反射角 α_1 的正弦之比等于波速之比,即

$$\frac{\sin\alpha}{\sin\alpha_1} = \frac{v_1}{v'_1} \tag{2-132}$$

当入射波和反射波的波形相同时 $v_1 = v'_1$,所以 $\alpha = \alpha_1$。

2. 折射定律

声波的部分能量将透过界面形成折射波,折射波线与界面法线的夹角为折射角。入射角 α 的正弦与折射角 β 的正弦之比,等于入射波在第一种介质中的波速 v_1 与折射波在第二种介质中的波速 v_2 之比,即

$$\frac{\sin\alpha}{\sin\beta} = \frac{v_1}{v_2} \tag{2-133}$$

3. 反射率

反射波声压 P' 与入射波声压 P 之比称为反射率 γ,即

$$\gamma = \frac{P'}{P} \tag{2-134}$$

γ 的大小与入射波角度、介质声阻抗率及第二种介质的厚度有关。

当第二种介质很厚时:

$$\gamma = \frac{Z_2\cos\alpha - Z_1\cos\beta}{Z_2\cos\alpha + Z_1\cos\beta} \tag{2-135}$$

如果这时声波垂直入射,即 $\alpha = \beta = 0$ 时,则上式可简化为

$$\gamma = \frac{Z_2 - Z_1}{Z_2 + Z_1} \tag{2-136}$$

当第二种介质为薄层时:

$$\gamma = \left[\frac{\frac{1}{4}\left(\zeta - \frac{1}{\zeta}\right)^2 \sin^2\left(\frac{2\pi\delta}{\lambda}\right)}{1 + \frac{1}{4}\left(\zeta - \frac{1}{\zeta}\right)^2 \sin\left(\frac{2\pi\delta}{\lambda}\right)}\right]^{\frac{1}{2}} \tag{2-137}$$

式中:ζ——声阻抗之比,即 $\zeta = Z_1/Z_2$;

λ——波长;

δ——第二种介质的厚度。

4. 反射系数

反射声强 J_1 与入射声强 J 之比,称为反射系数 f_R,其计算公式为

$$f_R = \frac{J_1}{J} = \left[\frac{Z_2\cos\alpha - Z_1\cos\beta}{Z_2\cos\alpha + Z_1\cos\beta}\right]^2 \tag{2-138}$$

若为垂直入射,即 $\alpha = \beta = 0$,则

$$f_R = \left[\frac{Z_2 - Z_1}{Z_2 + Z_1}\right]^2 = \gamma^2 \tag{2-139}$$

5. 透过率

透过声压 P_2 与入射声压 P 之比称为透过率 R_T,即

$$R_T = \frac{P_2}{P} \tag{2-140}$$

当第二种介质很厚时:

$$R_T = \frac{2Z_2\cos\alpha}{Z_2\cos\alpha + Z_1\cos\beta} \tag{2-141}$$

若为垂直入射,即 $\alpha = \beta = 0$,则

$$R_T = \frac{2Z_2}{Z_2 + Z_1} = 1 - \gamma \tag{2-142}$$

当第二种介质为薄层时:

$$R_T = \left[\frac{1}{1 + \frac{1}{4}\left(\zeta - \frac{1}{\zeta}\right)^2 \sin^2\left(\frac{2\pi\delta}{\lambda}\right)}\right]^{\frac{1}{2}} \tag{2-143}$$

6. 透过系数

透过声强 J_2 与入射声强 J 之比,称为透过系数 f_T,其计算公式为

$$f_T = \frac{J_2}{J} = \frac{4Z_1 Z_2 \cos\alpha\cos\beta}{(Z_1\cos\beta + Z_2\cos\alpha)^2} \tag{2-144}$$

垂直入射时:

$$f_T = \frac{4Z_1 Z_2}{(Z_1 + Z_2)^2} = 1 - \gamma^2 \tag{2-145}$$

二、声波在异质界面上的波形转换

当纵波从一固体介质射入另一个固体介质时,除了在两种介质中产生反射纵波和折射纵波外,还可能产生反射横波和折射横波(图2-31),在特定条件下还可能产生表面波。这些波的反射角和折射角与入射角的关系,均符合前述的反射定律和折射定律,即

$$\frac{v_{p1}}{\sin\alpha} = \frac{v_{p1}}{\sin\alpha_1} = \frac{v_{s1}}{\sin\alpha_2} = \frac{v_{p2}}{\sin\beta_1} = \frac{v_{s2}}{\sin\beta_2} \tag{2-146}$$

式中:$\alpha, \alpha_1, \beta_1$——分别为纵波的入射角、反射角和折射角;

α_2, β_2——分别为横波的反射角和折射角;

v_{p1}, v_{s1}——分别为纵波和横波在第一种介质中的声速；

v_{p2}, v_{s2}——分别为纵波和横波在第二种介质中的声速。

因为在固体介质中 $v_s < v_p$，所以 $\alpha_1 > \alpha_2, \beta_1 > \beta_2$。当 α 为一适当角度使 $\beta_1 \geq 90°$ 时，在第二种介质中将只存在横波，此时的入射角 α 称为第一临界角；当 α 继续增大，使 β_2 恰好为 $90°$，这时横波沿分界面传播，即形成表面波，此时的入射角 α 称为第二临界角。这一现象可作为在试体中产生横波或表面波的方法之一。

三、声波在固体介质中传播时的能量衰减

声波在介质传播过程中，质点振幅随传播距离增大而减小的现象称为衰减，这种衰减现象既和传声介质的黏塑性、内部结构特征有关，也和波源扩散的几何特征有关。

1. 声波的衰减系数

声波在某种介质中传播，由于存在衰减现象，质点振幅将逐渐减小，衰减率 dA/A 正比于声波的行进距离 dx，以平面波为例，如图 2-32 所示。

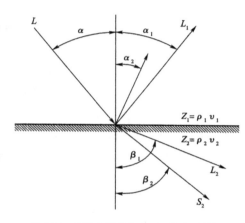
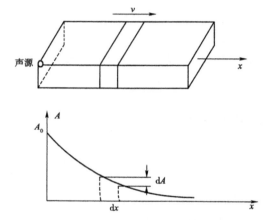

图 2-31 声波在两种介质面上的波形转换　　图 2-32 衰减系数的推导

$$dA_0(x) = -\alpha A_0(x) dx \quad (2\text{-}147)$$

$$\frac{dA_0(x)}{A_0(x)} = -\alpha dx$$

$$\ln A_0(x) = -\alpha x + c_0$$

$$A_0(x) = e^{-\alpha x} \cdot e^{c_0}$$

由边界条件为 $A_0(x)|_{x=0} = A_{00}$，得到

$$A(x) = A_{00} e^{-\alpha x} \quad (2\text{-}148)$$

式中：$A_{00}, A_0(x)$——分别为声源振幅和 x 处振幅；

α——衰减系数，即

$$\alpha = \frac{1}{x} \ln \frac{A_{00}}{A} \quad (2\text{-}149)$$

其中，α 的量纲为 $[L]^{-1}$，x 的单位为 cm，$\ln \dfrac{A_{00}}{A}$ 为两个同量纲比值的自然对数，称为奈培（NP），因此 α 的单位为 NP/cm。

现在,常用两个同量纲的比值的常用对数来表示衰减,称为分贝(dB),即

$$\text{分贝数}(\text{dB}) = 20\lg \frac{A_{00}}{A} \tag{2-150}$$

当 $A_{00}/A = \text{e}$ 时,分贝数为 $20\lg\text{e} \approx 8.68\text{dB}$,$1\text{NP} = 8.68\text{dB}$,采用分贝为单位后,衰减系数的单位为 dB/cm。值得注意的是,上述衰减系数是从平面波导出的,它没有包含因波源的空间辐射性而引起的扩散衰减。

2. 声波衰减的原因

按照引起声源衰减的不同原因,可把声波衰减分成以下三种类型:吸收衰减、散射衰减和扩散衰减。前两类衰减取决于介质的特性,而后一类则由声源空间特征决定。通常,在讨论声波与介质特性的关系时,仅考虑前两类衰减;但在估计声波传播过程中的能量损失时,例如声波作用距离、回波强度等,必须将这三类衰减因素全面考虑。

(1) 吸收衰减

声波在介质中传播时,部分机械能被介质转换成其他形式的能量(如热能)而散失,这种衰减现象称为吸收衰减。声波被介质吸收的机理是比较复杂的,它涉及介质的黏滞性、热传导及各种弛豫过程。

(2) 散射衰减

声波在一种介质中传播时,因碰到另一种介质组成的障碍物而向不同方向产生散射,从而导致声波减弱(即声传播的定向性减弱)的现象称为散射衰减。

散射衰减也是一个复杂的问题,它既与介质的性质、状况有关,又与障碍物的性质、形状、尺寸及数量有关。

(3) 扩散衰减

这类衰减主要缘于声波传播过程中,因波阵面的面积扩大,导致波阵面上的能流密度减弱。显然,这仅仅取决于声源辐射的波形及声束状况(即声场的几何特征),而与介质的性质无关。且在这个过程中,总的声能量并未变化,若声源辐射的是球面波,因其波阵面面积随半径 r 的平方增大,故其声强随 r^{-2} 规律减弱。

同理,对于柱面波,声强随 r^{-1} 规律衰减。这种因波形形成的扩散衰减,因不符合衰减规律且与介质的特征无关,不能纳入衰减系数中,应根据具体波形分析和单独计算。

3. 级与分贝

在声学中,许多声学量常用其比值的对数来表示。一方面是因为这些量(声压、声强、声功率)的变化范围很大,往往可达十几个数量级,因此使用对数标度要比绝对标度方便;另一方面,在可闻声波频段内,人耳听觉对这些声学量的响应,并不与这些量呈线性关系,而是符合对数规律。对声波在介质中衰减量的度量也用对数标度比较方便,因此,在声学测试与计量中,广泛使用对数标度。

在声学中,一个量与同类基准量之比的对数称为级。它代表该量比基准量高出多少"级"。为具体表示级的大小,必须明确规定对数的底、基准量,并给出相应单位。声学中常用的级的单位是"分贝",符号为 dB。在前面分析声波衰减系数时,引入的"奈培"(NP)也是一种级的单位。下面以分贝为单位,列出几个常用声学量的级的表达式和基准量。需注意的是,各种量都是有效值。

（1）声强级

定义：声强级为某声强 J 与基准声强 J_0 的比值，取以 10 为底的对数再乘以 10，即

$$L_1 = 10\lg\frac{J}{J_0}(\text{dB}) \tag{2-151}$$

其中，$J_0 = 10^{-12}\text{W/m}^2$ 为基准声强。此值相应于正常人耳对 1kHz 声音刚刚能觉察其存在的声强值，亦即 1 kHz 声音的可听阈声强。

（2）声压级

定义：某声压 P 与基准声压 P_0 的比值，取以 10 为底的对数再乘以 20，即

$$L_p = 20\lg\frac{P}{P_0}(\text{dB}) \tag{2-152}$$

其中，P_0 为基准声压，它有两个取值：

①空气中 $P_0 = 2 \times 10^{-5}\text{Pa}$，此值是与基准声强 J_0 相对应的声压，即 1kHz 声音的可听阈声压；

②水中 $P_0 = 1 \times 10^{-6}\text{Pa}$。

显然，可听阈声压级为 0dB。人耳对音频为 1 kHz 的声音的可听阈为 0dB；人耳对声音强弱的分辨能力约为 0.5dB。微风轻拂树叶的声音为 14dB；在房间高声谈话（相距 1m 处）约为 68~74dB；交响乐队演奏（相距 5m 处）约为 84dB；飞机发动机的声音（相距 5m 处）约 140dB。

由于声压的有效值与质点振幅成正比，所以

$$L_P = L_A = 20\lg\frac{A_0}{A_{00}} \tag{2-153}$$

分贝数为正，表示增益（放大）；分贝数为负，表示衰减。

一般来说，采用分贝进行对数运算，数学上是简便的，它能将各参数间的乘除关系简化为加减关系。

无论机械波还是电磁波，都符合波的折射和反射特性，利用以上波的传播特性，就可以进行基于波动理论的工程检测了。例如声波检测，一般是以人为激励的方式向介质（被测对象）发射声波，在一定距离上接收经介质物理特性调制的声波（反射波、一透射波或散射波），通过观测和分析声波在介质中传播时声学参数和波形的变化，对被测对象的宏观缺陷、几何特征、组织结构、力学性质进行推断和表征。而声波透射法则是以穿透介质的透射声波为测试和研究对象的。

【思 考 题】

1. 简述振动和波动的定义及其相互关系。
2. 振动可以分为哪几类？详细解释各类振动。
3. 解释无阻尼振动和有阻尼振动并说明这两种振动有何区别。
4. 何为周期振动？解释振动量的峰值、有效值和平均值。
5. 随机振动信号的基本统计量有哪些？并逐一解释。

6. 何为相关函数？互相关函数有何性质？
7. 解释功率谱函数和功率谱密度并说明其与相关函数之间的相互关系。
8. 何为频率响应函数？举例说明其幅频和相频特性。
9. 解释脉冲响应函数，并说明如何通过脉冲响应函数计算系统的响应。
10. 何为信号的时域和频域分析？
11. 解释波动、次声波、可闻声波、超声波。
12. 机械波可分为几种类型？请详细阐明。
13. 简述弹性固体介质中声速的影响因素。
14. 弹性固体介质的波速可分为几类？请简要说明。
15. 解释波的能量和能量密度并说明其相互关系。
16. 描述声场特征的基本物理量是什么？请简要说明。
17. 简述声波在两种介质界面上的传播规律。
18. 何为声波的衰减？这种衰减与哪些因素有关？
19. 解释分贝的定义并对常用声学量的级的表达式和基准量进行说明。

第三章 量测仪表与技术

【学习目的与要求】

通过对量测仪表和量测技术的学习,认识到量测技术、仪器设备、测试元件在道路桥梁检测技术中的重要性。本章要求掌握桥梁动力检测中的主要仪器设备的构造、性能、工作原理。熟悉仪器设备的分类、作用,使用方法及其工程适用范围,了解如何通过实测的数据计算各类参数。

第一节 概 论

工程结构试验的目的,不仅要得到有关结构性能的宏观印象,更重要的是要取得确定结构性能的定量数据。只有取得了可靠的数据,才能对结构性能做出正确的评估,或为创立新的计算理论提供依据。

取得精确可靠的数据,依赖于先进的量测仪表和量测技术。数据量测是人类对客观事物取得数量的认识的过程,是判断事物质量指标的重点手段。可以认为,科学技术的发展是与量测仪表和量测技术的不断完善与进步分不开的。量测仪表和量测技术的发展反映了一个国家的国民经济和科学技术的发展水平,对各领域的科学研究都有着重要的意义,在土木工程、道路桥梁学科领域中也不例外。

在工程结构试验中,试件作为一个系统,所受到的外部作用(如力、位移、温度等)是系统的输入数据,试件的反应(如应变、应力、裂缝、位移、速度、加速度等)是系统的输出数据。通过对输入与输出数据的量测、采集和分析处理,可以了解试件系统的工作特性,从而对结构的性能做出定量的评价。为了采集到准确、可靠的数据,应该采用正确的量测方法,选用可靠的量测仪器设备。

随着科学技术的不断发展,各学科互相渗透,新的量测仪器不断出现。从最简单的逐个测读、手工记录的仪表,到应用电子计算机快速连续采集和处理的复杂系统,种类繁多,原理各异。试验人员除对被测参数的性质和要求应有深刻理解外,还必须对有关量测仪表的原理、功能和要求有所了解,然后才有可能正确选择仪表并掌握使用技术,取得满意效果。

从测量技术的历史发展过程和实际使用情况看,数据的量测与采集方法有:

(1)用最简单的工具进行人工测量、人工记录,如用直尺测量变形;

(2)用仪器进行测量、人工记录,如用应变仪配应变计或位移计测量应变、位移;

(3)用仪器进行测量、记录,如用传感器及 x-y 记录仪进行测量、记录,或用传感器、放大器和磁带记录仪进行测量、记录;

(4)用自动化数据采集系统进行测量、记录、处理。

用于数据采集的仪器设备种类繁多,按它们的功能和使用情况可以分为传感器、放大器、显示器、记录器、分析仪器、数据采集仪或一个完整的数据采集系统等。仪器设备还可分为单件式和集成式。单件式仪器是指一个仪器只具有单一的功能;集成式仪器是把多种功能集中在一起的仪器。在各个种类的仪器中,传感器的功能主要是感受各种物理量(力、位移、应变等),并把它们转换成电信号或其他容易处理的信号;放大器的功能是把传感器传来的信号进行放大,使之可被显示和记录;显示器的功能是把信号用可见的形式显示出来;记录器是把采集得到的数据记录下来,作长期保存;分析仪器的功能是对采集得到的数据进行分析处理;数据采集仪可用于自动扫描和采集,可作为数据采集系统的执行机构;数据采集系统是一种集成式仪器,它包括传感器、数据采集仪和计算机或其他记录器、显示器等,它可用来进行自动扫描、采集,还能进行数据处理。

仪器设备还可以按以下方法分类。

(1)按工作原理可分:①机械式仪器——纯机械传动、放大和指示;②电测仪器——利用机电变换,并用电量显示;③光学测量仪器——利用光学原理转换、放大和显示;④复合式仪器——由两种以上工作原理复合而成;⑤伺服式仪器——带有控制功能的仪器。

(2)按仪器的用途可分:①应变计;②位移传感器;③测力传感器;④倾角传感器;⑤频率计;⑥测振传感器等。

(3)按仪器与结构的关系可分:①附着式与手持式;②接触式与非接触式;③绝对式与相对式。

(4)按仪器显示与记录方式分:①直读式与自动记录式;②模拟式和数字式。

量测仪表的性能指标如下。

(1)量程(量测范围):仪表所能量测的最小至最大的量值范围。

(2)最小分度值(刻度值):仪器的指示或显示装置所能指出的最小测量值。

(3)精确度(精度):仪表的指示值与被测值的符合程度,常用满程相对误差表示。

(4)灵敏度:被测量的单位变化引起仪器示值的变化值。

(5)滞后:在恒定的环境条件下,仪器在整个量测范围内,从起始值到最大值来回输出中的最大偏差值或该值与最大量程的百分比。

量测仪器的某些性能之间常互为矛盾,如精度高的量程常较小,灵敏度高的仪器往往适应性能稍差。在选用时,应避繁就简,根据试验的目的要求,综合加以考虑,防止盲目性和片面性。

以桥梁结构检测为例,桥梁结构的试验按照受力状态可分为静载试验和动载试验;按照试验持续的时间分类可分为瞬时试验及长期试验。在静荷载作用下,一般要测定作用力的大小(其中包括静荷载、支座反力、推力等的大小),构件的内力(包括弯矩、轴向力、剪力、扭矩等),断面上各种应力的分布状态及其大小,各种变形(包括挠度、相对滑移、转角等)以及局部损坏现象,如裂缝的分布及其大小等;在动荷载作用下,一般要测定动荷载的大小、频率和变化规律,构件的动应力,结构的自振频率、动挠度、衰减特性及其加速度等。为了测定上述各项数据,在进行桥梁结构试验时,需要使用相应的测试仪器,并掌握量测仪器的基本性能和测量方法的知识。

量测技术、仪器设备、测试元件是桥梁结构的重要技术保障,量测技术的科学性、准确性直接关系到桥梁结构试验能否达到预期的目的。

工程结构对量测数据的精确度要求,通常根据试验目的及要求确定,并依此选择量测方法和量测仪表。为此,全面了解量测仪表的技术性能、使用方法和适用范围等是完全必要的。

第二节 静态测试仪器

一、机械式测试仪器

机械式测试仪器的特点是准确度高,对环境的适应能力强,有一定的灵敏度,使用简单,工作可靠,经济耐久,可重复使用。其性能在许多方面能满足桥梁结构试验的要求,其主要缺点是灵敏度不高,放大能力有限,在某些情况下稍显笨重。

机械式测试仪器,一般是由各种机械零件组成,主要有杠杆、齿轮、轴、弹簧、指针和度盘等。机械式测试仪器常由传感机构、转换机构、指示机构和机体及保护部分等四部分组成。

传感机构的功能是直接感受被测量构件的变化并把这种变化传到转换机构。在接触式机械量测仪器中,这部分常常是测杆及弹簧。对于张线式机械量测仪器则常常是鼓轮一类的构件。转换机构的功能是把传感机构传来的被量测构件的变化转换为长度的变化,并且把它放大或缩小,或者改变方向,如百分表中的大小齿轮及弹簧。指示机构的功能是把经过转换机构转换为长度并经放大、缩小或改变方向之后用一定形式表现出来,一般常由指针和度盘组成,例如百分表中的大小指针和刻度盘。机件和保护部分的功能是把各组成部分连成整体使之成为具有一定功能的仪器。机体与保护部分共同保护仪器不受周围环境的影响。

机械式量测仪器的种类很多,由于现代精密机械的发展,机械式量测仪器的精度已经很高。但是近年来由于电子技术的飞速发展以及新型的高精度自动化电测仪器的出现,机械式仪器有被电测仪器取代的趋势。然而,目前实践中机械式仪器仍然是常用的量测工具。现分别介绍一些常用机械式量测仪器。

1. 百分表和千分表

百分表和千分表是道路桥梁试验中最常用的机械式量测仪器。这种仪器也是机械加工工业中最常用的量具。试验中常常用它来量测微小的位移，如配以适当的夹具就可以量测挠度、应变和转角等。最小刻度值为 0.01mm 的为百分表，最小刻度值为 0.001mm 的为千分表。图 3-1 是百分表及其构造图。

测杆 7 穿过机体，弹簧 9 将测杆紧压在测点或不动点上。结构的位移使仪器的测杆产生移动，再经过一套齿轮体系传递于大小两指针，使指针沿刻度盘旋转，由指针移动的距离即可决定位移值。弹簧 2 使齿轮与齿轮之间只有单面接触，以消除齿隙所造成的无效行程。

千分表的构造和百分表相似，只是增加了一对大齿轮。

2. 位移计

机械式位移计有接触式和张线式两种。

1) 接触式位移计

将百分表或千分表配以适当的夹角即构成接触式位移计，可以用于量测结构各部位较小的位移。百分表或千分表可以装在万能表架上（图 3-2）或磁力表架上。其固定方法可用颈箍夹住千分表的轴顶（图 3-3），或以螺丝穿在千分表的耳环孔中旋紧螺母予以固定（图3-4）。

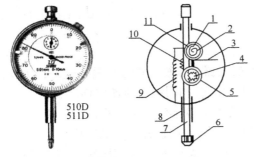

图 3-1 百分表及其构造图

1-短针;2-齿轮弹簧;3-长针;4、5、10、11-齿轮;6-顶头;
7-测杆;8-轴颈;9-测杆弹簧

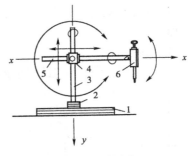

图 3-2 万能表架

1-底座;2-螺丝;3-竖杆;4-弹簧卡具;5-横杆;6-位移计

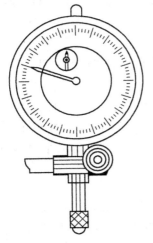

图 3-3 颈箍固定位移计

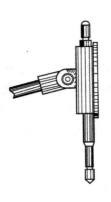

图 3-4 耳环固定位移计

这类仪器的优点是构造简单,使用方便,造价低廉,准确度高;主要缺点是量程小。在桥梁结构试验中,此类仪器适合量测结构较小的位移及支座下沉、构件间的相对滑移和构件变形、钢筋混凝土梁的挠度等。其主要性能见表3-1。

位移计的刻度和量程 表3-1

名 称	最小刻度(mm)	量 程(mm)
百分表	0.01	5.10
千分表	0.001	1.2

有一种挠度计其构造原理与百分表相同,但量值较大并配有相应的支架夹具,常用的有瑞士胡根伯格挠度计。挠度计主要性能见表3-2。

挠度计的刻度和量程 表3-2

挠度计类型	最小刻度(mm)	量 程(mm)
1	0.05	50
2	0.01	10

接触式位移计在使用时有两种安装方法:一种是将仪器安装在结构的测点上,而将百分表(或千分表)的测杆支在不动点上;另一种是仪器安装在固定点上,而将测杆支于测点。

使用时,将位移计安装在磁性表架上,用表架横杆上的颈箍夹住位移计的颈轴,并将测杆顶住测点,使测杆与测面保持垂直。表架的表座应放在一个不动点上,打开表座上的磁性开关以固定表座。

2)张线式位移计

张线式位移计是桥梁结构试验中测量较大位移的仪器。张线式位移计是通过一根钢丝使仪器与结构测点相连,利用钢丝传递位移。

常用的张线式位移计有下列三种。

(1)简易挠度计(利用杠杆放大的挠度计)

此种设备一般均为自制,是利用杠杆作为转换机构将位移放大。其特点是构造简单、安装方便、成本低,其构造如图3-5所示。其放大倍率 $\gamma = l_2/l_1 = 10 \sim 20$,精度约为0.1mm,量程可达100mm,悬挂的重物应大于2~3kg,钢丝直径为0.2~0.3mm,指针(杠杆)可用板条或金属片制造。

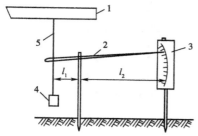

图3-5 简易挠度计
1-桁架;2-指针;3-度盘;4-重物;5-钢丝

此种挠度计能够自制,有一定精度,在施工过程中常作为控制测量的工具。

(2)静载挠度计(利用摩擦轮放大的挠度计)

这种仪器是测量静载挠度的基本工具。其构造如图3-6所示,工作原理如图3-7所示。

仪器利用摩擦轮传递和放大位移。仪器有两个度盘,一个刻画在大摩擦轮上,可以从仪器面板的槽口内见到刻度,其放大倍数 $\gamma_1 = r_2/r_1 = 2.5$;另一个刻在水平度盘上,放大倍数 $\gamma_2 = \dfrac{r_3}{r_2} \cdot \dfrac{r_5}{r_4} = 2.5$。

刻度轮(即大摩擦轮)在轮周上刻度为100格,每格相当于1mm。刻度轮转一周,水平度盘上的指针转十圈。水平度盘也分为100格,每格相当于挠度0.1mm,每圈1cm。仪器的量程是无限的,只要记住刻度轮的连续转数和刻度轮读数的十位数加上水平度盘读数就是总读数。

读数精度为 0.1mm，可目估 0.05mm。例如，刻度轮转过了一周，刻度轮度数十位数是 5，水平度盘读数是 35，则挠度为 153.51mm。

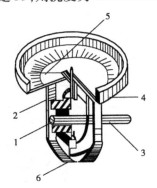

图 3-6 静载挠度计构造图
1-滑轮；2-大摩擦轮；3-固定仪器的圆杆；4-小摩擦轮；
5-指针；6-放大率调节螺丝

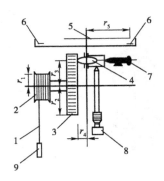

图 3-7 静载挠度计的工作原理
1-钢丝；2-滑轮；3-大摩擦轮；4-小摩擦轮；5-指针；6-度盘；7-调节螺丝；8-放大率调节螺丝；9-重物

使用时，可用如图 3-8 所示的夹具，将仪器固定在测点上或结构附近的固定点上，如图 3-9 所示。

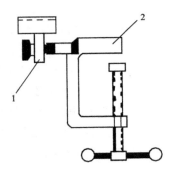

图 3-8 挠度计的夹具
1-挠度计；2-夹具

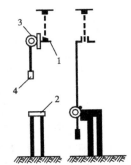

图 3-9 挠度计的安装方法
1-结构；2-不动支架；3-挠度计；4-重物

(3) 齿轮传动的挠度计

此类挠度计的工作原理，如图 3-10 所示。测点产生位移时，依靠绕在摩擦轮上的钢丝和悬挂在钢丝上的重物使摩擦轮转动，从而引起一系列齿轮转动，达到传动和放大的作用。摩擦轮周长 10cm，与其同轴的主动齿轮带动中心齿轮，两者直径比为 5:1，中心齿轮带动被动齿轮，主动齿轮与被动齿轮的大小相同。中心齿轮和被动齿轮相应的面板上有大小刻度盘。大刻度盘分为 200 格，每格相当于 0.1mm，每圈 2cm，小刻度盘分为 20 格，每格 5mm，每圈 10cm。此种挠度计的量程也是无限的。

安装此种类型挠度计的方法与静载挠度计的方法相同。另外，还有一种由接触式位移计改装成的张线式位移计。接触式位移计可以改装成张线式的位移计，以解决需要安装不动点及不便观测的困难。安装时，除按一般张线式挠度计一样利用钢丝传递测点位移外，只需在百分表上装一夹具，即如图 3-11 所示的装置，便可将钢丝引来的位移传给位移计。

使用张线式位移计量测位移时，除应注意位移的相对性外，应对钢丝给以相当的重视。钢丝的直径常为 0.2~0.3mm，其直径对仪器的放大率有影响，不宜过粗，否则应进行修正。悬挂的重物宜大于2~3kg。在试验前2~3d,先挂以重物(质量约为试验时的1.5倍),借以拉直钢丝并消除钢丝松弛的影响。

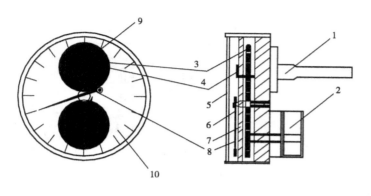

图3-10 齿轮传动的挠度计
1-固定柄;2-摩擦轮;3-被动齿轮;4-小指针;5-玻璃罩;6-中心齿轮;7-主齿轮;8-大指针;9-小刻度盘;10-大刻度盘

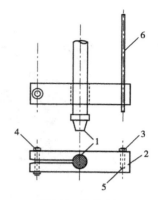

图3-11 张线夹具
1-位移计测杆;2-夹具;3-固定钢丝的螺钉;4-固定夹具的螺钉;5-穿钢丝的小孔;6-钢丝

3. 应变计

应变计是测量结构表面纤维长度变化的仪器。应变计所测区段的原始长度称为应变计的标距。应变计只能测得仪器安装后结构在该处的变化。

机械式应变计种类很多,目前常用的有三种:杠杆式应变计、手持应变仪、千分表应变计。

杠杆式应变计型号很多,最常用的一种外形,如图3-12所示。其构造原理,如图3-13所示。仪器由两组杠杆组成,待测的应变经由两组杠杆放大。第一组杠杆由活动刃脚6(高度为a)和杠杆2(高度为A)所组成,其支点为M。第二组杠杆由指针组成,其支点为N。固定刃脚与活动刃脚之间的距离L作为仪器的标距。当仪器刃脚处的纤维产生位移时,仪器标距L即发生ΔL的变化,经两组杠杆传导放大,使指针尖端在度盘移O_T。

仪器的放大倍数(图3-13):

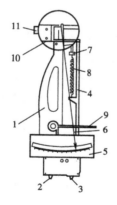

图3-12 杠杆式应变计
1-仪器躯体;2-固定刃脚;3-活动刃脚;4-杠杆长臂;5-度盘;6-指针;7-T型钩;8-弹簧;9-制动柄;10-支座;11-调节螺栓

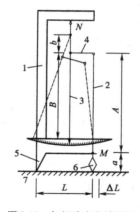

图3-13 杠杆式应变计原理
1-仪器座身;2-第一组杠杆;3-第二组杠杆;4-联动杆;5-固定刃脚;6-活动刃脚;7-试件;L-标距;ΔL-试件在标距内的变形

$$V = \frac{A}{a} \cdot \frac{B+b}{b} \tag{3-1}$$

则

$$\Delta l = \frac{O_T}{V}$$

$$\varepsilon = \frac{\Delta l}{l} = \frac{O_T}{Vl} \tag{3-2}$$

$$\sigma = \varepsilon \cdot E = \frac{O_T}{Vl} \cdot E \tag{3-3}$$

一般杠杆应变计的放大倍率为1 200,标距为20mm,用加长臂则可使标距增至100mm或200mm,甚至可达到1 000mm。这样可以提高仪器的灵敏度,但是相应的量程则变小。安装杠杆应变计时使用的附件、卡具种类很多,需要根据结构的断面形状及安装仪器的部位而适当地选择。

4. 倾角仪

倾角仪(计)主要量测各种结构的转角。目前,我国应用最广的有简单的杠杆式倾角仪和水准式倾角仪两种。

(1)杠杆式倾角仪

在待测断面上安装一个金属杆。当加载后,结构构件发生变形,引起金属杆转动一个角度 α,如图3-14所示。测定 A、B 两点间的水平位移 a、b,即可求得 α 角的正切值。

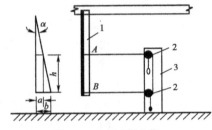

图3-14 杠杆式倾角仪
1-金属杆;2-张线式位移计;3-固定的木桩

$$\tan\alpha = \frac{b-a}{h} \tag{3-4}$$

式中:h——金属杆上 A、B 两点间的距离。

利用图3-14所示装置时,金属杆所在断面的垂直位移对 α 值无影响。如采用其他形式的装置时,应考虑标距在变形时有无变化。这种装置的优点是构造简单,灵敏度高,受温度的影响小,但需在测点附近有固定位移计的不动点,所以在使用上有局限性。

当 $h=100$mm,位移计刻度差值 $\Delta=0.1$mm,则可测得转角值为 1×10^{-3}rad,具有足够的精度。

(2)水准式倾角仪

水准式倾角仪是以零位法测定各种倾角,其外形如图3-15所示。仪器的指零装置是高灵敏度的水准管。试验时可直接将仪器安装在相应的断面上,也可以直接放置在被测转角的表面。利用微调螺旋调平,使水准泡居中。当构件受力变形时,倾角仪随断面倾斜 α 角,水准泡偏至一边,再次调平。两次调平时度盘读数的差值即为转角 α。常用的水准式倾角仪的最小刻度为1″~2″,量程可达3°。水准式倾角仪的灵敏度高、尺寸小、使用安装方便,缺点是易受温度的影响,使用时应防止水准管受日光曝晒,以免炸裂。

5. 测力计

测力计是直接测量作用力大小的仪器。测拉力的为拉力测力计,测压力的为压力测力计。

(1) 拉力测力计

拉力测力计多为弹簧式,其工作原理是弹簧受力后其变形与作用力成正比,因此可按照变形的大小求得力的大小。如图 3-16 所示为一种环箍式拉力计的构造原理图,图 3-17 为其外形图。从图中可见,两块钢片即测力弹簧组成环箍。在拉力作用下产生变形,经扇形齿轮传递放大使指针在度盘上指示拉力。

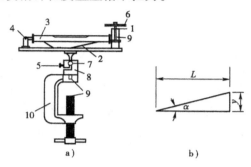

图 3-15 水准式倾角仪
a)构造图;b)原理图
1-基座;2-弹簧;3-水准管;4-活铰;5-微动螺旋;6-刻度盘;7-球形铰;8-承环;9-转轴;10-夹子

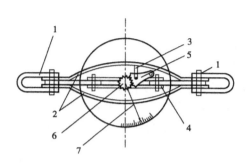

图 3-16 环箍式拉力计构造原理图
1-耳环;2-片状弹簧;3-连杆;4-可动的接板;5-扇形齿轮;6-中央齿轮;7-指针

这种拉力测力计最大量程可达几十吨。国产有 1～10t 的几种规格。另一种环箍式拉力测力计与下面介绍的压力测力计的构造相似。利用百分表感受环箍的变形,而百分表的读数与拉力成正比,在相应的换算表中可查出拉力数值,换算表根据标定的结果编制。有的环箍式测力计可以拉、压两用,但为保证测试精度以一种测力计使用为宜。

(2) 压力测力计

压力测力计有两种:一种为弹簧式压力测力计,另一种是液压式压力测力计。图 3-18 是一种环箍式压力测力计,其工作原理与拉力测力计相同,都是根据虎克定律。采用粗大环箍作为弹簧,当环箍受力变形,经杠杆变换传递,在百分表上读取读数,按预先标定制成的关系曲线或对照表即可求得压力值。

图 3-17 环箍式拉力测力计外形

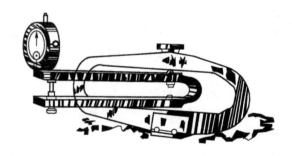

图 3-18 环箍式压力测力计

这种测力计准确度高,可用来校正试验机,结构试验中常用以测定支反力及集中压力。

图 3-19 是液压式压力测力计的基本构造图。在外力作用下,测力计压力室内的单位压力升高,用高精度的压力表测得单位压力值,乘以油室的活塞面积就得到外力的压力值。这种测力计比较简单,可以根据量程需要自行设计制造,也可以利用充满油的液压千斤顶代替。

另一种测量钢索或钢丝拉力的测力计,称钢索张力测力计或钢丝张力测力计。其构造的基本原理有两种:一种是给钢索或钢丝施加一个横向力,使钢索或钢丝产生一横向位移,根据位移值求得钢索或钢丝的拉力;另一种是给钢索或钢丝施加一个力偶,使钢索产生弯曲,根据弯曲的角度求得钢索拉力。

6. 机测仪器的误差及校正

一般说来,任何测量结果都有误差,测定值都是近似值。

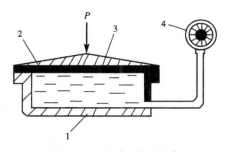

图 3-19　液压式压力测力计
1-箱子;2-橡皮膜;3-盖子(活塞);4-压力表

测量误差可分为系统误差、偶然误差以及过失误差。由于仪器本身的原因而产生的误差称仪器误差。仪器误差是系统误差的主要组成部分,通常称基本误差。产生基本误差的原因主要是由于仪器在设计及工艺上的缺点,如零件尺寸、安装位置和刻度分画不准以及由于使用日久磨损和零件变质影响等。

消除仪器系统误差的基本方法是预先求出仪器的误差,然后对测量的结果给以适当的修正,或根本消除产生误差的根源。为了预先确定误差并加以适当校正,主要的方法是对仪器进行定期标定。标定也称率定,就是用试验的方法确定仪器的刻度值或仪器的误差。

除了新出产的仪器在出厂时要经过率定外,正在使用的仪器也须定期进行率定。仪器率定的基本方法有下列三种。

(1) 在专门的率定设备上进行率定。率定设备能产生一个已知数值的变化,与被率定仪器的示值相比较就能求出刻度值。这种方法准确度高,常常用于仪器出厂时的率定。率定设备的准确度应该比量测仪器高。

(2) 没有专门的率定设备时,可用同级的"标准"仪器相比较。所谓"标准"仪器,其准确度并不比量测仪器高,但不常使用,因而仪器的量测性能保持不变,其准确度是已知的。显然这种方法的准确度取决于"标准"仪器的准确度,比上一种方法要差一些,但因不需要特殊设备,因而是常用的方法。

(3) 利用标准试件进行率定。办法是把标准试件在试验机上加载,使标准试件产生已知变化,根据这个变化就可求出安装在设备上被率定的仪器的刻度值。本方法的准确度不高,但是最简单而且容易做到,所以被广泛采用。

为了使用方便,对于需要随时率定的仪器,通常是采用专门的率定装置。

二、电测仪器

电测法的基本原理是通过一定的传感元件把所测的机械量(应变变化)转换为电量(电阻变化),再通过一定的仪器把电阻变化转换为电压(电流)的变化并加以放大,然后按机械量给出指示。这里所说的传感元件就是电阻应变片,仪器就是电阻应变仪。

结构试验中的电测法是利用电的某些特性,如电位差、电容、电阻、电感频率等的变化和结构变形之间的转换关系来测定结构的应变值。在桥梁结构试验中,最常用的是电阻应变测试技术,它是试验应力分析中重要的基本方法之一。从 1938 年首次出现金属电阻丝粘贴式传感元件到现在,已形成一种使用方便、适用性强、比较完备的测试手段。

按照测试对象在工作条件下其应力是否随时间变化,电测法可分为静态应变测量和动态应变测量两种。利用电阻变化进行静态应变测量的仪器称为静态电阻应变仪,用于动态应变测量的仪器称为动态电阻应变仪。

电测法的主要特点如下:

①灵敏度高。例如,目前常用的应变片和应变仪可以测到 1×10^{-6} 应变。

②应变片的标距小。目前,最小标距可以小到 0.2mm(电阻 120Ω),可以测量机械式应变计不能安放的部位处的应变;也可以制成较大的标距以测量混凝土结构的应变,并且可以测量复杂应力状态下一点的主应力大小和方向。

③不但可以测量静荷载下的应变,还可以测量动荷载下的应变。

④适合于现场测量,还可以进行遥测。

⑤除用于应变测量外,还可以作力、液压、位移、转角、速度及加速度等参量的测量。

⑥仪器使用方便,测试方法易于掌握,便于普及推广。

但是,事物总是一分为二,电测法也有一定的局限性。

①只能测构件的表面应变。

②测量整个构件或整体结构的应力分布时,往往需要设置较多的测点,工作量大。

③对应力集中的测量仍不够精确。

④测量系统用的仪器、导线较多,某些现场中易受环境条件(如温度、电磁场等)的影响。

随着生产和科学技术的高速发展,促使电测技术本身也在日益改进提高。新型高精度的仪器设备不断涌现,遥测以及测试过程自动化和数据处理等都取得了重大的成就。由于电测法具有一系列的优点,因而在工程技术领域中得到广泛的应用,并有取代机械式测试仪器之势。

1. 电阻应变片

电阻应变片简称应变片,是非电量测量中最常用的转换元件。电阻应变片测量结构或试件应变的基本原理,主要是借结构或试件的应变引起粘贴在结构或试件表面上的电阻应变片的电阻值发生变化。

以绕丝式电阻应变片为例,其制作方法是用直径 0.012~0.05mm 的康铜丝或镍铬丝等电阻材料绕成栅状。用黏结剂粘贴在两层薄纸中间(这种纸称为片基或基底),在丝栅的两端焊接以镀银或镀锡的铜线,其直径为 0.15~0.18mm,称为引线,如图 3-20 所示。使用时,把它粘贴在构件的表面。电阻丝栅又称敏感栅,其作用是把结构的应变转换为电阻的变化。b 是丝栅的宽度,称为基宽;L 是丝栅的长度,称为基长(或标距)。片基的作用是支承、固定和保护丝栅,它和黏结剂一起把结构的应变传给丝栅,并使丝栅和被测构件之间保持一定的电绝缘。引出线用来和导线焊接,连到测量电路上。

电阻应变片是利用合金电阻丝的电阻应变效应而工作的。电阻丝的应变效应即为电阻丝的电阻值随其本身的应变(伸长或缩短)而改变的一种物理性质。例如一根直径为 $2r$,长度为 L 的电阻丝,在外力 P 的作用下伸长 $\mathrm{d}L$(图 3-21),则 $\varepsilon = \mathrm{d}L/L$($\varepsilon$ 是个无量纲量,因为其数值很小,常以 10^{-6} 为计量单位)。若电阻丝的原始电阻为 $R(\Omega)$,变形后电阻值的变化为 $\Delta R(\Omega)$,由试验得知,当应变不超过一定范围时,电阻丝的电阻相对变化 $\Delta R/R$ 和其线应变 ε 呈线性关系,用公式表示则为

$$\frac{\Delta R}{R} = k_s \varepsilon \tag{3-5}$$

式中：k_s——电阻丝应变灵敏系数。

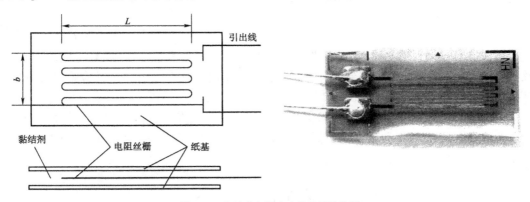

图 3-20　绕丝式电阻应变片及其构造图

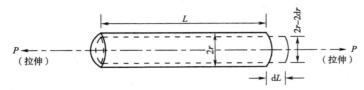

图 3-21　金属导线受力变形图

电阻丝应变灵敏系数对不同的材料有不同的取值。铜镍电阻丝（康铜丝）的应力 σ 与应变 ε 的关系曲线和电阻变化率 $\Delta R/R$ 与应变 ε 的关系曲线均表明在应变高达 $4\,500 \times 10^{-6}$ 时，$\Delta R/R$ 与 ε 之间仍然保持线性关系。经热处理后的康铜丝，应变高达 $6\,000 \times 10^{-6}$ 时仍有很好的线性关系。

从物理学可知，金属导线的电阻为

$$R = \rho \frac{L}{A} \tag{3-6}$$

式中：R——电阻丝的电阻（Ω）；

　　　L——电阻丝的长度（m）；

　　　A——电阻丝的断面面积（m^2）；

　　　ρ——电阻率（$\Omega m^2/m$）。

当电阻丝受力后，其长度、断面和电阻率分别改变了 ΔL、ΔA 和 $\Delta \Omega$，电阻值也相应变化 ΔR。由数学分析可得

$$K_s = \frac{\frac{\Delta R}{R}}{\varepsilon} = 1 + 2\mu + \frac{\Delta \rho}{\rho \varepsilon} \tag{3-7}$$

式中：μ——电阻丝的泊松比。

由式（3-7）可知，K_s 与两个因素有关，一个是式中的前两项，是由电阻丝的几何形状变化引起的；另一个是公式的第三项，是由材料的电阻率 ρ 发生变化引起的。目前，对电阻丝的电阻率变化规律的研究还很不够，所以电阻丝的灵敏系数一般都是用试验的方法来确定。

上述的讨论是针对单根电阻丝,对于用电阻丝制成的电阻丝栅、黏结剂和片基组成的电阻应变片以及用黏结剂粘到构件上的应变片,仍然具有应变效应。粘贴好的应变片感受到的应变 ε 与其电阻相对变化仍然保持比例关系,即

$$\frac{\Delta R}{R} = K\varepsilon \tag{3-8}$$

K 称为应变片的灵敏系数,其数值不但与电阻丝栅的灵敏系数有关,而且与电阻丝栅的形式及其几何尺寸、片基材料及黏结剂有关。K 值通常是由一批产品中抽样经检验以后确定,作为该批产品的灵敏系数。

为适应各种类型测试的需要,我国生产了各种类型的应变片。因为应变片各部分的材料性能以及电阻丝栅的形式和工艺等方面的因素对应变片的性质和特性有影响,为了便于按试验需要选择适宜的应变片,需要了解应变片的特性。

1）几何尺寸

应变片的有效工作面积是 $b(\mathrm{mm}) \times l(\mathrm{mm})$。$b$ 为基宽,是应变片垂直于轴线方向的电阻丝栅外侧间的距离;l 为基距,是应变片电阻丝栅在其轴线方向的长度。目前最小的应变片基距是 0.2mm,最大为 300mm。

2）电阻值（R）

应变片的电阻值是指未粘贴时应变片在室温下测定的电阻值,单位为 Ω。为与测量电路（仪器）相适应,一般多为 120Ω。应变片包装上标出的电阻值是检测若干应变片所得的阻值的平均值,并指明公差。

3）灵敏系数（K）

应变片包装所表明的灵敏系数是这批产品由抽样标定测得的平均值及其公差。测量是在单向应力状态下的标定装置（钢制纯弯曲梁或等强度悬臂梁,钢材的泊松比 $\mu = 0.285$）上用试验方法确定的。

4）横向灵敏度（H）

垂直于应变片主轴线的应变响应称为应变的横向灵敏度,如图 3-22 所示。当试件受力（P）而被拉伸时（单向应力场,平面应力场）,则沿受力方向（主应力方向）的应变为 $+\varepsilon$（伸长）,垂直于此方向的应变为 $\varepsilon' = -\mu\varepsilon$（缩短,$\mu$ 为试件材料的泊松比）。试件受力后变为图 3-22 中虚线所示的形状。图 3-22 中贴在试件上的直角丝栅其主轴线 x 与试件的受力方向一致。丝栅在 x 方向有长度为 $4l$ 的电阻丝,当发生伸长应变时,电阻值增加。在横轴线 y 方向有三段总长为 $3h$ 的电阻丝发生缩短应变,而电阻值减少。所以,横向部分对纵向部分的电阻值有影响,从而使应变片的灵敏度与单根同长度的电阻丝的灵敏度有所不同（灵敏度变化的程度与丝栅的几何形状有关）。这就是应变片的横向灵敏度的影响。

当应变片在任意平面应力场中时,其电阻变化率可用式(3-9)表示

$$\frac{\Delta R}{R} = K_x \varepsilon_x + K_y \varepsilon_y \tag{3-9}$$

式中：ε_x——沿应变片主轴的应变；

ε_y——垂直于应变片主轴的应变；

K_x——应变片主轴向的灵敏系数；

K_y——应变片横轴向的灵敏系数。

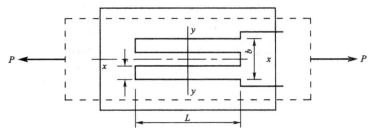

图 3-22 横向应变对应变片的影响

应变片出厂时标明的应变片灵敏系数,如前所述是经抽样标定而得。标定时是在特定应力场(单向应力场,$\mu_0 = 0.285$)标定的。标定出的 K 值实际上已包括横向灵敏度的影响。只要应变片实际使用中粘贴在单向应力场主应力方向,并且泊松系数与标定时所用标准梁的泊松系数相同,则横向灵敏系数并不引起误差。但是实际应用时,应变片往往贴在平面应力场中,沿主轴的应变 ε_x 和沿横轴的应变 ε_y 并不是标定时的应变关系($\varepsilon_y = 0.285\varepsilon_x$),所以横向灵敏度在一定场合下会引起较大的误差,需要加以考虑。

箔式应变片除受敏感栅横向部分的影响外,因纵向部分的宽度比厚度大得多,所以尺寸效应对纵向电阻变化也有影响。

常用的应变片多为绕丝式,如使用时结构材料的泊松比与应变片标定时的 μ_0 值不同,应对灵敏系数 K 加以修正。修正后的应变片灵敏系数为

$$K' = \frac{1 - C(1 - \mu)}{1 - C(1 - \mu_0)} K \tag{3-10}$$

$$C = \frac{2r(n-1)}{nl + \pi r(n-1)} = \frac{2\lambda(n-1)}{n + \pi\lambda(n-1)} \tag{3-11}$$

式中:K'——修正后的应变片灵敏系数;

K——应变片说明书上标明的应变片灵敏系数;

μ——被测构件材料的泊松比;

μ_0——标定时所用标准梁材料的泊松比;

n——电阻丝的根数;

r——线绕式电阻丝圆弧部分的半径;

l——线绕式电阻丝直线段的长度;

λ——电阻丝半径与长度之比。

5) 应变极限(ε_j)

应变片所能测量的应变范围是有一定限度的,这个限度称为应变片的应变极限。一般规定,在室温下其指示应变与试件的机械应变(即试件产生的应变)相差 10% 时的机械应变值即为应变极限,认为此时应变片已开始失去工作能力。

6) 绝缘电阻(R_m)

应变片的绝缘电阻是指应变片的引出线(或连接导线)与粘贴应变片的试件材料之间的电阻值,以兆欧(MΩ)计。一般要求 200 MΩ 以上才能保证应变测量的正常进行和量测精度。它是检查粘贴应变片的质量、黏结剂是否完全干燥或固化的重要标志。绝缘电阻只能用直流电压不超过 25V 的高阻表测量,否则易将电阻丝栅烧毁。

7) 机械滞后(c_1)

对已粘贴在试件上的应变片,在一定的温度条件下,在 0 和某一应变之间加载和卸载。以这个过程中试件的机械应变为横坐标,应变片的相应指示应变为纵坐标,画出的加载和卸载曲线并不重合,这种现象称机械滞后。在同一机械应变时,加载与卸载指示应变的差值即为机械滞后量。其原因很多,有的是因片基与黏结剂有滞后,也有的是因为电阻丝栅达到塑性变形而引起的。测试前,最好对构件进行三次以上的反复加载、卸载,以减少应变片的滞后和非线性。

8) 最大工作电流(I_{max})

当应变片接入测量电流时,电阻丝栅中通过一定电流而产生热量,从而温度升高,导致应变仪指针漂移。因此,需要规定允许通过电阻丝栅而不影响其工作特性的最大电流。一般静态测量时为 25mA;动态时为 75 ~ 100mA。箔式应变片可允许较高的电流。

9) 零点漂移和蠕变

零点漂移是指粘贴好的应变片,在恒温、试件无机械应变时,应变片的指示应变随时间而变化的数值,用 $\mu\varepsilon/h$ 表示。这种应变是虚假的应变。其原因是:①应变片受潮使电容变化,绝缘电阻降低产生漏电;②应变片通过电流产生热电势。

应变片粘贴后,在恒定的荷载和温度下,电阻值随时间而变化的特性称为应变片的蠕变。蠕变大致是以对数衰减的规律表现出来,其数值基本上与荷载成比例。

10) 温度效应

粘贴在试件上的应变片,除感受机械应变外,环境温度变化也引起电阻相对变化,称为温度效应。前者是我们要测的,而后者是虚假现象应予以排除。由于温度变化而引起的电阻变化包括两方面:一方面是由于环境温度变化,电阻本身产生的变化;另一方面是因结构及电阻丝栅的线膨胀系数不同而产生的附加应变。消除温度应变的方法常用温度补偿法,其方法有两种:一种称桥路补偿法;另一种是用温度自补偿应变片。

粘贴在构件表面的应变片,是通过黏结剂的传递作用而测量构件表面的变形。因此,如何保证构件的变形能正确地传递给应变片是应变测量的关键之一。

使用片基很薄且刚性较小的应变片,抗剪强度较高的黏结剂、较薄的黏结层和正确的黏结工艺是保证将结构表面的应变正确传递给应变片的必要条件。黏结层的厚度一般控制在0.05 ~ 0.08mm。

应变片的粘贴工艺,包括构件贴片处表面的处理,应变片的粘贴、固化,导线的焊接,应变片的防护以及检查等。这都是电阻应变测量中的关键性环节。如果其中任何一项工序未能保证质量,都要影响测试结果。如应变片粘贴不良,会影响应变的传递;焊接不良,易造成应变仪指针不稳或断路;防护不良,会使绝缘能力降低以至短路等。

(1) 准备应变片

在准备用应变片测试时,首先应检查应变片外观,目测应变片电阻丝栅排列整齐度及有无锈斑,引出线应牢固,胶层应无气泡。目测合格的应变片应再用精度为 0.1Ω 的电桥测量每个应变片的电阻值,并分组包装备用。工作片与补偿片的电阻值相差不应大于 0.1Ω。如相差大于 $\pm 0.5\Omega$,应变仪将不易平衡。

(2) 处理构件贴片表面

为保证黏结强度,必须对构件表面的贴片处进行处理。首先清除油漆、氧化皮和污垢,可用刮刀和砂轮将表面刮削打平,再用 0 号或 1 号砂布磨光。加工光滑的表面还要用 0 号或 1

号砂布磨出与纵轴成45°的一些纹路,处理面积约为应变片的3~5倍。然后用划针准确画出坐标线即贴片的方位线。

(3)贴片

应按照选用的黏结剂所规定的粘贴工艺进行粘贴。以下为使用的注意事项。

①贴片前,要用纱布或脱脂棉球蘸丙酮(或无水酒精,四氯化碳)对贴片表面进行擦洗。表面湿度较大时,应对表面进行烘干处理,如可使用热吹风机或红外线灯使水分蒸发。

②在处理好的位置和应变片上各涂一薄层黏结剂,稍待一段时间(时间长短视黏结剂种类而定,如聚酯黏结剂可稍长一些,而氰基丙烯脂快干胶则基本不用等待),然后把应变片粘贴到预定位置上。注意保持应变片的方位,有时还需在粘贴前涂一防潮层。

③在应变片上盖一张玻璃纸,一手捏引线,用另一只手的拇指或食指从片头到片尾轻轻滚压(只能用垂直压力,不要旋转和错动,不要用力过大)把多余的胶水和气泡挤出,直到应变片粘住为止。

④对翘起或粘贴不够牢固的部位,特别是应变片的两端,可再补充一些黏结剂并适当挤压。总之,贴完后应使胶层均匀,并且准确、整齐干净。

(4)干燥固化

贴片后,按照所用黏结剂规定的方法和时间进行干燥固化。一般可以在自然干燥一段时间后,用红外线灯或热吹风机烘烤、烘吹,温度应控制在40~80℃。若在潮湿环境中贴片,则应贴片后即烘干,然后立即进行防护处理,以防吸潮。

(5)应变片的防护

应变片接好导线后,应立即涂上防护层,其作用是防止应变片受潮和机械损伤。因为,潮湿将破坏应变片正常工作。防护技术是应变测试中的重要环节,特别是在水中、高压水中、混凝土浆胶中等环境里使用应变片时,首先要考虑防护措施是否有效和可靠。

贴好的应变片的潮湿程度是不易直接测量的,一般是用应变片和结构表面的绝缘电阻值来判断。高的绝缘电阻值可保证测量的精度。但实际工作中,如要求太高的绝缘电阻值,将使防潮措施过于复杂,工作量大。所以一般静态测量大于200MΩ,动态测量是可以稍小于200MΩ,对长期观测或要求精度较高的测量应大于500MΩ。

常用的防护剂见表3-3。

常用防护剂配方 表3-3

材料 配方	石蜡 (%)	蜂蜡 (%)	松香 (%)	机油 (%)	凡士林 (%)	环氧树脂 (%)	邻苯二甲酸 二丁酯(%)	乙二胺 (%)
配方1		100						
配方2					100			
配方3	65		20		15			
配方4	32	8	35	10	15			
配方5	40		35	10	15			
配方6						86.2~75	8.61~8.8	5.1~6
配方7						83.3~72	10~17.9	6.6~10

电阻应变片在应用中的主要缺点:因为电阻应变片是选点布置的,故测量结果仅给出测点

贴片方向的应变,难以得到应变和应力场的全貌;通常电阻应变片只适于结构表面应力的测量,并且测量值只是电阻应变片基长内的平均应变值;连续长时间测量会出现漂移,原因在于黏结剂的不稳定性和对周围环境的敏感性;应变片必须牢固粘贴在试件表面,才能保证准确地传递试件的变形,粘贴工作技术性强,工艺复杂,工作量大;电阻应变片不能重复应用。

2. 电阻应变仪基本原理

根据前述电测法基本原理可知,结构的应变是由电阻转换为电阻变化率而加以测量的,但是在结构的弹性范围内应变是很小的。如被测结构为钢材料,测量时要求分辨应力为20MPa,电阻片阻值 $R=120\Omega$,$K=2$,于是有

$$\Delta R = \frac{RK\sigma}{E} = 0.0024(\Omega)$$

这就表明,要求测量电阻的仪器能够分辨电阻 120Ω 和 120.0024Ω(7位有效数字),这是一般测量电阻的仪器所不能达到的。因此,必须由一种专门设计的电子仪器对上述由应变转换的电阻变化率进行测量。这样的仪器就是电阻应变仪。

电阻应变仪按照所能测量应变的频率(工作频率)可以分为如下类型。

①静态电阻应变仪,可用于测量静态应变,配用多点平衡箱(预调平衡箱)可以进行多点静态应变测量。

②动静态电阻应变仪,可用于测量200Hz以内的单点动态应变测量。这种应变仪基本上是静态应变仪,只是兼作较低频率的单点动态应变测量。

③动态电阻应变仪,可用于测量500Hz以下的动态应变,多做成多通道的,可同时测量几个动态信号。

此外,还有用于静态测量的多点自动应变测量装置、遥测应变仪和超动态电阻应变仪等。

静态多点自动应变测量装置或称多点应变巡回检测装置,能够在测量过程中实现自动平衡或初读数自动记忆存储、自动换点、自动运算、数字显示、打印数据并能输入到电子计算机进行计算,给出测量所要数据的最后结果。这种应变测量装置,能够进行大型结构的多点静态测量,可缩短测试计算时间,提高测量精度,减轻劳动强度,如YJS—14、YJD—17等。

以上三种应变仪的测量电路一般都是采用桥式电路。此外,应变仪中还有放大器、音频振荡器、相敏检波器和平衡指示器等部分。它们之间的关系,如图3-23所示。

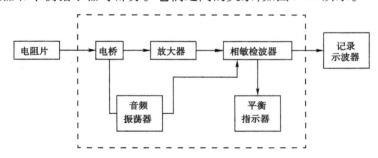

图3-23 静态电阻应变仪原理框图

为了讨论方便,以直流电桥为例。设四臂电桥 ABCD,如图3-24所示,设惠斯登电桥由四个电阻 R_1、R_2、R_3、R_4 作为四个桥臂组成电路,在电桥的 A、C 端输入电压 U 后,若四个桥臂的电阻值满足下式。

$$\frac{R_1}{R_2} = \frac{R_3}{R_4} \quad (3-12)$$

则电桥 B、D 端的输出电压 U_{BD} 为 0,此时称为电桥平衡。若四个桥臂电阻不满足式(3-12),则在 B、D 端就有电压输出。

若 R_1、R_2、R_3、R_4 为电阻应变片,由于试件应变,引起 $\Delta R/R$ 的变化后,B、D 端输出的电压可由电工学求出。在电桥初始平衡,桥臂电阻满足 $R_1/R_2 = R_3/R_4$ 的前提下,当各桥臂电阻变化时,引起的输出电压增量 ΔU_{BD} 为

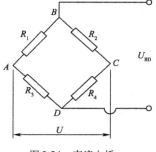

图 3-24 直流电桥

$$\Delta U_{BD} = \frac{R_1 R_2}{(R_1 + R_2)^2}\left(\frac{\Delta R_1}{R_1} - \frac{\Delta R_2}{R_2} - \frac{\Delta R_3}{R_3} + \frac{\Delta R_4}{R_4}\right)U \quad (3-13)$$

若使 $R_1 = R_2$,$R_3 = R_4$,则 ΔU_{BD} 为

$$\Delta U_{BD} = \frac{U}{4}\left(\frac{\Delta R_1}{R_1} - \frac{\Delta R_2}{R_2} - \frac{\Delta R_3}{R_3} + \frac{\Delta R_4}{R_4}\right) \quad (3-14)$$

在选用电阻应变片时,不难使 $R_1 = R_2$,$R_3 = R_4$(R_1 和 R_2,R_3 和 R_4 阻值差的允许范围为 $\pm 0.5\% R$)。以 $K\varepsilon = \frac{\Delta R}{R}$ 代入式(3-14)得

$$\Delta U_{BD} = \frac{KU}{4}(\varepsilon_1 - \varepsilon_2 - \varepsilon_3 + \varepsilon_4) \quad (3-15)$$

其中,ε 为各应变片所感受的试件应变,若为压应变,需以 $-\varepsilon$ 代入。由式(3-15)可看出,ΔU_{AB} 与四个电阻应变片所测应变值的代数和成正比。当需要单独量测某一点的应变时,可令 $R_3 = R_4 = $ 常数,不产生 ΔR_3 和 ΔR_4(将 R_3、R_4 接为仪器内部的精密无感电阻),仅将两个电阻应变片接入 AB 及 BC 两个桥臂,此时电桥输出端的输出电压为

$$\Delta U_{AB} = \frac{U}{4}\left(\frac{\Delta R_1}{R_1} - \frac{\Delta R_2}{R_2}\right) = \frac{KU}{4}(\varepsilon_1 - \varepsilon_2) \quad (3-16)$$

当四个桥都接入电阻应变时,称为全桥量测。此时,利用式(3-15),将处于拉、压应变状态的电阻应变片恰当地接入桥臂,可提高量测的灵敏度。例如,在量测位移、倾角、加速度的传感器中,常用弹性悬臂梁的应变来反映这些参量。当按图 3-25 所示方法贴片和接桥时,仪器读数将比用半桥量测时增大 4 倍。如图 3-26 所示为电桥输出的零位测定法。

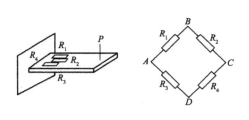

图 3-25 传感器中电阻应变片的布片和接桥

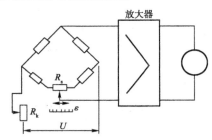

图 3-26 电桥输出的零位测定法

表 3-4 给出了电阻应变片的各种布置和桥路连接方法,不仅适用于各种传感器,同样也适用在结构上。例如,测定钢筋的 σ-ε 曲线时,常用 2 或 3 接法,以消除试件初始弯曲对量测结果的影响;又如一外力未知的弹性压弯构件,当需单独分辨出轴力或弯矩对截面应力的影响时,可按 2、3 或 8、9 方式布片和接桥。

电阻应变计的布置与桥路连接方法

表 3-4

序号	受力状态及其简图	工作片数	电桥形式	电桥线路	温度补偿	测量电桥输出	测量项目及应变值	特点
1	轴向拉（压）	1	半桥		另设补偿片	$U_{BD} = \frac{1}{4}UK\varepsilon$	拉（压）应变 $\varepsilon_r = \varepsilon$	不易清除偏心作用引起的弯曲影响
2	轴向拉（压）	2	全桥		另设补偿片	$U_{BD} = \frac{1}{2}UK\varepsilon$	拉（压）应变 $\varepsilon_r = 2\varepsilon$	输出电压提高1倍，可消除弯曲影响
3	轴向拉（压）	2	半桥		互为补偿	$U_{BD} = \frac{1}{4}UK\varepsilon(1+v)$	拉（压）应变 $\varepsilon_r = (1+v)\varepsilon$	输出电压提高到(1+v)倍，不能消除弯曲影响
4	轴向拉（压）	4	半桥		互为补偿	$U_{BD} = \frac{1}{4}UK\varepsilon(1+v)$	拉（压）应变 $\varepsilon_r = (1+v)\varepsilon$	输出电压提高到(1+v)倍，能消除弯曲影响且可提高供桥电压
5	轴向拉（压）	4	全桥		互为补偿	$U_{BD} = \frac{1}{2}UK\varepsilon(1+v)$	拉（压）应变 $\varepsilon_r = 2(1+v)\varepsilon$	输出电压提高到2(1+v)倍且能消除弯曲影响
6	拉伸	4	全桥		互为补偿	$U_{BD} = UK\varepsilon$	拉应变 $\varepsilon_r = 4\varepsilon$	输出电压提高到4倍
7	弯曲	2	半桥		互为补偿	$U_{BD} = \frac{1}{2}UK\varepsilon$	弯曲应变 $\varepsilon_r = 2\varepsilon$	输出电压提高1倍且能消除轴向拉（压）影响
8	弯曲	4	全桥		互为补偿	$U_{BD} = UK\varepsilon$	弯曲应变 $\varepsilon_r = 4\varepsilon$	输出电压提高到4倍且能消除轴向拉（压）影响
9	弯曲	2	半桥		互为补偿	$U_{BD} = \frac{1}{4}UK(\varepsilon_1 - \varepsilon_2)$	两处弯曲应变之差 $\varepsilon_r = \varepsilon_1 - \varepsilon_2$	可测出横向剪力V值 $V = \frac{EW}{\alpha_1 - \alpha_2}\varepsilon_r$

续上表

序号	受力状态及其简图	工作片数	电桥形式	电桥线路	温度补偿	测量电桥输出	测量项目及应变值	特点
10	扭转	1	半桥		另设补偿片	$U_{BD}=\frac{1}{4}UK\varepsilon$	扭转应变 $\varepsilon_r=\varepsilon$	可测出扭矩 M_t 值 $M_t=M_t\frac{E}{1+v}\varepsilon_r$
11	扭转	2	半桥		互为补偿	$U_{BD}=\frac{1}{2}UK\varepsilon$	扭转应变 $\varepsilon_r=2\varepsilon$	输出电压提高1倍可测剪应变 $\gamma=\varepsilon_r$

在试验进行之前,对仪器的性能应做必要的检查;在试验之中,对仪器和线路可能发生的故障应能及时地作出判断和处理;在试验后,应对试验中可能出现的误差做出符合实际的分析。这样才能获得精确可靠的试验结果。

(1)灵敏度

静态电阻应变仪的灵敏度是指平衡指示器(检流计)的指针每偏转一格所对应的应变。这个应变越小,说明仪器越灵敏。如 YJB—11 型静态电阻应变仪的灵敏度为 $1\mu\varepsilon$。灵敏度下降除了仪器内部的振荡器电压不够或放大器工作不正常之外,还可能有两个原因,即预调平衡时电容平衡没调到最佳点,或是电阻片受潮使绝缘电阻降低。由于灵敏度不够,为判断电桥是否平衡带来较大误差。

(2)灵敏系数检查

由 $K\varepsilon=\frac{\Delta R}{R}$ 可知,当 $\frac{\Delta R}{R}$ 恒定时,K 和 ε 的乘数为常数。可见,应变仪的灵敏系数 K 如有误差将直接影响读数 ε。所以,要检查、校准灵敏度度盘。电阻应变仪上的灵敏系数指针常常因频繁使用而松脱,指针所指数字不是真正的 K 值位置。此时,自制灵敏系数检查器可以帮助我们找到旋柄的正确位置,然后旋紧螺丝。

(3)检查零漂及动漂

应变仪的零漂及动漂在仪器说明书中都有规定,检查的目的是为了保证其技术条件。检查零漂的方法是用两个 120Ω 的标准电阻接成半桥,使仪器按规定时间预热调平,然后每隔一定时间观察一次并做记录。

动漂的作用是当给测量电桥一定大小的不同衡量时(用并联电阻或将细读数度盘旋至某一应变),检查平衡指示器的指针偏转的稳定性。此项检查结果也应在规定范围内。

(4)检查粗细度盘的倍率

粗读数度盘和细读数度盘都是 100、1 000、10 000 等整数,但有时相差千分之几十,而且各档不同,所以应该用并联电阻的方法将各个仪器的各个挡位的实际倍率测量出来,做出记录以便在试验时对测量数据做相应的修正计算。

(5)平衡箱的重复性误差

在静态多点测量时将利用预调平衡箱,其实际上起转换开关的作用,因此触头接触电阻在每次接触时的稳定性就直接影响到测量结果的精确性。重复性误差增大的主要原因是触头弹性减弱、触头磨损和触头不清洁。

在应变片性能部分中曾介绍过应变片在应变测量时有温度效应的影响。当采用镍铬合金丝做成的应变片测量时,温度变动1℃对钢材($E = 2.1 \times 10^5$ MPa)会产生相当于应力约有15MPa的示值变化。这是相当大的数值,不容忽视,应当予以消除。一般常利用应变仪测量电桥桥路特性来消除此种影响,称为桥路法温度补偿。

可在电桥BC桥臂上接一应变片R_2,其阻值与工作片R_1相同,R_2称为温度补偿片,R_1称为工作片或测量片。R_1粘贴在受力构件上,它既反映应变的作用,又反映温度的作用,其电阻增量由两部分组成,即$\Delta R_1 = \Delta R_\varepsilon + \Delta R_t$。

补偿片粘贴在一个与构件材料相同,置于构件附近,具有同样的温度变化条件,但不承受外力作用的小试件上,它只有温度变化的影响,即$\Delta R_2 = \Delta R_t$。此时,电阻应变仪在电流计上反映的变化是ΔR_ε,而$\Delta R_\varepsilon = \Delta R_1 - \Delta R_t$,此处测得的应变仅仅是构件受力后产生的应变值而没有温度变化的影响。

在实际工作中,为保证补偿效果,对补偿片的设置应考虑以下的因素。

①补偿片与工作片应为同一批产品,其电阻位、灵敏系数及几何尺寸都应相同。

②粘贴补偿片的试块材料应与构件材料一致,以使试块的温度变化与构件一致,当为混凝土材料时,其配合比及养护条件都应一致。

③补偿片和工作片的粘贴、干燥、防潮等处理工艺都应完全一致。

④连接补偿片和工作片的导线的规格、长度等都应一致。

⑤补偿片和工作片应尽量在同一个温度场内,防止不均匀热源的影响。

⑥补偿片数量的多少应根据试验材料特性、测点位置、试验条件等因素决定。一般应以尽量减少因补偿片连续工作而工作片间断工作所造成的温差影响为原则。

目前采用温度补偿方法除桥路法外,尚有温度自补偿的方法,它是选用一种特殊的温度自补偿应变片,当温度变化时,其电阻增量为0或互相抵消。主要用于机械类的试验中,在结构试验中国内目前较少采用。

3.应变测点的布置

在了解应变量和各种测应变仪器的特性后,需要进一步考虑如何布置应变测点,这需要对试验结构有初步的理论分析作为指导。一般测点宜布置在最不利截面的应力最大处,如最大弯矩截面的上、下表面;剪力最大截面的中间高度处或弯矩剪力都较大处。对于钢筋混凝土结构,拉区混凝土在出现裂缝后便逐渐退出工作,应在拉区主筋上布置应变片,可采用预埋应变片及预埋木块两种方法。预埋应变片是在浇筑混凝土之前将应变片贴在钢筋上,应变片及其引出导线应作防水、防潮等妥善处理,防止应变片受潮后绝缘电阻下降而失效,造成不可弥补的测点损失。

在做应变片防水保护时,还应注意使钢筋和混凝土之间黏结力的损害范围尽可能小。预埋木块是用小木块在欲贴应变片处留出位置,待混凝土达到强度后取出木块,贴上电阻应变片。此方法较稳妥,缺点是木块形成的空洞将损失一部分混凝土计算面积。板壳结构上各点承受双向应力且主应力方向一般未知,每个测点应布置三个应变片。若采用电阻应变片,则可用各种应变花(图3-27)。

应变花中各应变片之间的夹角已在制造时准确固定,使用极为方便。测得各应变片的应变值后,根据变形条件和广义虎克定律,可求出各点的主应力、剪应力以及主应力的方向。

图 3-27 电阻应变花

$$\left.\begin{aligned}\sigma_{\max} &= \frac{E}{1-\mu}A + \frac{E}{1+\mu}\sqrt{B^2+C^2}\\ \sigma_{\min} &= \frac{E}{1-\mu}A - \frac{E}{1+\mu}\sqrt{B^2+C^2}\\ \tau_{\max} &= \frac{E}{1+\mu}\sqrt{B^2+C^2}\\ \theta_P &= \frac{1}{2}\arctan\frac{C}{B}\end{aligned}\right\} \quad (3\text{-}17)$$

式中：E——材料的弹性模量；

μ——材料的泊松比；

A,B,C——随不同应变片夹角而异的系数。

表 3-5 列出了几种常用应变花的系数值。

由应变花计算应力的系数　　　　　表 3-5

应变花名称	应变花形式	A	B	C
三片直角		$\dfrac{\varepsilon_1+\varepsilon_3}{2}$	$\dfrac{\varepsilon_1-\varepsilon_3}{2}$	$\dfrac{2\varepsilon_2-\varepsilon_1-\varepsilon_3}{2}$
三片等角		$\dfrac{\varepsilon_1+\varepsilon_2+\varepsilon_3}{3}$	$\dfrac{2\varepsilon_1-\varepsilon_2-\varepsilon_3}{3}$	$\dfrac{\varepsilon_2-\varepsilon_3}{\sqrt{3}}$
四片等角		$\dfrac{\varepsilon_1+\varepsilon_3}{2}$	$\dfrac{\varepsilon_1-\varepsilon_3}{2}$	$\dfrac{\varepsilon_2-\varepsilon_4}{\sqrt{3}}$
四片直角		$\dfrac{\varepsilon_1+\varepsilon_2+\varepsilon_3+\varepsilon_4}{4}$	$\dfrac{\varepsilon_1-\varepsilon_3}{2}$	$\dfrac{\varepsilon_4-\varepsilon_2}{2}$

四片直角和四片等角的应变花多一片应变片，可任选其中三片的应变值算出主应力及剪应力，另一片用作校核。

当板壳结构本身及荷载都对称时，通常只需在半跨内布置测点，另半跨仅需布置一些重要测点，用来校核和比较（图 3-28）。板壳试验时，均布荷载常加在结构的上表面，因此可将测点布置在结构的下表面，或将荷载位置在局部稍加调整，在上表面留出位置布置测点。

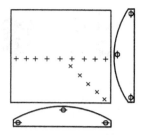
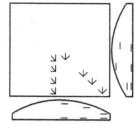

图 3-28　板壳结构应变测点布置

当结构处于弹性阶段时,可借助测定截面的应变分布来确定该截面的内力。此时,只需在截面上布置与未知内力(如轴力 N,x 方向的弯矩 M_x,y 方向的弯矩 M_y)数量相等的应变片即可,但是为了消除由于荷载或材料不均匀性引起的偏心影响以及为了校核,通常至少布置两个对称测点,如图 3-29 所示。由材料力学的基本公式,根据测得的应变值可计算出截面内力。

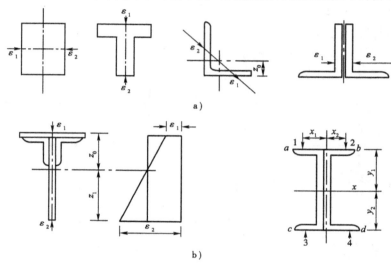

图 3-29　测定截面内力时应变测点的布置

拉、压截面(图 3-29a):

$$N = \left(\frac{\varepsilon_1 + \varepsilon_2}{2}\right)EA \tag{3-18}$$

压弯或拉弯截面(图 3-29b):

$$N = \frac{EA}{h}(\varepsilon_1 y_2 + \varepsilon_2 y_1) \tag{3-19}$$

$$M = \frac{EI}{h}(\varepsilon_2 - \varepsilon_1) \tag{3-20}$$

式中:E——结构材料的弹性模量;
　　　A——截面面积;
　　　I——截面惯性矩;
其他符号如图 3-29 所示。

对于承受轴力 N 及 M_x、M_y 双向弯矩的截面,可由下面的四个方程中任选三个算出所测 N、M_x、M_y,另一个可作校核用。

$$\left. \begin{array}{l} \varepsilon_1 = \dfrac{N}{EF} - \dfrac{M_x}{EI_x}y_1 - \dfrac{M_y}{EI_y}x_1 \\[6pt] \varepsilon_2 = \dfrac{N}{EF} - \dfrac{M_x}{EI_x}y_1 + \dfrac{M_y}{EI_y}x_2 \\[6pt] \varepsilon_3 = \dfrac{N}{EF} + \dfrac{M_x}{EI_x}y_2 - \dfrac{M_y}{EI_y}x_1 \\[6pt] \varepsilon_4 = \dfrac{N}{EF} + \dfrac{M_x}{EI_x}y_2 + \dfrac{M_y}{EI_y}x_2 \end{array} \right\} \qquad (3\text{-}21)$$

图 3-30 是进行桁架及刚架试验时为确定结构内力分布的应变片布置情况。桁架的上弦杆除承受轴力外还受横向荷载作用,需测定三个以上截面的应变。其下弦杆和腹杆仅承受轴力,测定两个靠近端部截面的应变。当根据荷载情况估计刚架柱的弯矩为直线分布时,可布置测定两个截面的应变。钢架梁上弯矩为折线分布时,需量测三个截面的应变。

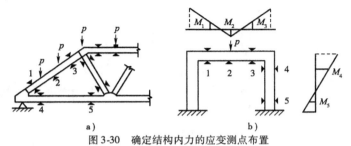

图 3-30 确定结构内力的应变测点布置
a) 桁架;b) 框架;
1,…,5 为布置的应变片

上述确定结构内力的方法,只适用于处于弹性阶段的结构。对于钢筋混凝土构件,因材料的工作性能与弹性工作相差很大,很难从截面的应变来确定内力。但由截面应变可确定构件轴线上反弯点的位置,从而得出超静定梁或框架的内力图形。在估计的反弯点位置附近截面两侧各布置 1~2 个应变计,即可找出应变为 0 的位置,即反弯点的位置(图 3-31)。

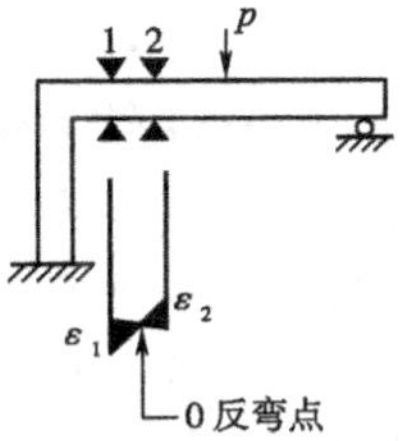

图 3-31 确定 0 反弯点应变测点布置
1,2 为布置的应变片

对于公路和铁路桥涵、核反应堆压力容量等大体积混凝土结构,常常要量测混凝土内部的应力分布,需要采用埋入式应变计(图 3-32)。使用各种埋入式应变计时,应注意埋入应变计与混凝土材料之间的刚度及热膨胀的匹配问题,否则会引起应力集中及过大的热应力输出,使得量测值失真。

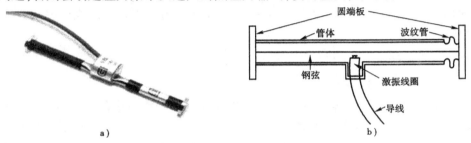

图 3-32 振弦埋入式应变计及其构造
a) 振弦埋入式应变计;b) 振弦式应变计构造

4. 应变式传感器

在工程结构的强度试验中，除了直接测量应变外，还常常需要在实际情况下确定工程结构的其他机械参数，如荷载、压力、扭矩和位移等。目前，常用电阻应变仪配以适宜的传感器来测量这些参数，最常用的是应变片式传感器。除应变传感器外，尚有电容式、压电式、电感式、磁电式等传感器。此处只简单介绍应变片式传感器。

应变片式传感器，按其用途可分为荷重传感器、拉压力传感器、位移传感器、倾角传感器、加速度传感器等。其核心是一个弹性元件，在该元件的适当部位贴有应变片，使用时把它安装在被测结构的一定部位。以拉压力传感器为例，当承受拉力时，随着弹性元件的变形，应变片也随着产生一定的变化，根据事先标定的应变—拉力关系便可得到被测结构的拉力值。

(1) 荷重、拉压力传感器

荷重、拉压力传感器的弹性元件可以作成筒形、柱形、环形和梁式等，如图3-33所示。

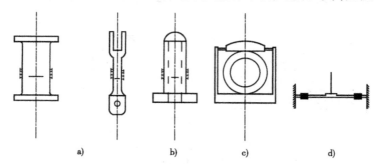

图3-33　荷载传感器弹性元件的形式
a) 柱形；b) 筒形；c) 环形；d) 梁形

一般荷载较大时，用筒形或柱形弹性元件；筒形在一定荷载下可以增加径向尺寸，提高稳定性并减少偏心影响；环形及梁式用于较小荷载，具有较高的灵敏度。

(2) 位移传感器

应变片式位移传感器，可把位移转换成弹性元件的变形。变形产生的反力不应影响被测结构的工作状态，因此要求弹性元件的刚度相对较小。梁式弹性元件可做成等强度梁。测量快速变化的位移时，元件本身的固有频率应远大于被测信号的频率。传感器可用测微仪进行标定，其测量范围为百分之几毫米至几毫米。

(3) 加速度传感器

利用应变片和惯性法可测得加速度。可利用固有频率很高的振动系统测出振动质块和仪器外壳的相对位移，从而求出加速度。加速度传感器常采用固有频率较高的振动系统，常用硅油作阻尼液。

5. 振弦式应变计

1) 振弦式应变计工作原理

1928年在Davidenkoff的著作中对振弦原理及其在应变测量中的应用进行了论述。在此之后，法、德、英等国的研究人员相继发表了一些论文，有的研究还在应用实践中取得了进展。早期的振弦式应变计，多用于测量工程构件的表面应变。由于当时产品性能上的局限及价格上的原因，它们的应用未能得到更大的发展。20世纪50年代之后，多种新型结构振弦式应变计的研制,尤其是一些价格比较低廉的内埋式振弦应变计的出现,越来越能适应多种材料和结构的测量要求。而作为内埋式的混凝土应变计,则更加发挥出了它们的优越性。

振弦应变计的原理并不复杂,它是把构件表面或内部的应变转换为钢弦的工作频率变化而进行测量的,亦称钢弦应变计。在图3-34中,由两个支点固定的钢弦,在电流通过电阻线圈所产生的短脉冲作用下,沿着磁场方向发生振动。当改变支点之间的距离时,钢弦的张力与振动频率也随即产生变化。张力与振动频率之间的关系,可用式(3-22)表达。

$$f = \frac{1}{2L}\sqrt{\frac{Tg}{m}} \tag{3-22}$$

式中:f——钢弦的自然频率(Hz);

L——支点之间的距离(m);

T——张力(kN);

g——重力加速度(m/s^2);

m——钢弦单位长度的质量(kN/m)。

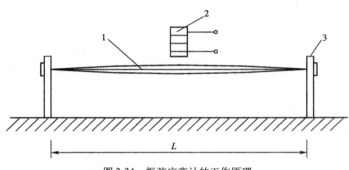

图3-34 振弦应变计的工作原理
1-钢弦;2-电磁线圈;3-固定支点

把钢弦应变计安装在构件表面上,当其支点随构件的应变 ε 而产生位移时,钢弦的应力和张力相应发生变化,它们的变化量分别为

$$\Delta\sigma = E\varepsilon \tag{3-23}$$

$$\Delta T = \Delta\sigma A \tag{3-24}$$

在式(3-23)及式(3-24)中,A 和 E 是钢弦的截面面积和弹性模量,将其代入式(3-22)可以得到钢弦频率的变化量

$$\Delta f = \frac{1}{2L}\sqrt{\frac{gEA\varepsilon}{m}} \tag{3-25}$$

公式整理后得应变与频率变化的关系

$$\varepsilon = (\Delta f)^2 \frac{4mL^2}{gEA} \tag{3-26}$$

可见,应变计所承受的轴向应变与钢弦频率变化的平方成正比。令

$$Q = \frac{4mL^2}{gEA} \tag{3-27}$$

则上式变为

$$\varepsilon = Q(\Delta f)^2 \tag{3-28}$$

Q 为应变计常数,它与钢弦的截面积 A、长度 L 以及钢弦材料的性能有关,其单位为 s^2。

利用事先标定的应变计常数,测量钢弦的频率变化,便可以得到被测构件的表面或内部应变。

2)内埋式钢弦应变计的设计特点

目前,钢弦应变计较多地用于各种混凝土结构的内部应变测量。这里,仅以内埋式钢弦应变计为例,介绍主要结构尺寸的确定、钢弦材料的选择等设计方面的考虑和特点。

(1)应变计基长的确定

钢弦应变计的基长是指应变计两支点内侧之间的垂直距离,它也是钢弦的轴向工作长度。

基长 L 的确定首先与应变计常数有关。式(3-27)表明,应变计常数与基长的平方成正比。如果基长太短,常数 Q 也很小,应变计的灵敏度很低。所以,从灵敏度的角度考虑,应变计的基长最好不要小于 100mm。

混凝土材料的内部结构非常不均匀,组成粒料尺寸大小不一,基长较小的应变计显然不能正确反映混凝土结构的应力状态,会产生测量误差。国外资料介绍,当应变计的基长与粒料尺寸之间的比值小于 2 时,由此而引起的应变测量误差急剧增加,故建议基长与粒料尺寸之间的比值选择应不小于 5。也就是说,对于粒料尺寸为 20~25mm 的混凝土结构,应变计基长应在 100mm 以上。

从以上两方面来考虑,常用的内埋式钢弦应变计,基长为 100~300mm。用于金属结构的钢弦应变计,基长都比较短些,最短的为 25mm。为了弥补内埋式钢弦应变计灵敏度太低的弱点,可以在钢弦的中部加装适当的重物,通过质量 m 的增大而调整应变计常数。当然,采用这个办法增加质量也会降低钢弦的工作频率范围。

(2)钢弦弹性模量的选择

钢弦材料的弹性模量越高,应变计常数越小。从提高灵敏度的角度出发,弹性模量不宜很高。由于应变计埋入结构内部,它们的整体刚度若大于被测构件的刚度,所测得的指示应变值就会低于测点的实际应变值。因此,对于内埋式钢弦应变计的设计,必须使得其整体的弹性模量与构件匹配。

(3)结构设计

埋入混凝土结构的应变计,首先要具有良好的密封防水结构。如图 3-35 所示,此为一种带有圆筒护套的钢弦应变计,钢弦的直径为 $\phi 0.25mm$,利用圆筒与保护罩把钢弦及电磁线圈密封保护起来。考虑到应变测量误差的要求,应变计的整体刚度不宜很高,圆筒的直径与壁厚都不能太大,对于基长为 100~200mm 的应变计,圆筒直径通常在 $\phi 3~5mm$ 的范围内。根据同样的原因,电磁线圈护罩的尺寸也必须尽可能小。为了使钢弦在振动时有足够的位移及振

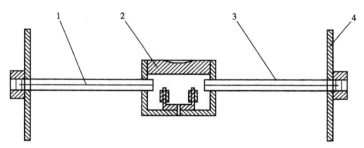

图 3-35　带圆筒护套的内埋式钢弦应变计
1-钢弦;2-电磁线圈及保护罩;3-圆筒护套;4-端部法兰盘

动时间,电磁线圈的功率应与钢弦的直径配套选择。例如,对于 $\phi0.25mm$ 的钢弦,电磁线圈的电阻可选 $100\sim150\Omega$,施加的电压为 $50\sim100V$。

许多混凝土构件在制作过程中需在高压蒸汽中进行养护处理,应变计应采用可承受这种高温、高湿条件要求的材料。此外,对于一些特殊的测量环境,应变计的材料还应具有耐腐蚀、耐辐射等性能。

3) 振弦应变计的标定及主要工作特性

振弦应变计的性能指标,不仅与其设计及制造时的质量水平有关,更为重要的是取决于它们的使用对象。必须根据预定的使用条件和要求,逐个标定其各项工作特性。

(1) 标定方法

用于混凝土结构的振弦应变计,在进行性能标定之前,必须先制作标准的试块(或称模块),试块的集料需与实测混凝土构件的集料类型一致。若构件的集料颗粒尺寸较大,例如颗粒尺寸大于应变计基长的 1/5,则应选用具有相同集料类型的专门混合物,以便使试块的弹性模量与构件相近。

试块多为带凸肩的立方柱体。若主要用于受压的部位,试块可以不带凸肩。试块的尺寸大致是应变计相应方向外部尺寸的 $2.0\sim3.5$ 倍。浇筑试块时,必须保证应变计对称地置于试块中央,应变计及连接导线还要有可靠的防水措施。

试块的含水率不同,会使它们的弹性模量有明显的差异。所以,制造好的试块应当统一放置在规定的温度和湿度环境内。表面比较光滑的试块,可以采用涂刷环氧树脂的方法加以保护。总之,为了保证应变计工作特性的标定精度,试块的制作工艺与质量控制是至关重要的。

应变计常数的标定,多采用拉、压试验机进行加载。测量试块的平均应变值可以用专门的引伸计,也可以采用贴在试块表面的大基长电阻应变计。标定应变计的热输出、零漂移等工作特性,试块需置于能够恒温、恒湿的装置内。升温与降温的速率都不宜很快,必须在应变计的温度与环境温度达到一致时方能记录指示应变的读数。

在一定的温度下预先将试块进行时效处理,可以改善振弦应变计的工作特性。但是,在给出的技术文件中,应注明试块是否经过时效处理,以及所采用的时效处理规程。

(2) 主要工作特性

① 应变计系数

前面已经介绍,应变计系数 Q 的大小主要取决于钢弦的尺寸及其材料的弹性模量。对于内埋式振弦应变计来说,其弹性模量的确定还要与构件材料的弹性模量相匹配。所以,在设计振弦应变计时,主要是改变应变计的基长或者采用在钢弦中部加重物的办法来调整应变计常数。常用的振弦应变计基长为 $100\sim200mm$,其应变计系数范围为 $(2\sim5)\times10^{-8}s^2$。

使用者最为关心的不在于应变计系数的大小,而是生产厂家所能提供的应变计系数的精度。即使在严格控制应变计的制造质量和标定精度的情况下,由于试块性能分散等诸多因素的影响,内埋式振弦应变计系数的精度只能达到 $5\%\sim10\%$。用于金属结构的振弦应变计,不受试块性能的影响,其精度有可能优于 5%。

② 应变范围

振弦应变计的工作应变范围,主要根据以下两个条件来确定。

a. 在最大工作应变时,钢弦所允许的应力大小。

b. 在最小工作应变时,应变计的输出信号必须具有足够的灵敏度。

每一种(甚至是每一个)振弦应变计的应变范围,均应按照标定时实际测得的特性曲线来确定。

③蠕变

振弦应变计的蠕变是指环境条件不变的情况下,钢弦在承受一定应力时的指示应变的变化。显而易见,若试块或者构件因环境温度、湿度变化而出现漂移,不应包括在蠕变的数值内。

对振弦应变计不可能规定出统一的蠕变指标,生产厂家或用户都是按照实测条件的要求专门进行标定。

④热输出

钢弦材料的电阻温度系数,既不会影响应变计系数,也不会改变它的振动频率。所以,振弦应变计的热输出与钢弦材料的电阻温度系数无关,它主要是由钢弦与试块(或构件)材料的膨胀系数不一致所造成的。采用不同集料的混凝土,膨胀系数的变化范围大致为$(7 \sim 14) \times 10^{-8}/℃$,而钢弦材料的膨胀系数约为$11 \times 10^{-8}/℃$,因此,应变计的热输出有可能在较大的范围内变化。

普通的烘箱或一般的辐射加热方式,都无法控制环境的温度,利用这些加热装置标定振弦应变计的热输出是不明智的。比较简便的方法是用能够加热的水槽,先将标定用的试块浸于常温下的水槽内,使其内外达到温度平衡,记录应变计的初始读数;然后按照不同的温度间隔将水的温度升高,在每个温度级下使试块温度平衡之后,再记录应变计的读数。

由于混凝土材料的不均匀性以及构件湿度对膨胀系数的影响,应变计在实测时的热输出都不可能与标定出来的曲线一致,这是造成测量误差的一个重要原因。

我国在20世纪70年代研制的内埋式钢弦应变计,基长为100mm。这类应变计通常需要在构件施工期间进行预埋,对于那些正在使用的工程结构,如果没有预埋应变计,就要在测量部位打洞安装,不仅费工费时,而且影响构件的工作状态。有些结构根本不允许打洞,这种情形下,可采用具有安装板的钢弦应变计,使用时只需把安装板粘贴在构件表面,即可测量结构表面的应变。

6. 光导纤维传感器

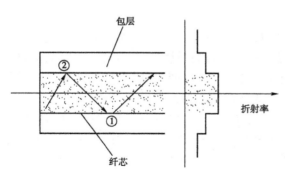

图3-36 光纤基本结构

1)光导纤维传感器的构成与原理

(1)工作原理

光导纤维是利用光的完全内反射原理传输光波的一种媒质。如图3-36所示,它由高折射率的纤芯和一般折射率的包层所组成,直径大致为0.1~0.2mm。当光线②透过纤芯到达包层的交界面时,根据完全内反射,光在交界面进行多次反射,成为光线①。这样,光波就能沿纤芯向前传播。

由于外界因素(温度、压力、电场、磁场、振动等)对光纤的作用,会引起光波特征参量(如振幅、相位、偏振态等)发生变化。因此,人们只要能测出此参量随外界因素的变化关系,就可以用它作为传感器元件来检测温度、压力、电流、振动等物理量的变化。这就是光纤传感器的基本工作原理。

(2)基本构成

光纤传感器主要由信号发送、传输、接收三部分构成。

①发送检测部分,由不同的变换机构或直接利用光纤将检测参数转换成便于传输的光信号;

②信号传输部分,通过光导纤维进行信号传输;

③接收处理部分,对来自光导纤维的信号进行检测、整形、处理等。

(3)检测方法

在光纤传感器中最简单而有效的检测方法是位置检测。它只反映光线的有无,在实际生产上已得到较为广泛的应用。在模拟检测方式中,因为光检测元件只是检测光的强度,最终的测量结果是光的强度变化,所以在这种场合,光导纤维传输线的衰减变化、光的噪声等均必须有相应的补偿装置。其中,数字检测方式容易与通信系统、数据处理及计算机系统相配合,扩大了整个系统的功能和应用范围。

2)光纤位移传感器

与其他机械量相比,位移是既容易检测又容易获得的高精度检测量,所以测量中常采用将被测对象的机械量转换成位移来检测的方法。例如将压力转换成膜的位移,将加速度转换成重物位移等。而且这种方法结构简单,所以光纤位移传感器是机械式传感器中的基本传感器。

光纤位移传感器有强度型和干涉型两大类。

(1)反射式强度调制位移传感器

图 3-37 是最早使用的线性位移测量装置。光从光源耦合到输入光纤射向被测物体,再被反射回另一光纤,由探测器接受。设两根光纤的折射率为阶跃型分布,其距离为 d,每根光纤直径为 $2a$,数值孔径为 N,光纤到被测物体的距离为 b。这时接收光纤所接收的光强等于输入光纤像发出的光强,如图 3-38 所示。

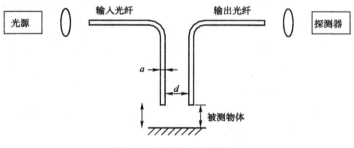

图 3-37 线性位移测量装置

$$\tan\theta = \frac{d}{2b} \tag{3-29}$$

因为 $\theta = \sin^{-1}N$,所以式(3-29)可以写为

$$b = \frac{d}{2\tan(\sin^{-1}N)} \tag{3-30}$$

很显然,当 $b < d/2\tan(\sin^{-1}N)$ 时,即接收光纤位于光纤像的光锥之外,两光纤的耦合为 0,无反射进入接收光纤;当 $b \geq (d+2a)/2\tan(\sin^{-1}N)$ 时,即接收光纤位于光锥之内,两光纤的耦合最强,接受光强度达到最大值。

如果要定量地计算光耦合系数,就必须计算出输入光纤像的发光锥体与接收光纤端面的

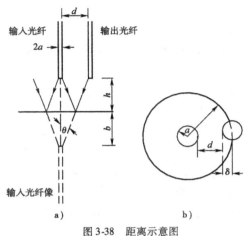

图 3-38 距离示意图

交叠面积。如图 3-38a) 所示,由于接收光纤芯径很小,常常把光锥边缘与接受光纤芯交界弧线看成直线(如图中虚线所示)。通过对交叠面简单的几何分析,不难得到交叠面积与光纤端面积之比,即

$$a = \frac{1}{\pi}\left[\cos^{-1}\left(1-\frac{\delta}{a}\right) - \left(1-\frac{\delta}{a}\right)\sin\left(1-\frac{\delta}{a}\right)\right] \quad (3\text{-}31)$$

其中,$\delta = 2b\tan(\sin^{-1}N) - d$ 是光锥底与接收光纤芯端面交叠扇面底高。根据式(3-31)可以求出 a 与 δ/a 的关系曲线。

假定反射面无光吸收,两光纤的光功率耦合效率为交叠面积与光锥底面积之比,即

$$F = a\left[\frac{a}{2b\tan(\sin^{-1}N)}\right]^2 \quad (3\text{-}32)$$

根据式(3-32)可以求出反射式位移 b 与光功率耦合效率 F 的关系曲线。

(2) 集成光学微位移传感器

图 3-39 是一个由双迈克尔逊干涉仪组成的集成光学微位移传感器的原理图。它由两个截面不对称的波导结 X、两个固定反射镜、一个棒状透镜和一个可动反射镜组成。对每一个波导结 X,它又分成两个 Y 形连接,即一个宽度为 3.5μm 的波导;另一个宽度为 4μm 和 3μm 的波导。前一个宽度相同的 Y 形连接分别作为参考臂和信号臂,后一个宽度不同的 Y 形连接分别与保偏光纤和多模光纤相连,作为干涉仪的输入臂和输出臂。两个参考臂的终端与溅射金属的固定镜相连,信号臂的终端与棒状透镜、可动镜相连。为了测量位移的方向,两个参考臂的光程差调整到 1/4 波长。

从保偏光纤注入的光被波导分成两束输入光,每一束输入光又在波导结 X 分成参考光和信号光。参考光的光程是固定的,而信号光的光程随棒状透镜和可动镜之间的距离而变化,从镜面的反射光通过波导结 X 转变成强度送入多模光纤,进行检测。

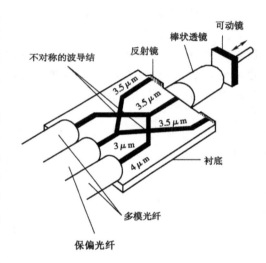

图 3-39 集成光学微位移传感器原理图

光波导是由扩散钛的 $LiNbO_3$ 基片组成,考虑到光纤的包层直径,所以平行波导的距离为 125μm。

这种位移传感器不仅可以测量位移的大小,同时也能测量位移的方向,这种器件稍作改进就能测量振动。

采用集成光学技术可以把若干个器件放在一个基片上,这样就提高了传感器的可靠性,降低了传感器的成本,它是一种很有发展前景的技术。

7. 土压力计

为了解土体内部的受力状况,分析土体内应力的变化对变形、渗流状况的影响,监测土工建筑物的安全,需要进行土中土压力观测。

土压力采用土压力计观测,其测得的土压力均为总应力,如需知土体内的有效应力,应在每一土压力测点附近埋设一只孔隙水压力计,测出土体的孔隙水压力。土中土压力计应布置在最大断面或地形变化大、地质条件变化复杂的断面。测点应布置在同一断面中受力变形较大或蓄水后受力变化较大的部位。

土中土压力计埋设于同一种介质的土体内部,又称埋入式或介质式土压力计。当它埋设于土体后,可能改变测点处土体的应力状态,从而使得测值失真。因此,土中土压力计应在满足刚度要求的前提下尽可能使受压膜的厚度减小。各种土压力计使用时均应根据测点及各个方向可能出现的土压力大小确定相应的量程。

1)仪器结构与组成

为了减少土压力计本身埋入土体后对测点处应力状态的改变,使测值更准确地反映测点的应力状态,土中土压力计一般采用压力盒与传感器分离的结构。压力盒由两头圆形或矩形的不锈钢板焊接而成,两板间形成厚1mm的空腔,腔内在抽真空后充满防冻液体(如硅油),用一根不锈钢管将压力盒与压力传感器相连。传感器为一个孔隙水压力计,其结构与同类型的孔隙水压力计一样。土中土压力计压力盒的两个膜面均可以作为承压面。土中土压力计及其结构示意图如图3-40所示。

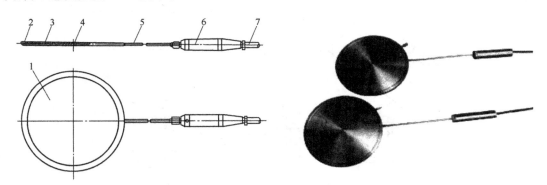

图3-40 土中土压力计及其结构示意图
1-压力盒;2-橡皮边;3-承压膜;4-油腔;5-接管;6-传感器;7-屏蔽电缆

2)仪器原理

当土压力作用于压力盒承压膜(一次膜)上,承压膜产生微小的挠曲变形,使腔内液体受压,产生的液体压力通过连接管传递到传感器的承压膜(二次膜)上,使传感器受压,用观测仪表测定输出量的变化即可计算出土压力。其原理示意图如图3-41所示。

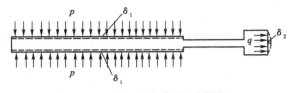

图3-41 土中土压力计原理示意图

3)仪器的类型

土中土压力计的类型与其传感器采用的孔隙水压力计的类型相关,如传感器为钢弦式则称为钢弦式土中土压力计,传感器为差动电阻式则称为差动电阻式土压力计等。

4)仪器埋设

(1)确定埋设位置

当某测点埋设单支土压力计时,可直接将土压力盒埋设该测点预定位置。当测点按平面问题埋设 3 只土压力计或按空间问题埋设 6 只土压力计时,首先应确定各仪器的埋设方向,将各仪器在测点周围的同一高程上均匀布置,仪器之间的间距一般为 2m,以免互相干扰改变土体的应力状态。

(2)开挖

当土体填筑面高于测点高程以上 1.0m 时,开挖仪器埋设坑的挖坑范围至仪器边缘 1m,深至仪器埋设高程,再在水平放置的压力盒部位挖深 5cm,垂直和成 45°放置的压力盒部位挖深至压力盒半径以下 5cm。

(3)埋设

水平埋设的土压力计,在压力盒部位铺放 5cm 厚的细砂后将土压力盒放在砂层上,并用水平尺校正膜面的水平、垂直及 45°埋设的土压力计,将压力盒放在坑内,使盒的中心位于埋设高程,在盒两侧面同时回填黏土并压实,但在膜面周围填 5cm 厚的砂,使压力盒逐渐固定,同时不断校测压力盒的倾角。平面问题土中土压力计的埋设如图 3-42 所示。

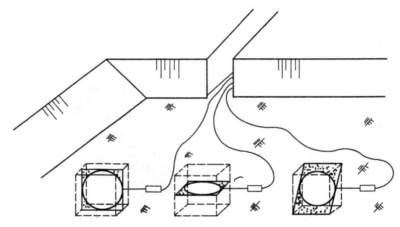

图 3-42 按平面问题埋设的土中土压力计示意图

(4)回填

若原土料为黏土或细砂,在土压力盒上部铺 5cm 厚的细砂后,可依次回填原土料至填筑面,并分层压实。若原土料为粗粒或堆石料,则依次回填 20cm 厚的中细砂,20cm 厚的直径小于 5mm 的砂砾料,60cm 厚直径小于 20cm 的原土料至填筑面并压实。

实际测试时,应检验全部土中土压力观测结果的可靠性,计算各土压力计的实测土中土压力和各测点的主应力及方向,以及相应的有效应力与有效主应力。进行误差分析和处理,使测值准确可靠,绘制土压力计实测的土压力过程线、各测点主应力、孔隙水压力、有效应力变化过程线及相应的填筑过程线与水位过程线。绘制同一轴线不同高程上各测点的土压力分布图、同一高程上不同位置的土压力分布图及同一断面内主应力等值线图;绘制土压力与上覆土柱压力关系图、侧向土压力与垂直向土压力关系图。

根据土中土压力随时间的变化过程,分析土压力随时间及土体填筑变化的合理性,大、小主应力及主方向的合理性。根据实测总应力及有效应力的大小分析土体的固结过程,分析土压力与上覆土柱压力的关系,侧压力与垂直压力的关系,计算土体的侧压力系数,分析计算边坡的稳定性。

第三节 动态测试仪器

本节简要介绍桥梁动力检测中的主要仪器设备,包括各种振动传感器及其配套测量电路、动态信号记录以及分析仪器等的性能、原理及其应用。

一、振动传感器概述

一般机械振动测量方法有机械法、光测法和电测法三类。机械法由于灵敏度及使用频率范围的限制,很少用于桥梁动力检测。光测法由于对环境要求极高,一般作为标准振动仪器的标定等,也极少用于桥梁动力检测中。电测法是目前桥梁动力检测中采用的主要方法,其特点是通过传感器将振动的机械量转换为电量,然后对电量进行记录与分析,得到桥梁的各项动力参数(振动频率、振型、行车响应等)。而振动传感器是动力检测信号发生源,因而是电测法的核心环节。

1. 振动传感器的作用原理及分类

传感器是指将机械量转换为与之成比例的电量的机电转换装置。从工作原理上看,振动传感器总是分为两个组成部分,即机械接收部分与机电转换部分,如图3-43所示。机械接收部分的作用是将被测机械量(振动位移、速度、加速度、力或应变等)接收为另一个适合于机电变换的中间机械量 x_1,机电变换部分再将 x_1 变换为电量 E (电动势、电荷量、电阻、电容、电感等电参量)。图中测量电路的作用是将变换所接收的电量 E 转变为后续仪器所能接收的一般电压信号 U。

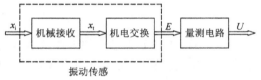

图 3-43 传感器的工作原理

振动传感器常用的机械接收原理有相对式和惯性式两种。在桥梁动测中,前者如电子百分表等用于测量支座相对于墩台的位移;后者如常用摆式拾振器、压电式加速度计等,用于测量桥梁位移、加速度响应。相对式接收以传感器外壳作为参考坐标,直接接收机械振动。因此,被测机械量 x_i 与中间机械量 x_1 为与频率无关的正比关系(即所谓零阶系统)。惯性式接收是通过传感器内部由质量、弹簧和阻尼器构成的单自由度振动接收被测振动。被测机械量 x_i 与中间机械量 x_1 是由二阶微分方程联系着,故也称之为二阶系统。惯性式传感器所测得是相对于惯性坐标系的绝对振动,故也称之为绝对式振动传感器。

机电变换原理分为发电型和参量型两类。前者经变换后输出电动势、电荷等具有电能的电量;后者则将机械的变化变换为电阻、电容或电感等电参量的变化。

根据所测的机械量的不同,振动传感器又可分为位移、速度或加速度传感器以及力传感器、应变传感器,另外还有扭振与扭矩传感器等。后两类在桥梁动力检测中较少应用。

如果传感器的机电变换部分通过反馈作用影响机械接收部分的工作,则称之为伺服式传感器。桥梁动力检测中常用的伺服式加速度计即属此类。

综上所述,可将振动传感器按表3-6进行分类。

振动传感器的分类　　　　　　　　　　表3-6

按机械接收原理	1.相对式;2.惯性式
按机电变换原理	1.电动式;2.压电式;3.变电阻式;4.变电容式;5.变电感式;6.压阻式;7.电涡流式
按所测机械量	1.位移传感器;2.速度传感器;3.加速度传感器 4.力传感器;5.应变传感器;6.扭转传感器;7.扭矩传感器
按接受与变换有无反馈	1.非伺服式;2.伺服式

2. 传感器测量系统的主要性能参数

参见图3-43,传感器与专配的测量电路组成传感器测量系统。其输入为被测机械量 x_i,输出为一般电压信号 U。而 U 与 x_i 之间的关系,即构成测量系统的主要性能参数。这些性能参数是在桥梁动力测量中选择合适的传感器系统的主要依据。

(1)灵敏度与分辨率

灵敏度是指沿传感器的测量轴方向,对应每一单位简谐机械量的输入,测量系统同频率电压信号的输出(开路性况)。设输入量为

$$x_i = x\sin(\omega t + a) \tag{3-33}$$

输出的电压信号为

$$u = U\sin(\omega t + a - \theta) \tag{3-34}$$

则测量系统的灵敏度定义为

$$S = \frac{U}{x}\left(\frac{电压单位}{机械量单位}\right) \tag{3-35}$$

式(3-34)中的 θ 为输出的电压信号 u 对被测机械量 x 的相位滞后,亦称之为相移。如果同时将相移考虑在内,可定义以下复数灵敏度

$$S' = \frac{\bar{U}}{\bar{x}} = Se^{-j\theta} \tag{3-36}$$

其中, $\bar{U}$ 与 $\bar{x}$ 分别为 u 和 x 的复振幅,即

$$\left.\begin{array}{l} \bar{U} = Ue^{j(a-\theta)} \\ \bar{x} = Xe^{ja} \end{array}\right\} \tag{3-37}$$

与灵敏度直接相关的是分辨率。分辨率是指输出电压的变化量 ΔU 可以辨认时输入机械量的最小变化量 Δx。Δx 越小,表明分辨率越高。显然,灵敏度越高,则分辨率也越高,两者成正比关系。对桥梁动力检测,一般通过脉动测量进行桥梁的模态测量,因而要求传感器测量系统具有较高的灵敏度及分辨率。

(2)使用频率范围

使用频率范围是指灵敏度随频率的变化不超出某一给定的误差限的频率范围。使用频率范围的两端为频率下限和频率上限。如果下限可扩展至0,则称该测量系统具有零频率响应或静态响应。具有零频率响应的测量系统可以用来测量静位移,恒加速度及常力等静态机械量。

使用频率范围是测量系统的重要性能参数。在选用测量系统时,首先要看使用频率范围是否满足测量的要求。由于桥梁尤其是悬索桥、斜拉桥等大跨度桥梁的基频一般甚低(最低

至0.1Hz),因此对测量系统的下限要求极高,一般测量中均要求使用超低频传感器。对大跨度悬索桥,最好具有零频响应。常见的传感器测量系统的使用频率范围,如图3-44所示。从图中可见,除通用速度传感器外,其他传感器均具有较好的低频特性,可根据桥梁跨度及其振频情况加以选择。

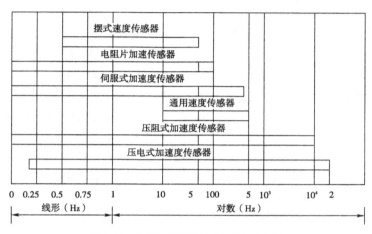

图3-44 常用传感器测量系统的频率范围

(3)动态范围

动态范围是指灵敏度随幅值的变化量不超出某一给定误差限输入机械量的幅值范围。幅值范围的两端称为幅值上限和幅值下限。在该范围内,输出电压正比于输入的机械量,故也称为线性范围,如图3-45所示。动态范围用分贝数表示为

$$D = 20\log\frac{x_{\max}}{x_{\min}}(\mathrm{dB}) \qquad (3-38)$$

动态范围越大,说明测量系统对幅值变化的适应能力越强。幅值上限也称最大可测振级,幅值下限也称最小可测振级。

综合使用频率范围和动态范围,可得到关于测量系统的完整使用范围。

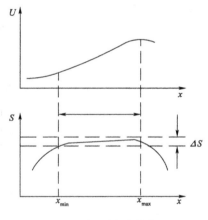

图3-45 测量系统的线性范围

(4)相移

相移是指在简谐机械量输入时,测量系统的同频率电压输出信号对输入机械量的相位滞后,即式(3-34)中的θ角。相移是由于输出在时间上滞后而造成的,它将导致合成波形的畸变。为了使合成波形不产生畸变,要求相移$\theta=0$、π或者相移为比例相移,即$\theta(\omega)=n\omega$。

在桥梁动力检测中,由于涉及桥梁的模态测量,因此相移是不容忽视的,否则将出现误差甚至错误。

(5)环境条件

每一种传感器都有其适用的环境条件,包括温度范围、湿度、电磁场、辐射和声场。对桥梁动力测试,需注意的环境条件是使用的温度与湿度范围。

(6)附加质量和附加刚度

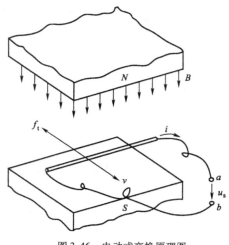

图 3-46 电动式变换原理图

由于桥梁自身的质量与刚度均很大,因而一般情况下,桥梁动测中不考虑传感器的附加质量和附加刚度的影响。

二、电动式传感器

电动式传感器是一种基于电磁感应原理的传感器。其机电变换原理,如图 3-46 所示。由楞次定律,当长度为 L 的导体以速度 v 沿垂直于强度为 B 的磁场方向运动时,导体上将产生感应电动势 $e = BLv$,其指向按右手定则确定。而根据安培定律,导体将受到磁场的电磁力作用,电磁力大小 $f_t = BLi$,其指向按左手定则确定。

电动式传感器有两种形式:一种是相对式,另一种为惯性式。在桥梁动测中广泛应用的是惯性式,因此下面主要介绍惯性式传感器。

1. 惯性式电动传感器

惯性式电动传感器一般由一个弹簧片与可动部件组成的单自由度直线振动系统来执行惯性式机械接收;另一个由磁隙与线圈构成的机电变换部分,执行电动式变换。其简化模型如图 3-47a)所示,图 3-47b)则为其等效电路图。

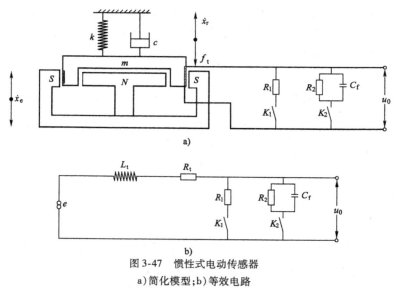

图 3-47 惯性式电动传感器
a)简化模型;b)等效电路

图中,$\dot{x}_e$ 为被测绝对速度,$\dot{x}_r$ 为线圈相对于磁隙的相对速度。R_1、R_2 及 C_f 为测量电路的输入电阻和电容;L_t、R_t 为传感器内线圈的自感与电阻;f_t 为线圈受到的电磁力。传感器的运动微分方程如下。

机械接收部分:

$$m\ddot{x}_r + c\dot{x}_r + kx_r = -m\ddot{x}_e - f_t = -m\ddot{x}_e - BLi \tag{3-39}$$

机电变换部分:

当 K_1 闭合、K_2 断开时

$$\left.\begin{array}{l}L_t\dfrac{\mathrm{d}i}{\mathrm{d}t} + (R_1 + R_t)i = e = BL\dot{x}_r \\ i = \dfrac{u_0}{R_1}\end{array}\right\} \quad (3\text{-}40)$$

当 K_1 断开、K_2 闭合时

$$\left.\begin{array}{l}L_t\dfrac{\mathrm{d}i}{\mathrm{d}t} + (R_2 + R_t)i = e = BL\dot{x}_r \\ i = \dfrac{u_0}{R_2} + C_f\dfrac{\mathrm{d}u_0}{\mathrm{d}t}\end{array}\right\} \quad (3\text{-}41)$$

通常 $R_i \gg R_t, R_i \gg \omega L_t (i = 1, 2)$ 即传感器线圈阻抗可忽略。由式(3-40)可化简得

$$i = \dfrac{BL\dot{x}_r}{R_1} \quad (3\text{-}42)$$

由式(3-41)可化简得

$$i = \dfrac{BL\dot{x}_r}{R_2} + C_f BL\ddot{x}_r \quad (3\text{-}43)$$

将式(3-42)、式(3-43)分别代入式(3-38)得

K_1 闭合、K_2 断开时：

$$m\ddot{x}_r + (c + c')\dot{x}_r + kx_r = -m\ddot{e}_e \quad (3\text{-}44)$$

其中，$c' = B^2L^2/R_1$。

当 K_1 断开、K_2 闭合时：

$$(m + m')\ddot{x}_r + (c + c')\dot{x}_r + kx_r = -m\ddot{e}_e \quad (3\text{-}45)$$

其中，$m' = B^2L^2C_f, c' = B^2L^2/R_2$。

从式(3-44)及式(3-45)可见，由于机电耦合效应，测量电路对动线圈提供一当量质量 m' 及当量阻尼 c'。

(1) 通用速度传感器

当 K_1 闭合、K_2 断开时，若 $R_1 \gg B^2L^2$，则 c' 较小可忽略，设计使得 c 较小。从而传感器阻尼比 $\zeta < 1$，运动部分构成一位移摆，即 $x_r \propto x_e$；输出电压则正比于被测速度，即 $u_0 \propto \dot{x}_e$。传感器为通用型惯性速度传感器。

对简谐振动，令 $x_r = \bar{x}_r e^{j\omega t}, x_e = \bar{x}_e e^{j\omega t}, u_0 = \bar{U}_0 e^{j\omega t}, \dot{x}_r = \bar{V}_r e^{j\omega t}, \dot{x}_e = \bar{V}_e e^{j\omega t}$，代入式(3-40)及式(3-44)可得传感器的复数灵敏度系数

$$S' = \dfrac{\bar{U}_0}{\bar{v}_e} = BL\dfrac{\bar{v}_r}{\bar{v}_e} = BLD_2 e^{j\theta_2} \quad (3\text{-}46)$$

式中：D_2——二型无量纲动力放大系数，$D_2 = \lambda^2/\sqrt{(1-\lambda^2)^2 + 4\lambda^2\zeta^2}$；

θ_2——输出相对于输入的相位滞后，$\theta_2 = \arctan\dfrac{2\zeta\lambda}{1-\lambda^2}(0 \leqslant \theta_2 \leqslant \pi)$；

λ——被测振动频率与接收部分固有频率之比，$\lambda = \omega/\omega_n$；

ω_n——传感器固定安装时接收部分固有频率即固定安装共振频率，$\omega_n = \sqrt{k/m}$；

ζ——接收部分阻尼比，$\zeta = \dfrac{c}{2\sqrt{km}}$。

D_2 及 θ_2 随频率比 λ 和阻尼比 ζ 的变化曲线如图3-48a)、b)所示。由该曲线可知，通用型惯性式速度传感器的使用频率范围应在 $\lambda > 1$ 频段，特别当 $\lambda \gg 1$ 时，有 $D_2 \approx 1$。从而测量系

统的名义速度灵敏度为

$$S = BL \tag{3-47}$$

由于上述通用型惯性式速度传感器使用频率范围在 $\lambda > 1$ 频段,即要求 $\omega > \omega_n$ 或 $f > f_n$,传感器固定安装固有频率 f_n 通常在 4Hz 以上,因而通用惯性式速度传感器多用于机械振动测量而不太适合大型桥梁动力检测。用于桥梁动测的超低频传感器均利用电路提供的当量质量与当量阻尼,获取较好的低频特性。

(2)惯性式加速度计

当 K_1 闭合、K_2 断开时,若 $R_1 << B^2L^2$,则式(3-44)中 c' 很大,从而方程第二项成为主要项,即 $\dot{x}_r \propto \dot{x}_e$,传感器的动圈构成一速度摆,传感器则构成一加速度计(因为 $u_0 \propto \dot{x}_r \propto \ddot{x}_e$)。其加速度复数灵敏系数

$$S' = \frac{\overline{U}_0}{\overline{A}_e} = \frac{mR_1}{BL}D_1 e^{j\theta_1} \tag{3-48}$$

式中:D_1——一型无量纲动力放大系数,$D_1 = \lambda / \sqrt{\lambda^2 + (1-\lambda^2)^2/4\zeta'^2}$;

θ_1——输出相对于输入的相位滞后,$\theta_1 = \arctan\dfrac{2\zeta'\lambda}{1-\lambda^2}(0 \leqslant \theta_2 \leqslant \pi)$;

λ——被测振动频率与接收部分固有频率之比,$\lambda = \omega/\omega_n$;

ω_n——传感器固定安装时接收部分固有频率即固定安装共振频率,$\omega_n = \sqrt{k/m}$;

ζ'——接收部分阻尼比,$\zeta' = \dfrac{c'}{2\sqrt{km}}$。

此时,ζ' 一般取 5~7。D_1 及 θ_1 随频率比和阻尼比变化曲线如图 3-48 所示。由该曲线可知,惯性式加速计的使用频率范围应在 $0.1 < \lambda < 10$ 频段,此时,有 $D_1 \approx 1$。测量系统的名义灵敏度

$$S = \frac{BL}{(2\zeta'\omega_n)} \tag{3-49}$$

(3)超低频速度传感器

当 K_1 断开、K_2 闭合时,若设计 C_f 与 R_2 均较大,使得式(3-45)中 $m' = B^2L^2C_f >> m$,$c' = B^2L^2/R_2 << c$ 且动圈当量阻尼比 $\zeta < 1$,则传感器动圈构成位移摆,即 $x_r \propto x_e$ 传感器则成为速度计 $u_0 \propto \dot{x}_e$,即输出电压其速度复数灵敏度

$$S'_v = \frac{m}{BLC_f}D'_2 e^{j\theta'_2} \tag{3-50}$$

式中:D'_2——二型无量纲动力放大系数,$D'_2 = \lambda^2 / \sqrt{(1-\lambda^2)^2 + 4\lambda^2\zeta^2}$;

θ'_2——输出相对于输入的相位滞后,$\theta'_2 = \arctan\dfrac{2\zeta\lambda}{1-\lambda^2}(0 \leqslant \theta'_2 \leqslant \pi)$;

λ——被测振动频率与接收部分固有频率之比,$\lambda = \omega/\omega'_n$;

ω'_n——传感器固定安装时接收部分固有频率即固定安装共振频率,$\omega'_n = \sqrt{k/m'}$;

ζ——接收部分阻尼比,$\zeta = \dfrac{c}{2\sqrt{km'}}$。

D'_2 及 θ'_2 随频率比 λ 和阻尼比 ζ 的变化曲线如图 3-49 所示。与通用型速度传感器类似,超低频速度传感器的使用频率范围为 $\lambda > 1$ 频段,即要求 $\omega > \omega'_n$,特别当 $\lambda >> 1$ 时,有 $D'_2 \approx 1$。从而测量系统的名义速度灵敏度为

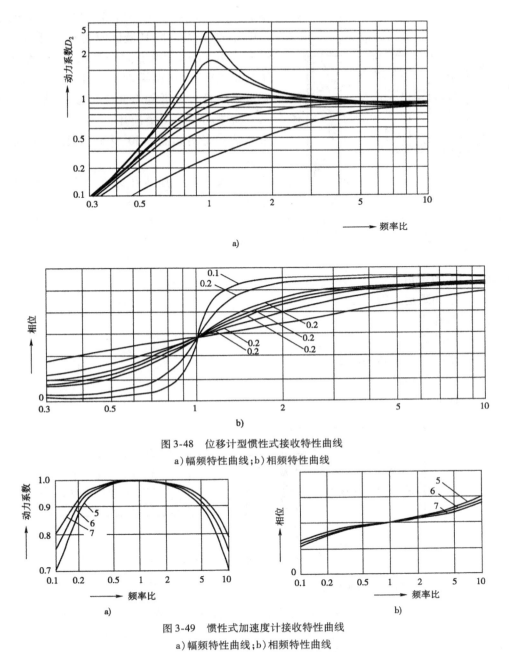

图 3-48 位移计型惯性式接收特性曲线
a) 幅频特性曲线; b) 相频特性曲线

图 3-49 惯性式加速度计接收特性曲线
a) 幅频特性曲线; b) 相频特性曲线

$$S_v = \frac{m}{BLC_f} \tag{3-51}$$

由于 $m' \gg m$,故 $\omega'_n \ll \omega_n$,即传感器的下限频率大幅下降。比较式(3-51)与式(3-49)可知,超低频速度传感器低频特性的获得是以灵敏度的下降为代价的,下限频率下降 1/2,灵敏度降至原来的 1/4。

2. 摆式结构电动传感器

前述电动传感器的使用频率范围,其上限受安装共振频率的限制,下限受接收部分固有频

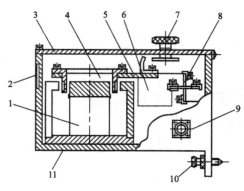

图 3-50 941 摆式传感器结构简图
1-磁路;2-观察窗;3-上盖;4-线圈;5-摆架;6-摆锤;
7-摆锤卡位螺栓;8-十字弹片;9-插座;10-可调地脚
螺栓;11-外壳

率的限制。利用电路的当量质量与当量阻尼改进传感器的低频特性,其最低使用频率可达 0.33Hz,可满足中等跨度桥梁的动测要求,但对大跨度斜拉桥与悬索桥,因桥梁振动基频在 0.3Hz 以下,因此要求采用具有更低固有频率的摆式结构电动传感器。桥梁动测中广泛应用的 941 型摆式超低频传感器结构简图如图 3-50 所示,其原理图如图 3-51 所示。

当 K_1 接通,其他开关断开时,回转摆的微分方程

$$J_0\ddot{\theta} + \left(C_0 l_1 + \frac{B^2 L^2}{R_1}l_1\right)\dot{\theta} + k_0\theta = -Ml_c\ddot{x}_e \tag{3-52}$$

式中:θ——摆的转角;
C_0——摆的阻尼系数;
k_0——簧片刚度;
M——摆的质量;
l_1——线圈中心到转轴的距离;
l_c——质心到转轴的距离;
J_0——摆的转动惯量。

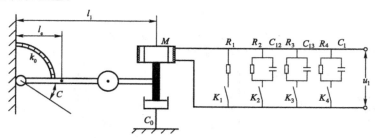

图 3-51 摆式电动传感器原理图

令 $l_e = \dfrac{\rho_0^2}{l_c}$($\rho_0$ 为摆的回转半径),则

$$\ddot{\theta} + 2(\zeta + \zeta')l_1\omega_n\dot{\theta} + \omega_n^2\theta = -\frac{\ddot{x}_e}{l_e} \tag{3-53}$$

其中,$\zeta = \dfrac{C_0}{2\sqrt{k_0 J_0}}$,$\zeta' = \dfrac{B^2 L^2}{2R_1\sqrt{K_0 L_0}}$。

若 $R_1 \ll B^2L^2$,使得 $\zeta' \gg \zeta$ 且 $\zeta' > 1$,则式(3-53)中第二项为主要项,传感器构成一加速度计,即 $u_0 \propto \ddot{x}_e$。其灵敏度系数为

$$S_A = \frac{Bl_1}{2\zeta'\omega_n l_e} \tag{3-54}$$

当开关 2、3 或 4 接通,其他开关断开时,摆的运动微分方程为

$$(J_0 + B^2L^2 C_{fk})\ddot{\theta} + \left(C_0 + \frac{B^2L^2}{R_k}\right)l_1\dot{\theta} + k_0\theta = -Ml_c\ddot{x}_e \tag{3-55}$$

若 R_k、C_{fk} 均较大,摆的等效阻尼比 $\zeta<1$,则摆的位移与地面位移成正比,拾振器构成一速度计。其灵敏度系数为

$$S_V = \frac{BL\omega_k'^2 l_1}{2\omega_n^2 l_e} \tag{3-56}$$

其中,$\omega'_k = \sqrt{k_0/J'_k}$,$J'_k = B^2 L^2 C_{fk}$,$\omega_n = \sqrt{k_0/J_0}$,$l_e = \rho^2/l_c$。

3. 积分放大器

与电动传感器配套的专用测量电路为积分放大器,其作用是对传感器输出的正比于速度或加速度信号进行放大、积分、滤波和阻抗变换。图3-52为与941型摆式传感器配套的放大器前面板。

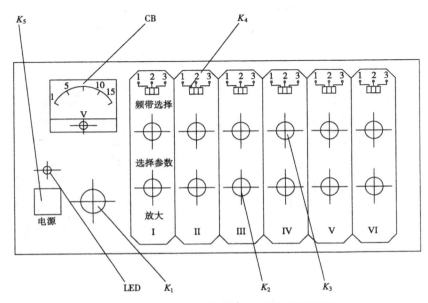

图3-52 与941型摆式传感器配套的放大器前面板

K_1-表头功能选择开关;K_2-放大倍数选择开关;K_3-参数选择开关;K_4-通频带选择开关;K_5-电源开关;CB-电压表;LED-发光二极管

一般积分放大器均设置有放大倍数选择开关(如图3-52中的K_2),用来对电信号进行放大;参数选择开关(如图3-52中的K_3),用来选择是否对电信号进行积分;通频带选择开关,用来选择滤波器的通频带。

电动传感器与积分放大器配套后,整套测振仪的灵敏度为

$$S = S_0 K K_1 \tag{3-57}$$

式中:K——放大器的放大倍数;

K_1——积分增益,若参数开关选择直通挡,即不对电信号进行积分,$K_1 = 1$;

S_0——传感器自身的灵敏度。

三、压电晶体传感器

压电晶体传感器,是利用某些晶体材料的压电效应来实现将机械量转化为可测电量的一类传感器。其原理为:对压电晶体材料施加外加电场,将其内部各不相同的自发极化扭转到顺

着电场方向,当外场移去后,在电场方向即具有剩余极化强度,此时极化面上出现了自由电荷。但是,由于这些电荷被极化电荷束缚而不能离开极化面,因而并不能测量到任何电荷。而当在极化方向施加压力时,晶体出现了机械变形,使得原极化方向上的极化强度减弱,从而被束缚在电极面上的自由电荷就有部分被释放。设 F 为作用力,q 为释放出的电荷量,A 为电极面的面积,则有如下正压电效应的基本关系式。

$$\frac{q}{A} = d\frac{F}{A} \tag{3-58}$$

上式表明:电荷密度与压应力成正比,比例系数 d 与压电晶体材料有关,并称之为压电常数,单位为库仑/牛顿(C/N)。

1. 压电加速度计的工作原理及电荷灵敏度

压电式加速度传感器按晶体片受力状态不同,分为中心压缩式和剪切式两类结构。两类结构如图 3-53 所示。

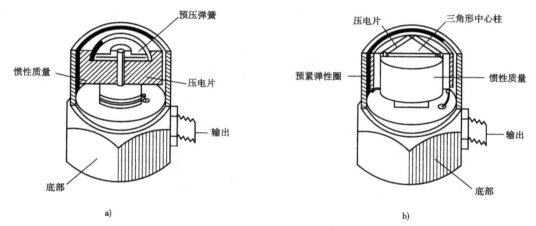

图 3-53 压电加速度传感器结构图
a)中心压缩式;b)剪切式

图 3-54a)为中心压缩式结构的简化模型,m、k 分别为传感器的当量质量与当量刚度;图 3-54b)为传感器的工作原理。惯性接收部分将被测加速度 $\ddot{x}_e$,接收为 m 相对于底座的相对振动位移 x_r。于是,晶体受到 $p = kx_r$ 的动压力,然后由压电效应变换为作用于晶体片极面上的电荷量 q。电荷量 q 通过测量电路(电荷放大器)输出正比于 $\ddot{x}_e$ 的电压信号 u_0。因此,压电晶体加速度计不同于电动传感器,其为加速度计型接收。

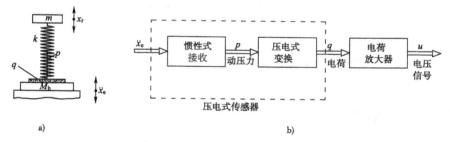

图 3-54 压电晶体加速度计工作原理
a)简化模型;b)工作原理

传感器运动方程

$$m\ddot{x}_r + c\dot{x}_r + kx_r = -m\ddot{e}_e \tag{3-59}$$

$$q = dp = -dkx_r \tag{3-60}$$

在稳态简谐输入输出情况下

$$\left.\begin{array}{l} x_r = \bar{x}_r e^{j\omega t} \\ x_e = \bar{x}_e e^{j\omega t} \\ q = \bar{Q}_r e^{j\omega t} \end{array}\right\} \tag{3-61}$$

代入式(3-59)及式(3-60)可得复数电荷灵敏度

$$S'_q = \frac{\bar{Q}}{A_e} = -dmD_0 e^{-j\theta_0} \tag{3-62}$$

式中：D_0——动力放大系数，$D_0 = 1/\sqrt{(1-\lambda^2)^2 + 4\lambda^2\zeta^2}$；

θ_0——输出相对于输入的相位滞后，$\theta_0 = \arctan\dfrac{2\zeta\lambda}{1-\lambda^2}(0 \leqslant \theta_0 \leqslant \pi)$；

λ——被测振动频率与接收部分固有频率之比，$\lambda = \omega/\omega_n$；

ω_n——传感器固定安装固有频率，$\omega_n = \sqrt{k/m}$；

ζ——传感器阻尼比，$\zeta = \dfrac{c}{2\sqrt{km}}$。

D_0 及 θ_0 随频率比 λ 和阻尼比 ζ 的变化曲线如图3-55所示。由该曲线可知，压电式加速度传

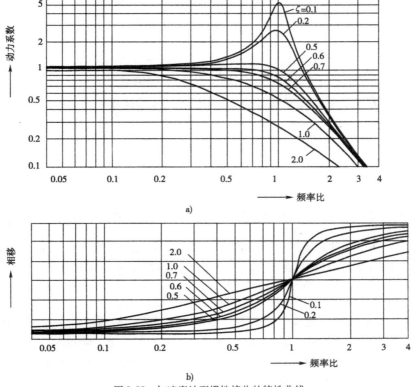

图3-55 加速度计型惯性接收的特性曲线
a)幅频特性曲线；b)相频特性曲线

感器的使用频率范围应在 $\lambda < 1$ 频段,特别当 $\lambda << 1$ 时,有 $D_0 \approx 1, \theta_0 \approx \pi$。从而传感器的名义电荷灵敏度为

$$S_q = \frac{Q}{A_e} = dm \tag{3-63}$$

由式(3-63)可见,压电加速度计的灵敏度正比于材料压电常数 d 及惯性质量 m。上述从中心压缩式导出的公式对剪切式同样适用,仅式中压电常数 d 取值不同。

2. 电荷放大器

电荷放大器是与压电传感器配套的测量电路,其作用是将传感器产生的正比于加速度的电荷量转变为电压信号输出。典型的电荷放大器的电路,如图 3-56 所示。

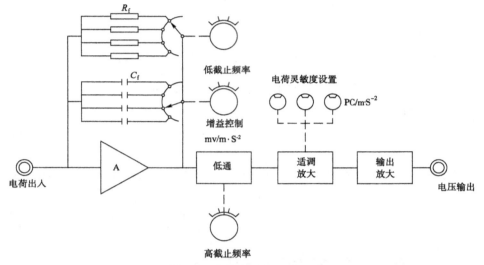

图 3-56 电荷放大器的电路框图

可以证明,当运算放大器开环增益很大时,电荷放大器输出电压为

$$\overline{U}_0 = -\frac{\overline{Q}}{C_f} \frac{\omega R_f C_f}{\sqrt{1 + (\omega R_f C_f)^2}} e^{j\varphi} \tag{3-64}$$

其中,$\varphi = \arctan \frac{1}{\omega R_f C_f}$。

当 $\omega R_f C_f >> 1$ 时,有 $\overline{U}_0 = -\frac{\overline{Q}}{C_f}$,即输出电压正比于传感器的电荷量,比例系数与 C_f 成反比,改变增益控制钮选择不同的 C_f,即可获得不同的增益。当 $\omega R_f C_f$ 不是很大时,放大器对低频起抑制作用,相当于高通滤波器,高通的低截止频率对应 $\omega R_f C_f = 1$ 为

$$f_L = \frac{\omega}{2\pi} = \frac{1}{2\pi R_f C_f} \tag{3-65}$$

通过高通低截止频率钮选择不同的 R_f,即可获得不同的高通低截止频率。电路上另外设置一高截止频率可调节的低通滤波器,以抑制高频噪声信号。电路中有一适调放大环节,其作用是实现"归一化"功能,即按传感器的电荷灵敏度调节其放大倍数,从而对不同的传感器都能输出具有统一灵敏度的电压信号。

除了上述各环节外,有的电荷放大器还设置有积分环节,以实现对振动速度及振动位移的

测量。通常,电荷放大器的前面板,如图3-57所示。前面板的上部用3位数和一个小数点来设置电荷灵敏度n_q,如图上的3、1、6。中部为增益控制钮,用来选择放大(衰减)系数n_u。n_q、n_u设定后,电荷放大器的增益,即单位电荷输入时的输出电压为

$$G = \frac{n_u}{n_q} \quad (3-66)$$

再设传感器的电荷灵敏度为S_q,则整个量测系统的灵敏度为

$$S = S_q G = S_q \frac{n_u}{n_q} \quad (3-67)$$

当作"归一化"设置时,有$n_q = S_q$,从而系统的灵敏度为

$$S = n_u \quad (3-68)$$

现已有一类压电传感器,其超小型集成电路电荷放大器封装于传感器内部,不仅方便现场测试,还可避免由于传感器至电荷放大器间的引线摇晃而带来的干扰信号。

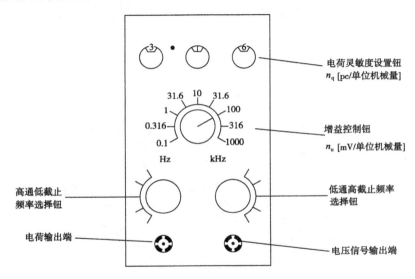

图3-57 带有适调环节的通用型电荷放大器的前面板

3. 压电加速度传感器测量系统使用注意事项

(1)传感器的选用

对于桥梁动测,因为结构基频很低,首先应考虑传感器系统的频率范围,尤其是低频特性。压电式加速度计其惯性接收具有零频率响应(图3-55),但接上电荷放大器后的整个测量系统不具有零频率响应,而是如图3-58所示。其下限频率是由于电荷放大器的有限低频特性所造成。如果进行桥梁模态测试,还要考虑传感器测量系统的相移特性,一般相位下限频率比幅值下限频率高很多,达10倍左右。比如B&K的2635型电荷放大器,其幅值下限频率为0.2Hz,但相位下限频率为2Hz。所以压电式传感器系统通常适用于中、小跨度的桥梁动测及斜拉桥索力检测等,而不太适合大跨度桥梁的模态测试。压电式传感器的上限频率由安装共振频率决定,通常达2kHz以上,因而通常上限频率能满足要求。

除频率范围外,还应考虑电荷灵敏度、动态范围等有关指标。

(2)横向灵敏度

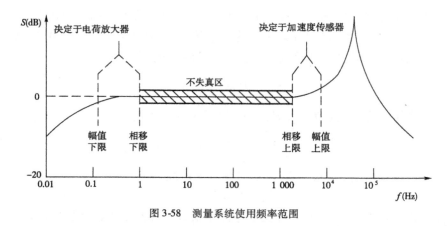

图3-58 测量系统使用频率范围

压电式传感器的横向灵敏度,是由于机械加工误差及晶体片极化轴不规则等因素,使得传感器实际灵敏度轴偏离了名义灵敏度轴线方向所造成的,如图3-59所示。

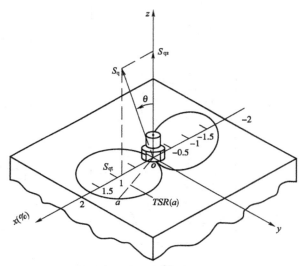

图3-59 加速度传感器横向灵敏度图示

定义横向灵敏度比 TSR 为横向灵敏度 S_{qt} 与轴向灵敏度 S_{qz} 之比,即

$$TSR = \frac{S_{qt}}{S_{qz}} = \tan\theta \tag{3-69}$$

式(3-69)为 TSR 的最大值。随着方位角 α 的不同,实际横向灵敏度比也在变化,理论上应有

$$TSR(\alpha) = TSR(0°)\cos\alpha = \tan\theta\cos\alpha \tag{3-70}$$

其中, $TSR(\alpha)$ 为方位角 α 方向的横向灵敏度,相当于图上的向径 oa ,应按图上所示"8"字形曲线分布,实测结果由于受其他因素影响不是严格按"8"字形分布。当 $\alpha = 90°$ 时,理论上 $TSR(90°) = 0$ 。实际上 $TSR(90°)$ 不会是0,但却是最小值,通常用小圆点等在传感器该方位上作上标记,以示横向灵敏度最小方位。横向灵敏度不仅影响幅值测量而且影响相位测量,因此,测试中应将横向灵敏度最小的方向对准横向振动较大的方向,以减小其影响。如测桥面竖向振动时,应将横向灵敏度最小方向对准横桥向。

（3）接地问题

压电式传感器属于高内阻弱信号传感器，因此，引线、屏蔽和接地必须十分仔细，否则将带来很大的干扰信号，甚至无法测量。压电式加速度计一般是单端输出联线，即信号线中的一股兼作地线且与外壳相连。因此，如果外壳随测试对象接地，而电荷放大器及分析仪又各自接地时，则会造成信号通道上的多点接地而形成地回路，产生干扰信号。为防止形成地回路，正确的接地原则是整个测量系统的信号通道上只有"单点落地"，要求传感器与测试对象绝缘，放大器与分析仪器共地。

（4）光纤加速度拾振器

测量物体振动加速度的传感器通常是由重物、弹簧和减振器组成的振动装置安装在框架上构成。当框架做加速度运动时，重物将受到与运动方向相反的惯性力（与加速度成正比）的作用，结果导致框架与重物之间的距离发生变化，其变化量与惯性力成正比，因而也就与物体的加速度成正比。现在普遍使用的加速度传感器是用压电材料与半导体应变仪将框架与重物之间的距离变化量变换为电量，从而测出加速度。

如果振动频率逐渐增高，将产生机械共振，其共振频率取决于重物的质量与弹簧的弹性系数，这时距离的变化不再与加速度成正比。频率更高时，重物跟不上框架的快速振动而停止下来，此时距离变化量表示的只是框架本身的振动位置。

光纤加速度传感器则用光纤测出距离的变化，而光纤既起位移检测器的作用又起弹性体的作用。下面介绍利用相位变化的加速度传感器。

在马赫-曾特尔光纤干涉仪的传感臂上（或两臂上）连接一块质量为 m 的物体，便可构成加速度传感器。传感器的结构，如图3-60所示。无论是哪种情况，框架的纵向振动都会使重物产生位移而使光纤伸缩，这种变化将以光的传输时间变化即相位变化的形式被观察出来。设框架与

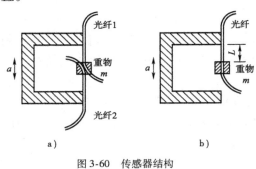

图3-60 传感器结构

重物间的光纤长度 L 的变化量 ΔL 可用光纤受的力和相应的应力表示，即

$$\frac{\Delta L}{L} = \frac{ma}{E\pi(\frac{d}{2})^2} \tag{3-71}$$

式中：E——光纤的杨氏模量；

d——光纤直径；

m——重物质量；

a——框架加速度。

传输光的时间延迟为

$$\Delta t = \Delta L \frac{c}{n} \tag{3-72}$$

其相应变化为

$$\Delta \Phi = k\Delta L = \frac{2\pi}{\lambda}n\Delta L \tag{3-73}$$

式中：k——波数；

n——光的折射率。

将式(3-71)代入式(3-73)有

$$\Delta\Phi = \frac{8Lman}{\lambda Ed^2} \tag{3-74}$$

光纤纵向使重物 m 产生距离 ΔL 所需的有效弹力可由式(3-71)求得,即

$$F = ma = \frac{EA\Delta L}{L} = K\Delta L \tag{3-75}$$

式中:K——弹性常数;

A——光纤截面积。

这样,纵向基波频率为

$$f_L = \frac{1}{2\pi}\left(\frac{K}{m}\right)^2 \tag{3-76}$$

为了强调 f_L 对光纤参数及加速度的依赖关系,由式(3-73)可求 f_L

$$f_L = \left(\frac{1}{2\pi\lambda}\right)^{1/2}\left(\frac{\Delta\Phi}{a}\right)^{1/2} \tag{3-77}$$

这样,通过式(3-77)的计算,其频率 f_L 可以达到 1.193×10^3 Hz。

如果采用如图 3-60a)所示的双光纤结构,在箭头方向上有分力的任何物理运动都会使一根光纤伸长,另一根光纤压缩,这样相对长度变化为单光纤的 2 倍。这就是说,其灵敏度增加 2 倍,而其基频 f_L 比单光纤增加 $\sqrt{2}$ 倍。

图 3-61 是用迈克尔逊干涉仪组成的双光纤加速度计的系统框图。从激光源发出的光经 3dB 的耦合器分成两束进入迈克尔逊干涉仪的两臂,通过附着在重物上的反射镜把光返回,并再次通过 3dB 的耦合器进入光电检测器。为了使光纤之间保持 π/2 相差,以获得最佳灵敏度。在干涉仪的一个臂上加了 PZT 移相器,同时它对噪声的补偿也是最为有效的。壳体的直径为 2cm、高度为 4.2cm,壳体中的 4 片膜板限制重物横移,壳体两端各有一个光纤的夹紧机构。

当壳体受到的是向上的加速度时,上光纤将伸长 ΔL,下光纤将缩短 ΔL,这就提供了使重物加速所需的力,它可以写为

$$F = ma = 2\frac{EA\Delta L}{L} \tag{3-78}$$

根据式(3-74)可以计算出一根光纤相移变化。对双光纤来说,它是光纤相移的 2 倍,即

$$\Delta\Phi = \frac{16Lman}{\lambda Ed^2} \tag{3-79}$$

图 3-62 是利用两根光纤连接处的轴向偏离引起的传输损耗制成的加速度传感器。通过多模光纤轴向偏离处的光强,大致与输出光光纤和输入光光纤的纤芯重合部分的面积成正比,因此从传输光的强度可测定轴向偏离量。在构成加速度传感器时,需使固定光纤与可动光纤相距很近,并在可动光纤的端头置一重物。为使轴向偏离量与输出光强之间有良好的线性关系,还需预先使光纤芯径约有 1/2 的偏离。这种加速度传感器在实际使用时必须抑制不需要方向的振动,一般采用灌满硅油的方法来消振。

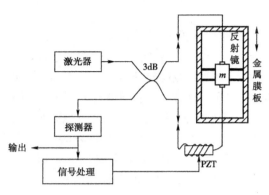
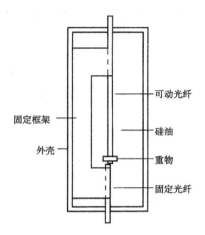

图 3-61　双光纤加速度计的系统框图　　　　图 3-62　加速度传感器

4. 动力特性试验数据分析

桥梁结构的动力特性(例如结构的固有频率、阻尼系数和振型等),它们只与结构本身的固有性质有关(如结构的组成形式、刚度、质量分布和材料的性质等),而与荷载等其他因素无关。结构的动力特性是结构振动系统的基本特性,是进行结构动力分析所必需的参数。

对于比较简单的结构,一般只需结构的一阶频率;对于较复杂的结构动力分析,还应考虑第二、第三甚至更高阶的固有频率及相应的振型。至于系统的阻尼特性,只能通过试验的方法确定。

桥梁在实际的动荷载作用下结构各控制部位的动力响应,如振幅、频率、速度和加速度以及反映结构整体动力作用的冲击系数等,除了可用来分析结构在动荷载作用下的受力状态外,还可验证或修改理论计算值并作为结构工作状况评定的依据。

(1) 固有频率的测定

采用不同的激振方法使桥梁产生自由振动,通过测试系统实测记录结构的衰减振动波形,如图 3-63 所示。在记录的振动波形曲线上,可根据时标符号直接计算出结构的固有频率 f_0。

$$f_0 = \frac{Ln}{t_1 S} \tag{3-80}$$

式中: L——两个时标符号间的距离(mm);
　　　n——波数;
　　　S—— n 个波长的距离(mm);
　　　t_1——时标的间隔(常用 1s,0.1s,0.01s 三种标定值)。

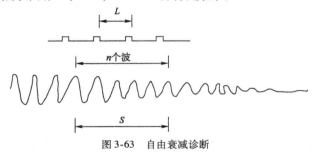

图 3-63　自由衰减诊断

在计算频率时,为消除冲击荷载的影响,开始的两个波形应舍弃,从第三个波形开始计算分析。

当使用激振器时,结构产生连续的周期性强迫振动,在激振器振动频率与结构的固有频率一致时,结构出现共振现象,振幅达到最大值,共振波峰处的频率即为结构的固有频率,如图3-64所示。

采用偏心式激振器时,由于激振力的大小与激振器转速的平方成正比,激振器转数不同,激振力大小不一样。为便于比较,应将振幅折算成单位激振力作用下的振幅,即振幅除以相应的激振力;或者将振幅换算为在相同激振力作用下的振幅,即 A/ω^2,其中 A 为振幅,ω 为激振器的频率。以 A/ω^2 为纵坐标,ω 为横坐标绘出共振曲线,曲线之峰值所对应的频率即为结构的固有频率。

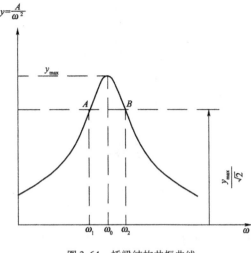

图3-64 桥梁结构共振曲线

(2)阻尼比的测定

桥梁结构的阻尼特性,一般用对数衰减率 δ 或阻尼比 ζ 来表示。实测的自由振动衰减曲线,如图3-65所示。由振动理论可知,对数衰减率为

$$\delta = \ln \frac{A_i}{A_{i+1}} \tag{3-81}$$

其中,A_i,A_{i+1} 分别为相邻两个波的振幅值,可直接从衰减曲线上量取。

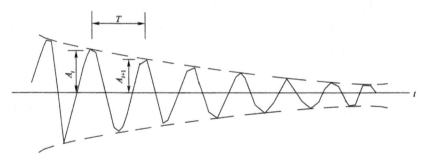

图3-65 由衰减振动曲线求阻尼比

实践中,常在衰减曲线上量取 m 个波形,求得平均的衰减率为

$$\delta_a = \frac{1}{m} \ln \frac{A_i}{A_{i+m}} \tag{3-82}$$

对数衰减率 δ 与阻尼比 ζ 的关系为

$$\delta = \frac{2\pi\zeta}{\sqrt{1-\zeta^2}} \tag{3-83}$$

对于一般工程建筑材料,其阻尼比都很小,因此

$$\zeta \approx \frac{\delta}{2\pi} \tag{3-84}$$

在实测的共振曲线上也可推算阻尼比,如图3-64所示。具体做法是取纵坐标 $y_{max}/\sqrt{2}$,做

平行于坐标横轴的直线,与曲线相交于 A、B 两点,其对应的横坐标为 ω_1 和 ω_2,即

衰减系数:
$$n = \frac{1}{2}(\omega_2 - \omega_1) \tag{3-85}$$

阻尼比:
$$\zeta = \frac{n}{\omega_0} = \frac{1}{2\omega_0}(\omega_2 - \omega_1) \tag{3-86}$$

式中:ω_0——结构的固有频率。

(3)振型的测定

结构的振型是结构相应于各阶固有频率的振动形式,一个振动系统振型的数目与其自由度数目相等。桥梁结构是一个具有连续分布质量的体系,即为一个无限多自由度体系,因此,其固有频率及相应的振型也有无限多个。但是对于一般的桥梁结构,第一固有频率即基频对结构的动力分析才是重要的。对于较复杂的动力分析问题,也仅需前面几个固有频率。

采用共振法测定振型时,将若干传感器安装在结构各有关部位,当激振装置激发结构共振时,同时记录结构各部位的振幅和相位,比较各测点的振幅及相位便可绘出振型曲线。

振型的测定一般采用两种方法:一是在结构上同时安装许多传感器,这时必须保证预先要精确标定所有传感器的灵敏度,在用多路放大器时,还要求放大器的特性相同;另一种方法只用一个传感器,测试时要不断改变它的位置,以便测出各点的振幅。后一种方法需要对传感器多次拆卸和安装,并且还需要有一个作为参考点不能移动的传感器,各次测定值均应同参考点的测定值对应比较。

(4)冲击系数的测定

在动力荷载作用下,测定桥梁结构某些部位的振动参数如振幅、频率、位移、应力等,可根据试验的具体要求和结构的形式布置测点,采用适当的仪表进行测试。动力荷载作用于结构上产生的动挠度,一般较同样的静荷载所产生的相应静挠度要大。动挠度与静挠度的比值称为活荷载的冲击系数。由于挠度反映了桥跨结构的整体变形,是衡量结构刚度的主要指标,因此,活载冲击系数综合反映了荷载对桥梁的动力作用。它与结构的形式、车辆运行速度和桥面的平整度等有关。

行驶在公路桥梁上的汽车车辆因受到多种复杂因素的影响,对桥梁结构产生的动力效应往往会大于其静止作用在桥上所产生的静力效应。理论分析表明,由于桥梁上的车辆荷载是移动的,而且车辆荷载本身也是一个带有质量与弹簧的振动系统,使车辆—桥梁耦合系统的动力特性随荷载位置的移动而不断变化。动力放大系数是时间变量的函数,不仅与结构的固有频率和阻尼比有关,而且还与移动车辆的竖向相对加速度和车速相关。这些正是桥梁车辆荷载激振问题的特点和复杂性所在。

尽管现代车桥耦合振动理论有了很大的发展,但是由于车辆动力特性的复杂性和参数的不确定性,钢筋混凝土或预应力混凝土承重结构动刚度的变化特性,桥梁结构阻尼的离散性和桥面不平的随机性,即使对于桥跨上只有一辆载货汽车的情况,要通过理论分析的途径来解决动力效应的计算问题也还有一定的困难。对于桥跨上有多于一辆车的更复杂情况,在基于概率论的分析方法以及对许多有关的参数进行统计等问题没有解决之前,人们在设计实践中仍不得不借助于试验的方法,通过经验的"冲击系数"来近似地考虑移动车辆荷载的动力效应。通过动载试验测试桥梁结构冲击系数,是目前获取冲击效应的唯一可靠的方法。

活载冲击系数（动力系数）可根据控制截面测点在跑车试验时记录的动应变或动挠度曲线（图3-66）进行分析处理而得，且按式（3-87）计算。

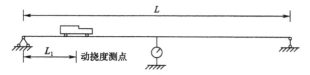

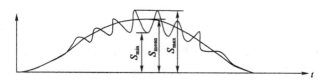

图3-66　移动荷载作用下简支梁跨中挠度时程曲线

$$1 + \mu = \frac{S_{max}}{S_{mean}} \tag{3-87}$$

式中：S_{max}——动载作用下该测点最大应变（或挠度）值；
　　　S_{mean}——相应的静载作用下该测点最大应变（或挠度）值，其值可由动应变（或动挠度）曲线求得。

$$S_{mean} = \frac{1}{2}(S_{max} + S_{min}) \tag{3-88}$$

式中：S_{min}——与S_{max}相应的最小应变（或挠度）值。

如图3-67所示为25m预应力混凝土梁桥的强迫振动记录。图3-67a）为跨中挠度的时程曲线，图3-67b）为跨中截面预应力钢丝的应变时程曲线。试验采用的动荷载为解放牌载货汽车，速度为22km/h，桥面为平整度很差的泥结碎石路面。

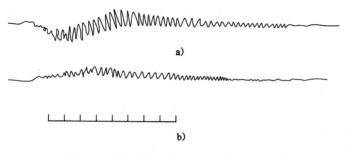

图3-67　汽车过桥时结构变形（应变）时程曲线

由图3-67可见，两条记录曲线除了振动强度略有差别外，振幅的变化规律及相位是相同的。一般认为挠度值反映了桥梁结构的整体变形情况，因此，根据实测挠度的时程曲线分析计算得到的冲击系数，可以比较全面地反映车辆荷载对桥梁的动力作用。主筋应变的时程曲线虽然仅反映了桥跨主筋的局部变化情况，却可以比较准确地表达车辆荷载对桥跨的动力作用。

工程实践中要获取桥跨结构控制截面测点动挠度的时程曲线往往不容易，如无法设置动挠度计支架等，则需要借助控制截面测点动应变时程曲线分析计算冲击系数。其原理上是可行的,但应变信号会受到其他多种因素的干扰,噪声较大,给分析带来较大偏差。因此,对于大跨径、大建筑高度的桥梁,在测试动应变时程曲线时,务必采取必要措施并结合实践经验,将非动力荷载影响因素降到最低限度。

根据不同车速的活载冲击系数绘制出活载冲击系数与车速的关系曲线,并从中求出活载冲击系数的最大值,可用于桥梁结构的强度及稳定性验算。此外,在动力荷载作用下,桥梁结构某些部位的振动参数如振幅、频率、动应变、动挠度等的测定,可根据试验的具体要求和结构的形式布置测点,采用适当的仪表进行测试。

【思 考 题】

1. 数据的量测与采集方法有哪些?
2. 仪器设备还可以分为哪几类?并简要说明。
3. 量测仪表的性能指标主要有哪些?
4. 试举例说明几种常用的机械式量测仪器的工作原理。
5. 机械式应变计可以分为哪些?举例说明几种常用的机械式应变计。
6. 说明拉力计和压力计的工作原理。
7. 仪器率定的基本方法有哪些?
8. 电测法的主要特点是什么?
9. 试举例说明几种常用的电测仪器的工作原理。
10. 试简述应变片的粘贴工艺。
11. 简述电阻应变仪基本原理。
12. 补偿片的设置应考虑哪些因素?
13. 简述振弦式应变计工作原理。
14. 简述光导纤维传感器的构成与原理。
15. 简述土压力计的埋设及其注意事项。
16. 简述振动传感器的分类有哪些?
17. 试举例说明几种常用的动态测试仪器的工作原理。
18. 压力传感器测量系统使用需要注意哪些事项?
19. 简述如何通过实测的动态数据计算频率、阻尼比、振型及冲击系数。

第四章
路基路面工程现场检测技术

【学习目的与要求】

本章从路面使用性能、质量控制参数两方面的检测技术进行介绍,在熟悉路面使用性能评价指标的基础上,要求掌握路面平整度检测、路面破损状况现场检测、沥青路面车辙测试方法、回弹弯沉测试方法、路面抗滑性能试验测试方法等内容,熟悉路基路面几何尺寸与路面厚度检测方法,掌握路面压实度的测试和评价方法以及路面强度和模量的测试试验方法,了解沥青路面、水泥混凝土路面的破损分类和分级。

路基路面工程现场检测,是道路桥梁工程检测的重要组成部分,不仅能为竣工验收提供可靠数据,而且还可以为科学养护决策提供客观依据。本章从验收和养护的角度,分别从路面使用性能、质量控制参数两方面的检测进行介绍。

第一节　路面使用性能检测

路面是公路的重要组成部分,其使用性能直接关系到为用户提供的舒适性、安全性和快捷性等服务水平,也关系到道路本身的使用寿命。目前比较一致的认识是路面使用性能包括五个方面,即功能性能(路面行驶质量或服务水平)、结构性能(路面结构保持完好的程度)、结构承载力、安全性(抗滑能力)和外观。

1. 功能性能

路面的基本功能是为车辆提供快速、安全、舒适和经济的行驶表面。路面的功能性能是指路面满足这一基本功能的能力,反映了路面的行驶质量或服务水平。

路面的行驶质量同路面表面的平整度特性、车辆悬挂系统的振动特性、人对振动的反应或接受能力等三方面因素有关。从路面状况的角度看,影响路面行驶质量的主要因素是路面平整度指标。路面平整度直接影响行车的舒适性和油耗,随车辆荷载的反复作用,周围环境(温度和湿度)的周期变化影响和路面龄期的增加,路面平整度会逐渐下降。当平整度下降到某一限值时,路面的行驶质量就不能满足行车对路面的基本功能要求,便需采取改建或重建措施改善平整度以恢复路面的功能。

2. 结构性能

路面的结构性能是指路面结构保持完好的程度。

路面在使用过程中会在行车荷载和环境等因素的作用下随路面龄期的增长而出现各种损坏。这些损坏可按形态和影响程度的不同而归纳为四类。

(1)裂缝或断裂类——路面结构的整体性因裂缝或断裂而受到损坏。

(2)永久变形类——路面结构虽仍保持整体性,但其形状在各种因素的作用下产生较大的变化。

(3)表面损坏类——路面表层部分材料的散失或磨损。

(4)接缝损坏类——同水泥混凝土路面接缝(纵缝或横缝)有关的损坏,如填封材料的失效或丧失,接缝附近局部宽度和深度范围内的混凝土碎裂等。

路面结构出现损坏,会在不同程度上影响路面的平整度,也即影响路面的行驶质量。因而,可以通过检测平整度在一定程度上反映路面的损坏状况。但平整度主要反映的是道路使用者可能有的反应;而路面损坏状况则主要表征路面结构的损坏程度,它反映了为防止损坏加速发展而需采取的养护措施和为改善路况而需采取的改建措施,因而,是道路管理部门所关注的路面性能。

3. 结构承载力

路面结构的承载能力是指路面在达到预定的损坏状况之前所能承受的行车荷载作用次数或者所能使用的年数。

我国现行规范对于沥青路面,通常采用路表面无破损弯沉测定方法评定路面结构的承载力,也即依据弯沉值的大小确定其使用寿命。

路面结构的承载力同损坏状况有着内在的联系。在使用过程中,路面的承载力逐渐下降,与此同时损坏逐步发展,承载力越低的路面结构,其损坏发展的速度越快;承载力接近于极限(或临界)状态时,路面的损坏状况达到严重程度,此时必须采取改建措施(如设置加铺层)以恢复或提高路面承载力。

4. 安全性

安全性主要指路面表面的抗滑能力。此外,在车辙深度超过 10~13mm 的情况下,高速行驶的车辆会因车辙内积水而出现飘滑,发生交通事故。

路表面抗滑能力可采用各种量测仪器进行评定,以摩阻系数或抗滑指数表征,还包括构造深度、透水系数等指标。随着车轮的不断磨损,路表面的抗滑能力因集料被磨光而逐渐下降,当表面的抗滑能力下降到不安全或不可接受的水平时,便需采取措施(如铺设抗滑磨耗层或刻槽等)以恢复其抗滑能力。

5. 美观

美观是指路面的外观给道路使用者的视觉印象。它包括反光和炫目、夜晚能见度、表面结构和颜色的均匀性等。

在进行养护决策之前,需要对上述路面使用性能进行检测,我国《公路技术状况评定标准》(JTG H20—2007)规定路面调查主要包括路面损坏、结构强度、平整度、车辙和抗滑能力等五项内容。根据需要还可增加对桥头、通道两侧以及涵洞的不均匀沉降观测。路面调查可采用全面调查或抽样调查。路面最低检测与调查频率应遵照表4-1的规定。

最低检测与调查频率 表4-1

检测内容	检测频率	路面损坏	路面平整度	抗滑性能	路面车辙	结构强度
沥青	高速、一级公路	1年1次	1年1次	2年1次	1年1次	抽样检测
	二、三、四级公路	1年1次	1年1次			
水泥混凝土路	高速、一级公路	1年1次	1年1次	2年1次		
	二、三、四级公路	1年1次	1年1次			

《公路水泥混凝土路面养护技术规范》(JTJ 073.1—2001)亦做了相应规定,要求水泥混凝土路面的养护质量标准应符合表4-2的规定。水泥混凝土路面在使用中,应对其使用质量进行检查,凡不符合养护质量标准的,应及时维修或有计划地安排大、中修或专项工程,予以改善和提高。

水泥混凝土路面养护标准 表4-2

项目		高速公路、一级公路	其他等级公路
平整度(mm)	平整度仪 σ	2.5/1.2	3.5/2.0
	3m 直尺(h)	5	8
	国际平整度指数 IRI(m/km)	4.4/2.0	5.8/3.2
抗滑	构造深度 TD(mm)	0.4	0.3
	抗滑值 SRV(BPN)	45	35
	横向力系数 SFC	0.38	0.30
相邻板高差(mm)		3	5
接缝填缝料凹凸(mm)		3	5
路面状况指数(PCI)		≥70	≥55

注:/后数值为改善恢复后的标准。

另外,路基路面在施工中和竣工后,需要进行质量控制和质量验收,其中还要涉及一些其他方面的测试,如路基路面几何尺寸测试、路基路面压实度、路面结构层厚度、强度和模量(弯沉与回弹模量)、加州承载比 CBR 试验现场检测等。以下将逐一对这些涉及的方法进行介绍。

第二节 路面平整度检测

一、概述

平整度是指以规定的标准量规,间断或连续地量测路表面的凹凸情况,即不平整度的指标。

如前所述,路面平整度是反映路面功能性和舒适性的重要指标,也是路面评价及路面施工验收中的一个重要指标。路面的平整度与路面各结构层的平整状况有着一定的联系,即各层的平整度将累积反映到路面表面上,平整度必须通过底基层、基层、面层等各层的精确施工方能得以保证。路面面层由于直接与车辆及大气接触,不平整的表面将会增大行车阻力,并使车辆产生附加振动作用。这种振动作用会造成行车颠簸,影响行车的速度、安全及驾驶的平稳与乘客的舒适。同时,振动作用还会对路面施加冲击力,从而加剧路面和汽车机件损坏及轮胎的磨损,并增大油耗。因此,平整度的检测与评定是公路施工与养护的重要环节。

平整度的检测设备分为断面类及反应类两大类。断面类实际上是测定路面表面凹凸情况的,如最常用的 3m 直尺及连续式平整度仪,还可通过精确测定高程得到,国际平整度指数便是以此为基准建立的,这是路面平整度最基本的指标;反应类是基于路面凹凸引起车辆的振动颠簸,即驾驶员和乘客直接感受到的平整度指标,实际上是舒适性能指标,最常用的检测设备是车载式颠簸累积仪。

常见几种平整度测试方法的特点及技术指标比较见表 4-3。国际上通用国际平整度指数 IRI 衡量路面行驶舒适性或路面行驶质量,可通过标定试验得出 IRI 与其他平整度指标(如标准差、单向累计值)之间的关系。

平整度测试方法比较　　　　　　　　　表 4-3

方　　法	特　　点	技术指标
3m 直尺法	设备简单,结果直观,间断测试,工作效率低,反映凹凸程度	最大间隙 h(mm)
连续式平整度仪法	设备复杂,连续测试,工作效率高,反映凹凸程度	标准差 σ(mm)
颠簸累计法	设备复杂,连续测试,工作效率高,反映舒适性	单向累计值 VBI(cm/km)

二、3m 直尺测定平整度试验方法

3m 直尺测定法有单尺测定最大间隙及等距离(1.5m)连续测定两种。前者常用于施工质量控制与检查验收;后者也可用于施工质量检查验收,其与用 3m 连续式平整度仪测定的路面平整度有较好的相关关系。单尺测定时要计算出测定段的合格率,等距离连续测试要算出标准差,以表示平整程度。

3m 直尺有两种形式,一种两端带有高 1cm 的垫脚,一种无垫脚。有垫脚的 3m 直尺,在两端 0.75m 处有一刻线,用于等距离(1.5m)连续测定,计算标准差。该种 3m 直尺不适于单尺测定最大间隙,必须用无垫脚的 3m 直尺。

具体测试方法如下。

(1)在测试路段路面上合理选择测试地点。当施工过程中需要质量检测时,测试地点根据需要确定,可以单杆检测;当路基、路面工程质量检查验收或进行路况评定需要时,应首尾相接连续测量10尺。除特殊需要外,应以行车道一侧车轮轮迹(距车道线80～100cm)带作为连续测定的标准位置。对旧路面已形成车辙的路面,应取车辙中间位置为测定位置,用粉笔在路面上做好标记。

(2)在施工过程中检测时,按根据需要确定的方向,将3m直尺摆在测试地点的路面上。目测3m直尺底面与路面之间的间隙情况,确定间隙的最大位置。用有高度标线的塞尺塞进间隙处,量记最大间隙的高度,精确至0.2mm。

施工结束后检测时,按现行《公路工程质量检验评定标准》(JTG F80/1—2004)的规定,每1处连续检测10尺,按上述步骤测记10个最大间隙。

(3)单杆检测路面的平整度计算,以3m直尺与路面最大间隙为测定结果。连续测定10尺时,判断每个测定值是否合格,根据要求计算合格百分率,并计算10个最大间隙的平均值。

三、连续式平整度仪测定平整度试验方法

连续式平整度仪测定平整度的试验方法是通过量测路面平整度的标准差(σ),以表示路面的平整度,以mm计。该仪器适用于测定路表面的平整度,以评定路面的施工质量和使用质量,但不适用在已有较多坑槽、破损严重的路面上测定。

在国外,连续式平整度仪的种类有很多,长度和结构各不相同,同样是3m,有4轮、8轮、16轮式多种,使用最多的是3m平整度仪。目前,我国使用和测试规程规定的标准仪器仅限于长度3m的8轮式连续式平整度仪,构造如图4-1所示。中间为一个3m长的机架,机架可缩短或折叠,前后各有4个行走轮,前后两组轮的轴间距离为3m,机架中间有一个能起落的测定轮。机架上装有蓄电源及可拆卸的检测箱,可采用显示、记录、打印或绘图等方式输出测试结果。测定轮上装有位移传感器,自动采集位移数据时,测定间距为10cm,每一计算区间的

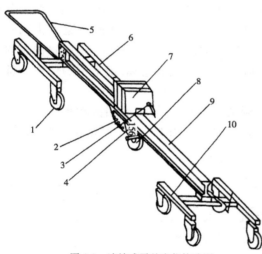

图4-1 连续式平整度仪构造图
1-脚轮;2-拉簧;3-离合器;4-机架;5-牵引架;6-前架;7-纵断面绘图仪;8-测定轮;9-纵梁;10-后架

长度为100m,并输出一次结果。

机架头装有牵引钩及手拉柄,可用人力或汽车牵引。

具体测试方法如下。

(1)选择测试路段路面测试地点。

(2)将连续式平整度测定仪置于测试路段路面起点上。

(3)在牵引汽车的后部,将平整度的挂钩挂上后,放下测定轮,启动检测器及记录仪,随即启动汽车,沿道路纵向行驶,横向位置保持稳定,并检查平整度检测仪表上测定数字显示、打印、记录的情况。如检测设备中某项仪表发生故障,即停止检测。牵引平整度仪的速度应均

匀,宜为5km/h,最大不得超过12km/h。

测试路段较短时,可用人力拖拉平整度仪测定路面的平整度,但拖拉时应保持匀速前进。

连续式平整度测定仪测定后,可按每10cm间距采集的位移值自动计算100m计算区间的平整度标准差,还可记录测试长度、曲线振幅大于某一定值(3mm、5mm、8mm、10mm等)的次数、曲线振幅的单向(凸起或凹下)累计值及以3m机架为基准的中点路面偏差曲线图,并打印输出。当为人工计算时,在记录曲线上任意设一基准线,每隔一定距离(宜为1.5m)读取曲线偏离基准线的偏离位移值 d_i。

每一计算区间的路面平整度以该区间测定结果的标准差表示,按式(4-1)计算。

$$\sigma_i = \sqrt{\frac{\sum\left[d_i^2 - \frac{(\sum d_i)^2}{N}\right]}{N-1}} \qquad (4\text{-}1)$$

式中: σ_i——各计算区间的平整度计算值(mm);

d_i——以100m为一个计算区间,每隔一定距离(自动采集间距为10cm,人工采集间距为1.5m)采集的路面凹凸偏差位移值(mm);

N——计算区间用于计算标准差的测试数据个数。

一个评定路段内须计算各区间平整度标准差的平均值、标准差、变异系数。3m长度的连续平整度仪的测定结果与规定的3m直尺连续测定的平整度的原理及计算方法均相同,两种不同的方法有较好的相关关系。

四、车载式颠簸累积仪测定平整度试验方法

颠簸累积仪有车载式(图4-2)与拖式(图4-3)两种。下面介绍车载式颠簸累积仪测定平整度的方法。

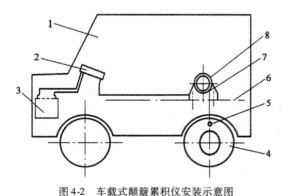

图4-2 车载式颠簸累积仪安装示意图
1-测试车;2-数据处理器;3-电瓶;4-后桥;5-挂钩;
6-底板;7-钢丝绳;8-颠簸累积仪传感器

图4-3 拖式颠簸累积仪安装示意图

车载式颠簸累积仪测定平整度的试验方法是用车载式颠簸累积仪测量车辆在路面上通行时后轴与车厢之间的单向位移累积值 VBI 表示路面的平整度,以 cm/km 计。其适于测定路面表面的平整度,以评定路面的施工质量和使用期的舒适性,但不适用在已有较多坑槽、破损严重的路面上测定。

用车载式颠簸累积仪测定的平整度,与由3m平整度仪测定的平整度在概念上是有区别

的,这是因为它不仅取决于路面的平整度,还与测定车的性能有关,其反映的是舒适性。

每一辆测定车都可以与平整度仪或国际平整度指数之间建立相关关系,故国际上也常用于平整度测定。标定时可在 30～50km/h 范围内选择,以 32km/h 为宜,一般不宜超过 40km/h。实际测定中,由于条件限制,不能完全固定为标定速度,允许有 ±3km/h 的误差。

车载式颠簸累积仪由机械传感器、数据处理器及微型打印机组成。传感器固定安装在测试车的底板上,如图 4-2 所示。仪器的主要技术性能指标如下。

(1)测试速度:可在 30～50km/h 范围内选定。

(2)最小读数:1cm。

(3)最大测试幅值:±30cm。

(4)最大显示值:9 999cm。

(5)系统最高反应频率:5kHz。

测试车以一定的速度在路面上行驶,由于路面的凹凸不平,引起汽车的激振,通过机械传感器可测量后轴同车厢之间的单向位移累积值 VBI,以 cm/km 计。VBI 越大,说明路面平整性越差,乘客乘坐汽车时越不舒适。

检测结果与测试车机械系统的振动特性和车辆行驶速度有关。减振性能好,则 VBI 测值小;车速越高,VBI 测值越大。因此,必须通过对机械系统的良好保养和检测时严格控制车速来保持测定结果的稳定性。

用车载式颠簸累积仪测出的颠簸累积值 VBI 与用连续式平整仪测出的标准差,虽概念不同,但可通过对比试验建立两者的相关关系,将 VBI 值换算为 σ,用于路面平整度评定。

国际平整度指数 IRI 是国际上公认的衡量路面行驶舒适性或路面行驶质量的指数。也可通过标定试验,建立 VBI 与 IRI 的相关关系,将颠簸累积仪测出的颠簸累积值 VBI 换算为国际平整度指数 IRI。

关于车载式颠簸累积仪测定平整度试验方法可详见《公路路基路面现场测试规程》(JTG E60—2008)。

五、激光路面平整度测定仪

激光路面平整度测定仪是一种与路面无接触的测量仪器,测试速度快,精度高。这种仪器还可同时进行路面纵断面、横坡、车辙等测量,因此,其也被称为激光路面断面测试仪。

激光路面平整度仪是一台装备有激光传感器、加速度计和陀螺仪的测试车,它同时备有先进的数据采集和处理系统,如图 4-4 所示。

测试车以一定速度在路面上行驶,固定在汽车底盘上的一排激光传感器通过测试激光束反射回读数器的角度来测试路面平整度,这个距离信号同测试车上装的加速度计信号进行互差,消除测试车自身的颠簸,输出路面真实断面信号。信号处理系统将来自激光传感器的模拟信号转换成数学信号并记录下来。随着汽车的行进,每隔一定间距,采集一次数据。通过数据分析系统,可显示并打印国际平整度指数等平整度检测结果。

使用技术要点如下。

(1)数据采集完全在计算机控制下进行,根据具体情况输入有关信息和命令。

(2)为了保证测量精度,应进行静态振动试验、直尺试验和系统检查,如轮胎气压检查、传感器标定检查。

(3)测试速度一般为 20~120km/h。

(4)测试宽度大于 2.5m,如在测试梁上安装两个扩展臂,测试宽度可增加至 3.5m 或更大。

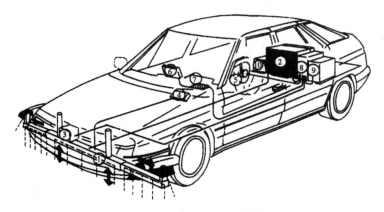

图 4-4 激光平整度仪示意图

1-激光传感器;2-激光盒;3-陀螺盒;4-测量束控制台;5-距离测量;6-计算机屏幕;7-计算机键盘;8-计算机;9-计算机存储器;10-电源

(5)采样间隔一般为 10mm,最小为 5mm。

(6)可显示测试状态及有关数据,输出分析结果,如国际平整度指数、车辙、横坡等。

目前,激光路面平整度仪或激光路面断面测试仪尚未纳入我国公路检测规范,其试验方法可参照仪器使用说明书进行。

六、平整度指标间相互关系的建立

1. 国际平整度指数

平整度测定的方法和仪器有很多,相应采用的指标也很多但各不相同。为了使采用不同的方法和仪器测定的结果可以相互比较,需要寻找一个标准的(或通用的)平整度指标,它应同其他平整度指标有着良好的相关关系。同时,采用反应类平整度仪测定时,为使测定结果具有时间稳定性,必须经常进行标定,而标定曲线的精度取决于标定路段采用的平整度指标同反应类测定系统的相关性。

为了解决上述问题,世界银行于 1982 年组织了巴西、英国、美国、法国等国专家参加国际研究小组,并在巴西进行了大规模的路面平整度试验。在此基础上,提出采用国际平整度指数(IRI)作为评价标准的建议。

国际平整度指数(IRI)是一项标准化的平整度指标。如图 4-5a)所示为 IRI 仿真用的模型。国际平整度指数同反应类平整度测定系统类似,但是采用的是数学模型模拟 1/4 车轮(即单轮,类似于拖车)以规定速度行驶在路面上,分析行驶距离内动态反应悬挂系的累积竖向位移量。标准的测定速度规定为 80km/h,其测定结果的单位为 m/km。因而,这一指标与反应类仪器的平均调整坡 ARS 相似,称作参照平均调整坡(RARS80)。

求得每一个位置的变量值后,即可计算该位置的调整坡(RS)。

IRI 为路段长度内 RS 变量的平均值。因此,当每个断面点的调整坡求得后,便可按式(4-2)计算 IRI。

$$IRI = \frac{1}{n-1}\sum_{i=2}^{n} RS_i \qquad (4-2)$$

依据上述定义和相应理论解编制电算程序,在量测得到纵断面的高程资料后,便可按抽样点间距利用此程序计算该段路面平整度的国际平整度指数 IRI 值。国际平整度指数 IRI 作为通用指标的效果,可以通过考察不同平整度测定方法的测定结果转换成以 IRI 表征后的一致性来判断。

如图 4-5b)所示为各类路面用国际平整度指数 IRI 表征后的大致变化范围。

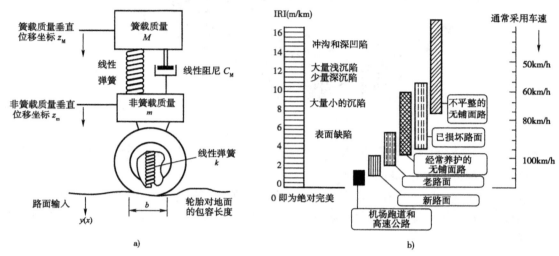

图 4-5　1/4 车辆的振动模拟系统与国际平整度指数 IRI 变化范围

2. VBI 与其他平整度指标相关关系的建立

用车载式颠簸累积仪测定的 VBI 值需要与其他平整度指标(如连续式平整度仪测出的标准差、国际平整度指数等)进行换算时,应将车载式颠簸累积仪的测试结果进行标定,即与相关的平整度仪测量结果建立相关关系,相关系数均不得小于 0.90。

为与其他平整度指标建立相关关系,选择的标定路段应符合下列要求。

①有 5~6 段不同平整度的现有道路,从好到坏不同程度的都应各有一段。
②每段长宜为 250~330m。
③每一段的平整度应均匀,段内应无太大差别。
④标定路段应选纵坡变化较小的平坦、直线地段。
⑤选择交通量小或可以疏导的路段,减少标定时车辆的干扰。

标定路段起讫点用油漆做好标记,并每隔一定距离做中间标记。标定宜选择在行车道的轮迹带上进行。

(1) 用连续式平整度仪进行标定

①用于标定的仪器应使用按规定进行校准后能准确测定路面平整度的连续式平整度仪。
②按现行操作规程用连续式平整度仪沿选择的每个路段全程连续测量平整度 3~5 次,取其平均值作为该路段的测试结果(以标准差表示)。
③用车载式颠簸累积仪沿各个路段进行测量,重复 3~5 次后,取其各次颠簸累积值的平均值作为该路段的测试结果,并应与平整度仪的各段测试结果相对应。标定时的测试车速应

在 30~50km/h 范围内选用一种或两种稳定的车速分别进行,记录车速及搭载量,以后测试时的情况应与标定时的相同。

④将连续式平整度仪测出的标准差及车载式颠簸累积仪测出的颠簸累积值 VBI_v 绘制出曲线并进行回归分析,建立相关关系。

$$\sigma = a + b \cdot VBI_v \tag{4-3}$$

式中:σ——用连续式平整度仪测定的以标准差表示的平整度(mm);

VBI_v——测试速度为 v 时用颠簸累积仪测得的累积值 VBI(cm/km);

a,b——回归系数。

(2)将车载式颠簸累积仪测定结果换算成国际平整度指数的标定方法

①将所选择的标定路段在标记上每隔 0.25m 做出补充标记。

②在每个路段上用经过校准的精密水平仪分别测出每隔 0.25m 标点上的高程,计算国际平整度指数 IRI。

③用车载式颠簸累积仪测试得到各个路段的测试结果。

④将各个路段的国际平整度指数 IRI 与颠簸累积值 VBI_v 绘制出曲线并进行回归分析,建立相关关系。

$$IRI = a + b \cdot VBI_v \tag{4-4}$$

式中:IRI——国际平整度指数(m/km);

VBI_v——测试速度为 v 时颠簸累积仪测得的颠簸累积值(cm/km);

a,b——回归系数。

第三节 路面破损状况现场检测

一、路面破损状况概述

路面结构性能的评价是通过路面损坏状况来描述的。通过路面损坏状况调查,鉴别各路段路面损坏的类型,确定各项损坏的严重程度,量测损坏出现的范围。

路面病害通常用类型、轻重程度和发生范围三方面属性来描述。由于造成病害的影响因素错综复杂,表现的形态多样,因而有必要对各种病害进行科学的分类,赋予明确的定义,以便有统一的调查和描述结果。病害的产生和发展有个过程,而不同发展过程对路面的使用性能有不同程度的影响,为此对各种病害按其特点和影响的轻重程度分别划分为 2~3 个等级。各种损坏出现的范围,对于沥青路面和砂石路面,通常用面积、长度或条数等量测值除以被调查子路段的面积或长度后,以损坏密度计(以%表示)。而对于水泥混凝土路面,则调查出现该种损坏的板块数,以损坏板数占该子路段总板块数的百分率计。

损坏调查通常由 2 人调查小组沿线通过目测进行。调查人员鉴别调查路段上出现的损坏类型和严重程度并丈量损坏范围后,记录在调查表格中同一个调查路段上,如出现多种损坏类型或多种轻重程度等级,应分别计量和记录。目测调查很费时间,如果要对整个路网中每延米的各种损坏都进行详细调查的话,将不堪重负。相对于目测调查利用网格路面管理系统则省时省力,仅需选择一些主要的损坏类型进行调查,并且由于对所采集数据的精度要求并不是很高,往往采用抽样调查的方法,以便在不过多降低精度要求的前提下减少调查工作量。通常,可采取每公里抽取其中100m进行调查,但每次调查都要在同一路段上进行,以减少调查结果的变异性和保证各次调查结果的可比性。

为克服人工采集主观性大、效率低、安全隐患大等缺点,国内少数单位在20世纪90年代中后期陆续引进了路表破损数字图像采集系统。它的基本原理是采用车载式数字摄像系统连续高速采集路表的图像,然后在室内通过后处理软件自动处理与人工判读相结合,识别、分类与统计路表破损。路表破损摄像系统可极大地提高工作效率,避免了高速公路上人工在破损调查时的危险性,随着我国高速公路建设的快速发展,必将被广泛采用。

二、沥青路面主要损坏类型

依照《公路技术状况评定标准》(JTG H20—2007),可以将沥青路面的损坏分为11类21项。各种破损类型及其轻重程度描述见表4-4。

表4-4 沥青路面损坏类型分类分级

序号	损坏类型	分级	外观描述	分级指标	计量单位
1	龟裂	轻	初期龟裂,缝细,无散落,裂区无变形	块度:20~50cm	面积 m^2
2		中	裂块明显,缝较宽,轻度散落或轻度变形	部分块度:<20cm	
3		重	裂块破碎,缝宽,散落严重,变形明显,急待修理	大部分块度:<20cm	
4	块状裂缝	轻	缝细,无散落或轻度散落,块度大	大部分块度:>100cm	面积 m^2
5		重	缝宽,有散落,块度小	块度:50~100cm	
6	纵向裂缝	轻	裂缝壁无散落或有轻微散落,无或少支缝	缝宽:≤3mm	长度 m
7		重	裂缝壁有散落,有支缝	缝宽:>3mm	
8	横向裂缝	轻	裂缝壁无散落或有轻微散落,无或少支缝	缝宽:≤3mm	长度 m
9		重	裂缝壁有散落,支缝多	缝宽:>3mm	
10	坑槽	轻	坑浅,面积小	有效面积:≤0.1 m^2	面积 m^2
11		重	坑深,面积较大	有效面积:>0.1 m^2	
12	松散	轻	细集料散失,路面磨损,路表粗麻		面积 m^2
13		重	粗集料散失,多量微坑,表面剥落		
14	沉陷	轻	深度浅,行车无明显不适感	深度:10~25mm	面积 m^2
15		重	深度深,行车明显颠簸不适	深度:>25mm	
16	车辙	轻	辙槽较浅	深度:10~15mm	长度 m
17		重	辙槽较深	深度:>15mm	
18	波浪拥包	轻	波峰波谷高差小	高差:10~25mm	面积 m^2
19		重	波峰波谷高差大	高差:>25mm	
20	泛油		路表呈现沥青膜,发亮,镜面,有轮印		面积 m^2
21	修补		因破损或病害而采取修复措施进行处治,路表外观上已修补的部分与未修补部分明显不同		面积 m^2

三、水泥混凝土路面的主要损坏类型

依据《公路技术状况评定标准》(JTG H20—2007),可以将水泥混凝土路面的损坏分为11类20项。各种破坏类型及其严重程度描述见表4-5。

水泥混凝土路面损坏类型分类分级 表4-5

序号	损坏类型	分级	外观描述	分级指标	计量单位
1	破碎板	轻	板块被裂缝分为3块以上,未松动沉陷		面积 m²
2		重	板块被裂缝分为3块以上,松动、沉陷		
3	裂缝	轻	裂缝窄,无碎裂	缝宽:<3mm	长度 m
4		中	边缘碎裂	缝宽:3~10mm	
5		重	缝宽、边缘碎裂有错台	缝宽:>10mm	
6	板角断裂	轻	缝窄	缝宽:<3mm	面积 m²
7		中	缝较宽,断裂板角	缝宽:3~10mm	
8		重	缝宽,断裂板角松动	缝宽:>10mm	
9	错台	轻	错台高差较小	高差:<10mm	长度 m
10		重	错台高差较大	高差:>10mm	
11	唧泥		板缝溢水,或唧出基层泥浆		长度 m
12	边角剥落	轻	浅层剥落		长度 m
13		中	中深层剥落,接缝处有开裂		
14		重	深层剥落,接缝处深层开裂		
15	接缝料损坏	轻	填料老化,不密水,未剥落脱空,无泥土砂石填塞		长度 m
16		重	1/3以上接缝空缝或填塞		
17	坑洞		板面出现有效直径大于30mm、深度大于10mm的局部坑洞		面积 m²
18	拱起		横缝两侧板体发生明显抬高		面积 m²
19	露骨		表面细集料散失,粗集料外露		面积 m²
20	修补		因破损或病害而采取修复措施进行处治,路表外观上已修补的部分与未修补部分明显不同		面积 m²

四、沥青路面破损调查方法

通过沥青路面破损调查,测定沥青路面各类破损的数量与面积,计算路面破损率及裂缝率等,可供路面质量管理与验收、建立路面管理系统和决定路面维修方案时使用。

1. 试验所需的仪器与材料

(1)量尺:钢卷尺、皮尺、钢尺等。

(2)破损记录纸(毫米方格纸)。

(3)高速摄影车或其他高效测试设备。

(4)其他:粉笔、扫帚、小红旗及安全标志等。

2. 调查方法与步骤

(1)准备工作

①根据目的选择各类破损调查的时间,如对强度不足或疲劳引起的荷载性裂缝(龟裂),宜在春季或雨季最不利季节之后调查;对于温度收缩等引起的非荷载性裂缝(块裂及横向裂缝),宜在冬季以后观测;对车辙、拥包、波浪等热稳性变形,宜在夏季观测;对松散类破损宜在雨季观测。也可在规定的同一时间观测,需要时可定期观测,以了解破损情况。为便于裂缝观测,宜选择在雨后(或预先洒水)路表已干燥但裂缝尚有水迹时观测。

②选择测试路段并量测其路面的长度及宽度,计算测试路段总面积(A)。

③在毫米方格纸上按比例绘制破损记录方格,填好里程桩号。

(2)调查步骤

①当采用高速摄影车或其他高效测试设备测试时,按有关使用说明书操作。采用自动摄影车测试时,进行连续摄影或录像,然后在室内评定或用计算机检测裂缝中各类破损数量。

②当用人工检测时,由2~4人组成一组,沿路面仔细观察各类破损情况。若观测裂缝时,一般以逆光观测较为清楚,对不明显的裂缝,可在裂缝位置用粉笔做出标记。

③目测或用量尺测路面上各类破损的长度或范围,准确至0.1m。

④车辙检测按规程规定进行。拥包、波浪、沉陷等变形类损坏除记录面积外,尚应测记壅起高度或下陷深度。

⑤记录破损位置(桩号),就地在方格纸上按比例描绘破损图,记录破损类别。

⑥必要时,可拍摄照片或录像备查。

(3)计算

①测试路段上沥青路面各类破损的长度或面积可按表4-6分类统计。

②沥青路面的破损率为各种类型破损的换算面积与调查区域总面积之比,按式(4-5)计算。根据需要,可以计入破损类型及严重程度的系数,并按破损类别分别统计,沥青路面破损统计调查表见表4-6。

$$DR = 100 \times \frac{\sum_{i=1}^{i_0} W_i A_i}{A_0} \tag{4-5}$$

式中:DR——路面破损率,为各种损坏的折合损坏面积之和与路面调查面积之百分比(%);

A_i——第i类路面损坏的面积(m^2);

W_i——第i类路面损坏的权重,根据规范取值;

A_0——调查路段路面面积(m^2);

i——考虑损坏程度(轻、中、重)的第i项路面损坏类型;

i_0——包含损坏程度(轻、中、重)的损坏类型总数,沥青路面取21,水泥混凝土路面取20。

沥青路面破损调查统计表 表4-6

路线名称	调查方向			调查时间：				调查人员：					累计损坏
调查内容	程度	权重 ω_i	单位	起点桩号：				终点桩号：					
				路段长度：				路面宽度：					
				1	2	3	4	5	6	7	8	9	10	
龟裂	轻	0.6	m^2											
	中	0.8												
	重	1.0												
块状裂缝	轻	0.6	m^2											
	重	0.8												
纵向裂缝	轻	0.6	m											
	重	1.0												
横向裂缝	轻	0.6	m											
	重	1.0												
坑槽	轻	0.8	m^2											
	重	1.0												
松散	轻	0.6	m^2											
	重	1.0												
沉陷	轻	0.6	m^2											
	重	1.0												
车辙	轻	0.6	m											
	重	1.0												
波浪拥包	轻	0.6	m^2											
	重	1.0												
泛油		0.2	m^2											
修补		0.1	m^2											

五、水泥混凝土路面破损调查方法

水泥混凝土路面破损调查是测定水泥混凝土路面的路面板开裂、接缝损坏等各种破损情况，可供路面质量管理与验收、建立路面管理系统和决定路面维修方案时使用。

1. 准备工作

（1）选定路段并量测其路面的长度及宽度。

（2）如路面不干净妨碍观测时，可用扫帚清扫裂缝附近路面。

为便于观测，宜选择在雨后路面已干燥但裂缝尚有水迹时观测。观测时，应有专人指挥交通（需要时，可封闭交通），并设置交通安全标志等以确保观测者的安全。

2. 调查步骤

（1）沿路面纵向1~2人负责一块混凝土板宽度，仔细观察裂缝等各种破损情况，必要时用粉笔做出标记。

(2) 用目测或量尺分别测量测试路段路面上每条裂缝的长度及破损面积,长度准确至 10cm。对伸缩缝接缝处的破坏及边角部已成块的破坏都应单独记录条数、面积。其中,接缝拱起处还应记录高度。

(3) 记录板块号、破损位置(桩号),在方格纸中按比例绘制裂缝及破损情况图。

(4) 根据需要,拍摄照片或录像备查。

3. 计算

(1) 测试路段路面中各类破损的长度或面积,可按前文所述分类统计。其中,错台、拱起、板块沉陷还应记录高度或深度,水泥混凝土路面破坏分类见表 4-7。

(2) 水泥混凝土路面的坏板率按式(4-6)计算。根据需要,可按有关规范对各种坏板类型及严重程度取不同的权值进行计算。坏板率是指已发生板面开裂、断板、接缝损坏、表面缺陷、板块沉陷等各种板的损坏情况。

$$DR = 100 \times \frac{\sum_{i=1}^{i_0} W_i A_i}{A_0} \tag{4-6}$$

式中:DR——路面破损率,为各种损坏的折合损坏面积之和与路面调查面积之百分比(%);

A_i——第 i 类路面损坏的面积(m^2);

A_0——调查路段路面面积(m^2);

W_i——第 i 类路面损坏的权重,根据规范取值;

i——考虑损坏程度(轻、中、重)的第 i 项路面损坏类型;

i_0——包含损坏程度(轻、中、重)的损坏类型总数,沥青路面取 21,水泥混凝土路面取 20。

水泥混凝土路面破坏分类分级　　　　　表 4-7

路线名称:			调查方向		调查时间:				调查人员:					
调查内容	程度	权重 ω_i	单位	起点桩号:				终点桩号:					累计损坏
				路段长度:				路面宽度:					
				1	2	3	4	5	6	7	8	9	10	
破碎板	轻	0.8	m^2											
	重	1.0												
裂缝	轻	0.6	m											
	中	0.8												
	重	0.8												
板角断裂	轻	0.6	m^2											
	中	0.8												
	重	1.0												
错台	轻	0.6	m											
	重	1.0												
唧泥		1.0												

续上表

路线名称:		调查方向		调查时间:					调查人员:				
调查内容	程度	权重 ω_i	单位	起点桩号:					终点桩号:				累计损坏
				路段长度:					路面宽度:				
				1	2	3	4	5	6	7	8	9	10	
边角剥落	轻	0.6	m											
	中	0.8												
	重	1.0												
接缝料损坏	轻	0.4	m											
	重	0.6												
坑洞		1.0	m²											
拱起		1.0	m²											
露骨		0.3	m²											
修补		0.1	m²											

第四节 沥青路面车辙测试方法

一、概述

随着交通量不断增大以及车辆行驶的渠化,沥青路面在行车荷载的反复作用下,会由于永久变形的累积而导致在行车道行车轨迹上产生纵向带状辙槽,即车辙。车辙致使路表产生过量的变形,影响路面的平整度。轮迹处沥青层厚度减薄,削弱了面层及路面结构的整体强度,从而易于诱发其他病害。雨天路表排水不畅,降低路面的抗滑能力,甚至会由于车辙内积水而致使车辆漂滑,影响高速行驶车辆的安全。由此可见,车辙的产生,将严重影响路面的使用寿命和服务质量。

车辙是沥青路面在汽车荷载反复作用下产生竖直方向永久变形的积累。这种变形主要发生在高温季节。在渠化交通的重交通道路上,当沥青路面采用半刚性基层时,车辙主要发生在沥青面层。车辙形成原因不同,可将其分为三种类型。

(1)失稳型车辙

这类车辙是目前研究的主要对象。它是由于沥青路面结构层在车轮荷载作用下,其内部材料的流动产生横向位移而产生,通常发生在轮迹处。当沥青混合料的高温稳定性不足时,在外力作用下就会产生这种车辙。

(2)结构型车辙

这类车辙是由于沥青路面结构在交通荷载作用下产生整体永久变形而形成。该种变形由路基变形传递到面层而产生。

(3)磨耗型车辙

由于沥青路面面层的材料,在车轮磨耗和自然环境作用下,持续不断地损失形成磨耗型车辙。当汽车使用了防滑链和突钉(胶钉)轮胎后,这种车辙更易发生。

三种类型车辙中以失稳型车辙最严重,其次为磨耗型车辙。由于我国大多数沥青路面均采用半刚性基层,结构型车辙产生较少,故一般情况下所指的车辙是失稳型车辙。

一些国家对沥青面层的辙槽提出了较高的标准。例如,英国规定车辙深度 RD 达 10mm 为路面的临界状态,需要采取措施恢复路面的使用性能;RD 达 20mm 为路面的破坏状态,必须采取措施恢复路面应有的使用性能。美国沥青协会的沥青路面设计方法中规定 RD 的临界值为 13mm。AASHTO(美国各州公路运输工作者协会)的路面设计指南中规定路面现有使用(服务)性能指数 PSI 的临界值为 2.5,与之相应的 RD 平均为 15mm。国际壳牌石油公司的沥青路面设计手册中规定高速公路 RD 的临界值为 10mm,低速道路 RD 的临界值为 30mm。日本规定在沥青路面需要加铺上覆层恢复应有的使用性能时,RD 一般为 20mm。

车辙测定方法各国不尽相同,早期最基本的原理是用直尺架在车道上测定直尺与车辙底部的距离,但用多长的直尺又不一致。美国 AASHTO 路面设计指南以前规定用 1.2m 直尺;美国战略公路研究计划长期路面使用性能(SHRP-LTPP)项目统一规定除以前已使用 1.2m 直尺观测的路面需继续用 1.2m 直尺观测外,所有路面都应采用一个车道宽度的直尺观测。日本一直规定用一个车道宽度。如果一个车道的车辙是 W 形,轮迹集中,两种方法测定的结果可能没有差别,但如果车辙不是 W 形而是 U 形,或者虽然是 W 形而中间鼓出的少两边鼓出的多,则一个车辙的宽度大于 2m,用 1.2m 或 2m 直尺就不能量出最大车辙深度。结合我国实际情况,除少数高速公路或城市道路主干线分道行驶非常严格者车辙宽度较窄外,大多数二级以下道路车辙均比较宽,有些属 U 形。因此,我国规程规定直尺长度不小于车道宽度。表 4-8 为国外几种车辙测定方法。

国外几种车辙测定方法　　　　　　　　表 4-8

	仪器名称	方　　法	测定间距(m)
美国 AASHTO(1986)	1.2m 直尺	直尺中最大垂直变形	6
美国 SHRP(LTPP)	车道全宽直尺自动测定车	直尺中最大垂直变形	30.5
瑞典	自动测定车(激光)	测定横断面用直尺法(一车道宽度)决定最大垂直变形	5
英国	自动测定车(HRM)	后轴中部一个激光器测定与路面的距离,将其与平地上的距离之差作为车辙	10
美国南达科他州	SDDOT 横断面仪	超声波测距仪在两侧轮中及后轴中央测三点与路面距离(h_1, h_2, h_3),车辙由 $(h_1 + h_3 - h_2)/2$ 得到	15
日本	横断面仪自动测定车 直尺法(全宽) 拉线法(全宽)	测定横断面后决定最大垂直变形	20

目前,我国应用相对广泛的有路面横断面仪、横断面尺和激光路面断面测试仪等沥青路面车辙测试方法。路面横断面仪如图 4-6 所示,长度不超过一个车道宽度,横梁上有一个测量器,可自动记录横断面形状。

横断面尺(图 4-7):硬木或金属制直尺,刻度间距 5cm,长度不小于一个车道宽度。顶面平直,最大弯曲不超过 1mm。两端有把手及高度为 10~20cm 的支脚,两支脚的高度相同。

路况自动测定车：利用横向布置的一排激光距离传感器、摄影或录像等方式快速连续测定，并记录测定桩号及各断面形状的车辆。

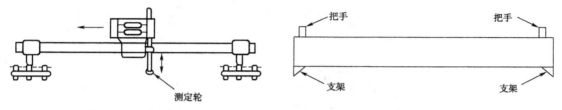

图 4-6　路面横断面仪　　　　　图 4-7　路面横断面尺

基本原理：通过横向分布的若干个（国内通常为 5～9 个）激光传感器测试距离路面的高度，得到一个横断面，从而可以计算车辙。

由于激光断面仪为离散的车辙检测设备，通常用若干个点的连线来代表横断面，同时，其测试宽度小于 1 个车道的宽度。因此，它所反映的道路横断面是近似的，由此所计算的车辙也必然是近似的。美国的 LTPP 项目认为，沿横向分布 3 个传感器的断面仪不能用于车辙测量，配置 5 个传感器后测试结果仍与横向连续测试的结果有较大差异，但相关性较好，相关系数为 80%，建议在修正后用于路网普查。美国德州运输部的研究表明，5 个传感器的测试结果约为连续测量结果的 80%，并推荐横向每 100mm 配置一个传感器，这样精度可以达到 95%。由于激光传感器价格昂贵，横向每 100mm 配置 1 个是不经济的。目前，在加拿大出现了 2 种不同的车辙检测设备，可以较好地解决这个问题：一种是在轮迹处仍采用激光传感器测试平整度，而其他位置采用密布超声波传感器代替激光传感器，由于超声波传感器的价格只有激光传感器的几十分之一，虽然单个传感器的测试精度有所降低，但用于绘制横断面和计算车辙是足够精确和经济的；另一种是用 2 个激光束接发器发射激光束，横向连续覆盖整个车道，因此精度是相当高的。两种设备在配置完整的情况下均可以同时高速采集平整度数据。

如图 4-8 所示瑞典 RST 多道激光路面测试仪。

二、车辙测试方法与步骤

1. 确定车辙测定的基准测量宽度和间距

对高速公路及一级公路，以一个车道的宽度即车道区划线中到相邻车道区划线中的距离为基准测量宽度。对二级及二级以下公路，有车道区划线时，以一个车道的宽度为基准测量宽度；无车道区划线时，以中线两侧形成车辙部位的一个车道的宽度作为基准测量宽度。

以一个评定路段为单位，踏勘连续测定的测定区间或确定非连续测定的测定断面。采用路况自动测定车测定时，在测定区间内连续测定，断面间距视仪器性能而异，标准的断面间隔为 20m。采用其他方法非连续测定时，在行车道上每隔 50m 作为一测定断面，用粉笔画上标记。根据需要也可按规定方法在行车道上随机选取测定断面，在特殊需要的路段如交叉口前后可予以加密。

2. 各种仪器的测定方法

(1) 用路况自动测定车测定的方法

① 将车辆就位于测定区间起点前。

② 设定测定断面的间隔。

③开动测定车,同时启动测定及记录装置,自动记录出每个断面的形状及里程桩号。
④到达测定区间后,结束测定。
⑤检验测距记录与实际桩号之差,如误差超过±1%,应重新检测或校准测距仪器。

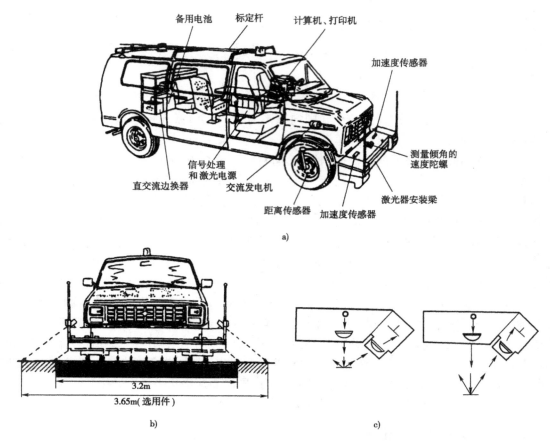

图4-8 瑞典RST多道激光路面断面测试仪
a)RST概貌;b)传感器布置情况;c)测量光路图

(2)用路面横断面仪测定的方法
①将路面横断面仪就位于测定断面上,方向与道路中心线垂直,两端支脚立于测定车道的两侧边缘,记录断面桩号。
②调整两端支脚高度,使其等高。
③移动横断面仪的测量器,从测定车道的一端移到另一端,记录出断面形状。
(3)用横断面尺测定的方法
①将横断面尺就位于测定断面上,两端支脚置于测定车道两侧。
②沿横断面尺每隔20cm一点,用量尺垂直立于路面上,用目光平视测记横断面尺顶面与路面之间的距离,准确至1mm,如断面的最高处或最低处明显不在测定点上应加测该点距离。
③记录测定读数,绘出断面图,最后连接成圆滑的横断面曲线。
④横断面尺也可用线绳代替。
⑤当不需要测定横断面,仅需要测定最大车辙时,亦可用不带支脚的横断面尺架在路面上

由目测确定最大车辙位置,用尺量取。

(4)测定结果计算整理

①将断面线按图4-9的方法画出横断面图及顶面基准线。通常形式为其中之一。

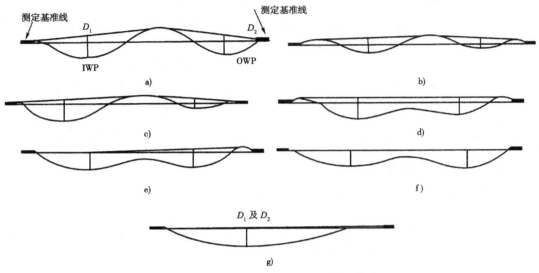

图4-9 不同形状、不同程度的路面车辙示意图
(IWP、OWP表示内侧轮迹带及外侧轮迹带)

②在图4-9上确定车辙深度D_1及D_2,读至1mm,以其中最大值作为断面的最大车辙深度。求取各测定断面最大车辙深度的平均值作为该评定路段的平均车辙深度。由于造成车辙的原因不同(沥青混合料推挤流动、压密、路基压实、沉降)以及车轮横向分布的不同,车辙形状是不同的。断面图概括了不同形状及不同程度的车辙。

第五节 路面结构强度检测

一、概述

路面结构承载能力是路面性能的一个重要方面,测定路面结构承载能力在改建中有以下作用:①找出路网内路面结构承载能力较差或不足之处,以便确定需采取改建措施的路段;②预估现有路面的剩余寿命以制订今后的改建计划;③为加铺层结构设计提供设计参数和依据。

测定结构承载能力一般可分为无破损测定和破损测定两类。破损类测定,是从路面各结构层内钻取试件,在实验室内进行物理—力学性质试验,确定各项计算参数,由此计算出结构承载能力。无破损类测定,则不破损路面结构,通过路表弯沉测定估算路面的结构承载能力。显然,这类测定方法比破损类方法优越。

路表面在荷载作用下的弯沉值,可以反映路面的结构承载能力。因此,路表面弯沉的测试是测定路面结构承载能力的一个重要手段。然而,路面的结构破坏可能是由于过量的变形所造成,也可能是由于某一结构层的断裂破坏所造成。对于前者,采用最大弯沉值表征结构的承载能力较为合适,而对于后者则采用路面在荷载作用下的弯沉盆的曲率半径表征其结构承载能力更为合适。因而,理想的弯沉测定应包含最大弯沉值和弯沉盆两方面。

目前使用的弯沉测定仪有4种:①贝克曼梁弯沉仪;②自动弯沉仪;③稳态动弯沉仪;④脉冲弯沉仪。前两种为静态测定,得到路表的最大弯沉值;后两种为动态测定,可得到最大弯沉值和弯沉盆。

国内外普遍采用回弹弯沉值来表示路基路面的承载能力,回弹弯沉值越大,承载能力越小,反之则越大。通常所说的回弹弯沉值是指标准后轴在双轮组轮隙中心处的最大回弹弯沉值。在路表测试的回弹弯沉值可以反映路基、路面的综合承载能力。回弹弯沉值在我国已广泛使用且有很多的经验及研究成果,它不仅用于路面结构的设计(设计回弹弯沉)、施工控制及施工验收中(竣工验收弯沉值),同时还可用于旧路补强设计,是公路工程的一个基本参数,所以正确的测试具有重要的意义。

1. 弯沉值的几个概念

(1)弯沉

弯沉是指在规定的标准轴载作用下,路基或路面表面轮隙位置产生的总垂直变形(总弯沉)或垂直回弹变形值(回弹弯沉),以 0.01mm 为单位。

(2)路面设计弯沉值

根据设计年限内一个车道上预测通过的累计当量轴次、公路等级、面层和基层类型而确定的,相当于路面竣工后,在第一年不利季节,路面在标准轴载 100kN 作用下测得的最大回弹弯沉值。

(3)竣工验收弯沉值

竣工验收弯沉值是检验路面是否达到设计要求的指标之一。当路面厚度计算以设计弯沉值为控制指标时,则验收弯沉值应小于或等于设计弯沉值;当厚度计算以层底拉应力为控制指标时,应根据拉应力计算所得的结构层厚度,重新计算路面弯沉值,该弯沉值即为竣工验收弯沉值。

(4)容许弯沉

在使用期末的不利季节,路面在设计标准轴载作用下容许出现的最大回弹弯沉值即为容许弯沉。

2. 弯沉值的测试方法

弯沉值的测试方法较多,目前用的比较广泛的有贝克曼梁法、自动弯沉仪法和落锤式弯沉仪法。现将几种方法各自的特点作简单比较,见表 4-9。

几种弯沉测试方式比较　　　　　　　　　表 4-9

方　　法	特　　点
贝克曼梁法	传统方法,速度慢,静态测试,比较成熟,目前属于标准方法
自动弯沉仪法	利用贝克曼梁原理,快速、连续,属于静态测试范围,但测定的是总弯沉,因此使用时应用贝克曼梁进行标定换算
落锤式弯沉仪法	利用重锤自由下落的瞬间产生的冲击荷载测定弯沉,属于动态弯沉,并能反算路面的回弹模量,快速、连续,使用时应用贝克曼梁法进行标定换算

贝克曼梁(图4-10)第一次应用是在1952年,美国西部国家公路机构协会的一次道路检测中,它是一种简单的依据杠杆原理工作的仪器。贝克曼梁检测需使用一辆加载卡车——通常为80kN单轴作用(双轮胎充气至480～550kPa)。测量是通过放置于双轮胎间的测量探头进行的,随着车辆的移动测试路面回弹弯沉。贝克曼梁成本低,但效率也低,依靠人力劳动且不能测定弯沉盆。

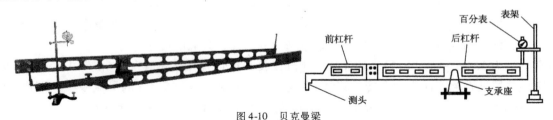

图4-10 贝克曼梁

另一种静态弯沉量测仪器为自动弯沉仪。将弯沉测定梁连接到测定车前后轴之间的底盘上。测定时,梁支于地面保持不动,车辆向前移动,当后轮驶近并通过梁端头时,弯沉被自动记录下来,达最大弯沉时测定梁被提起并拉到车辆底盘的前端,到下一测点处测定梁再被放下。

自动弯沉仪可以连续进行弯沉测定,并自动记录测定结果。车辆行驶的速度为3～5km/h,每天约可测定30km,测量精度约为0.01mm(弯沉在0～10mm范围内)。国外生产自动弯沉仪的有英国运输和道路研究所(TRRL)、法国路桥试验中心(LCPC)和美国加州等。

贝克曼梁弯沉仪测得的是测定车辆载货下的最大回弹弯沉值,而自动弯沉仪测到的是最大总弯沉和总弯沉曲线。

落锤式弯沉仪(Falling Weight Deflectometer,简称FWD)模拟行车作用冲击荷载下的弯沉量测,计算机自动采集数据,速度快,精度高。近年来,采用落锤式弯沉仪(FWD)测定路面的动态弯沉并用来反算路面的回弹模量,已成为世界各国道路界的热门课题。这种设备特别适用于高等级公路路面和机场道面的弯沉量测和承载能力评定。落锤式弯沉仪是目前国际上最先进的路面强度无损检测设备之一。

二、贝克曼梁法

贝克曼梁法适用于测定各类路基、路面的回弹弯沉,用以评定其整体承载能力,可供路面结构设计使用。测定的路基、柔性路面的回弹弯沉值可供交工和竣工验收使用,也可为公路养护管理部门制订养路修路计划提供依据。沥青路面的弯沉以标准温度20℃时为准,在其他温度(超过20℃±2℃范围)测试时,对厚度大于5cm的沥青路面,弯沉值应予以温度修正。

1. 测试所需的仪具与材料

(1)测试车:双轴、后轴双侧4轮的载重车,其标准轴荷载、轮胎尺寸、轮胎间隙及轮胎气压等主要参数应符合表4-10的要求。测试车可根据需要按公路等级选择,高速公路、一级公路及二级公路应采用后轴100kN的BZZ-100;其他等级公路则可采用后轴60kN的BZZ-60。

测定弯沉用的标准轴参数　　　　　表4-10

标准轴载等级	BZZ-100	BZZ-60
后轴标准轴载 P(kN)	100±1	60±1
一侧双轮荷载(kN)	50±0.5	30±0.5

续上表

标准轴载等级	BZZ-100	BZZ-60
轮胎充气压力(MPa)	0.7±0.05	0.5±0.05
单轮传压面当量圆直径(mm)	21.30±0.5	19.5±0.5
轮隙宽度	满足能自由插入弯沉仪测头的测试要求	

(2)路面弯沉仪:由贝克曼梁、百分表及表架组成。贝克曼梁由铝合金制成,其上有水准泡,其前臂(接触路面)与后臂(装百分表)长度比为2:1。弯沉仪长度有两种:一种长3.6m,前后臂分别为2.4m和1.2m;另一种加长的弯沉仪长5.4m,前后臂分别为3.6m和1.8m。当在半刚性基层沥青路面或水泥混凝土路面上测定时,宜采用长度为5.4m的贝克曼梁弯沉仪,并采用BZZ-100标准车。弯沉值采用百分表量得,也可用自动记录装置进行测量。

(3)接触式路面温度计:端部为平头,分度不大于1℃。

(4)其他:皮尺、口哨、白油漆或粉笔、指挥旗等。

2. 试验方法与步骤

1)试验前准备工作

(1)检查并保持测定用的标准车车况,使其制动性能良好,轮胎内胎压力符合规定充气压力。

(2)向汽车车槽中装载(铁块或集料),并用地中衡称量后轴总质量,符合要求的轴重规定,汽车行驶及测定过程中,轴重不得变化。

(3)测定轮胎接地面积。在平整光滑的硬质路面上用千斤顶将汽车后轴顶起,在轮胎下方铺一张新的复写方格纸,轻轻落下千斤顶,即在方格纸上印上轮胎压痕,用求积仪或数方格的方法测算轮胎接地面积,精确至 $0.1 cm^2$。

(4)检查弯沉仪百分表测量灵敏情况。

(5)当在沥青路面上测定时,用路表温度计测定试验时气温及路表温度(一天中气温不断变化,应随时测定),并通过气象台了解前5d的平均气温(日最高气温与最低气温的平均值)。

(6)记录沥青路面修建或改建时采用的材料、结构、厚度,采取的施工及养护措施等情况。

2)测试步骤

(1)在测试路段布置测点,其距离随测试需要而定。测点应在路面行车车道的轮迹带上,并用白油漆或粉笔画上标记。

(2)将试验车后轮轮隙对准测点后3~5cm处的位置上。

(3)将弯沉仪插入汽车后轮之间的缝隙处,与汽车行驶方向一致。梁臂不得碰到轮胎,弯沉仪测头置于测点上(轮隙中心前方3~5cm处),并安装百分表于弯沉仪的测定杆上。百分表调零,用手指轻轻叩打弯沉仪,检查百分表是否稳定回零。弯沉仪可以是单侧测定,也可以双侧同时测定。

(4)测定者吹口哨令指挥汽车缓缓前进,百分表随路面变形的增加而持续向前转动。当表针转动到最大值时,迅速读取初读数 L_1。汽车仍在继续前进,表针反向回转,待汽车驶出弯沉影响半径(3m以上)后,吹口哨或挥动红旗指挥停车。待表针回转稳定后读取终读数 L_2。汽车前进的速度宜为5km/h。

3)弯沉仪的支点变形修正

(1)当采用长度为3.6m的弯沉仪对半刚性基层沥青路面、水泥混凝土路面等进行弯沉测定时,有可能引起弯沉仪支座处变形,因此测定时应检验支点有无变形。此时,应用另一台检验用的弯沉仪安装在测定用的弯沉仪的后方,其测点架于测定用弯沉仪的支点旁。当汽车开出时,同时测定两台弯沉仪的弯沉读数,如检验用弯沉仪百分表有读数,即应该记录并进行支点变形修正。当在同一结构层上测定时,可在不同的位置测定5次,求平均值,以后每次测定时以此作为修正值。支点变形修正的原理,如图4-11所示。

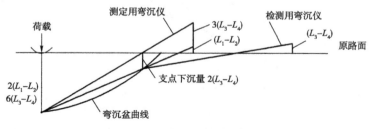

图4-11 弯沉仪支点变形修正原理

（2）当采用长5.4m的弯沉仪测定时,可不进行支点变形修正。

4）结果计算及温度修正

（1）测点的回弹弯沉值按式(4-7)计算。

$$L_T = (L_1 + L_2) \times 2 \quad (4-7)$$

式中：L_T——在路面温度为T时的回弹值(0.01mm)；

L_1——车轮中心临近弯沉仪测头时百分表的最大读数即初读数(0.01mm)；

L_2——汽车驶出弯沉影响半径后百分表的最大读数即终读数(0.01mm)。

（2）进行弯沉仪支点变形修正时,路面测点的回弹弯沉值按式(4-8)计算。

$$L_T = (L_1 - L_2) \times 2 + (L_3 + L_4) \times 6 \quad (4-8)$$

式中：L_1——车轮中心临近弯沉仪测头时测定用弯沉仪的最大读数(0.01mm)；

L_2——汽车驶出弯沉影响半径后测定用弯沉仪的终读数(0.01mm)；

L_3——车轮中心临近弯沉仪测头时检验用弯沉仪的最大读数(0.01mm)；

L_4——汽车驶出弯沉影响半径后检验用弯沉仪的终读数(0.01mm)。

此式适用于测定用弯沉仪支座处有变形,但百分表架处路面已无变形的情况。

（3）沥青面层厚度大于5cm且路面温度超过20℃±2℃范围时,回弹弯沉值应进行温度修正。

①测定时的沥青层平均温度按式(4-9)计算。

$$T = \frac{T_{25} + T_m + T_e}{3} \quad (4-9)$$

式中：T——测定时沥青层平均温度(℃)；

T_{25}——根据T_0由图4-12决定的路表下25mm处的温度(℃)；

T_m——根据T_0由图4-12决定的沥青层中间深度的温度(℃)；

T_e——根据T_0由图4-12决定的沥青层底面处的温度(℃)。

图4-12中T_0为测定时路表温度与测定前5d日平均气温的平均值之和,日平均气温为日最高气温与最低气温的平均值。

②不同基层的沥青路面弯沉值的温度修正系数K,根据沥青平均温度T及沥青层厚度,分别由图4-13及图4-14求取。

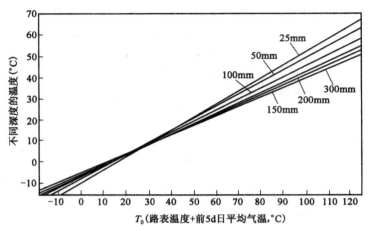

图 4-12　沥青层平均温度的决定
（线上的数字表示路表下的不同深度）

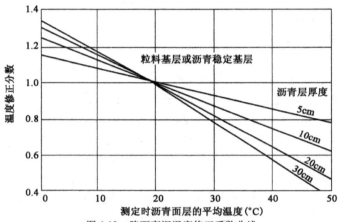

图 4-13　路面弯沉温度修正系数曲线
（适用于粒料基层及沥青稳定基层）

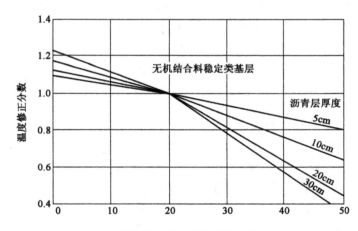

图 4-14　路面弯沉温度修正系数曲线
（适用于无机结合料稳定的半刚性基层）

③沥青路面回弹弯沉按式(4-10)计算。

$$L_{20} = L_T \cdot K \tag{4-10}$$

式中：K——温度修正系数；

L_{20}——换算为20℃的沥青路面回弹弯沉值(0.01mm)；

L_T——测定时沥青面层内平均温度为T时的回弹弯沉值(0.01mm)。

5)结果评定

(1)按式(4-11)计算每一个评定路段的代表弯沉。

$$L_r = \bar{L} + Z_a S \tag{4-11}$$

式中：L_r——一个评定路段的代表弯沉(0.01mm)；

$\bar{L}$——一个评定路段内经各项修正后的各测点弯沉的平均值(0.01mm)；

S——一个评定路段内经各项修正后的全部测点弯沉的标准差(0.01mm)；

Z_a——与保证率有关的系数，当设计弯沉值按《公路沥青路面设计规范》(JTG D50—2006)确定时，采用表4-11中的规定值。

保证率系数 Z_a 的取法　　　　　　　表4-11

层　位	Z_a	
	高速公路、一级公路	二、三级公路
沥青层面	1.645	1.5

(2)计算平均值和标准差时，应将超出$\bar{L} \pm (2 \sim 3)S$的弯沉特异值舍弃。对舍弃弯沉值过大的点，应找出其周围界限，进行局部处理。用两台弯沉仪同时进行左右轮弯沉值测定时，应按两个独立测点计，不能采用左右两点的平均值。

(3)弯沉代表值不大于设计要求的弯沉值时得满分；大于时得0分。

若在非不利季节测定时，应考虑季节影响系数。

三、自动弯沉仪测定弯沉的试验方法

利用贝克曼梁测定路面回弹弯沉值操作简便，应用广泛。但是，这种试验方法整个测试过程全是人工操作，测试结果受人为因素的影响较大且测速慢，而且用贝克曼梁测定弯沉基本上是静态弯沉，与汽车荷载实际作用有所不同。故各国都对快速连续或动态测定进行了研究，现在用得比较普遍的有法国洛克鲁瓦式自动弯沉仪，丹麦等国发明并几经改进而形成的落锤式弯沉仪(FWD)，美国的振动式弯沉仪(Dynaflect)等。这些在我国均有引进，自动弯沉仪已进行了研制开发，并得到了应用。

自动弯沉仪是测定路面弯沉值的高效自动化设备，可对路面进行高密集点的强度测量，适用于路面施工质量控制、验收及路面养护管理。自动弯沉仪是利用贝克曼梁测定原理快速连续测定的设备，基本上仍属于静态测定的范畴，但它测定的是总弯沉，因而与贝克曼梁测定的回弹弯沉有所不同，为此在使用时应进行换算。

自动弯沉仪的原型是法国LCPC的洛克鲁瓦型，英国对其进行了改进。我国在研制开发时，考虑到我国普遍使用半刚性基层，为减少支点弯沉的影响，测臂的长度从1.7m加长到2.4m。自动弯沉仪测试时的速度必须保持稳定，应控制在3.0~3.5km/h范围内。另外，当路面严重损坏、不平整、有坑槽时，测定设备有可能损坏，或者当平曲线半径过小时，都不能进行

检测。关于自动弯沉仪测定结果与贝克曼梁测定值的相关性,许多国家进行过研究,一般的看法是对某一路面结构及路基条件来说,存在一定的相关性。但此种相关关系不适用于别的情况,因此这种相关性无普遍意义。对一个地区而言,宜选择几种不同的路面结构及路基条件,分别建立相关关系进行换算。

1. 测试设备

自动弯沉仪测定弯沉试验方法的仪器设备是自动弯沉仪测定车。洛克鲁瓦型弯沉仪由测试汽车、测量机构、数据采集处理系统三部分组成。测量机构如图4-15所示,它安装在测试车的底盘下面。

自动弯沉仪测定车的主要技术参数如下:

测试车轴距:	6.75m
测臂长度:	1.75～2.40m
后轴荷载:	100kN
测定轮对路面的压强:	0.7MPa
最小测试步距:	4～10m
测试精度:	0.01mm
测试速度:	1.5～4.0km/h

图4-15　自动弯沉测试仪

2. 工作原理

自动弯沉仪的基本工作原理与贝克曼梁的原理是相同的,都是采用简单的杠杆原理。

自动弯沉仪测定车在检测路段以一定速度行驶,将安装在测试车前后轴之间底盘下面的弯沉测定梁放到车辆底盘的前端并支于地面保持不动,当后轴双轮隙通过测头时,弯沉通过位移传感器等装置被自动记录下来。此时,测定梁被拖动,以两倍的汽车速度拖到下一测点,周而复始地向前连续测定。通过计算机可输出路段弯沉检测统计计算结果。

3. 使用技术要点

(1)自动弯沉仪做长距离移动时,应根据路况把一些对通过能力影响大的组件、部件拆下来,待移动到测量工地时,再进行安装调试。

(2)操作计算机,根据要求输入有关信息及命令。

(3)为了保证系统 A/D 转换板与位移传感器的测量精度,应进行自动弯沉仪的标定。

(4)自动弯沉仪所采集数据以文本方式存储于计算机中,其记录格式分节点数据、弯沉值数据及弯沉盆数据三种。输入有关信息和参数后,可显示出左右双侧的弯沉峰值柱状图及峰值、距离和温度等;计算出平均值、标准差和代表弯沉值;显示弯沉盆图形并计算出曲率半径。

应当注意,自动弯沉仪测定的是总弯沉,因而与贝克曼梁测定的回弹弯沉有所不同。可通过自动弯沉仪总弯沉与贝克曼梁回弹弯沉对比试验,得到两者相关关系式,换算为回弹弯沉,用于路基、路面强度评定。

关于自动弯沉仪测定路面弯沉试验方法可详见《公路路基路面现场测试规程》(JTJ 059—95)。

四、落锤式弯沉仪

利用贝克曼梁方法测出的回弹弯沉是静态弯沉。自动弯沉仪检测弯沉时,因为汽车行进速度很慢,所测得的弯沉也接近静态弯沉。为了模拟汽车快速行驶的实际情况,不少国家开发了动态弯沉的测试设备。

20 世纪 60 年代,法国首先提出冲击式动力弯沉仪的初步设想,70 年代后期丹麦和瑞典首先研制成 FWD。80 年代以后,美国、英国和日本等相继引进和仿制了这种弯沉仪。研究表明,FWD 的冲击荷载与时速 60~80km 的车辆对路面的荷载相似,可以较好地模拟行车荷载作用,并且测速快,精度高。因此,自 20 世纪 80 年代初以来,FWD 在国际上得到日益广泛的应用,至今已有 50 多个国家和地区引进了 FWD。美国战略公路研究计划(SHRP)也把 FWD 作为 2000 条试验路的强度评定手段,并以 FWD 测定反算的回弹模量作为基准,研究开发材料回弹模量的室内试验方法。我国已引进了多台 FWD,并开发了国产的 FWD 设备,不少单位已利用 FWD 作了大量的测定。

落锤式弯沉仪(Falling Weight Deflectometer,简称 FWD)模拟行车作用冲击荷载下的弯沉量测,计算机自动采集数据,速度快,精度高。它的基本原理是通过液压系统提升和释放荷载块对路面施加冲击荷载,荷载大小由落锤质量和起落高度控制,荷载时程和动态弯沉盆均由相应的传感器测定。FWD 则是利用重锤自由落下的瞬间产生的冲击荷载测定弯沉,荷载最大值可由式(4-12)计算。

$$F_{max} = \sqrt{2MghR} \tag{4-12}$$

式中:M——重锤质量;

R——缓冲弹簧常数;

h——落高;

g——重力加速度。

据测算,落锤作用于路面的时间仅 5~30ms。所以,设备对位移传感器的测定精度要求很高。关于落锤式弯沉仪的落锤质量,与设计荷重有关,可根据使用目的选择。现在有 5t、10t、15t 等不同的荷载,一般用于公路的为 5t,承载板直径 ϕ300mm;用于飞机场的为 10t 或 15t,承载板直径 ϕ4 450mm。由于检测层强度不同,实际的荷载将有所不同,大体在 0.1~0.2t 范围内变化。承载板有两种,一种是整块圆橡胶板,一种是对称分开成十字的钢板与橡胶板组成的复合板。由于后者与地面更能紧密的接触,测定数据更好,故我国《公路路基路面现场测试规程》(JTG E60—2008)规定为后者。

采用 FWD 测定时,第一锤测定的结果往往不稳定,故必须打第二锤及第三锤,舍去第一锤的结果。我国的试验研究表明,在同一条路上或者同一地区,路面结构、材料、土基等条件相同时,落锤式弯沉仪与贝克曼梁测定的弯沉值两者有良好的相关关系。如果条件相差较大时,相关关系也就不好,例不同地区的数据放在一起也降低相关性。因此,各地在求取相关关系时应该分不同地区及不同结构、材料及土基条件来求取,不宜套用外地的或不同条件下的相关关系式。

利用计算机按弹性层状体系理论的计算模式和程序,由各传感器的表面弯沉测定值反算路面各层材料的弹性模量,现在有很多方法,利用 BISAR、DAMA、CHEVRON、ELSYM5、CHEV5L 等都可以反算。例如美国用于沥青路面的 BOUSDEF 程序、用于水泥混凝土路面的 ILLI-BACK、挪威的 VORMSUND 都是早期比较有名的程序。美国战略公路研究计划(SHRP)又开发了新的程序,我国各单位也做了开发,反算结果基本上是一致的。反算模量是 FWD 测定的主要目的,但另外还有许多用途,如预测路面的残余寿命(疲劳使用寿命)等。在水泥混凝土路面测定时,还可以用 FWD 来做种种检查:

①利用跨缝测定弯沉盆形状的连续性,检查接缝的荷载传递效果;
②检查混凝土板与基层接触是否紧密(板下空洞情况);
③检查接缝下有无空洞及填补空洞的效果等。

目前的重点和需要解决的问题包括路面结构力学特性的模拟、反分析的适定性(存在性、唯一性、稳定性)、反演结果的验证与应用等。

1. FWD 具体检测方法

本方法适用于在落锤式弯沉仪(FWD)标准质量的重锤落下一定高度发生的冲击荷载的作用下,测定路基或路面表面所产生的瞬时变形,即测定在动态荷载作用下产生的动态弯沉及弯沉盆,并可由此反算路基路面各层材料的动态弹性模量,作为设计参数使用。所测结果也可用于评定道路承载能力,调查水泥混凝土路面的接缝的传力效果,探查路面板下的空洞等。

2. 仪器设备

落锤式弯沉仪分为拖车式和内置式。拖车式便于维修与存放,而内置式则较小巧、灵便。仪器由荷载发生装置、弯沉检测装置、运算控制系统与车辆牵引系统等组成,其结构示意如图 4-16 所示。图 4-17 为拖车式落锤弯沉仪。

(1)荷载发生装置:重锤的质量及落高根据使用目的与道路等级选择,荷载由传感器测定,如无特殊需要,重锤的质量为 200kg±10kg,可采用产生 50kN±2.5kN 的冲击荷载。承载板宜十字对称分开成 4 部分且底部有固定橡胶片。承载板的直径为 300mm。

(2)弯沉检测装置:由一组高精度位移传感器组成,如图 4-18 所示,传感器可采用差动变压器式位移计(LVDT)。自中心开始,承载板沿道路纵向设置,隔开一定距离布设一组传感器,传感器总数可为 5~7 个,根据需要及设备性能决定。

(3)运算及控制装置:能在冲击荷载作用的瞬间内,记录冲击荷载及各个传感器所在位置测点的动态变形。

(4)牵引装置:牵引 FWD 并安装运算及控制装置的车辆。

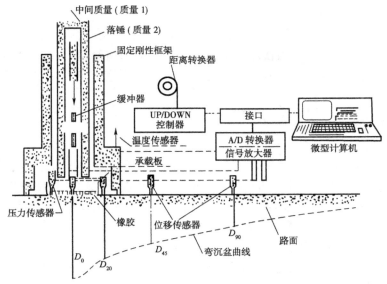

图 4-16　落锤式弯沉仪测量系统示意图

图 4-17　拖车式落锤弯沉仪

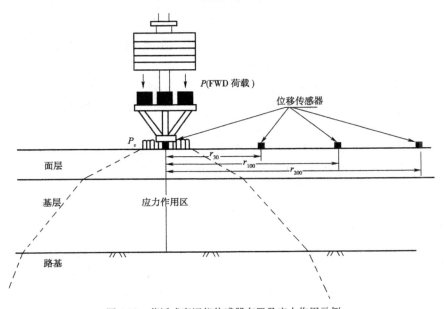

图 4-18　落锤式弯沉仪传感器布置及应力作用示例

3. 工作原理

将测定车开到测定地点,通过计算机控制下的液压系统,启动落锤装置,使一定质量的落锤从一定高度自由落下。冲击力作用于承载板上并传递到路面,导致路面产生弯沉。分布于距测点不同距离的传感器检测结构层表面的变形,记录系统将信号输入计算机,得到路面测点弯沉及弯沉盆。

4. 测定方法与使用技术要点

(1) 测试方法

①将承载板中心位置对准测点,承载板自动落下,放下弯沉装置的各个传感器。

②启动落锤装置,落锤自由落下,冲击力作用于承载板上,又立即自动提升至原来位置固定。同时,各个传感器检测结构层表面变形,记录系统将位移信号输入计算机,并得到峰值,即路面弯沉,同时得到弯沉盆。每一测点重复测定应不少于3次,除去第一个测定值,取以后几次测定值的平均值作为计算依据。

③提起传感器及承载板,牵引车向前移动至下一个测点,重复上述步骤,进行测定。

(2) 使用要点

水泥混凝土路面板调查时,在测试路段的水泥混凝土路面板表面布置测点。当调查水泥混凝土路面的接缝的传力效果时,测点布置在接缝的一侧,位移传感器分开在接缝两边布置;当探查路面板下的空洞时,测点布置位置随测试需要而定,应在不同位置测定。

①通过调节锤重和落高可调整冲击荷载大小。

②检测时,拖车式落锤弯沉仪牵引速度最大可达80km/h,根据我国的实际情况,牵引速度以50km/h为宜。内置式落锤弯沉仪最高时速大于100km/h,每小时可测65点。

③传感器分布位置为1个位于承载板中心,其余布置在传感器支架上。路面结构不同,弯沉影响半径亦不同。路基或柔性基层沥青路面传感器分布在距荷载中心2.5m范围内即可。目前,我国高等级公路大多采用半刚性基层沥青路面结构,弯沉影响半径已达3~5m,传感器分布范围应布置在距荷载中心3~4m,以量测路面弯沉盆形状。

④每一测点重复测定不少于3次,舍去第一个测定值,取以后几次测定值的平均值作为计算依据,因为第一次测定的结果往往不稳定。

弯沉检测装置操作方式为计算机控制下的自动量测,所有测试数据均可显示在屏幕上或打印出来或存储在软盘上;可输出作用荷载、弯沉(盆)、路表温度及测点间距等;可打印弯沉平均值、标准差、变异系数及代表弯沉值等数据。

应当注意,落锤式弯沉仪所测弯沉为动态总弯沉,与贝克曼梁所测的静态回弹弯沉不同。可通过对比试验,得到两者之间的相关关系,并据此将落锤式弯沉仪所测弯沉值换算为贝克曼梁的静态回弹弯沉值。

可利用计算机按弹性层状体系理论的计算模式和程序,根据落锤式弯沉仪所测弯沉盆数据反算路面各层材料的弹性模量。

按桩号记录各测点的弯沉及弯沉盆数据,计算一个评定路段的平均值、标准差、变异系数。当调查水泥混凝土路面接缝的传力效果时,利用分开在接缝两边布置的位移传感器测定值的差异及弯沉盆的形状,进行判断;当探查路面板下的空洞时,利用在不同位置测定的测定值差异及弯沉盆的形状,进行判断(加入判断的准则)。

关于落锤式弯沉仪测定路面弯沉试验方法详见《公路路基路面现场测试规程》(JTG E60—2008)。

五、连续弯沉仪

20世纪90年代开始,由于车辆、传感器、机电整合设备的进步,特别是激光量测技术的快速发展,发展更快速的弯沉检测仪器成为许多学者与工程师的任务,这类能够快速且连续记录道路弯沉的仪器本书称为连续弯沉仪。德州大学奥斯丁分校的Bay等人(1995)与得克萨斯州公路局合作发展滚动动态弯沉仪(RWD),RWD用在卡车上安装液压振动器的方法施加最大垂直振动荷重,使用传统的距离传感器,量测速度约为5 km/h,稳态荷重是62.3 kN,最大动力振动荷重是53.4 kN,希望能取代FWD在路网层级中路面管理的功效,但目前仅在美国得克萨斯州使用。

RWD的设备有两种,均在20世纪90年代完成雏形。一是探索综合公司(Quest Integrated Inc.)的Johnson与Rish发展的滚动荷重弯沉仪(Rolling Weight Deflectometer),该设备以每小时10公里的速度用传统传感器进行连续弯沉检测,但是仅能测试1点弯沉(最大弯沉值),目前并无较新的发展与应用。二是应用研究协会公司(Applied Research Associates Inc.)所发展的滚轮式弯沉仪(Rolling Wheel Deflectometer),受到多个使用单位的好评,之后在本书提到的缩写为RWD的设备均指应用研究协会公司所发展的滚轮式弯沉仪。

美国与丹麦首先提出连续弯沉仪的雏形。目前美国、丹麦、英国以及许多欧洲国家正在制订连续弯沉仪的标准与检测规范。研究表明,连续弯沉仪能直接量测货车对路面荷载所产生的弯沉盆,较好的弯沉仪已能用时速60~80km的速度进行高精度检测。目前连续弯沉仪已经在实施弯沉量测,美国已有13个州以上的地区,丹麦、英国、意大利、波兰、澳大利亚与南非多个地区也采用连续弯沉检测。我国交通运输部公路科学研究院也于2013年采购了交通速度弯沉仪(TSD)。相对于欧美国家,亚洲国家对于连续弯沉仪的开发与研究较少。

2009~2012年由Transportation Research Board资助的美国弗吉尼亚理工大学的研究计划项目SHRP2-R06F,就是为了评估各种连续弯沉仪使用效能。该项目2013年的报告显示,为了比较使用效能共使用了三大类9种的检测移动弯沉设备,分别为:激光类[滚轮式弯沉仪(RWD),交通速度弯沉仪(TSD),道路弯沉测试仪(RDT),机场滚动荷重弯沉仪(ARWD)];振动载货类[Portancemetre, the Measuring Ball,滚动动态弯沉仪(RDD)及移动式FWD];影像弯沉检测仪(IDM)。比较9种仪器的基准是问卷及访问调查后的使用者需求因素,指标有速度(安全性),重现性、正确性(与FWD的关系),仪器成本,操作简易性,顾客服务,数据搜集使用的便捷性,结果解释的有效性、可靠性,载具体积大小,信息的关联性及过去经验,共12项属性。考虑的最主要因素有检测速度、重现性与正确性。由于TSD与RWD速度与重现性均佳,两者与FWD的相关性均佳(在弗吉尼亚的试验路中RWD与FWD的相关性稍差)。经由试验路的测试结果,SHRP 2建议采用TSD与RWD作为未来各州的路面承载力评定方法,并观察RDT与ARWD未来的研究进展,应用于路网层级中的路面管理系统。并在未来进行后续计划比较两种的差异性。因此本书提到的连续弯沉检测仪中仅介绍RWD与TSD。

RWD在多方的努力下于2003年生产为较稳定的产品。产品的规格是拖车加上长53英尺(1英尺=0.304 8m)的集装箱,并于集装箱内装设量测设备与荷重设备。量测设备是装置在25.5英尺的铝梁上,每梁8英尺区间设置1个,共4个激光传感器。激光传感器被设定每隔固定0.6英寸(1英寸=0.025 4m)的距离采样,精度可达±0.001英寸。装置在行车方向右侧的后端,第一个量测点在右后轴的中心点,如图4-19所示。此量测方法是普渡大学Milton Harr教授所发展的空间一致性方法。荷载设备位于后轮轴上,可以设置18 000磅(1磅=0.453 6kg)的荷重,如图4-20所示。美国从2003~2008年已经有13个州采用RWD进行连续弯沉测试,并搜集相关信息。

图4-19　滚轮式弯沉仪第一个激光传感器设置位置图

图4-20　滚轮式弯沉仪荷载发生装置

　　丹麦Greenwood Engineering公司的Krarup等人(2006)发展了交通速度弯沉仪(Traffic Speed Deflectometer,简称TSD)。TSD是以最少4个多普勒激光传感器应用在集装箱拖车(后轴负载100kN)进行弯沉量测,以时速80km左右的速度用于公路检测。集装箱内装载量测钢梁,并将温度控制在20℃,避免量测系统的温度误差,检测原理为利用4个多普勒激光传感器量测斜率,再将斜率转换为弯沉值,采样频率为0.8英寸,精度约为±4 mils/s,提供路网层级的弯沉检测。英国公路局经由系统评估后,决定采购TSD作为英国公路弯沉检测设备,之后意大利、波兰、南非与澳大利亚等国也采用TSD作为连续弯沉的检测仪器。我国也于2013年购入了TSD。

　　目前连续弯沉法各种仪器的重点和需要解决的问题与FWD相同,包括路面结构力学特性的模拟、反分析的适定性(存在性、唯一性、稳定性)、反演结果的验证与应用等。

　　1. 具体检测方法

　　本方法适用于大型车辆(拖车或卡车)在标准质量的轴重荷载作用下行驶时,测定路表面产生的瞬时变形,即测定在动态荷载作用下产生的动态弯沉,并可由此反算路基路面各层材料的动态弹性模量,作为设计参数使用。所测结果也可用于评定道路承载能力。

　　2. 仪器设备

　　(1)滚轮式弯沉仪(RWD),主体采用集装箱车,有检测环境装置、弯沉量测装置、荷载发生装置、冷却装置、牵引装置运算以及控制装置与后续分析软件系统。

　　①荷载发生装置:如图4-20所示,有放置钢荷重板的位置,可借由后轮轴上的集装箱空间内放置固定质量之钢板,传递到后轴的质量为美国标准轴重18 000磅。

　　②弯沉检测装置:由一组高精度激光位移传感器组成,如图4-21所示。自右后轮中心点,4个激光传感器每隔8英尺设置于固定水平的25.5英尺的铝梁上。

　　③运算及控制装置:在行车荷载作用下,每隔0.6英寸记录4个传感器所在位置测点的动态变形。

　　④检测环境装置:借由高精度卫星定位系统(GPS)记录检测路段,并记录车速、里程与温

度量测设备。

⑤冷却装置:将集装箱内温度控制到20℃,如图4-22所示。

图4-21 滚轮式弯沉仪的弯沉检测装置设置图

图4-22 滚轮式弯沉仪冷却装置图

⑥牵引装置:含53英尺集装箱的拖车,如图4-23所示。

(2)交通速度弯沉仪(TSD),主体采用集装箱车,有检测环境装置、弯沉量测装置、荷载发生装置、冷却装置、牵引装置运算以及控制装置与后续分析软件系统。

①荷载发生装置:相同于RWD,有放置钢荷重板的位置,可借由后轮轴上的集装箱空间内放置固定重量之钢板,传递到后轴的重量为轴重100kN。

图4-23 滚轮式弯沉仪整车图

②弯沉检测装置:由一组高精度多普勒激光传感器组成。自右后轮中心点,4个激光传感器距离0mm、100mm、200mm、3 600mm设置于固定水平长为3.6m的梁上。传感器可增加至10个,位置可调整,如图4-24所示。

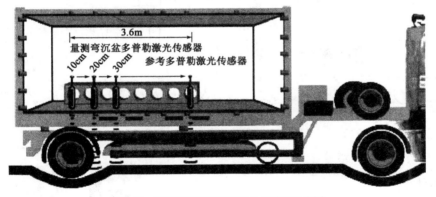

图4-24 交通速度弯沉仪弯沉检测装置示意图

③运算及控制装置:在行车荷载作用下,每隔0.8英寸记录3个传感器所在位置测点的动态变形。

④检测环境装置:记录车速、里程与温度量测设备。

⑤冷却装置:借由空调将集装箱内温度控制到20℃。

⑥牵引装置：含集装箱的拖车，目前最高检测速度为每小时 80km，最低检测速度是每小时 40km。

3. 工作原理

RWD 的荷载加载在集装箱尾部，荷载传递到车尾车轮，形成符合美国规范的轮胎与胎压条件下的标准轴载，在高速行驶环境下，作用于路面。于行驶过程中量测弯沉，弯沉的量测方法是采用激光三角测量，具备补偿弯曲功能的标准梁上安装有传感器。补偿弯曲功能系指可以校正因为车辆运动和环境热效应的弯沉误差。主要有四个等距（8 英尺）的激光传感器安装在一条直线上。能以最高 80km/h 的速度检测。由图 4-25 中可以看出 RWD 的量测原理，量在荷载点的 4 个激光传感器，利用行车方向后轮到检测点（$t=2$）的均值高度（$B_2 - 2C_2 + D_2$）减去距后轮 8 英尺时的点（$t=1$）的均值高度（$A_1 - 2B_1 + C_1$）。

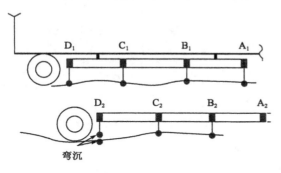

图 4-25 滚轮式弯沉仪量测原理示意图

交通速度弯沉仪（TSD）量测连续弯沉的工作原理是激光多普勒测速方法。此方法最早被物理学家多普勒（1842）发现，并应用在声学领域。激光多普勒测速仪（LDV）技术属于激光技术的一种重要运用，与传统的测速方法相比具有许多优点，包括无接触测量、精度高、空间分辨率高、线性度好、动态响应快、测量速度范围广，被测点可以很小，良好的方向灵敏性等等。TSD 于集装箱内设置多个激光传感器，最早仅有 4 个激光传感器，2012 年的设备能依据需求装设 10 个传感器。计算弯沉时，对多个激光传感器建立水平与垂直夹角的动态量测数据，再经由个别传感器获得斜率。借由弯沉盆斜率—时间方程式对时间的导函数，绘制弯沉盆，如图 4-26 所示。整车示意图如图 4-27 所示。更完善的理论介绍可以参考 Pedersen（2012）。

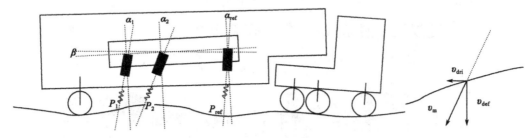

图 4-26 交通速度弯沉仪的检测原理

4. 使用技术要点

（1）出发之前进行仪器校正。
（2）行驶于测量路段，获得弯沉值。
（3）在后续分析中获得测量路段的路面承载力相关资料。

图 4-27 交通速度弯沉仪的整车示意图

第六节　路面抗滑性能试验检测方法

一、概述

行车安全性同许多因素有关，路面抗滑能力是其中一个重要的方面。影响路面抗滑能力的因素有路面表面特性、细构造和粗构造、路面潮湿程度、行车速度等很多方面。

我国现行沥青路面规范提出了三种路面抗滑能力的指标，即路表构造深度、路面抗滑值、路面横向力系数。路面的抗滑摆值是指用标准的手提式摆式摩擦系数测定仪测定路面在潮湿条件下对摆的摩擦阻力。路表构造深度是指一定面积的路表面凹凸不平的开口孔隙的平均深度。路面横向摩擦系数是指用标准的摩擦系数测定车测定，当测定轮与行车方向成一定角度且以一定速度行驶时，轮胎与潮湿路面之间的摩擦阻力与试验轮上荷载的比值。

路表面细构造是指集料表面的粗糙度，它随车轮的反复磨耗而逐渐被磨光。通常采用石料磨光值（PSV）表征抗磨光的性能。细构造在低速（30～50km/h 以下）时对路表抗滑性能起决定作用。而高速时主要起作用的是粗构造，它是由路表外露集料间形成的构造，功能是使车轮下的路表水迅速排除，以避免形成水膜。粗构造由构造深度表征。

路表的抗滑能力可以采用不同的方法测定，采用不同的测定方法和不同的车速，其测定的结果（系数或数值）不相同。

1. 路表构造深度

一定面积的路面凹凸不平的开口空隙的平均深度，即宏观构造深度 TD，以 mm 计。它是路面粗糙度的重要指标，主要取决于矿料级配。路表构造深度有三种测试方法，即手动铺砂法、电动铺砂法及激光构造深度仪法。

（1）手动铺砂法

将一定量的标准砂铺在路面上，计算嵌入凹凸不平的表面空隙中的砂的体积与覆盖面积之比求得。这是目前最为基本和常用的方法，但人为影响的误差较大。

（2）电动铺砂法

同手动铺砂法原理相同，但弥补了手工铺砂法由于人为影响而使测量不准确的缺陷，不是将全部砂都作为填料填入凹凸不平的空隙中，而是一部分先在玻璃板上摊铺标定，剩下部分再在测量地点按标定测量。

（3）激光法

激光法与铺砂法测定的构造深度有良好的相关关系，具有测定数据准确及速度快的优点，在我国高速公路检测中被较多地使用。

2. 路面的抗滑值

采用标准的手提式摆式摩擦系数测定仪测定的路面在潮湿条件下对摆的摩擦阻力，即摆值，以 BPN 为单位。路面的抗滑值一般认为只反映行车速度低时的路面抗滑性能。该方法测定的摆值与集料的微观粗糙度有关，同时又受到橡胶摩擦片与路面接触面积及路面温度的影响。

3. 路面横向力系数

采用标准的摩擦系数测定车测定,在测定轮与行车方向成一定角度,且以一定速度行驶时,轮胎与潮湿路面之间的摩擦阻力与接触面积的比值,简称 SFC。该指标为一综合性指标,它反映较高速度下的路面抗滑值。横向力系数表示车辆在路面上制动时路面抗滑力的同时,还表征车辆在路面上发生侧滑的抗力。

高速、一级公路的路面应具有良好的抗滑性能,其沥青路面抗滑性能应符合表 4-11 的要求,二级及三级公路应根据各路段的具体情况采取必要的技术措施,以提高路面抗滑性能。在设计高速、一级公路的沥青表面层时,应选用抗滑、耐磨石料,其石料磨光值应大于 42。高速、一级公路的摩擦系数应在交工验收后 12 个月内采用摩擦系数测定车,以 60km/h ± 1km/h 的车速测定横向力系数(SFC);宏观构造深度应在交工验收后 12 个月内用铺砂法测定,此时的测定值应符合表 4-12 规定的竣工验收值的要求。

沥青路面的抗滑标准(竣工验收值)　　　　表 4-12

年平均降雨量(mm)	横向摩擦系数 SFC_{60}	构造深度 TD(mm)
>1 000	≥54	≥0.55
500~1 000	≥50	≥0.50
250~500	≥45	≥0.45

我国公路养护技术规范中给出了路面抗滑能力的评价标准。路面抗滑能力以摆值(BPN)或横向力系数(SFC)表示,评价标准见表 4-13。

路面抗滑能力评价标准　　　　表 4-13

评价指标	优	良	中	次	差
横向力系数 SFC	≥0.5	≥0.4~0.5	≥0.3~0.4	≥0.2~0.3	<0.2
摆值 BPN	≥42	≥37~42	≥32~37	≥27~32	<27

对于水泥混凝土路面抗滑标准用构造深度表示:对高速、一级公路,构造深度 TD 为 0.8mm;对于其他等级公路,TD 为 0.6mm。

目前,车载或车牵引的高速自动化路面抗滑能力测试设备主要有 3 种:横向力系数测试仪、制动式摩擦系数测试仪、不完全制动式摩擦系数测试仪。横向力系数测试仪是在我国应用最为广泛的自动摩擦系数仪,20 世纪 90 年代中期实现了国产化。该设备的基本原理是将试验轮与行车方向设定成一定角度,以便产生一个同试验轮平面垂直的横向力,该横向力与试验轮对路面荷载的比值即为横向力系数。横向力系数反映的是车辆在路面上侧滑的危险性,正常测试速度约为 50km/h。制动式摩擦系数测试仪是在行驶的过程中,每间隔指定的距离自动对测试轮制动,制动期间测试轮在路面上滑动,根据传感器所记录的力,即可计算制动力系数。该设备在美国是抗滑能力测试标准设备之一,测试速度最高可以达到 110km/h。不完全制动式摩擦系数测试仪的测试轮和行驶轮之间用不等直径的同轴齿轮和链条连接,使得测试轮的滚动线速度小于行驶轮的滚动线速度,在正常测试时呈现连滚带滑的运动状态,根据力传感器记录的数据即可计算路面摩擦系数。该设备在路面上的测试速度约为 50km/h,在欧洲应用较多,尤其在机场道面的抗滑性能测试方面。

我国目前在路面抗滑性能测试方面仍主要采用摆式摩擦系数仪,进口的和国产的均有。横向力系数仪已逐渐拥有了相当多的用户;制动式和不完全制动式摩擦系数测试仪目前仅有极少数的用户。相比之下,摆式摩擦系数仪已经越来越不能适应我国高速公路建设的需要,一方面该测试方法对交通的影响较大,存在不安全因素;另一方面它不能较好地反映路面的宏观纹理构造对摩擦系数的影响,而宏观纹理构造是高速公路路面抗滑能力的决定因素。因此,逐步推广自动化的抗滑性能测试仪在我国的应用是十分必要的。

二、构造深度测试方法

路面表面的构造深度(TD)以前称纹理深度,是路面粗糙度的重要指标。它与路表抗滑性能、排水、噪声等都有一定关系。手工铺砂法与电动铺砂法都是利用细砂铺在路面上,计算嵌入凹凸不平的表面空隙中的砂的体积与覆盖面积之比求得的。此为目前最为基本也是最为常用的方法。

1. 手工铺砂法

手工铺砂法适用于测定沥青路面及水泥混凝土路面表面构造深度,用以评定路面表面的宏观粗糙度、路面表面的排水性能及抗滑性能。

(1)仪具与材料

①量砂筒:形状尺寸如图 4-28a)所示,一端是封闭的,容积为 25mL±0.15mL,可通过称量砂筒中水的质量以确定其容积 V,并调整其高度,使其容积符合要求。量砂筒带一专门的刮尺将筒口量砂刮平。

②推平板:形状尺寸如图 4-28b)所示,推平板应为木制或铝制,直径 50mm,底面黏一层厚 1.5mm 的橡胶片,上面有一圆柱把手。

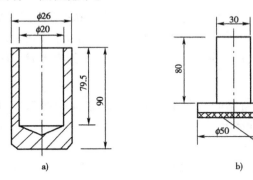

图 4-28 量砂筒与摊平板(尺寸单位:mm)
a)量砂筒;b)摊平板

③刮平尺:可用 30cm 钢尺代替。
④量砂:足够数量的干燥洁净的匀质砂,粒径为 0.15~0.3mm。
⑤量尺:钢板尺、钢卷尺或采用将直径换算成构造深度作为刻度单位的专用的构造深度尺。
⑥其他:装砂容器(小铲)、扫帚或毛刷、挡风板等。

(2)方法与步骤

①量砂准备:取洁净的细砂晾干、过筛,取 0.15~0.3mm 的砂置适当的容器中备用。砂在路面上只能使用一次,不宜重复使用。回收砂必须经干燥、过筛处理后方可使用。

②对测试路段按随机取样选点的方法,决定测点所在横断面位置。测点应选在行车道的轮迹带上,距路面边缘不应小于1m。

③用扫帚或毛刷子将测点附近的路面清扫干净,面积不小于30cm×30cm。

④用小铲装砂沿筒向圆筒中注满砂,手提圆筒上方,在硬质路面上轻轻地叩打3次,使砂密实,补足砂面用钢尺一次刮平。不可直接用量砂筒装砂,以免影响量砂密度的均匀性。

⑤将砂倒在路面上,用底面黏有橡胶片的推平板,由里向外重复做摊铺运动,稍稍用力将砂细心地尽可能地向外摊开,使砂填入凹凸不平的路表面的空隙中,尽可能将砂摊成圆形,并不得在表面上留有浮动余砂。注意摊铺时不可用力过大或向外推挤。

⑥用钢板尺测量所构成圆的两个垂直方向的直径,取其平均值,准确至5mm。

⑦按以上方法,同一处平行测定不少于3次,3个测点均位于轮迹带上,测点间距3~5m。该处的测定位置以中间测点的位置表示。

(3)计算

①路面表面构造深度测定结果按式(4-13)计算。

$$TD = \frac{1\,000V}{\frac{\pi D^2}{4}} = \frac{31\,831}{D^2} \tag{4-13}$$

式中:TD——路面表面构造深度(mm);
　　　V——砂的体积(25cm³);
　　　D——推平砂的平均直径(mm)。

②每一处均取3次路面构造深度的测定结果的平均值作为试验结果,精确至0.1mm。

③计算每一个评定区间路面构造深度的平均值、标准差、变异系数。

在用手工铺砂法测路面构造深度时,需不同的人进行测试,所测结果往往差别较大,其原因较多,例如装砂的方法不标准,摊砂用的推平板不标准,最主要的是砂摊开到多大程度为止,各人掌握不一。为了使测试结果准确可靠,测试时应严格掌握操作方法中的细节问题,且摊开时遵照"尽可能向外摊平使砂填入凹凸不平的路表面空隙中,在地表面上形成一薄层"的原则。

2.电动铺砂法

电动铺砂法适用于测定沥青路面及水泥混凝土路面表面构造深度,用以评定路面表面的宏观粗糙度、路面表面的排水性能和抗滑性能。

(1)仪具与材料

①电动铺砂仪:利用可充电的直流电源将量砂通过灌砂漏斗铺设成宽度5cm,厚度均匀一致的器具,如图4-29所示。

②量砂:足够数量的干燥洁净的匀质砂,粒径为0.15~0.3mm。

③标准量筒:容积50mL。

④玻璃板:面积大于铺砂器,厚5mm。

⑤其他:直尺、扫帚、毛刷等。

(2)电动铺砂器标定

①将铺砂器平放在玻璃板上,将灌砂漏斗移至铺砂器端部。

②将灌砂漏斗口和量筒口大致齐平。通过漏斗向量筒中缓缓注入准备好的量砂至高出量筒成尖顶状,用直尺沿筒口一次刮平,其容积为50mL。

③将漏斗口与铺砂器灌砂漏斗上口大致齐平。将砂通过漏斗均匀倒入灌砂漏斗,漏斗前后移动,使砂的表面大致齐平,但不得用任何其他工具刮动砂。

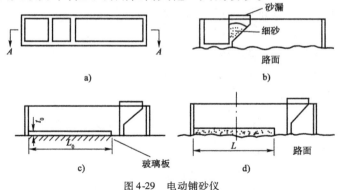

图4-29 电动铺砂仪
a)平面图;b)A-A断面;c)标定;d)测定

④开动电动马达,使灌砂漏斗向另一端缓缓运动,量砂沿灌砂漏斗底部铺成图4-30所示的宽5cm的带状,待砂全部漏完后停止。

⑤按图4-30,依式(4-14)由L_1及L_2的平均值决定量砂的摊铺长度L_0,精确至1mm。

$$L_0 = \frac{L_1 + L_2}{2} \tag{4-14}$$

式中:L_0——量砂的摊铺长度(mm);

L_1,L_2——如图4-30(mm)所示。

⑥重复标定3次,取平均值决定L_0,精确至1mm。

标定应在每次测试前进行,用同一种量砂,由同一试验员承担测试。

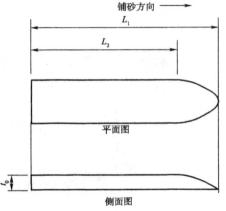

图4-30 决定L_1及L_2的方法

(3)方法与步骤

①量砂准备:取洁净的细砂,晾干,过筛,取0.15~0.3mm的砂置适当的容器中备用。已在路面上使用过的砂如回收重复使用时应重新过筛并晾干。

②对测试路段按随机取样选点的方法,决定测点所在横断面的位置。测点应选在行车道的轮迹带上,距路面边缘不应小于1m。

③将测试地点用毛刷刷净,面积大于铺砂仪。

④将铺砂仪沿道路纵向平稳地放在路面上,将灌砂漏斗移至端部。

⑤按上述电动铺砂器标定②~⑤相同的步骤,在测试地点摊铺50mL量砂,按图4-30的方法量取摊铺长度L_1及L_2,由式(4-15)计算L,准确至1mm。

$$L = \frac{L_1 + L_2}{2} \tag{4-15}$$

⑥按以上方法,同一处平行测定不少于3次,3个测点均位于轮迹带上,测点间距3~5m。该处的测定位置以中间测点的位置表示。

(4)计算

①按式(4-16)计算铺砂仪在玻璃板上摊铺的量砂厚度t_0。

$$t_0 = \frac{V}{B \cdot L_0} \times 1\,000 = \frac{1\,000}{L_0} \tag{4-16}$$

式中：t_0——量砂在玻璃板上摊铺的标定厚度（mm）；
V——量砂体积，$V = 50\text{mL}$；
B——铺砂仪铺砂宽度，$B = 50\text{mm}$；
L_0——玻璃板上 50mL 量砂摊铺的长度（mm）。

② 按式（4-17）计算路面构造深度 TD。

$$\text{TD} = \frac{L_0 - L}{L} \cdot t_0 = \frac{L_0 - L}{L \cdot L_0} \times 1\,000 \tag{4-17}$$

式中：TD——路面的构造深度（mm）；
L——路面上 50mL 量砂摊铺的长度（mm）。

③ 每一处均取 3 次路面构造深度的测定结果的平均值作为试验结果，精确至 0.1mm。

④ 计算每一个评定区间路面构造深度的平均值、标准差、变异系数。

电动铺砂法与手工铺砂法虽然原理相同，但测定方法有差别，手工法是将全部砂都作为填料填入凹凸不平的空隙中，而电动法是与玻璃板上摊铺后比较求得的，所以两法测定的构造深度不可能相同。电动铺砂法的标定十分重要，测试时的做法应与标定时一样，因此必须用同一种砂，由同一试验员进行。

图 4-31 激光构造深度仪

3. 激光构造深度仪检测纹理深度

激光构造深度仪是小型手推式路面构造深度测试仪，是近年来从英国引进的，在我国研制开发的，也称激光纹理测试仪，具有运输方便，操作快捷，费用低廉，可靠性好等优点（图 4-31）。据研究由激光法测定的构造深度与铺砂法测定的有良好的相关关系，适用于测定沥青路面干燥表面的构造深度，用以评价路面抗滑及排水能力，测试温度不低于 0℃。

激光构造深度仪主要由装在两轮手推车上的光电测试设备、打印机、仪器操作装置及可拆卸手柄组成，最大测量范围为 20mm，精度 0.01mm。

（1）工作原理

高速脉冲半导体激光器产生红外线投射到道路表面，从投影面上散射光线由接收透镜聚焦到以线性布置的光敏二极管上，接收光线最多的二极管位置给出了这一瞬间到道路表面的距离，通过一系列计算可得出构造深度。

（2）使用技术要点

① 检查仪器，安装手柄。

② 根据被测路面状况，选择测量程序。

③ 适宜的检测速度为 3~5km/h，即人步行的正常速度。

④ 仪器按每一个计算区间打印出该段构造深度的平均值。标准的计算区间长度为 100m，根据需要也可为 10m 或 50m。

我国公路路面构造深度以铺砂法为标准测试方法。利用激光构造深度仪测出的构造深度与铺砂法测试结果不同，但两者具有良好的相关关系。因此，激光构造深度仪所测出的构造深度不能直接用以评定路面的抗滑性能,必须换算为铺砂法的构造深度后才能判断路面抗滑性能是否满足要求。

三、抗滑系数检测方法

摆式仪测定路面抗滑值试验适用于以摆式摩擦系数测定仪(摆式仪)测定沥青路面及水泥混凝土路面的抗滑值,用以评定路面在潮湿状态下的抗滑能力。

(1)仪具与材料

①摆式仪:形状及结构如图4-32所示,摆及摆的连接部分总质量为1 500g±30g,摆动中心至摆的重心距离为410mm±5mm,测定时摆在路面上滑动长度为126mm±1mm,摆上橡胶片端部距摆动中心的距离为508mm,橡胶片对路面的正向静压力为22.2N±0.5N。

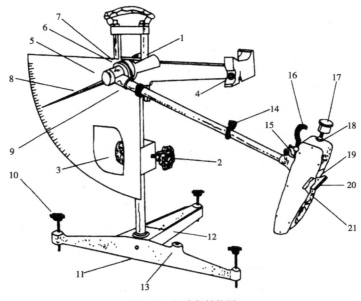

图4-32 摆式仪结构图

1、2-紧固把手;3-升降把手;4-释放开关;5-转向节螺盖;6-调节螺母;7-针簧片或毡垫;8-指针;9-连接螺母;10-调平螺栓;11-底座;12-垫块;13-水准泡;14-卡环;15-定位螺丝;16-举升柄;17-平衡锤;18-并紧螺母;19-滑溜块;20-橡胶片;21-止滑螺丝

②橡胶片:用于测定路面抗滑值时的尺寸为6.35mm×25.4mm×76.2mm,橡胶质量应符合表4-14的要求。当橡胶片使用后,端部在长度方向上磨耗超过1.6mm或边缘在宽度方向上磨耗超过3.2mm,或有油类污染时,即应更换新橡胶片。新橡胶片应先在干燥路面上测10次后再用于测试。橡胶片的有效使用期为1年。

橡胶物理性质技术要求 表4-14

性能指标	温 度(℃)				
	0	10	20	30	40
弹性(%)	43~49	58~65	66~73	71~77	74~79
硬度	55±5				

③标准量尺:长126mm。

④洒水壶。
⑤橡胶刮板。
⑥路面温度计:分度不大于1℃。
⑦其他:皮尺式钢卷尺、扫帚、粉笔等。

(2)方法与步骤

①检查摆式仪的调零灵敏情况,并定期进行仪器的标定。当用于路面工程检查验收时,仪器必须重新标定。

②对测试路段按随机取样方法,决定测点所在横断面位置。测点应选在行车车道的轮迹带上,距路面边缘不应小于1m,并用粉笔做出标记。测点位置宜紧靠铺砂法测定构造深度的测点位置,并与其一一对应。

③仪器调平。将仪器置于路面测点上,并使摆的摆动方向与行车方向一致。转动底座上的调平螺栓,使水准泡居中。

④调零。放松上、下两个紧固把手,转动升降把手,使摆升高并能自由摆动,然后旋紧紧固把手。将摆向右运动,按下安装于悬臂上的释放开关,使摆上的卡环进入开关槽,放开释放开关,摆即处于水平位置,并把指针抬至与摆杆平行处。按下释放开关,使摆向左带动指针摆动,当摆达到最高位置后下落时,用左手将摆杆接住,此时指针应指向零。若不指零时,可稍旋紧或放松摆的调节螺母,重复本项操作,直至指针指零。调零允许误差为±1BPN。

⑤校核滑动长度。用扫帚扫净路面表面,并用橡胶刮板清除摆动范围内路面上的松散粒料。让摆自由悬挂,提起摆头上的举升柄,将底座上垫块置于定位螺丝下面,使摆头上的滑溜块升高。放松紧固把手,转动立柱上升升降把手,使摆缓缓下降。当滑块上的橡胶片刚刚接触路面时,即将紧固把手旋紧,使摆头固定。提起举升柄,取下垫块,使摆向右运动。然后,手提举升柄使摆慢慢向左运动,直至橡胶片的边缘刚刚接触路面。在橡胶片的外边摆动方向设置标准尺,尺的一端正对准该点。再用手提起举升柄,使滑溜块向上抬起,并使摆继续运动至左边,使橡胶片返回落下再一次接触地面,橡胶片两次同面接触点的距离应约为126mm(即滑动长度)。若滑动长度不符合标准时,则升高或降低仪器底正面的调平螺丝来校正,但需调平水准泡,重复此项校核直至滑动长度符合要求,而后,将摆和指针置于水平释放位置。

校核滑动长度时应以橡胶片长边刚刚接触路面为准,不可借摆力量向前滑动,以免标定的滑动长度过长。

⑥用喷壶的水浇洒试测路面,并用橡胶刮板刮除表面泥浆。

⑦再次洒水,并按下释放开关,使摆在路面滑过,指针即可指示出路面的摆值。但第一次测定,不做记录。当摆杆回落时,用左手接住摆,右手提起举升柄使滑溜块升高,将摆向右运动,并使摆杆和指针重新置于水平释放位置。

⑧重复⑦的操作测定5次,并读记每次测定的摆值,即BPN。5次数值中最大值与最小值的差值不得大于3BPN。如差数大于3BPN时,应检查产生的原因,并再次重复上述各项操作,至符合规定为止。取5次测定的平均值作为每个测点路面的抗滑值(即摆值F_B),取整数,以BPN表示。

⑨在测点位置上用路表温度计测记潮湿路面的温度,精确至1℃。

⑩按以上方法,同一处平行测定不少于3次,3个测点均位于轮迹带上,测点间距3~5m。该处的测定位置以中间测点的位置表示。每一处均取3次测定结果的平均值作为试验结果,

精确至 1BPN。

⑪对抗滑值进行温度修正。当路面温度为 T 时测得的值为 F_{BT}，必须按式(4-18)换算成标准温度 20℃ 的摆值 F_{B20}。

$$F_{B20} = F_{BT} + \Delta F \tag{4-18}$$

式中：F_{B20}——换算成标准温度 20℃ 时的摆值（BPN）；

F_{BT}——路面温度时测得的摆值（BPN），T 为测定的路表潮湿状态下的温度（℃）；

ΔF——温度修正值，按表 4-15 选用。

温度修正值　　　　表 4-15

温度 T(℃)	0	5	10	15	20	25	30	35	40
温度修正值 ΔF	-6	-4	-3	-1	0	+2	+3	+5	+7

四、摩擦系数测定车测定路面横向力系数试验方法

国际上通行的测定路面摩擦系数的车有两大类，一类是以英国 SCRIM 为代表，测定横向力系数，它广泛用于西欧一些国家；另一类是美国、日本等使用的纵向摩擦系数测定车。横向力系数在表示车辆在路面上制动时路面抗力的同时，还表征车辆在路面上发生侧滑的抗力。在我国，侧向滑溜是交通事故的主要形式。纵向摩擦系数主要表示车辆在路面上沿行车方向制动时的路面抗力，与高速公路的制动距离关系更为密切。两者有所不同，又有一定的关联。

摩擦系数测定车测定的路面横向力系数是路面纵横向摩擦系数的综合指标，反映较高速度下的路面抗滑能力。测试车自备水箱，能直接喷洒在轮前约 30cm 宽的路面上，可控制路面水膜厚度，测速较高，不妨碍交通，特别适宜于在高速公路、一级公路上进行测试。

(1) 主要仪器及检测原理

国内通行的横向力摩擦系数测定车是按照英国 SCRIM 原型研制的，主要由车辆底盘、测量机构、供水系统、荷载传感器、仪表及操作记录系统、标定装置等组成。其基本原理是承受恒定竖向荷载的测试轮与地面紧密接触，并与车辆前进方向成 20°角，测定时，供水系统洒水，降下测试轮，并对其施加一定荷载，荷载传感器测量与测试轮轮胎面成垂直的横向力（图 4-33），这样当车辆前进时就在测试轮上产生一个横向滑动摩阻力。横向力由一个压力传感器测得，且与路面轮胎间的摩擦系数成比例。横向力与竖向荷载的比值即为横向力系数 SFC，横向力系数越大，说明路面抗滑能力越强。为使路面保持一定水膜厚度的潮湿状态，需在测试轮前方路面上喷洒一定量的水。

(2) 检测技术要点

①测试前对仪器设备进行标定、检查，保持测试车的规范性。

②测试轮重垂直荷载为 2kN。

③测速为 50km/h。

④可连续或断续测定设定计算区间的横向力系数。设定计算区间可在 5 ~ 1 000m 范围内任意选定。

⑤用计算机控制测试操作。

⑥可计算打印每一个评定段的横向力系数值、统计个数、平均值、标准差、变异系数。

关于摩擦系数测定车测定路面横向力系数试验方法可详见《公路路基路面现场测试规

程》(JTG E60—2008)。

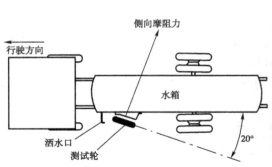

图 4-33　横向力系数检测原理示意图

五、沥青路面渗水系数试验方法

沥青路面渗水性能是反映路面沥青混合料级配组成的一个间接指标,如果整个沥青面层均透水,则水势必进入基层或路基,使路面承载力降低,相反如果沥青面层中有一层不透水,表层能很快透水,则又不致形成水膜,对抗滑性能有很大好处,同时还能减少噪声,故透水型沥青混合料路面已受到重视,路面渗水系数已成为评价路面性能的一个重要指标。

沥青路面渗水系数试验方法适用于用路面渗水仪测定沥青路面的渗水系数,用以评定沥青路面的排水性能及抗滑性能。

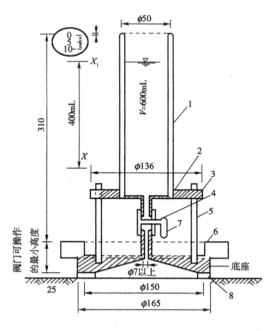

图 4-34　渗水仪结构示意图(单位:mm)
1-透明有机玻璃筒;2-螺纹连接;3-顶板;4-阀;5-立柱支架;6-重压铁圈;7-把手;8-密封材料

(1) 主要仪器与设备
① 路面渗水仪:形状及尺寸,如图 4-34 所示。
② 其他辅助用具等。

(2) 方法与步骤
① 在测试路段的行车道路路面上,按规定的随机取样方法选择测试位置。
② 在洁净的水桶内滴入几点红墨水,使水成淡红色。注入的水中加红墨水的目的是看起来醒目些,不加红墨水当然也是可以的。
③ 装好路面渗水仪。
④ 将清扫后的路面用粉笔做好圆圈记号。
⑤ 抹一薄层密封材料,将组合好的渗水试验仪底座用力压在路面密封材料圈上,再加上压重铁圈压住仪器底座,以防压力水从底座与路面间流出。
⑥ 关闭细管下方的开关,向仪器注入淡红色的水至满,总量为 600mL。
⑦ 迅速将开关全部打开,水开始从细管下部流出,待水面下降 100mL 时,立即开动秒表,每间隔 60s,读记仪器管的刻度一次,至水面降 500mL 时为止。测试过程中,如水从底座与密封

材料间渗出,说明底座与路面密封性不好,应移至附近干燥路面处重新操作。如水面下降速度很慢,从水面下降至100mL开始,测得3min的渗水量即可停止。若试验时水面下降至一定程度后基本保持不动,说明路面基本不透水或根本不透水,则应在报告中注明。

⑧按以上步骤在同1个检测路的检测面选择5个测点测定渗水系数,取其平均值,作为检测结果。

(3)试验结果计算

沥青路面的渗水系数按式(4-19)计算,计算时以水面从100mL下降至500mL所需的时间为标准,若渗水时间过长,亦可采用3min通过的水量计算。

$$C_W = \frac{V_2 - V_1}{t_2 - t_1} \times 60 \tag{4-19}$$

式中:C_W——路面渗水系数(mL/min);
V_1——第一次读数时的水量(mL),通常为100mL;
V_2——第二次读数时间的水量(mL),通常为500mL;
t_1——第一次读数时的时间(s);
t_2——第二次读数时的时间(s)。

第七节　路基路面几何尺寸与路面厚度检测

一、路基路面几何尺寸检测

路基路面的几何尺寸即宽度、高程、横坡及中线偏位等是施工质量检查及竣工验收的规定项目。

1. 测试仪器与工具

长度量具钢尺、经纬仪、全站仪、精密水准仪、塔尺等。

2. 测试步骤

(1)在路基或路面上准确恢复桩号。

(2)根据有关施工规范或工程质量检验评定标准的要求,按附录A随机取样的方法,在一个检测路段内选取测定的断面位置及里程桩号,在测定断面上做《公路路基路面现场测试规程》(JTG E60—2008)标记,通常将路面宽度、横坡、高程及中线偏位选取在同一断面位置且宜在整数桩号上测定。

(3)根据道路设计要求,确定路基路面各部分的设计宽度的边界位置,在测定位置上用粉笔做上记号。

(4)根据道路设计要求,确定设计高程的纵断面位置,在测定位置上用粉笔做上记号。

(5)根据道路设计要求,在与中线垂直的横断面上确定成型后路面的实际中心线位置。

(6)根据道路设计的路拱形状,确定曲线与直线部分的交界位置及路面与路肩(或硬路肩)的交界处,作为横坡检验的基准;当有路缘石或中央分隔带时,以两侧路缘石边缘为横坡测定的基准点,用粉笔做上记号。

(7)路基路面各部分的宽度及总宽度测定按下列步骤执行。

用钢尺沿中心线垂直方向上水平量取路基路面各部分的宽度,以 m 表示,对高速公路及一级公路,准确至 0.005m;对其他等级公路,准确至 0.01m。测量时量尺保持水平,不能将尺紧贴路面量取,也不得使用皮尺。

(8)纵断面高程测定应按下列步骤执行。

将精密水平仪架设在路面平顺处调平,将塔尺竖立在中线的测定位置上,以路线附近的水准点高程作为基准,测记测定点的高程读数,以 m 表示,准确至 0.001m。连续测定全部测点,并于水准点闭合。

(9)路面横坡测定应按下列步骤执行。

对设有中央分隔带的路面:将精密水准仪架设在路面平顺处调平,将塔尺分别竖立在路面与中央分隔带分界的路线带边缘 d_1 及路面与路肩交界处(或外侧路缘石边缘)的标记 d_2 处,d_1 与 d_2 两测点必须在同一横断面上。测量 d_1 与 d_2 处的高程,记录高程读数,以 m 表示,准确至 0.001m。

对无中央分隔带的路面:将精密水平仪架设在路面平顺处调平,将塔尺分别竖立在路拱曲线与直线部分的交界位置 d_1 及路面与路肩(或硬路肩)的交界位置 d_2 处,d_1 与 d_2 两测点必须在同一横断面上。测量 d_1 与 d_2 处的高程记录高程读数,以 m 表示,准确至 0.001m。

用钢尺测量两测点的水平距离,以 m 表示。对高速公路及一级公路,准确至 0.005m;对其他等级公路,准确至 0.01m。

(10)测量实际路面中心线与设计路面中心线的距离作为中心偏位 Δ_{cL},以 cm 表示。对高速公路及一级公路,准确至 0.5cm;对其他等级公路,准确至 1.0cm。

依据实测宽度和实测高程,结合设计宽度和设计高程,即可计算各个断面的实测宽度 B_{1i} 与设计宽度 B_{0i} 之差、各个断面的实测高程 h_{1i} 与设计高程 h_{0i} 之差。

各测定断面的路面横坡按式(4-20)计算,准确至一位小数。按式(4-21)计算实测横坡 i_{1i} 与设计横坡 i_{0i} 之差。

$$i_{1i} = \frac{d_{1i} - d_{2i}}{B_{1i}} \tag{4-20}$$

$$\Delta i_i = i_{1i} - i_{0i} \tag{4-21}$$

式中:i_{1i}——各测定断面的横坡(%);

d_{1i},d_{2i}——各断面测点 d_1,d_2 处的高程读数(m);

B_{1i}——各断面测点 d_1 与 d_2 之间的水平距离(m);

i_{0i}——各断面的设计横坡(%);

Δi_i——各断面的横坡和设计横坡的差值(%)。

最后根据计算结果,计算一个评定路段内各测定断面的宽度、高程、横坡以及中线偏位的平均值、标准差、变异系数,加宽及超高部分的测定值不参加计算。

检测中需要注意的是,路基路面宽度的测定方法看来很简单,但对宽度的定义则各有各的理解,尤其是当路面有路拱、横坡时,路面宽度必须是水平宽度,如果尺子贴着地面量,测定的是不是水平距离,这是不正确的。另外,测定时不得使用皮尺,必须使用钢尺。

高程检验的关键在于测定高程的位置是否准确。在路基测定时,施工桩号尚在,还比较容易达到准确。但在路面竣工以后及旧路调查时,桩号已经没有或者已成了新桩号。如果恢复桩号位置不准确,将无法检验高程测定值是否符合要求。准确的恢复桩号,对于用最新的全站仪测量可以做到，但对普通经纬仪，尤其是山区公路就比较困难。

路基路面在中心线处设有路拱时，横坡的测定变得很困难。因为路拱为曲线，设计横坡则是指直线部分的横坡。路基横坡是指路槽顶面的横坡，路面横坡是路面中心线与路面边缘高程之差对距离的比值。由于路拱断面往往并非一直线，故测定值仅仅是平均横坡，与设计横断面形状的横坡将有所不同。这一点在比较时应该注意。亦可将设计横坡按设计横断面图进行计算，换算成设计的平均横坡，然后计算实测横坡与设计横坡之差。

二、路面取样

路面取样一般采用路面取芯钻机或路面切割机在现场钻取或切割路面的代表性试样，适用于对水泥混凝土面层、沥青混合料面层或水泥、石灰、粉煤灰等无机结合料稳定基层取样，以测定其密度或其他物理力学性质。钻孔取样的直径宜不小于最大集料粒径的3倍。

1. 仪具与材料

（1）路面取芯钻机：牵引式（可用手推）或车载式，钻机由发动机或电力驱动。钻头直径根据需要决定，宜采用直径 ϕ100mm 的金刚石钻头，对无机结合料稳定基层取样也可采用 ϕ150mm 钻头，均有淋水冷却装置。

（2）路面切割机：手推式或牵引式，由发动机或电力驱动，也可利用汽车动力由液压泵驱动。其附金刚石锯片，有淋水冷却装置。

2. 采样步骤

（1）确定路段，可以是一个作业段、一天完成的路段或按规定选取一定长度的检查路段。按照《公路路基路面现场测试规程》（JTG E60—2008）附录 A 路基路面随机取样选点的方法确定取样的位置，并将取样位置清扫干净。

（2）在选取采样路段的路面上，先用粉笔对钻孔位置做出标记或画出切割路面的大致面积。切割路面的面积根据目的和需要确定。

（3）钻机牢固安放在取样地点，垂直对准路面放下钻头。

（4）开放冷却水启动起动机，徐徐压下钻杆，钻取芯样。待钻透全厚后，上抬钻杆拔出钻头，停止转动，不使芯样损坏，取出芯样。沥青混合料芯样及水泥混凝土芯样可用清水漂洗干净备用。

（5）用切割机切割时将锯片对准切割位置，开放冷却水，启动起动机，徐徐压下锯片到要求深度（厚度），仔细向前推进。到需要长度后抬起锯片，四面全部锯毕后用镐或铁锹仔细取出试样。取得的路面试块应保持边角完整，颗粒不得散失。

（6）所取的路面混合料试样应分层取样，试样不得破碎。

（7）将钻取的芯样或切割的试块，妥善盛放于盛样器中必要时用塑料袋封装。

（8）填写样品标签，一式两份，一份粘贴在试样上，另一份作为记录备查。

（9）对取样的钻孔或被切割的路面坑洞，采用同类型材料填补压实，但取样时留下的水分应用棉纱等吸走，待干燥后再补坑。

三、路面厚度挖坑钻孔测试方法

路面厚度是施工质量管理过程施工验收的必需项目，路面厚度常规定通过测量钻孔试件厚度或挖坑测量深度为标准检测，这些都是破坏性检验，因此测定点数应尽量减少。在施工过程中应尽量采用非破损方法进行检验,以减少对路面造成的损坏或留下后患。

基层或砂石路面的厚度可用挖坑法测定,沥青面层及水泥混凝土路面板的厚度一般用钻孔法测定。

1. 仪具和材料

(1)挖坑用镐、铲、凿子、锤子、小铲、毛刷。

(2)取样用路面取芯钻机及钻头、冷却水,钻头的标准直径为$\phi 100mm$;如芯样仅供测量厚度,不做其他试验时,对沥青面层与水泥混凝土板也可用直径$\phi 50mm$的钻头;对基层材料有可能损坏试件时,也可用直径$\phi 150mm$的钻头,但钻孔深度均必须达到层厚。

(3)量尺:钢板尺、钢卷尺、卡尺。

(4)补坑材料与被检查层位的材料相同。

(5)补坑用具:夯、热夯、水等。

2. 挖坑检查步骤

(1)根据现行规范的要求,按规定方法随机取样决定挖坑检测的位置。如为旧路,该点有坑洞等显著缺陷或接缝时可在其旁边检测。

(2)选一块约$40cm \times 40cm$的平坦表面作为试验地点,用毛刷将表面清扫干净。

(3)根据材料坚硬程度,选择镐、铲、凿子等适当的工具,开挖这一层材料,直至层位底面。在便于开挖的前提下,开挖面积应尽量缩小,坑洞大体呈圆形,边开挖边将材料铲出,置搪瓷盘中。

(4)用毛刷将坑底清扫干净,确认为下一层的顶面。

(5)将钢板尺平放横跨在坑的两边,用另一把钢尺或卡尺等量具在坑的中部位置垂直伸至坑底,测量坑底至钢板尺的距离,即为检查层的厚度,以cm计,准确至0.1cm。

3. 钻孔取样法测定厚度步骤

(1)根据现行规范的要求,按规定方法随机取样决定钻孔检测的位置。如为旧路,该点有坑洞等显著缺陷或接缝时可在其旁边检测。

(2)用路面取芯钻机钻孔,钻孔深度必须达到层厚。

(3)仔细取出芯样,清除底面覆土,找出与下层的分界面。

(4)用钢板尺或卡尺沿圆周对称的十字方向选四处量取表面至上下层界面的高度,取其平均值,即为该层的厚度,准确至0.1cm。

在施工过程中,当沥青混合料尚未冷却时可根据需要,随机选择测点,用改锥插入量取或挖坑量取沥青层的厚度(必要时用小锤轻轻敲打),但不要使用铁镐等扰动四周的沥青层。挖坑后清扫坑边,架上钢板尺,用另一钢板尺量取层厚,或用改锥插入坑内量取深度后再用尺读数,即为层厚,以cm计,准确至0.1m。

4. 填补试坑技术要点

(1)适当清理坑中残留物,钻孔时留下的积水用棉纱吸干。

(2)对无机结合料稳定层及水泥混凝土路面板,按相同配比用新拌的材料分层填补并用小锤压实。水泥混凝土宜掺加少量快凝早强的外掺剂。

(3)对无结合料粒料基层,可用挖坑时取出的材料,适当加水拌和后分层填补,并用小锤压实。

(4)对正在施工的沥青路面,用相同级配的热拌沥青混合料分层填补并用加热的铁锤或热夯压实,旧路钻孔也可用乳化沥青修补。

(5)所有补坑结束时,宜比原面层鼓出少许,用重锤或压路机压实平整。

补坑工序如有疏忽、遗留或补的不好,易成为隐患而导致开裂,因此,所有挖坑、钻孔均应仔细做好。

根据实测厚度 T_{1i} 与设计厚度 T_{0i} 即可计算两者之差。然后按规程规定方法,计算一个评定路段检测厚度的平均值、标准差、变异系数,并计算代表厚度。当检查路面总厚度时则将各层平均厚度相加即为路面总厚度。

四、路面厚度雷达无损检测技术

1. 概述

通过测量钻孔试件厚度或挖坑测量深度来检验路面厚度的试验方法均是破坏性检验,会给路面造成损坏或留下后患,因此在施工过程中应尽量采用非破损方法进行检验。自20世纪80年代起,随着雷达设备的完善,各发达国家普遍将雷达探测技术应用在高速公路路面厚度检测中,我国在20世纪90年代也开始了应用研究。路面雷达测试系统是一种非接触、非破损的路面厚度测试技术。路面雷达测试系统能在高时速下,实时收集公路的信息,然后将信息输入电脑程序内,在很短的时间里,通过电脑程序自动分析,在雷达剖面图上直观地显示路面厚度的连续变化情况,准确地求取各点厚度值。采用雷达探测技术既不会损坏路面,又可连续检测,可取代钻孔取芯法或减少钻孔取芯的数量,具有检测速度高,精度也较高,检测费用低廉等优点。雷达测试技术不仅适用于沥青路面或水泥混凝土路面各层厚度及总厚度测试,而且还可以用于路面下空洞探测,路面下相对高湿度区域检测,路面下的破损状况检测,桥面混凝土剥落状况检测,桥梁混凝土与钢筋脱离状况检测,桥面沥青覆盖层的厚度测试等。

目前,国内用的路面雷达设备主要产于美国和欧洲,测试原理基本相同。路面雷达的应用,除了雷达天线本身的精度外,后处理软件也非常关键。各雷达厂家都有配套的后处理软件,也有一些专业性研究所开发的更为专业的后处理软件,尤其以美国和芬兰的研究较深入。

2. 主要设备介绍

(1)路面探测雷达:典型公路勘查探地雷达系统由以下三个基本部分组成。

①天线(将脉冲发射到介质中并接收反射回来的信号)。

②转换器:包括发送机、接收机及定时、控制等电子器件。

③连接的计算机。

(2)数据采集与处理系统:包括计算机、显示器、打印机、数据采集系统和距离量测仪。

(3)Windows 电脑操作软件:具有数据的采集、处理、回放及备份等功能。用于处理探地雷达公路勘查资料的软件可以分为四组。

①GPR 数据采集软件。

②GPR 资料处理软件。

③解释和显示软件。

④综合道路分析和设计软件。

(4)交流电源转换器。

(5)雷达检测车。

图 4-35 为瑞典 MALA 公司生产的 RAMAC/GPR 雷达系统。图 4-36 为 RIS—2K 型探地雷达主机。图 4-37 为 600×1 600MHz 公路天线阵。

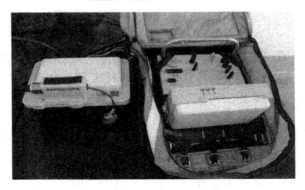

图 4-35　瑞典 MALA 公司生产的 RAMAC/GPR 雷达系统

图 4-36　RIS-2K 型探地雷达主机

图 4-37　600×1 600MHz 公路天线阵

3. 工作原理

雷达检测车以一定速度在路面上行驶,路面探测雷达通过发射天线,发射频率为数十兆赫至几千兆赫的超高频电磁脉冲,并在短时间内穿过路面,遇到不同介电常数介质的界面时,一部分能量被界面反射,另一部分能量继续向下传播,反射回地表的脉冲反射波被无线接收机接收,并被雷达采集系统采集,数据采集系统记录返回时间和路面结构中的不连续电介质常数的突变情况。路面各结构层材料的电介质常数明显不同,因此电介质常数突变处,也就是两结构层的界面。根据测知的各种路面材料的电介质常数及波速,则可计算路面各结构层的厚度或给出含水率、破损位置等资料。如图 4-38 所示探地雷达基本原理示意图。

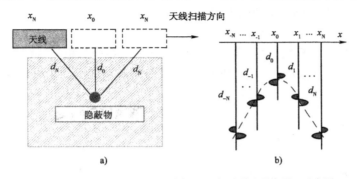
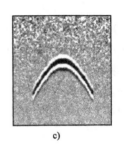

图 4-38　探地雷达基本原理示意图
a)数据采集;b)双曲线;c)雷达图

雷达波从发射天线发射到接收天线接收,其行程时间

$$t = \frac{\sqrt{4z^2 + x^2}}{v} \tag{4-22}$$

式中：z——反射界面深度；

x——发射天线与接收天线间的距离；

v——电磁波在介质中传播的波速。

$$v = \frac{c}{\sqrt{\varepsilon}} \tag{4-23}$$

式中：c——光速（$c = 0.3\text{m/ns}$）；

ε——介质的相对介电常数。

在波速 v 为已知时,通过对雷达剖面上反射信号行程时间的读取计算界面深度 z 值。

雷达波反射信号的振幅与反射系统成正比,在以位移电流为主的低损耗介质中,反射系数可表示为

$$r = \frac{\sqrt{\varepsilon_1} - \sqrt{\varepsilon_2}}{\sqrt{\varepsilon_1} + \sqrt{\varepsilon_2}} \tag{4-24}$$

ε_1、ε_2 分别为上层和下层介质的相对介电常数。反射信号的强度主要取决于上、下层介质的电性差异,电性差越大,反射信号越强。

雷达波的穿透深度主要取决于地下介质的电性和波的频率。导电率越高,穿透深度越小；频率越高,穿透深度越小,反之亦然。

探地雷达所接收的是来自地下不同电性界面的反射波。电性界面包括道路结构各层界面和目的体界面。检测在计算机控制下进行,可同时实时地进行数据采集、存储及雷达波形显示。数据经处理后,可显示路面结构彩色剖面图、三维路面厚度剖面图、雷达波形图、原始雷达波形瀑布图、桥面剥落或破损状况图,打印路面各层厚度表。

探地雷达图像的正确解释依赖于检测参数选择合理、数据处理得当、与模拟实验类比和丰富的读图经验等因素。测深和分辨率与天线频率发射功率、传播介质的电磁特性、目标物的形状和大小等几个因素有关。

路面雷达测试系统检测路面厚度的试验方法尚未列入我国路面检测规程,其测试方法可参照路面雷达测试系统使用说明书。图4-39 为使用1GHz 高频天线对某高速公路进行检测的公路检测雷达图。

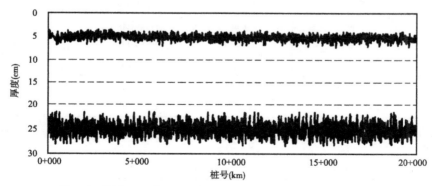

图 4-39　使用 1GHz 高频天线对某高速公路进行检测的公路检测雷达图
（路面设计结构为 5cm 沥青面层 + 25cm 水泥混凝土基层）

第八节 路面压实度的测试和评价方法

路基路面压实质量是道路工程施工质量管理最重要的内在指标之一。只有对路基、路面结构层进行充分压实,才能保证路基路面的强度、刚度、稳定性以及平整度,从而延长路基路面的使用寿命。

路基路面现场压实质量用压实度表示。对于路基土及路面基层,压实度是指工地实际达到的干密度与室内标准击实试验所得的最大干密度的比值;对沥青路面,其是指现场实际达到的密度与室内标准密度的比值。

一、挖坑灌砂法测定压实度试验方法

挖坑灌砂法适用于在现场测定基层(或底基层)、砂石路面及路基土的各种材料压实层的密度和压实度,也适用于沥青表面处治、沥青贯入式路面层的密度和压实度检测,但不适用于填石路堤等有大孔洞或大孔隙材料的压实度检测。

用挖坑灌砂法测定密度和压实度时应符合下列规定。

①当集料的最大粒径小于15mm、测定层的厚度不超过150mm时,宜采用ϕ100mm的小型灌砂筒测试。

②当集料的最大粒径等于或大于15mm,但不大于40mm,测定层的厚度超过150mm,但不超过200mm时,应用ϕ150mm的大型灌砂筒测试。

1. 仪具与材料

(1)灌砂筒:有大小两种,根据需要采用。其形式和主要尺寸见图4-40及表4-16。储砂筒筒底中心有一个圆孔,下部装一倒置的圆锥形漏斗,漏斗下端开口,直径与储砂筒的圆孔相同。漏斗焊接在一块铁板上,铁板中心有一圆孔与漏斗上开口相接。在储砂筒筒底与漏斗顶端铁板之间设有开关。开关为一薄铁板,一端与筒底及漏斗铁板接在一起,另一端伸出筒身外。开关铁板上也有一个相同直径的圆孔。

灌砂仪的主要尺寸　　　　　表4-16

结构			小型灌砂筒	大型灌砂筒
储砂筒	直径	(mm)	100	150
	容积	(mm³)	2 120	4 600
流砂孔	直径	(mm)	10	15
金属标定罐	内径	(mm)	100	150
	外径	(mm)	150	200
金属方盘基板	边长	(mm)	350	400
	深	(mm)	40	50
	中孔直径	(mm)	100	150

注:如集料的最大粒径超过40mm,则应相应地增大灌砂筒和标定罐的尺寸。如集料的最大粒径超过60mm,灌砂筒和现场试验洞的直径应为200mm。

(2)金属标定罐:用薄铁板制作的金属罐,上端周围有一罐缘。
(3)基板:用薄铁板制作的金属方盘,盘的中心有一圆孔。

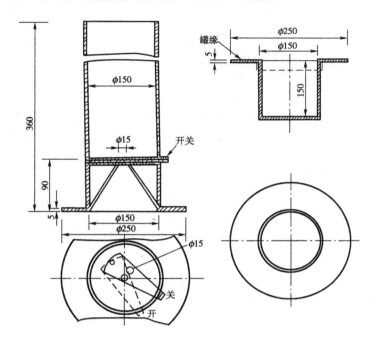

图 4-40　灌砂筒和标定罐(尺寸单位:mm)

(4)玻璃板:边长 500～600mm 的方形板。

(5)试样盘:小筒挖出的试样可用饭盒存放,大筒挖出的试样可用 300mm×500mm×40mm 的搪瓷盘存放。

(6)天平或台秤:称量 10～15kg,感量不大于 1g。用于含水率测定的天平精度,对细粒土、中粒土、粗粒土宜分别为 0.01g、0.1g、1.0g。

(7)含水率测定器具:如铝盒、烘箱等。

(8)量砂:粒径 0.30～0.60mm 或 0.25～0.50mm 清洁干燥的均匀砂,约 20～40kg,使用前须洗净、烘干,并放置足够的时间,使其与空气的湿度达到平衡。

(9)盛砂的容器:塑料桶等。

(10)其他:凿子、改锥、铁锤、长把勺、长把小簸箕、毛刷等。

2. 方法与步骤

按现行试验方法对检测试样用同种材料进行击实试验,得到最大干密度及最佳含水率。按规定选用适宜的灌砂筒。

(1)标定灌砂筒下部圆锥体内砂的质量

①在灌砂筒筒口高度上,灌砂筒内装砂约至距筒顶 15mm 为止。称取装入筒内砂的质量 m_1,准确至 1g。以后每次标定及试验都应该维持装砂高度与质量不变。

②将开关打开,使灌砂筒筒底的流砂孔、圆锥形漏斗上端开口圆孔及开关铁板中心的圆孔上下对准,让砂自由流出,并使流出砂的体积与工地所校试坑内的体积相当(或等于标定罐的容积),然后关上开关。

③不晃动储砂筒的砂,轻轻地将罐砂筒移至玻璃板上,将开关打开让砂流出,直到筒内砂不再流下时,将开关关上,并小心地取走灌砂筒。

④收集并称量留在玻璃板上的砂或称量筒内的砂,准确至1g。玻璃板上的砂就是填满筒下部圆锥体的砂(m_2)。

⑤重复上述测量三次,取其平均值。

(2) 标定量砂的单位质量 γ_s (g/cm³)

①用水确定标定罐的容积 V,准确至1mL。

②在储砂筒中装入质量为 m_1 的砂,并将灌砂筒放在标定罐上,将开关打开,让砂流出。在整个流砂过程中,不要碰动灌砂筒,直到储砂筒内的砂不再流下时,将开关关闭,取下灌砂筒,称取筒内剩余砂的质量(m_3),准确至1g。

③按式(4-25)计算填满标定罐所需砂的质量 m_a(g)。

$$m_a = m_1 - m_2 - m_3 \tag{4-25}$$

式中:m_a——标定灌中砂的质量(g);

m_1——装入灌砂筒内的砂的总质量(g);

m_2——灌砂筒下部圆锥体内砂的质量(g);

m_3——灌砂入标定罐后,筒内剩余砂的质量(g)。

④重复上述测量三次,取其平均值。

⑤按式(4-26)计算量砂的单位质量 γ_s。

$$\gamma_s = \frac{m_a}{V} \tag{4-26}$$

式中:γ_s——量砂的单位质量(g/cm³);

V——标定罐的体积(cm³)。

(3) 试验步骤

①在试验地点,选一块平坦表面,并将其清扫干净,其面积不得小于基板面积。

②将基板放在平坦表面上。当表面的粗糙度较大时,则将盛有量砂(m_5)的灌砂筒放在基板中间的圆孔上,将储砂筒的开关打开,让砂流入基板的中孔内,直到储砂筒内的砂不再流下时关闭开关。取下灌砂筒,并称量筒内砂的质量(m_6),准确至1g。

③取走基板,并将留在试验地点的量砂收回,重新将表面清扫干净。

④将基板放回清扫干净的表面上(尽量放在原处),沿基板中孔凿洞(洞的直径与灌砂筒一致)。在凿洞过程中,应注意不使凿出的材料丢失,并随时将凿松的材料取出装入塑料袋中,不使水分蒸发,也可放在大试样盒内。试洞的深度应等于测定层厚度但不得有下层材料混入。最后将洞内的全部凿松材料取出。对土基或基层,为防止试样盘内材料的水分蒸发,可分几次称取材料的质量。全部取出材料的总质量为 m_w,准确至1g。

⑤从挖出的全部材料中取有代表性的样品,放在铝盒或洁净的搪瓷盘中,测定其含水率(ω,以%计)。样品的数量如下:用小灌砂筒测定时,对于细粒土,不少于100g;对于各种中粒土,不少于500g。用大灌砂筒测定时,对于细粒土,不少于200g;对于各种中粒土,不少于1 000g;对于粗粒土或水泥、石灰、粉煤灰等无机结合料稳定材料,宜将取出的全部材料烘干,且不少于2 000g,称其质量(m_d),准确至1g。

⑥将基板安放在试坑上,将灌筒安放在基板中间(储砂筒内放满砂到要求质量 m_1),使灌

砂筒的下口对准基板的中孔及试洞,打开灌砂筒的开关,让砂流入试坑内。在此期间,注意勿碰动灌砂筒。直到储砂筒内的砂不再流下时,关闭开关。仔细取走灌砂筒,并称量筒内剩余砂的质量(m_4),准确至1g。

⑦如清扫干净的平坦表面的粗糙度不大,也可省去②和③的操作。在试坑挖好后,将灌砂筒直接对准放在试坑上,中间不需要放基板。打开筒的开关,让砂流入试坑内。在此期间,注意勿碰动灌砂筒。直到储砂筒内的砂不再流下时,关闭开关、仔细取走灌砂筒,并称量剩余砂的质量(m'_4),准确至1g。

⑧仔细取出试筒内的量砂,以备下次试验时再用。若量砂的湿度已发生变化或量砂中混有杂质,则应该重新烘干、过筛,并放置一段时间,使其与空气的湿度达到平衡后再使用。

(4)计算

按式(4-27)或式(4-28)计算填满试坑所用的砂的质量 m_b(g)。

灌砂时,试坑上放有基板时:

$$m_b = m_1 - m_4 - (m_5 - m_6) \tag{4-27}$$

灌砂时,试坑上不放基板时:

$$m_b = m_1 - m'_4 - m_2 \tag{4-28}$$

式中: m_b——填满试坑的砂的质量(g);

m_1——灌砂前灌砂筒内砂的质量(g);

m_2——灌砂筒下部圆锥体内砂的质量(g);

m_4, m'_4——灌砂后,灌砂筒内剩余砂的质量(g);

($m_5 - m_6$)——灌砂筒下部圆锥体内及基板和粗糙表面间砂的合计质量(g)。

按式(4-29)计算试坑材料的湿密度 ρ_w(g/cm³)。

$$\rho_w = \frac{m_w}{m_b} \cdot \gamma_s \tag{4-29}$$

式中:m_w——试坑中取出的全部材料的质量(g);

γ_s——量砂的单位质量(g/cm³)。

按式(4-30)计算试坑材料的干密度 ρ_d(g/cm³)。

$$\rho_d = \frac{\rho_w}{1 + 0.01\omega} \tag{4-30}$$

式中:ω——试坑材料的含水率(%)。

当为水泥、石灰、粉煤灰等无机结合料稳定土的场合,可按式(4-31)计算干密度 ρ_d(g/cm³)。

$$\rho_d = \frac{m_d}{m_b} \times \gamma_s \tag{4-31}$$

式中:m_d——试坑中取出的稳定土的烘干质量(g)。

按式(4-32)计算施工压实度。

$$K = \frac{\rho_d}{\rho_c} \tag{4-32}$$

式中:K——测试地点的施工压实度(%);

ρ_d——试样的干密度(g/cm³);

ρ_c——由击实试验得到的试样的最大干密度(g/cm^3)。

二、核子仪测定压实度试验方法

核子仪测定压实度试验方法可采用核子密度湿度仪以散射法或直接透射法在现场测定路基或路面材料的密度和含水率,并计算施工压实度。该方法适用于施工质量的现场快速评定,不宜用作仲裁试验或评定验收的依据。

1. 仪具与材料

(1)核子密度湿度仪:应符合国家规定的关于健康保护和安全使用的标准。密度的测定范围为 $1.12 \sim 2.73 \ g/cm^3$,测定误差不大于 $\pm 0.03 g/cm^3$。含水率测量范围为 $0 \sim 0.64 g/cm^3$,测定差不大于 $\pm 0.015 g/cm^3$。它主要包括下列部件。

①γ 射线源:双层密封的同位素放射源,如铯—137、钴—60 或镭—226 等。

②中子源:如镅(241)—铍等。

③探测器:γ 射线探测器,如 G—M 计数管、氦—3 管、闪烁晶体或热中子探测器等。

④读数显示设备:如液晶显示器、脉冲计数器、数率表或直接读数表。

⑤标准板:提供检验仪器操作和散射计数参考标准用。

⑥安全防护设备:符合国家规定要求的设备。

⑦刮平板、钻杆、接线等。

(2)细砂:$0.15 \sim 0.3 mm$。

(3)天平或台秤。

(4)其他毛刷等。

2. 方法与步骤

在测定沥青混合料面层的压实密度时,表面用散射法测定,所测定沥青面层的层厚应不大于根据仪器性能决定的最大厚度。测定土基或基层材料的压实密度及含水率时,打洞后用直接透射法测定,测定层的厚度不宜大于 20cm。

(1)每次使用前按下列步骤用标准板测定仪器的标准值。

接通电源,按照仪器使用说明书建议的预热时间,预热测定仪。在测定前,检查仪器性能是否正常。在标准板上取 3~4 个读数的平均值建立原始标准值,并与使用说明书提供的标准值核对,如标准读数超过仪器使用说明书规定的限界时,重复此项标准的测量;若第二次标准计数仍超出规定的限界时,需视作仪器故障并进行检查。

(2)在进行沥青混合料压实层密度测定前,用核子仪对钻孔取样的试件进行标定;测定其他材料密度时,宜与挖坑灌砂法的结果进行标定。标定的步骤如下。

选择已压实的路表面,按要求的测定步骤用核子仪测定密度,读数;在测定的同一位置用取芯钻孔法或挖坑灌砂法取样,量测厚度,按规定的标准方法测定材料的密度;对同一种路面厚度及材料类型,在使用前至少测定 15 处,求取两种不同方法测定的密度的相关关系,其相关系数应不小于 0.9。

(3)选择测试位置。

按照随机取样的方法确定测试位置,但距路面边缘或其他物体的最小距离不小于 30cm。核子仪距其他射线源的距离不得少于 10m。当用散射法测定时,应按图 4-41 的方法用细砂填平测试位置路表结构凸凹不平的空隙,使路表面平整,能与仪器紧密接触;当使用直接透射法测定时,应按图4-42的方法在表面上用钻杆打孔,孔深略深于要求测定的深度,孔应竖直圆滑并稍大于射线源探头。

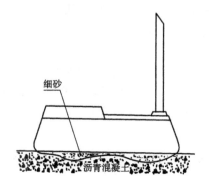 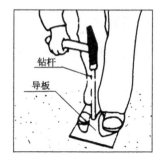 

图4-41 用细砂填平测试位置的方法　　　　　　图4-42 路表打孔方法

(4)按照规定的时间,预热仪器。

(5)如用散射法测定时,应按图4-43的方法将核子仪平稳地置于测试位置上。如用直接透射法测定时,应按图4-44的方法将放射源棒放下插入已预先打好的孔内。

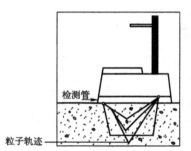 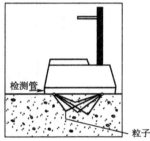

图4-43 用散射法测定的方法　　　　　　图4-44 用直接进出法测定的方法

(6)打开仪器,测试员退出仪器2m以外,按照选定的测定时间进行测量,到达测定时间后,读取显示的各项数值,并迅速关机。

各种型号的仪器在具体操作步骤上略有不同,可按仪器使用说明书进行。

(7)按式(4-33)及式(4-34)计算施工干密度及压实度。

$$\rho_d = \frac{\rho_w}{1+\omega} \tag{4-33}$$

$$K = \frac{\rho_d}{\rho_c} \times 100 \tag{4-34}$$

式中:K——测试地点的施工压实度(%);

ω——含水率,以小数表示;

ρ_w——试样的湿密度(g/cm³);

ρ_d——试样的干密度(g/cm³);

ρ_c——由击实试验得到的试样的最大干密度(g/cm^3)。

由于测试中产生的射线会对人体健康产生影响,因此仪器工作时,所有人员均应退至距离仪器 2m 以外的地方。仪器不使用时,将手柄置于安全位置,仪器应装入专用的仪器箱内,放置在符合核辐射安全规定的地方。仪器由经有关部门审查合格的专人保管,专人使用。

三、环刀法测定压实度试验方法

公路工程现场用环刀法测定土基及路面材料的密度及压实度。该方法适用于细粒土及无机结合料稳定细粒土的密度。但对无机结合料稳定细粒土,其龄期不宜超过 2d,且宜用于施工过程中的压实度检验。

1. 仪具与材料

(1) 人工取土器:如图 4-45 所示,包括环刀、环盖、定向筒和击实锤系统(导杆、落锤、手柄)。环刀内径 6~8cm,高 2~3cm,壁厚 1.5~2cm。

(2) 电动取土器:如图 4-46 所示,由底座、行走轮、立柱、齿轮箱、升降机构、取芯头等组成。

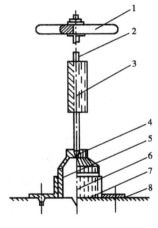

图 4-45 取土器
1-手柄;2-导杆;3-落锤;4-环盖;5-环刀;
6-定向筒;7-定向筒齿钉;8-试验地面

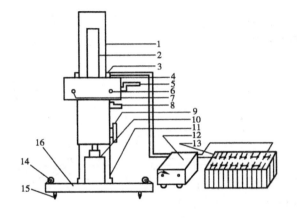

图 4-46 电动取土器
1-立柱;2-升降轴;3-电源输入;4-直流电机;5-升降手柄;6、7-电源指示;8-锁紧手柄;9-升降手轮;10-取芯头;11-立柱套;12-调速器;13-电瓶;14-行走轮;15-定位销;16-底座平台

(3) 天平:感量 0.1g(用于取芯头内径小于 70mm 样品的称量),或 1.0g(用于取芯头内径 100mm 样品的称量)。

(4) 其他:镐、小铁锹、修土刀、毛刷、直尺、钢丝锯、凡士林、木板及测定含水率设备等。

2. 方法与步骤

(1) 按有关试验方法对检测试样用同种材料进行击实试验,得到最大干密度(ρ_c)及最佳含水率。

(2) 用人工取土器测定黏性土及无机结合料稳定细粒土密度的步骤如下。

① 擦净环刀,称取环刀质量 M_2,准确至 0.1g。

② 在试验地点,将面积约 30cm×30cm 的地面清扫干净,并铲去压实层表面浮动及不平整的部分,环刀打下一定深度后,能达到要求的取土深度,但不得扰动下层。

③将定向筒齿钉固定于铲平的地面上,顺次将环刀、环盖放入定向筒内与地面垂直。

④将导杆保持垂直状态,用取土器落锤将环刀打入压实层中,至环盖顶面与定向筒上口齐平为止。

⑤去掉击实锤和定向筒,用镐将环刀及试样挖出。

⑥轻轻取下环盖,用修土刀自边至中削去环刀两端余土,用直尺检测直至修平为止。

⑦擦净环刀外壁,用天平称取出环刀及试样合计质量 M_1,准确至 $0.1g$。

⑧自环刀中取出试样,取具有代表性的试样,测定其含水率 (ω)。

(3)用人工取土器测定砂性土或砂层密度时的步骤如下。

①如为湿润的砂土,试验时不需使用击实锤和定向筒。在铲平的地面上,细心挖出一个直径较环刀外径略大的砂土柱,将环刀刃口向下,平置于砂土柱上,用两手平稳地将环刀垂直压下,直至砂土柱突出环刀上端约 $2cm$ 时为止。

②削掉环刀口上的多余砂土,并用直尺刮平。

③在环刀上口盖一块平滑的木板,一手按住木板,另一手用小铁锹将试样从环刀底部切断,然后将装满试样的环刀反转过来,削去环刀刃口上部的多余砂土,并用直尺刮平。

④擦净环刀外壁,称环刀与试样合计质量 (M_1),准确至 $0.1g$。

⑤自环刀中取具有代表性的试样测定其含水率。

⑥干燥的砂土不能挖成砂土柱时,可直接将环刀压入或打入土中。

(4)用电动取土器测定无机结合料细粒土和硬塑土密度的步骤如下。

①装上所需规格的取芯头。在施工现场取芯前,选择一块平整的路段,将四只行走轮打起,四根定位销钉采用人工加压的方法,压入路基土层中。松开锁紧手柄,旋动升降轮子,使取芯头刚好与土层接触,锁紧手柄。

②将电瓶与调速器接通,调速器的输出端接入取芯机电源插口。指示灯亮,显示电路已通;启动开关,电动机工作,带动取芯机转动。根据土层含水率调节转速,操作升降手柄,上提取芯机,停机,移开机器。由于取芯头圆筒外表有几条螺旋状突起,切下的土屑排在筒外顺螺纹上旋抛出地表,因此,将取芯套筒套在切削好的土芯立柱上,摇动即可取出样品。

③取出样品,立即按取芯套筒长度用修土刀或钢丝锯修平两端,制成所需规格土芯,如拟进行其他试验项目,装入铅盒,送试验室备用。

④用天平称土芯带套筒质量 M_1,从土芯中心部分取试样测定含水率。

(5)本试验须进行两次平行测定,其平行差值不得大于 $0.03g/cm^3$。求其算术平均值。

3.计算

(1)按式(4-35)及式(4-36)计算试样的湿密度及干密度。

$$\rho = \frac{4 \times (M_1 - M_2)}{\pi \cdot d^2 \cdot h} \tag{4-35}$$

$$\rho_d = \frac{\rho}{1 + 0.01\omega} \tag{4-36}$$

式中:ρ——试样的湿密度(g/cm^3);

ρ_d——试样的干密度(g/cm^3);

M_1——环刀或取芯套筒与试样的合计质量(g);

M_2——环刀或取芯套筒质量(g);
 d——环刀或取芯套筒直径(cm);
 h——环刀或取芯套筒高度(cm);
 ω——试样的含水率(%)。
(2)按式(4-37)计算施工压实度。

$$K = \frac{\rho_d}{\rho_c} \times 100 \tag{4-37}$$

式中:K——测试地点的施工压实度(%);
 ρ_d——试样的干密度(g/cm³);
 ρ_c——由击实试验得到的试样的最大干密度(g/cm³)。

第九节 路面强度和模量的测试试验方法

土基的回弹模量是公路设计中一个必不可少的参数,我国现有规范已给出了不同的自然区划和土质的回弹模量值的推荐值。但由于土基回弹模量的改变将会影响路面设计的厚度,所以建议有条件时最好直接测定,而且随着施工质量的提高,回弹模量值的检验将会作为控制施工质量的一个重要指标。

测定回弹模量的方法,目前国内常用的主要有承载板法、贝克曼梁法和其他间接测试方法,如贯入仪测定法和 CBR 测定法等。

一、承载板法

承载板法用于在现场土基表面,用承载板逐级加载、卸载的方法,测出每级荷载相应的回弹变形值,通过计算求得土基的回弹模量值。测定的土基回弹模量可作为路面设计参数使用。

1.仪具与材料

该法所需仪具与材料主要包括:加载设施、现场测试装置、刚性承载板一块、路面弯沉仪、液压千斤顶、秒表、水平尺、细砂、毛刷、垂球、镐、铁锹、铲等。

(1)加载时由载有铁块或集料等重物、后轴重不小于 60kN 的载货汽车一辆来提供反力。在汽车大梁的后轴之后约 80cm 处,附设加劲小梁一根作反力架。汽车轮胎充气压力为 0.50MPa。

(2)现场测试装置如图 4-47 所示,由千斤顶、测力计(测力环或压力表)及球座组成。

(3)刚性承载板板厚 20mm,直径为 30cm,直径两端设有立柱和可以调整高度的支座供安放弯沉仪测头,承载板放在土基表面上。

(4)路面弯沉仪需要两台,由贝克曼梁、百分表及其支架组成。

(5)液压千斤顶一台,80～100kN,装有经过标定的压力表或测力环,其容量不小于土基强度,测定精度不小于测力计量程的 1/100。

图 4-48 为承载板试验示意图。

2.试验前准备工作

(1)根据需要选择有代表性的测点,测点应位于水平的路基上,土质均匀,不含杂物。

(2)仔细平整土基表面,撒干燥洁净的细砂填平土基凹处,砂子不可覆盖全部土基表面避免形成一层。

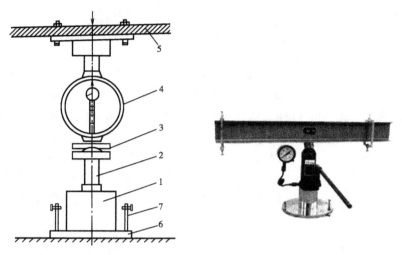

图 4-47　承载板测试装置图
1-加载千斤顶;2-钢圆筒;3-钢板及球座;4-测力计;5-加劲横梁;6-承载板;7-立柱及支座

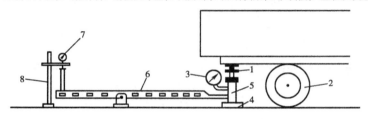

图 4-48　承载板试验示意图
1-支承小横梁;2-汽车后轮;3-千斤顶油压表;4-承载板;5-千斤顶;6-弯沉仪;7-百分表;8-表架

(3)安置承载板,并用水平尺进行校正,使承载板处于水平状态。

(4)将试验车置于测点上,在加劲小梁中部悬挂垂球测试,使之恰好对准承载板中心,然后收起垂球。

(5)在承载板上安放千斤顶,上面衬垫钢圆筒、钢板,并将球座置于顶部与加劲横梁接触。如用测力环时,应将测力环置于千斤顶与横梁中间,千斤顶及衬垫物必须保持垂直,以免加压时千斤顶倾倒发生事故并影响测试数据的准确性。

(6)安放弯沉仪,将两台弯沉仪的测头分别置于承载板立柱的支座上,百分表对零或其他合适的初始位置。

3. 测试步骤

(1)用千斤顶开始加载,注视测力环或压力表,至预压 0.05MPa,稳压 1 min,使承载板与土基紧密接触,同时检查百分表的工作情况是否正常,然后放松千斤顶油门卸载,稳压 1min,将指针对零或记录初始读数。

(2)测定土基的压力—变形曲线,用千斤顶加载,采用逐级加载卸载法用压力表或测力环控制加载量,荷载小于 0.1MPa 时,每级增加 0.02MPa,以后每级增加 0.04MPa 左右。为了使加载和计算方便,加载数值可适当调整为整数。每次加载至预定荷载后,稳定 1min,立即读记两台弯沉仪百分表数值,然后轻轻放开千斤顶油门卸载至0,待卸载稳定1min后,再次读数,每次卸载后百分表不再对零。当两台弯沉仪百分表读数之差小于平均值的30%时,取平均值。如超过30%,则应重测。当回弹变形值超过1 mm时,即可停止加载。

(3)各级荷载的回弹变形和总变形,按以下方法计算。

回弹变形 $L=$(加载后读数平均值 - 卸载后读数平均值)× 弯沉仪杠杆比

总变形 $L'=$(加载后读数平均值 - 加载初始前读数平均值)× 弯沉仪杠杆比

(4)测定汽车总影响量 a。最后一次加载卸载循环结束后,取走千斤顶,重新读取百分表初读数,然后将汽车开出10m以外。读取终值数,两只百分表的初、终读数差之平均值乘以弯沉仪杠杆比即为总影响量 a。

(5)在试验点下取样,测定材料含水率。取样数量如下:最大粒径不大于5mm,试样数量约120g;最大粒径不大于25mm,试样数量约250g;最大粒径不大于40mm,试样数量约500g。

(6)在紧靠试验点旁边的适当位置,用灌砂法或环刀法或其他方法测定土基的密度。

4. 计算

(1)各级压力的回弹变形加上该级的影响量后,则为计算回弹变形值。表4-17是以后轴重60kN的标准车为测试车的各级荷载影响量的计算值。当使用其他类型测试车时,各级压力下的影响量 a 按式(4-38)计算。

各级荷载影响量(后轴60kN)　　　　　　　表4-17

承载板压力	0.05	0.10	0.15	0.20	0.30	0.40	0.50
影响量	0.06a	0.12a	0.18a	0.24a	0.36a	0.48a	0.60a

$$a_i = \frac{(T_1+T_2)\pi D^2 P_i}{4T_1 Q} a \quad (4\text{-}38)$$

式中:T_1——测试车前后轴距(m);

T_2——加劲小梁距后轴距离(m);

D——承载板直径(m);

Q——测试车后轴重(N);

P_i——该级承载板压力(Pa);

a_i——该级压力的分级影响量(0.01mm);

a——总影响量(0.01mm)。

(2)将各级计算回弹变形值点绘于标准计算纸上,排除显著偏离的异常点,绘出顺滑的 P-L 曲线,如曲线起始部分出现反弯,应按图4-49所示修正原点 O,O' 则是修正后的原点。

(3)按式(4-39)计算相应于各级荷载下的土基回弹模量值。

$$E_i = \frac{\pi D}{4} \cdot \frac{P_i}{L_i}(1-\mu_0^2) \quad (4\text{-}39)$$

式中:E_i——相应于各级荷载下的土基回弹模量值(MPa);

μ_0——土的泊松比,根据部颁路面设计规范规定选用;

D——承载板直径30cm;

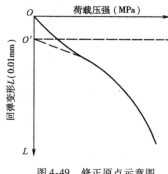

图4-49　修正原点示意图

P_i——承载板压力(MPa);

L_i——相对于荷载时的回弹变形(cm)。

(4)取结束试验前的各回弹变形值按线性回归方法由式(4-40)计算土基回弹模量 E_0 值。

$$E_0 = \frac{\pi D}{4} \cdot \frac{\sum P_i}{\sum L_i}(1 - \mu_0^2) \tag{4-40}$$

式中:E_0——土基回弹模量值(MPa);

μ_0——土的泊松比,根据部颁路面设计规范规定选用;

P_i——对应于 L_i 的各级压力值;

L_i——结束试验前的各级计算回弹变形。

试验采用的记录格式见表4-18。试验报告应记录下列结果:试验时所采用的汽车;近期天气情况;试验时土基的含水率;土基密度和压实度;相应于各级荷载下的土基回弹模量值。

承载板测定记录表　　　　　表4-18

路线和编号:						测定用车型号:			
路面结构:						承载板直径:			
测定层位:						测定日期:　年　月　日			
千斤顶读数	荷载P(kN)	承载板压力(MPa)	百分表读数(0.01mm)			总变形(0.01mm)	回弹变形(0.01mm)	分级影响量(0.01mm)	计算回弹变形(0.01mm)	E_i(MPa)
			加载前	加载后	卸载后					
总影响量 α:										
土基回弹模量 E_0 值(MPa):										

二、贝克曼梁测定路基路面回弹模量试验方法

贝克曼梁测定路基路面回弹模量试验方法是用弯沉仪测试各测点的回弹弯沉值,通过计算可求得该材料回弹模量值,适用于土基、厚度不小于1m的粒料整层表面,用弯沉仪测试各测点的回弹弯沉值,通过计算可求得该材料回弹模量值的试验,也适用于在旧路表面测定路基路面的综合回弹模量。

1.试验方法与步骤

(1)准备工作

①选择洁净的路基表面、路面表面作为测点,在测点处做好标记并编号。

②无机结合料粒料基层的整层试验段(试槽)应符合下列要求。

整层试槽可修筑在行车带范围内或路肩及其他合适处,也可在室内修筑,但均应适用于用汽车测定弯沉。

试槽应选择在干燥或中湿路段处,不得铺筑在软土基上。

试槽面积不小于 3m×2m,厚度不宜小于1m,铺筑时,先挖 3m×2m×1m(长×宽×深)的坑,然后用欲测定的同一种路面材料按有关施工规定的压实层厚度分层铺筑并压实,直至顶面,使其达到要求的压实度标准。同时应严格控制材料组成,配合比均匀一致,符合施工质量要求。

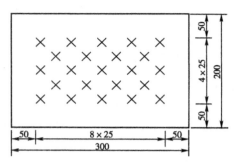

图 4-50 试槽表面的测点布置(尺寸单位:cm)

试槽表面的测点间距可按图 4-50 布置在中间 $2m \times 1m$ 的范围内,可测定 23 点。

(2)测试步骤

按上述方法选择适当的标准车,实测各测点处的路面回弹弯沉值 L_i。如在旧沥青面层上测定时,应读取温度,并按规定的方法进行测定弯沉值的温度修正,得到标准温度 20℃ 时的弯沉值。

2. 计算

(1)计算全部测定值的算术平均值($\bar{L}$)、单次测量的标准差(S)和自然误差(r_0)。

$$\bar{L} = \frac{\sum L_i}{n} \tag{4-41}$$

$$S = \sqrt{\frac{\sum (L_i - \bar{L})^2}{n-1}} \tag{4-42}$$

$$r_0 = 0.675 \times S \tag{4-43}$$

式中:$\bar{L}$——回弹弯沉的平均值(0.01mm);

S——回弹弯沉测定值的标准差(0.01mm);

r_0——回弹弯沉测定值的自然误差(0.01mm);

L_i——各测点的回弹弯沉值(0.01mm);

n——测点总数。

(2)计算各测点的测定值与算术平均值的偏差 $d_i = L_i - \bar{L}$,并计算较大的偏差与自然误差之比 d_i/r_0。当某个测点观测值 d_i/r_0 的值大于 d/r 极限值时则应舍弃该测点,然后重新计算剩余各测点的算术平均值($\bar{L}$)及标准差(S)。

(3)按式(4-44)计算代表弯沉值。

$$L_r = \bar{L} + S \tag{4-44}$$

式中:L_r——代表弯沉值;

$\bar{L}$——舍弃不符合要求的测点后剩余各测点弯沉的算术平均值;

S——舍弃不符合要求的测点后剩余各测点弯沉的标准差。

(4)按式(4-45)计算土基、整层材料的回弹模量(E_1)或旧路的综合回弹模量。

$$E_1 = \frac{2P\delta}{L_r}(1-\mu^2)K \tag{4-45}$$

式中:E_1——土基、整层材料的回弹模量或旧路的综合回弹模量(MPa);

P——测定车轮的平均垂直荷载(MPa);

δ——测定用标准车双圆荷载单轮传压面当量圆的半径(cm);

μ——测定层材料的泊松比,根据部颁路面设计规范的规定取用;

K——弯沉系数,为 0.712。

三、土基现场 CBR 值测试方法

土工试验中通常所指的 CBR 值是土基或基层、底基层材料的加利福尼亚州承载比,是

California Bearing Ratio 之略称,用于评定路基土和路面材料的强度指标。在国外多采用 CBR 作为路面材料和路基土的设计参数。测试方法为室内标准压实的试件经泡水膨胀后进行贯入试验。在荷载压强—贯入量曲线上读取规定贯入量时的荷载压强与标准压强的比值,以百分数表示。标准压强是采用优质碎石通过大量试验得到的,当贯入量为 2.5mm 时标准压强为 7MPa,当贯入量为 5.0mm 时标准压强为 10.5MPa。

我国现行沥青和水泥混凝土路面设计规范,对路面、路基的设计参数采用回弹模量指标,而在境外修建的公路工程多采用 CBR 指标。为了进一步积累经验用于实际,以促进国际学术交流,我国参考了国内外的情况,将 CBR 指标列入《公路路基设计规范》(JTG D30—2004)和《公路路基施工技术规范》(JTG E40—2007),作为路基填料选择的依据。

路基填料最小强度要求见表 4-19。

路床土最小强度和压实度要求 表 4-19

项目分类	路面底面以下深度(m)	填料最小强度(CBR)(%)			压实度(%)		
		高速公路、一级公路	二级公路	三、四级公路	高速公路、一级公路	二级公路	三、四级公路
填方路基	0~0.3	8	6	5	≥96	≥95	≥94
	0.3~0.8	5	4	3	≥96	≥95	≥94
零填及挖方路基	0~0.3	8	6	5	≥96	≥95	≥94
	0.3~0.8	5	4	3	≥96	≥95	

注:1. 表列压实度系按《公路土工试验规程》(JTJ 051—93)中重型击实试验法求得的最大干密度的压实度;
2. 当三、四级公路铺筑沥青混凝土和水泥混凝土路面时,其压实度应采用二级公路的规定值。

显而易见,如果试验条件变化,所得到的结果也将不一样。这里介绍的土基现场 CBR 值测试方法指的 CBR 值是在公路现场条件下测定的,测定土基的含水率和压实度的试验方法与标准条件不同,未经泡水,只是贯入试验的程序与 CBR 试验相同,所得到的承载比是从试验得到的荷载压强—贯入量曲线上读取规定贯入量时的荷载压强与标准压强的比值。因为土基的含水率和压实度与室内试验条件不同,也未经泡水,故与室内试验 CBR 值不一样。因此,为了与通常所指的 CBR 值区别起见,特指为现场 CBR 值。需要通过试验,寻找两者之间的关系,换算为室内试验 CBR 值后,再用于路基施工强度检验或评定。

1. 主要仪器

(1)荷载装置:设有加劲横梁的载货汽车,后轴重不小于 60kN。

(2)现场测试装置:由千斤顶、测力计、球座、贯入杆、荷载板及百分表等组成,如图 4-51 所示。

2. 测试原理

在公路路基施工现场,用载货汽车作为反力架,通过千斤顶连续加载,使贯入杆匀速压入土基。为了模拟路面结构对土基的

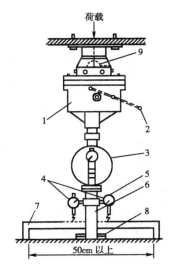

图 4-51 CBR 现场测试装置
1-加载千斤顶;2-手柄;3-测力计;
4-贯入量测定装置(百分表);
5-百分表夹持具;6-贯入杆;7-平台;8-承载板;9-球座

附加应力,在贯入杆位置安放荷载板。路基强度越高,贯入量为 2.5mm 或 5.0mm 时的荷载越大,即 CBR 值越大。

3. 测试技术要点

(1)将测点直径约 30cm 范围的表面找平。

(2)安装现场测试装置,使贯入杆与土基表面紧密接触。

(3)启动千斤顶,使贯入杆以 1mm/min 的速度压入土基,记录不同贯入量及相应荷载。贯入量达 7.5mm 或 12.5mm 时结束试验。

(4)卸载后在测点取样,测定材料含水率。

(5)在测点旁用灌砂法或环刀法等测定土基的密度。

(6)绘制荷载压强—贯入量曲线,必要时进行原点修正。

4. 计算

(1)将贯入试验得到的等级荷载除以贯入断面面积(19.625 cm^2),得到各级压强(MPa),绘制荷载压强—贯入量曲线,如图4-52 所示。当曲线如图中 1 所示有明显下凹的情况时,应在曲线的拐弯处作切线延长线作贯入量修正,以与坐标轴相交的点 O' 作原点,得到修正后的压强—贯入量曲线。

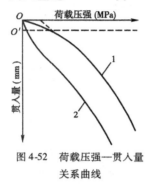

图 4-52　荷载压强—贯入量关系曲线

(2)从压强—贯入量曲线上读取贯入量为 2.5mm 及 5.0mm 时的荷载压强 P_1,按式(4-46)计算现场 CBR 值。CBR 一般以贯入量 2.5mm 时的测定值为准,当贯入量 5.0mm 时的 CBR 大于 2.5mm 时的 CBR 时,应重新试验,如重新试验仍然如此时,则以贯入量 5.0mm 时的 CBR 为准。

$$现场\ CBR = \frac{P_1}{P_0} \times 100(\%) \qquad (4\text{-}46)$$

式中:P_1——荷载压强(MPa);

P_0——标准压强,当贯入量为 2.5mm 时为 7MPa,当贯入量为 5.0mm 时为 10.5MPa。

对于测现场 CBR 值,《公路路基路面现场测试规程》(JTG E60—2008)推荐落球仪(图 4-53)快速测定土基现场 CBR 值的试验方法。该方法使用与实际路面相同特性的材料进行试验,建立现场 CBR 值与用落球仪测定的陷痕直径 D 的相关关系,然后由测量的落球陷痕直径 D 值通过相关关系计算现场 CBR 值。该方法适用于细粒土用落球仪在现场快速测定土基的现场 CBR 值,具体操作步骤见规程。

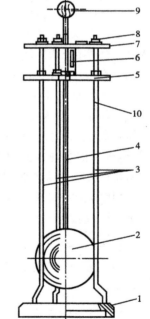

图 4-53　落球仪的结构和形状
1-底座;2-球体;3-立柱;4-导杆;
5-下顶板;6-刻度标尺;7-上顶板;
8-调平气泡;9-提手;10-卡口开关

【思 考 题】

1. 路面使用性能包括哪些方面并简要叙述。
2. 平整度的测试设备分为哪几类?常见平整度测试方法的

特点及技术指标有哪些？

3. 简述 3m 直尺测定平整度的试验方法。

4. 简述激光路面平整度测定仪基本原理。

5. 平整度指标有哪些？简要叙述各指标之间的相互关系。

6. 沥青路面主要损坏类型有哪些？

7. 水泥混凝土面层病害有哪些？

8. 什么是车辙？车辙形成的原因有哪些？

9. 什么是弯沉？弯沉的测试方法有哪些？

10. 我国现行沥青路面规范提出哪几种路面抗滑能力的指标？简要说明。

11. 简述沥青路面渗水系数试验方法。

12. 简述路面厚度雷达无损检测的基本原理。

13. 路基路面压实质量可以通过哪些方法检测？

14. 路面强度和模量的测试试验方法有哪些？说明各种方法的优缺点。

第五章
桥梁上部结构检测技术

【学习目的与要求】

通过对"桥梁上部结构检测技术"的学习，了解桥梁工程试验的意义、任务以及分类，掌握桥梁结构静载试验、动载试验的内容、步骤以及对试验结果的分析与结构性能评定的方法，熟悉成桥检测实例，了解旧桥的检测与评估方法，了解桥梁健康监测的重要性和技术手段。

第一节 桥梁工程试验概论

一、绪言

在科学技术的发展过程中，科学试验起着非常重要的作用。从土木工程设计计算理论的演变历史来看，每一种理论体系的建立和发展，一般都和大量的科学试验、生产实践密切联系。试验研究对于推动和发展结构设计计算理论、解决生产实践中出现的疑难问题往往起到了重要的作用。

桥梁是公路的纽带与咽喉，直接影响着公路的生命。因此，必须确保其工程质量，始终处于良好的工作状态。一般来说，桥梁是一项大型工程，决定其质量的因素是多方面的，例如：设计分析理论、施工技术、建筑材料，以及地质、水文等自然条件。为此，在桥梁建设过程中，人们采取相应的材料试验(包括试块试验)、模型试验、结构试验、施工监控、成桥后的动、静载试验等手段,了解和控制工程质量。在这些工程质量控制手段中,荷载试验和相关试验技术起着至关重要的作用。

随着科学技术的进步,桥梁结构的设计方法和设计理论都有了根本性的变化,然而影响桥梁工程质量的许多不确定因素仍然存在,对于建成后的桥梁工程质量,人们更希望了解和掌握它的使用性能和效果。此时,人们通过对公路桥梁实施静、动荷载试验,来检验设计和施工质量是否满足设计和相关标准规范要求,评定桥梁运营荷载等级和实际使用状况等。

桥梁由完好至破坏是一个逐渐损伤的演变过程,桥梁结构承载力的降低,直接源于结构损伤的存在。对桥梁结构损伤部位进行检测的方法有很多种,过去和现在最常用的方法是人工肉眼检查。但人工检测的效率很差,有很大的局限性,当结构的某些部位无法用肉眼进行检测时,结构的损伤情况也就无法检测到。继而发展的桥梁局部检测技术是以各部分的局部状态为检测内容,它通过对结构局部部位进行集中检测,实现对结构缺陷部位的精确定位、检查,甚至定量分析,局部检测主要依赖无损检测技术,如超声波、X-射线检测、红外线检测、光纤传感器等。众所周知,桥梁结构内部损伤,将导致结构整体力学特性的变化,而局部损伤检测方法无法对桥梁的整体工作状态进行监测。桥梁整体检测则是以桥梁的整体状态如振动特性、挠度、索力等为检测对象,通过对结构基本状况的连续监测或定期检测,实现结构整体状态的检测与评估。

局部与整体检测方法是相辅相成的。局部检测能发现桥梁结构的局部缺陷,并进行精确的检查和量化,通过采取适当的维修措施,防止局部缺陷的进一步发展造成对桥梁整体质量和安全性的危害。对结构整体安全状态的监测可用于指导对局部损伤的识别和定位,能够及时掌握桥梁结构整体工作状态的变化,从而使人们对桥梁的力学性能、安全性能有一个整体上的概念。便于维修养护策略的制订和资金的分配,从而提高检测工作的效率。

大量试验研究成为促进桥梁结构设计计算理论、设计方法不断发展的重要因素之一。桥梁试验是对桥梁原型结构或桥梁模型结构直接进行的科学试验工作,包括试验准备、理论计算、现场试验、分析整理等内容的一系列工作。桥梁原型试验也称之为桥梁检测,其目的是通过试验,掌握桥梁结构在试验荷载作用下的实际工作状态;判定桥梁结构的承载能力和使用条件;检验设计与施工质量。桥梁模型试验的目的是研究结构的受力行为,探索结构应力、应变的内在规律,为设计施工服务。随着交通事业的蓬勃发展,新结构、新材料、新工艺的不断涌现,桥梁工程的试验技术日益受到人们的重视,并得到不断发展和提高。

二、桥梁试验的任务

桥梁试验的任务主要包括以下几个方面。

1. 确定新建桥梁结构的承载能力和使用条件

对于重要的桥梁结构在建成竣工后,通过桥梁试验考察该桥的施工质量与结构性能,判定桥梁结构的实际承载能力,为竣工验收、投入运营提供科学的依据。对于新型或复杂的桥梁结构,通过系统的桥梁试验,可以掌握其结构在荷载作用下的实际受力状态,探索结构受力行为的一般规律,为充实和发展桥梁结构的设计计算理论积累科学的资料。

2. 评估既有桥梁的使用性能与承载能力

对于既有桥梁结构在运营期间,因受水害、地震等自然灾害而损伤,或因设计施工不当而产生严重缺陷,或因使用荷载大幅度增长而严重超过设计荷载等级,通常通过桥梁试验来评估既有桥梁的使用性能与承载能力。为既有桥梁养护、加固、改建或限载对策提供科学的依据。这对于缺乏完整技术资料的既有桥梁更为必要。

3. 研究结构(构件)的受力行为,总结结构受力行为的一般规律

随着桥梁工程的不断发展,新结构、新材料、新工艺的推广应用,原有的规范、规程往往不能适应工程实践的要求。为了修改、完善既有的规范、规程,指导设计与施工工作,需要进行大量的研究性试验。

三、桥梁试验的分类

实际工作中,桥梁试验的种类很多,按照试验的目的与要求分类,可分为科学研究性试验和生产鉴定性试验。

研究性试验的目的是为了建立或验证结构设计计算理论和经验公式,或验证某一结构理论体系中的科学假设判断的可靠性。研究性试验一般把对结构或构件的主要影响因素作为试验参数,试验结构的设计与数量均应按照具体研究目的的需要确定。根据实际情况,试验可在原型结构上进行,也可在模型结构上进行。研究性试验一般多采用模型结构,在专门的试验室内进行,利用特定的加载装置,以消除或减少外界因素的干扰影响,同时突出所要研究的主要因素。通过系统的模型试验,对测试资料数据加以分析论证,从而揭示出具有普遍意义的规律。

生产鉴定性试验具有直接服务于生产实践的意义,一般以原型结构作为试验对象,在现场进行试验,根据相关规范、标准的要求,按照有关设计文件,通过试验来确定结构的实际承载能力、使用性能和使用条件,检验设计施工质量,提出桥梁养护、加固、改建、限载对策,有效地保证桥梁结构的安全使用。生产鉴定性试验也称之为桥梁检测,包括静载试验、动载试验、无损检测与长期监控测试四个方面。

在桥梁试验中,原型试验存在费用高、期限长、测试环境多变等不利的影响因素,如对一些大型桥梁进行多因素的研究性试验,有时是难以实现的。因此,结合原型桥梁进行模型试验往往成为科技工作者的一种有效手段,可以更为方便全面地研究主要影响因素之间的关系,探索结构行为的普遍规律,推动新结构、新材料、新工艺的发展与应用。

根据试验荷载作用的性质,桥梁试验可分为静荷载试验和动荷载试验。桥梁荷载试验的作用和目的,就是通过对桥梁结构物直接加载后进行有关测试、记录与分析工作,包括试验准备、理论计算、现场试验、对试验结果分析整理等一系列的内容,以达到了解桥梁结构在试验荷载作用下的实际工作状态,进而评定桥梁结构施工质量和使用状况,为竣工验收和深入探索提供科学依据。桥梁静载试验是将静止的荷载作用在桥梁上的指定位置而测试结构的静力位移、静力应变、裂缝等参数的试验项目,从而推断桥梁结构在荷载作用下的工作性能及使用能力。动载试验是利用某种激振方法激起桥梁结构的振动,测定桥梁结构的固有频率、阻尼比、振型、动力冲击系数、行车响应等参量的试验项目,从而判断桥梁结构的整体刚度、行车性能。静载试验与动载试验虽然在试验目的、测试内容等方面不同,是两种性质的试验,但对于全面分析掌握桥梁结构的工作性能是同等重要的。

就试验对结构产生的后果来说,桥梁试验可分为破坏性试验和非破坏性试验。一般情况下,鉴定性试验多为非破坏性试验。但在某些情况下为了达到预定的试验目的,往往需要进行

破坏性试验,以掌握试验结构由弹性阶段进入塑性阶段甚至破坏阶段时的结构行为、破坏形态等试验资料。实际上,原型结构的破坏试验,不论在费用上还是在方法上都存在一些具体的问题,特别是在结构进入破坏阶段后试验是比较困难的。因此,破坏试验一般均以模型结构为对象,在试验室内进行,以便能够较为方便可行地进行加载、控制、量测、分析,从而总结出具有普遍意义的规律,推广应用于原型结构。

按试验持续时间的长短,可分为长期试验和短期试验。鉴定性试验与一般性的研究试验多采用短期试验方法,只有那些必须进行长期观测的现象,如混凝土结构的收缩和徐变性能、桥梁基础的沉降等,才采用长期试验方法。此外,对于大型桥梁结构或新型桥梁结构常常采用长期观测或组织定期的检测,以积累这些结构长期使用性能的资料。

具体试验时,应结合具体的试验目的及要求,可选用一种或几种试验方法。在选择时应讲求经济成本,一般能用模型试验代替的,就不搞大规模的原型试验,通过非破坏性试验可以达到试验目的的,就不做破坏性试验。

桥梁上部结构试验所涵盖的内容较为丰富,其核心内容是:通过测试在荷载直接作用下的桥梁各结构部位以及整体的响应参数,从而反映和揭示桥梁的实际承载能力和使用状况。与桥梁结构的理论计算和分析体系一样,桥梁试验都属于对桥梁结构进行微观分析与评价的内容,但又自成体系。桥梁试验与分析评定,是对于桥梁结构理论计算与分析的有机延伸和完善与补充。

总之,桥梁上部结构试验是一门直接服务于工程实践的技术学科,涉及桥梁的设计计算理论、试验测试技术、仪器仪表性能、数理统计分析、现场试验组织等方面,具有较强的综合性、应用性和复杂性。同时,桥梁荷载试验对于推动桥梁建设事业的发展,确保桥梁安全运营、进行科学养护发挥着重要的作用。

第二节 桥梁结构静载试验

一、概述

所谓桥梁静载试验,是将静止的荷载作用在桥梁上的指定位置,然后对桥梁结构的静力位移、静力应变、裂缝等参量进行测试,从而对桥梁结构在荷载作用下的工作性能及使用性能做出评价。

静载试验是桥梁结构试验中最大量、最常见的基本试验。因为桥梁结构工作时所受的荷载主要是静力荷载,其自重力当然属于静力荷载,就是荷载位置随时间而变的移动车辆荷载,在设计计算时一般也是作为静载来考虑的。这样做的原因一方面是因为区分静力问题与动力问题的主要标志,并不是与结构受力状态有关的各物理量是否随时间变化,而是由结构的运动加速度引起的惯性力是否已经大到不可忽略的程度,通常由移动车辆荷载引起的结构反应的动态增量部分只占全部反应的极小部分。另一方面,将移动车辆荷载作为动力问题来考虑,分析起来过于复杂,因此,常用将静力荷载乘以冲击系数的办法来近似考虑移动车辆荷载的动力影响。

桥梁结构静载试验,一般可以通过重力或其他类型的加载设备来实现,并能满足试验要求。静载试验的加载过程,一般是分级加载,目前静载试验多采用汽车加载,直到预定的荷载为止。静载试验是了解结构特性的重要手段,不仅用它来直接解决结构的静力问题,就是在进行结构动力试验时,一般也要先进行静载试验,以测定结构有关的物理性能参数,如应变、挠度、裂缝等参数。

1. 荷载试验的目的和对象

荷载试验的目的就是将标准设计荷载或其等效荷载施加于实桥结构的指定位置,对实桥结构的应变分布、变形进行检测,以此对实桥结构性能作出判断。从而达到检验桥梁结构的设计理论和计算方法是否合理,检验桥梁结构的设计与施工质量,判断桥梁结构实际的承载等级的目的。一般说来,下列情况下需实施荷载试验。

(1)新建的大跨度桥梁,尤其采用新结构、新材料和新工艺的桥跨结构需进行荷载试验。

(2)通过特种车辆的新、旧桥梁,为确保设备和桥梁安全,需按实际轮位和轴重进行模拟荷载或等效荷载试验。

(3)修复的、改建的或加固的旧桥,为判断是否能承受预计的荷载,也需进行荷载试验。

2. 荷载试验的主要内容及观测部位

(1)检验桥梁承载能力的静力荷载试验,至少需要观测以下内容。

①结构的最大挠度和扭转变位(包括上、下游两侧挠度差及水平位移)。

②结构控制截面上最大应力(或应变),包括混凝土表面和最外缘主筋的应力。

③活动支座和结构连接部分的变位。

④受试验荷载影响的所有支点的沉降、墩台的位移与转角。

⑤桁架结构支点附近杆件及其他细长受压杆件的稳定性。

⑥裂缝的出现和扩展,包括初始裂缝的出现,裂缝的宽度、长度、间距、位置、方向和形状,以及卸载后的闭合状况。

(2)如果荷载试验具有检验结构真实工作状况的目的,可增加以下测点内容。

①沿桥长轴线的挠度分布曲线。要求在每个桥跨内布置不少于3个挠度观测点,并设支点下沉的观测点。

②结构构件的实际应变分布图形,一般沿截面高度布置不少于5个应变测点(包括最边缘和截面突变处的测点在内)。为测量混凝土内部应变和钢筋应变,需在施工中预埋相应的传感器。

③支点附近结构斜截面的主拉应力。

④梁的横隔板本身及其影响区的应力。

⑤检测控制截面挠度和应力(或应变)的纵向和横向影响线。

⑥行车道板跨中和支点截面的挠度或应变影响面。

3. 静载试验步骤

桥梁结构的静力试验大致可分为三个阶段:桥梁结构的考察、试验方案设计及试验准备阶段;加载试验与观测阶段;试验结果的分析与总结阶段。

首先进行试验结构的考察、试验方案的设计和准备。根据试验目的和要求,具体考察试验的桥梁结构,研究有关桥梁结构的图纸、文件、资料,进行必要的理论分析和核算。研究试验过程中的荷载计算,补充必要的材料力学性能试验,并在此基础上有针对性地拟订出周密合理的试验方案。

其次进行加载试验与观测。在充分准备的基础上，按照预定的试验方案，对结构施加试验荷载，通过各种测试仪表机具进行观测，取得试验数据。

最后进行测试结果的分析与总结。通过加载测试将得到的大量观测数据和资料，加以科学的整理和计算，按照最新方法进行分析，并做出结论。

综合上述三阶段的内容，组成综合性桥梁静力试验报告。

二、试验方案的设计

1. 试验计划大纲

试验前应提出试验计划大纲，其主要内容如下。

（1）试验要求：目的、类型、项目和依据的标准。

（2）试验结构的技术资料：原有的设计、计算与施工的基本资料，桥梁养护与维修记录及必要的理论验算数据。

（3）加载方案：最大荷载、加载设备和加载计算图。

（4）观测方案：观测内容、测点布置、量测方法与仪器，要求达到的测试精度。

（5）试验程序：加、卸载程序与观测程序，试验终止条件。

（6）试验筹备工作：材料和仪器设备数量、费用、进度时间表和试验日期，试验记录格式。

（7）试验人员的组织和分工：使总指挥和各部分人员明确职责，并相互保持的联络。

（8）安全措施：包括试验期间人身、结构物、试验加载设备和仪器设备等的安全措施。

2. 荷载试验前的调查

（1）收集设计与施工资料

为了试验荷载的设计、测点布置及测试数据的对比分析，需收集桥跨结构的总体与各截面的几何尺寸、高程，设计荷载等级、行车道标准，支座和墩台位置高程及布置，材料的物理力学性能等。

控制截面的计算内力、计算挠度、影响线和自振特性等。

施工方法实际结构尺寸、高程、施工时材料、试验数据、尤其是混凝土的强度增长数据、弹性模量数据、荷载试验时混凝土龄期等。

进行荷载试验时，承重结构混凝土要达到设计强度。一般要求施工时预留试块，以便求得与试验时龄期相同的混凝土强度和弹性模量数据。

（2）实桥调查

①查明结构物的实际技术状况：包括结构物的总体尺寸、杆件截面尺寸、各部分的高程、行车道路面的平整度、墩台顶面高程和平面位置、支座位置、材料的实际物理力学性能等。

②查明上下部结构物的裂缝、缺陷、损坏和钢筋锈蚀状况，并在试验过程中随时注意观察其变化，检查支座有无锈蚀和损害状况。

③在加载试验过程中和试验结束后，也要对受加载影响较大的部位进行详细的检查。

（3）桥址调查

内容包括桥上和两端线路技术情况，线路容许车速、桥下净空、水深和通航情况、线路交通量、供电情况、可能选择的加载方式、有无标准荷载车辆等、桥跨结构所处地气象条件，以便选择最好、气温稳定的试验时间，将温度影响减小到最小。

(4)检查后的计算和分析

如果经检查发现结构的尺寸超过规定的误差,或材料质量没有达到设计要求,须按照结构的实际状况重新进行静力或动力分析。计算在试验荷载作用下检测部位的变位和应力(或应变)数值。

3. 加载方案的确定

1)加载试验项目的确定

在满足鉴定桥梁承载能力的前提下,加载项目安排应抓住重点,不宜过多。一般情况下只做静载试验,必要时增加部分动力荷载试验项目。公路桥梁的静载试验内容一般应包括下面的①~⑤项,有时还应包含特殊要求⑥项或其中部分内容。

①最大正弯矩截面应力状态;

②最大负弯矩截面应力状态;

③最大偏载作用下结构的受力状态或横向分布系数;

④最大剪力截面的应力状态;

⑤最大挠度、梁端转角以及支座沉降的测量;

⑥梁体裂缝检查、制动力、地基基础的观察和计算等。

公路斜拉桥、悬索桥的测试内容还应包括:斜拉索索力、吊杆拉力、主缆拉力、塔的应力和偏移等。

静载试验一般有1~2个主要内力控制截面,此外根据桥梁具体情况可设置几个附加内力控制截面。

一些主要桥型的内力控制截面如下。

(1)简支梁

主要控制:跨中挠度和截面应力(或应变),支点沉降;

附加控制:跨径四分点的挠度、支点斜截面应力。

(2)连续梁

主要截面:跨中挠度、跨中和支点截面应力(或应变),支点截面转角和支点沉降;

附加截面:跨径1/4处的挠度和截面应力(或应变),支点斜截面应力。

(3)悬臂梁(包括T形刚构的悬臂部分)

主要截面:悬臂端的挠度、固定端根部或支点截面的应力和转角,墩顶的变位(水平与垂直位移、转角),T形刚构墩身控制截面的应力;

附加截面:悬臂跨中挠度,牛腿部分局部应力。

(4)拱桥

主要截面:跨中、跨径1/4和3/8截面的挠度和应力,拱脚截面的应力,墩台顶的变位和转角;

附加截面:跨径1/8截面的挠度和应力,拱上建筑控制截面的变位和应力。

(5)刚架桥(包括框架、斜腿刚架和刚架—拱式组合体系)

主要控制截面:跨中截面的挠度和应力,结点附近截面的应力、变位和转角,墩台顶的变位和转角;

附加控制截面:柱脚截面的应力、变位和转角。

(6)悬索结构(包括斜拉桥和悬索桥)

主要控制截面:加劲梁的最大挠度、偏载扭转变位和控制截面应力、索塔顶部的水平位移

和扭转变位,塔柱底截面的应力,钢索(斜拉索、吊杆、主缆)拉力、锚锭的上拔位移;

附加控制截面:钢索与梁连接部位的挠度。

上述各种桥梁体系的主要部位是检验桥梁承载能力试验时必须观察的部位。此外,对桥梁的较薄弱截面、损坏部位,比较薄弱的桥面结构等,是否设置内力控制截面及安排加载项目可根据桥梁调查和验算情况决定。

2)加载时截面内力的控制

(1)控制荷载的确定

为了保证荷载试验的效果,必须先确定试验的控制荷载。桥梁需要鉴定的承载能力荷载主要有以下三种:汽车和人群(标准荷载);平板挂车或履带车(标准荷载);需通行的重型车辆。

分别计算以上几种荷载对控制截面产生的最不利内力组合,用产生最不利内力较大的荷载作为静载试验的控制荷载。因挂车或履带车不计冲击力,所以动载试验以汽车荷载作为控制荷载。荷载试验应尽量采用与控制荷载相同的荷载,但由于客观条件的限制,实际采用的试验荷载与控制荷载会有所不同,为保证试验效果,在选择试验荷载大小和加载位置时采用静载试验效率 η_q、动载试验效率 η_d 进行控制。按结构计算或检测的控制截面的最不利工作条件布置荷载,使控制截面达到最大试验效率。

(2)静载试验效率

静力试验荷载效率定义为:试验荷载作用下被检测部位的内力(或变形的计算值)与包括动力放大效应在内的标准设计荷载作用下同一部位的内力(或变形计算值)的比值,以 η_q 表示荷载效率,则

$$\eta_q = \frac{S_{st}}{S(1+\mu)} \tag{5-1}$$

式中:S_{st}——试验荷载作用下,被检测部位的内力或变形的计算值;

S——标准设计荷载作用下,被检测部位的内力或变形的计算值;

μ——按规范采用的冲击系数,平板挂车、履带车、重型车辆取值为0。

按荷载效率 η_q,荷载试验分为基本荷载试验($1 \geq \eta_q > 0.8$)、重荷载试验($\eta_q > 1.0$,其上限按具体结构情况和所通行特型荷载来定)、轻荷载试验($0.8 \geq \eta_q > 0.5$),当 $\eta_q \leq 0.5$ 时,试验误差较大,不易充分发挥结构的效应和整体性。

一般的静载试验,η_q 值可采用 0.8~1.05。当桥梁的调查、验算工作比较完善而又受加载设备能力所限,η_q 值可采用低限;当桥梁的调查、验算工作不充分,尤其是缺乏桥梁计算资料时,η_q 值应采用高限。一般情况下 η_q 值不宜小于 0.95。

荷载试验宜选择温度稳定的季节和天气进行。当温度变化对桥梁结构内力影响较大时,应选择温度内力较不利的季节进行荷载试验,否则应考虑用适当增大静载试验效率 η_q 的方法来弥补温度影响对结构控制截面产生的不利内力。

当控制荷载为挂车或履带车而采用汽车荷载加载时,考虑到汽车荷载的横向应力增大系数较小,为了使截面的最大应力与控制荷载作用下截面最大应力相等,可适当增大静载试验效率 η_q。

3)加载设备的选择

静载试验加载设备可根据加载要求及具体条件选用,一般有以下两种加载方式。

(1)可行式车辆

可选用装载货物的汽车或平板车,也可就近利用施工机械车辆,选择装载的货物时要考虑

车箱能否容纳得下,装载是否方便。装载的货物应置放稳妥,以避免车辆行驶时因摇晃而改变货物的位置。当试验所用的车辆规格不符合设计标准车辆荷载计算图时,可根据桥梁设计控制截面的内力影响线,换算为等效的试验车辆荷载(包括动力系数和人群荷载的影响)。

(2)货物直接加载

一般可按控制荷载的着地轮迹先搭设承载架,再在承载架上堆放货物或设置水箱进行加载,如加载仅为满足控制截面内力要求,也可采取直接在桥面堆放货物或设置水箱的方法加载。承载架的设置和加载物的堆放应安全、合理,能按要求分布加载重力,并不使加载设备与桥梁结构共同承载而形成"卸载"现象。

货物直接加载准备工作量大,加卸载所需周期一般较长,交通中断时间亦较长,且试验温度变化对测点的影响较大,因此宜于安排夜间进行试验,并应严格避免加载系统参与结构的作用。

此外,在测定结构影响线和影响面时,可采用移动方便的轻型集中荷载设备,如果桥下具备设置平衡重或锚杆的条件,可用液压千斤顶加载。

4)加载轮位的确定

试验荷载的轮位选择,对铁路桥梁而言,分单线加载、双线一侧加载、双线两侧加载三种;对公路桥梁而言,既要考虑沿桥轴方向加载,也要考虑垂直于桥轴方向加载,如图5-1所示。纵向加载轮位要考虑桥跨的最大弯矩、挠度、剪力控制部位,横向加载轮位分对称和偏心两种。某三跨连续梁桥静载试验加载示意图如图5-2所示。

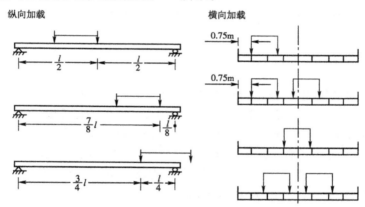

图 5-1　常用轮位图

结构的内力和位移影响线,是检查复杂结构受载后的整体及局部工作性能的一项重要指标。支座工作状况及整体刚度的分布均会给实测影响线与计算值带来差别。

实测桥跨结构控制截面的内力或位移影响线的加载一般均采用纵向单排、横向对称布置的货车同步移动,荷载移动的步长沿桥长和对影响线的精度要求来定,一般不大于跨长的$1/8 \sim 1/10$。

5)静载加载分级与控制

为了加载安全和了解结构应变和变位随加载内力增加的变化关系,对桥梁主要控制截面内力的加载应分级进行,而且一般安排在开始的几个加载程序中执行。附加控制截面一般只设置最大内力加载程序。

(1)分级控制的原则

①当加载分级较为方便时,可按最大控制截面分为$4 \sim 5$级。基本荷载(等于或接近设计

荷载)一般分为 4 级;超过基本荷载部分,其每级加载量比基本荷载的加载量减小一半。

②当使用载货汽车加载,车辆加载有困难时也可分为 3 级加载。

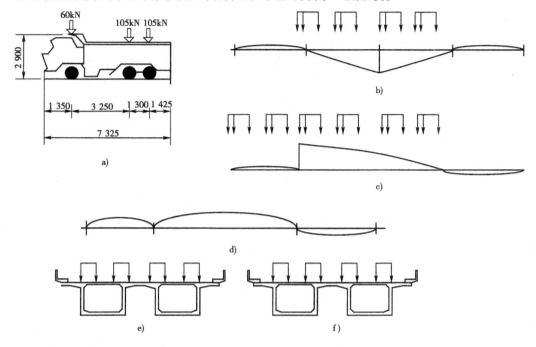

图 5-2 三跨连续梁桥静载试验加载示意图(尺寸单位:mm)

③当桥梁的调查和验算工作不充分或桥况较差时,应尽量增加加载分级,如限于条件加载分级较少时,应注意每级加载时,车辆逐辆缓缓驶入到预定加载位置。必要时可在加载车辆未到达预定加载位置前分次对控制测点进行读数以确保试验安全。

④在安排加载分级时,应注意加载过程中其他截面内力亦应逐渐增加,且最大内力不应超过控制荷载作用下的最不利内力。

⑤根据具体条件决定分级加载的方法,最好每级加载后卸载,也可逐级加载达到最大荷载后逐级卸载。

(2)车辆荷载加载分级的方法

①逐渐增加加载车数量;

②先上轻车后上载货汽车;

③加载车位于内力影响线的不同部位;

④加载车分次装卸货物。

(3)加卸载的时间选择与控制

为了减少温度变化对试验造成的影响,加载试验时间以晚 10 时至晨 6 时近乎恒温的条件下进行为宜,尤其是采用货物直接加载,加卸载周期比较长的情况下只能在夜间进行试验。对于采用车辆等加卸载迅速的试验方式,如夜间试验照明等有困难时亦可安排在白天进行试验,但在晴天或多云的天气下进行加载试验时每一加卸载周期所花费的时间不宜超过 20min。

6)加载分级的计算

根据各加载分级,按弹性阶段计算加载各测点的理论计算变位(或应变),以便对加载试验过程进行分析和控制。

计算采用的材料弹性模量,如已做材料试验则用实测值,否则可按相应规范选用。

4. 测点布置

(1)挠度测点的布设

一般情况下,对挠度测点的布设要求能够测量结构的竖向挠度、侧向挠度和扭转变形,应能给出受检跨及相邻跨的挠曲线和最大挠度。每一跨一般需布设 3~5 个测点。挠度测试结果应考虑支点下沉修正,应观测支座下沉量、墩台的沉降、水平位移与转角、连拱桥多个墩台的水平位移等。有时为了验证计算理论,要实测控制截面挠度的纵向和横向影响线。对较宽的桥梁或偏载应取上下游平均值或分析扭转效应而定。

(2)结构应变测点的布设

应力应变测点的布设应能测出内力控制截面的竖向、横向应力分布状态。对组合构件应测出组合构件的结合面上下缘应变。每个截面的竖向测点沿截面高度不少于 5 个,包括上、下缘和截面突变处,应能说明平截面假定是否成立。横向截面抗弯应变测点应布设在截面横桥向应力可能分布较大的部位,沿截面上下缘布设,横桥向测点设置一般不少于 3 处,以控制最大应力的分布,宽翼缘构件应能给出剪滞效应的大小。对于箱形断面,顶板和底板测点应布设"十"字应变花,而腹板测点应布设 45°应变花,T 形断面下翼缘可布设单向应变片。

对于公路钢桥,如是钢板梁结构则应全断面布置测点,测点数量以能测出应力分布情况为原则;钢桁梁应给出杆件轴向力和次应力等。此外,一般还应实测控制断面的横向应力增大系数;当结构横向联系构件质量较差,连接较弱时则必须测定控制断面的横向应力增大系数。简支梁跨中截面横向应力增大系数的测定,既可采用观测跨中沿桥宽方向应变变化的方法,也可采用观测跨中沿桥宽方向挠度变化的方法来进行计算或用两种方法互校。

(3)混凝土结构应变测点的布设

对于预应力混凝土结构,应变测点可用长标距(5mm×150mm)应变片构成应变花贴在混凝土表面,而对部分预应力或钢筋混凝土结构,受拉区则应测受拉钢筋的拉应变,可凿开混凝土保护层直接在钢筋上设置拉应力测点,但在试验完后必须修复保护层。

当采用测定混凝土表面应变的方法来确定钢筋混凝土结构中钢筋承受的拉力时,考虑到混凝土表面已经和可能产生的裂缝对观测的影响,可用以测定与钢筋同高度的混凝土表面上一定间距的两点间平均应变,来确定钢筋的拉应力。选择这两点的位置时,应使其标距大致等于裂缝的间距或裂缝间距的倍数,可以根据结构受力后如下三种情况进行选择:

①加载后预计混凝土不会产生裂缝的情况下,可以任意选择测定位置及标距,但标距不应小于 4 倍混凝土最大粒径。

②加载前未产生裂缝,加载后可能产生裂缝的情况下,可如图 5-3 所示选择相连的 20cm、30cm 两个标距。当加载后产生裂缝时可分别选用 20cm、30cm 或(20 + 30)cm 的标距的测点读数来适应裂缝间距。

③加载前已经产生裂缝,为避免加载后产生新裂缝的影响,可根据裂缝间距(图 5-4)选择测点位置及标距。为了提高测试精度,也可增大标距,在跨越两条以上裂缝时,测点在裂缝间的相对位置仍应不变。

(4)剪切应变测点的布设

对于剪切应变测点一般采取设置应变花的方法进行观测。为了方便起见,对于梁桥的剪应力也可在截面中性轴处主应力方向设置单一应变测点来进行观测。梁桥的实际最大剪应力截面应设置在支座附近而不是支座上,具体设置位置如下:

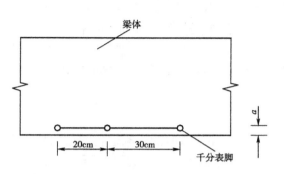

图5-3 无裂缝测点布置图

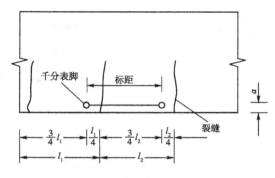

图5-4 有裂缝测点布置图

从梁底支座中心起向跨中作与水平线成45°的斜线,此斜线与截面中性轴高度线相交的交点即为梁桥最大剪应力位置。可在这一点沿最大压应力或最大拉应力方向设置应变测点(图5-5),距支座最近的加载点则应设置在45°斜线与桥面的交点上。

(5)温度测点的布设

选择与大多数测点较接近的部位设置1~2处气温观测点,此外可根据需要在桥梁主要测点部位设置一些构件作为表面温度观测点。

5. 测试仪器的选择

量测仪表的精度要求,静载测定时应不大于预计量测值的5%,动载测定时应不大于预计量测值的10%。

机械式仪表具有安装与使用方便、迅速、读数可靠的优点,但需要加设观测脚手架,而且需要较多试验人员;电测仪表安装测试比较费事,影响测试精度的因素也很多,但测试、记录较方便、安全。应根据预计的量测值并考虑仪表的设置和观测条件来选择适用的仪表。

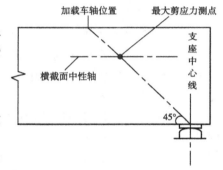

图5-5 梁桥最大剪应力测点布置

静载试验中量测应变可采用机械式应变仪、电阻应变仪、钢弦式应变计等。量测位移或挠度可选用连通管、百分表、挠度计,全站仪等;测量倾角可选用水准式倾角仪;测量裂缝可选用刻度放大镜;量测索力可选用加速度传感器、电荷放大器,智能信号采集处理和分析系统,并配笔记本电脑及相应的采集程序等。

三、加载及测试准备

1. 搭设观测脚手架及设置测点附属设施

(1)搭设观测脚手架

脚手架的设置要因地制宜、就地取材,方便观测仪表和保证安全,不影响仪表和测点的正常工作,不干扰测点附属设施。当桥下净空较大,不便设置固定脚手架时,可考虑采用轻便活动吊架。两端用尼龙绳或细钢丝绳固定在栏杆或人行道缘石上,整套设备使用前应进行试载以确保安全。活动吊架如需多次使用可做成拼装式以便于运输和存放。

(2) 设置测点附属设施

在安装挠度、沉降、水平位移等测点的观测仪表时,一般需要设置木桩、木桩架或其他支架等测点附属设施。设置时既要满足仪表安装的需要,又使其不受结构本身的变形、位移的影响;同时应保证其稳定、牢固,能承受试验时可能产生的车辆运行、行人走动等的干扰。

晴天或多云天气下进行加载试验时,阳光直射下的应变测点,应设置遮挡阳光的设备,以减小温度变化造成的观测误差。雨季进行加载试验时,则应准备仪器、设备等的防雨设施,以备不时之需。

2. 静载试验加载位置的放样和卸载位置的安排

静载试验前应在桥面上对加载位置进行放样,以便于加载试验的顺利进行。如加载程序较少,可以在每个程序加载前临时放样;如加载程序较多,则应预先放样,且用不同颜色的标志区别不同加载程序时的荷载位置。

静载试验荷载卸载的安放位置应预先安排。卸载位置的选择既要考虑加卸载方便,离加载位置近一些,又要使安放的荷载不影响试验孔(或墩)的受力,一般可将荷载安放在台后一定距离处。对于多孔桥,如有必要将荷载停放在桥孔上,一般应停放在距试验孔较远处以不影响试验观测为宜。

3. 仪器检查与安装

试验需用的所有仪表均应在测试前进行检查,并按仪表本身的要求进行标定和必要的误差修正,满足测试精度要求,测量误差应不大于预计量程的 ±5%,位移测量不大于 ±10%,动态位移不大于 ±15%。

采用电阻应变仪进行应变测试时,粘贴电阻片的人员应具有一定的经验,要根据现场温度湿度等条件选择贴片及防潮工艺,尽量选用与观测应变部位相同的材料制作温度补偿片。补偿片应尽量靠近应变片设置。

仪表、设备容易受到碰撞、扰动的部位应加保护设备,系保险绳或设置醒目的标志,以保证仪表正常工作。

仪表安装工作一般应在加载试验前完成,但亦不应安装过早,以免仪器受损和遗失。注意仪表安装位置和方法的正确与否。安装完毕应由有测试经验的人员进行检查,有时可利用过往车辆来观察仪表工作是否正常。

4. 稳定观测

仪表安装完毕后,一般在加载试验之前应对各测点进行一段时间的温度稳定观测。中间可每隔 10min 读数一次,观测时间应尽量选择与加载试验相同的气候条件。

5. 加载物的称量

加载车队或等效质量,需先准确称量,称量所用器具应在鉴定有效期内,其称量误差最大不得超过 5%。

6. 试验人员组织及分工

桥梁的荷载试验是一项技术性较强的工作,最好能组织专门的桥梁试验队伍来承担,也可由熟悉这项工作的技术人员为骨干来组织试验队伍。应根据每个试验人员的特长进行分工,每人分管的仪表数目除考虑便于进行观测外,应尽量使每人对分管仪表进行一次观测所需的时间大致相同。所有参加试验的人员应能熟练掌握所分管的仪器设备,否则应在正式开始试验前进行演练,以保证试验可以有条不紊地进行。

7. 其他准备工作

加载试验的安全设施,供电照明设施,通信联络设施,桥面交通管制等工作应根据荷载试验的需要进行准备。

四、加载试验

1. 试验演习

在正式进行试验前进行一次演习是必要的。因为通过演习,可使试验人员熟悉各自承担的任务,并借此检查各种仪器设备是否安装良好,以便必要时再作适当的调整。

2. 预加载

在正式试验之前,一般对结构进行 2~3 次预加载,通过预加载使结构进入正常工作状态,消除结构非弹性变形,尤其是混凝土桥跨结构。若干次预加载后,荷载位移关系趋于稳定,呈较好线性关系。预荷载同时可以检查全部测试设备工作是否正常,性能是否可靠;人员是否组织完善,操作是否熟练。预荷载值不大于标准设计荷载和开裂荷载。一般分 2~3 级加至标准设计荷载或更小。预荷载循环次数,需根据结构弹性工作的实际情况而定。若线性及回零很好,预载 1~2 次便可正式进入试验。

3. 初读数

加载前读取各仪表的初读数。

4. 加载

应严格按设计的加载程序进行加载,荷载大小、截面内力大小都应由小到大逐渐增加。首先将第一级荷载的加载车辆行驶到桥上指定的加载位置,车辆关闭发动机,等待变形稳定后,即可读一级荷载读数;然后进行下一级荷载加载。

加载和卸载的持续时间一般以结构变形达到稳定为原则,如果 5min 的变位增量小于量测仪器最小分辨值,或结构最后 5min 的变位增量小于前一个 5min 变位增量的 15%,均认为结构变位达到相对稳定。

当最后一级荷载加载完毕,荷载读数完成后,卸去桥梁上全部试验荷载,等待 30min,再读一次数,作为残余变形值。

5. 仪表的测读与记录

仪表的测读应准确、迅速,并进行记录,以便于资料的整理和计算。记录者应对所有测点量测值变化情况进行检查,看其变化是否符合规律,尤其应着重检查第一次加载时量测变化情况。对工作反常的测点应检查仪表安装是否正确,并分析其他可能影响其正常工作的原因,及时排除故障。对加载试验的控制点应随时观测,随时计算并将计算结果报告试验指挥人员,如实测值超过计算值较多,则应暂停加载,待查明原因再决定是否继续加载。试验人员如发现其他测点的测值有较大的反常变化也应查找原因,并及时向试验指挥人员报告。

6. 加载过程的观察

加载过程中应指定人员随时观察结构各部位可能产生的新裂缝,注意观察构件薄弱部位是否有开裂、破损,组合构件的结合是否有开裂错位,支座附近混凝土是否开裂,横隔板的接头是否拉裂,结构是否产生不正常的响声,加载时墩台是否发生摇晃现象等。如发生这些情况应报告试验指挥人员,以便采取相应的措施。

7. 裂缝观测

加载试验中裂缝观测重点应放在结构承受拉力较大部位及原有裂缝较长、较宽的部位。在这些部位应测量裂缝长度、宽度,并在混凝土表面沿裂缝走向进行描绘。加载过程中观测裂缝长度及宽度的变化情况,可直接在混凝土表面进行描绘记录,也可采用专门表格记录。加载至最不利荷载及卸载后应对结构裂缝进行全面检查,尤其应仔细检查是否产生新的裂缝,并将最后检查情况填入裂缝观测记录表,必要时可将裂缝发展情况绘制在裂缝展开图上。

8. 终止加载控制条件

发生下列情况应中途终止加载:

(1)控制测点应力值已达到或超过用弹性理论或按规范安全条件反算的控制应力值时;

(2)控制测点变位(或挠度)超过相关规范允许值时;

(3)由于加载,使结构裂缝的长度、宽度急剧增加,新裂缝大量出现,缝宽超过允许值的裂缝大量增多,对结构使用寿命造成较大的影响时;

(4)拱桥加载时沿跨长方向的实测挠度曲线分布规律与计算值相差过大或实测挠度超过计算值过多时;

(5)发生其他损坏,影响桥梁承载能力或正常使用时。

五、试验资料的整理

1. 试验资料的修正

(1)测值修正

根据各类仪表的标定结果进行测试数据的修正,如机械式仪表的校正系数、电测仪表的率定系数、灵敏系数,电阻应变观测的导线电阻影响等。当这类因素对测值的影响小于1%时可不予修正。

(2)温度影响修正

由于温度影响修正比较困难,一般不进行这项工作,而采取缩短加载时间、选择温度稳定性好的时间进行试验等办法,以尽量减小温度对测试精度的影响。

(3)支点沉降影响的修正

当支点沉降量较大时,应修正其对挠度值的影响,修正值 C 可按下式计算(图5-6)。

$$C = \frac{l-x}{l}a + \frac{x}{l}b \tag{5-2}$$

式中:C——测点的支点沉降影响修正量;

l——A 支点到 B 支点的距离;

x——挠度测点到 A 支点的距离;

a——A 支点沉降量;

b——B 支点沉降量。

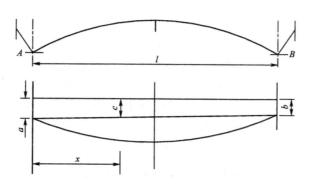

图 5-6　支点沉降修正图

2. 各测点变位(挠度、位移、沉降)或应变的计算

根据量测数据作下列计算：

$$总变位(或总应变): S_t = S_I - S_i$$
$$弹性变位(或弹性应变): S_e = S_I - S_u$$
$$残余变位(或残余应变): S_p = S_t - S_e = S_u - S_i$$

式中：S_i——加载前测值；

S_I——加载达到稳定时测值；

S_u——卸载后达到稳定时测值。

3. 主要测点的校验系数及相对残余变形的计算

对加载试验的主要测点(即控制测点或加载试验频率最大部位测点)进行如下计算：

(1) 校验系数

$$\eta = \frac{S_e}{S_s} \tag{5-3}$$

式中：S_e——试验荷载作用下量测的弹性变位(或应变)值；

S_s——试验荷载作用下的理论计算变位(或应变)值。

S_e 与 S_s 的比较可用实测的横截面平均值与计算值比较，也可考虑荷载横向不均匀分布而选用实测最大值与考虑横向增大系数的计算值进行比较。横向增大系数最好采用实测值，如无实测值也可采用理论计算值。

(2) 相对残余变位(或应变)

相对残余变位(或应变)按下式计算：

$$S'_p = \frac{S_p}{S_t} \times 100\% \tag{5-4}$$

式中：S'_p——相对残余变位(或应变)。

4. 实测桥跨结构控制截面的内力或位移影响线

在移动荷载下实测控制截面的应变和位移，可以转化为内力影响线和挠度曲线的纵坐标。若控制截面为 k，步长为 L/n，则影响线坐标应为 $0,\cdots i,\cdots n$，若实测结果为 a_i，其影响线坐标 y_i 为

$$y_i = \frac{a_i}{\sum p} D \tag{5-5}$$

式中：$\sum p$——移动荷载总质量(kN)；
　　　D——常数比例因子。

如果所测内力是弯矩，$D = EW$（其中 E 为弹性模量，W 为截面抵抗矩）；若为剪力 $D = GJb/S$（其中 G 为剪切弹性模量，J 为抗扭惯性矩，b 为截面宽度，S 为面积矩）；若为挠度，则 $D = 1$。在上述三种情况下，a_i 分别为移动荷载作用下的弯曲应变、剪应变和挠度值。

5. 荷载横向分布系数

通过实测横向挠度影响线，利用变位互等定理，可以方便地得到某梁在某种加载下的横向挠度分布。若各梁挠度值为 f_i，则第 j 梁的横向分布系数 η_j 为

$$\eta_j = \frac{f_j}{\sum f_i} \tag{5-6}$$

并用 $\sum \eta_j = 1$ 来校核测试结果。

6. 偏载系数

荷载试验时，通过实测偏载中下缘最大应力和其平均应力的比值求得实测的偏载系数 K。

$$K = \frac{\sigma_{max}}{\dfrac{\sum_{1}^{n} \sigma_i}{n}} \tag{5-7}$$

式中：n——下缘测点数。

7. 主要测点弹性变位（或应变）与相应的理论计算值的关系

列出各加载程序时主要测点实测弹性变位（或应变）与相应的理论计算值的对照表，并绘出其关系曲线图。

8. 裂缝发展状况

当裂缝数量较少时，可根据试验前后观测情况及裂缝观测表对裂缝状况进行描述；当裂缝发展较多时，应选择结构有代表性部位描绘裂缝展开图，图上应注明各加载程序裂缝长度和宽度的发展。除以上资料的整理外，还可根据需要整理各加载程序控制截面应变（或挠度）分布图、沿桥纵向挠度分布图等。

六、静力试验结果的分析与结构性能评定

经过荷载试验的桥梁，应根据整理的试验资料，分析结构的工作状况，进一步评定桥梁承载能力。结构性能评定根据如下：第一是按结构完工时实际结构尺寸、材料特性和静力边界条件得到的理论计算值；第二是规范中规定的挠度、强度和裂缝的容许值。

在进行评定时，应选择实测最大挠度和荷载效率最大的控制截面实测应力。质量合格的混凝土桥梁结构，应满足下述几方面要求：

（1）结构实测最大应力、挠度及裂缝宽度不超过设计标准的容许值。

（2）校验系数，是评定结构工作状况、确定桥梁承载能力的一个重要指标。不同结构形式的桥梁其值常不相同。

一般要求，η 值不大于 1，η 值越小结构的安全储备越大。η 值过大或过小都应该从多方面分析原因，如 η 值过大可能说明组成结构的材料强度较低，结构各部分联结性较差、刚度较

低等;η 值过小可能说明材料的实际强度及弹性模量较高,梁桥的混凝土桥面铺装及人行道等与梁共同受力,拱桥拱上建筑与拱圈共同作用,支座摩阻力对结构受力的有利影响,计算理论或简化模型偏于安全等情况。试验时加载的称量误差,仪表的观测误差等也会对测量值有一定影响。

(3)实测值与理论值的关系曲线。由于理论的变位(或应变)一般按线性关系计算。所以如测点实测弹性变位(或应变)与理论计算值成正比,其关系曲线接近于直线,说明结构处于良好的弹性工作状况。

(4)相对残余变位(或应变)。残余变形(特别是残余挠度)是新建或运营桥跨结构的重要指标。正常运营桥梁,应无残余挠度,突然出现残余挠度,说明该桥受到严重损伤或截面某处进入弹塑性状态。S_p/S_t 越小说明结构越接近弹性工作状况。一般要求 S_p/S_t 值应小于20%;当 S_p/S_t 大于20%时,应查明原因,如确系桥梁强度不足,应在评定时,酌情降低桥梁的承载能力。

(5)裂缝是评定混凝土及预应力混凝土桥跨结构承载力及耐久性的主要指标之一,主要是评定受力裂缝的出现和扩展状态。

预应力桥跨结构在标准设计荷载作用下,一般不出现裂缝,或按预应力程度的不同,按相应规范查取,普通钢筋混凝土桥,标准设计荷载下,最大裂缝宽度一般不大于 0.2mm。其他非受力裂缝如施工、收缩和温度裂缝受载后亦不应超过容许值。

结构出现第一条受力裂缝的试验荷载值应大于理论计算初始裂缝荷载的90%。

(6)地基与基础。当试验荷载作用下墩台沉降、水平位移及倾角较小,符合上部结构验算要求,卸载后变位基本回复时,认为地基与基础在验算荷载作用下能正常工作。

当试验荷载作用下墩台沉降、水平位移、倾角较大或不稳定,卸载后变位不能回复时,应进一步对地基、基础进行探查、验算,必要时应对地基基础进行加固处理。

静力荷载试验结果不满足上述任何一项条件,则认为桥梁结构不符合相关要求,必须查明原因,并采取适当的措施(如降低通行载货能力或进行必要的加固等,必要时规定进行定期检验和长期观测)。

第三节 桥梁结构动载试验

桥梁动载试验是利用某种激振方法激起桥梁结构的振动,然后测定其固有频率、阻尼比、振型、动力冲击系数、行车响应等参量,从而判断桥梁结构的整体刚度、行车性能。

桥梁结构的动载试验,目前主要包括两方面的内容:一是测量移动车辆荷载作用下桥梁指定断面上的动应变或指定点的动挠度;二是测量桥梁结构的自振特性和动力响应。

移动车辆荷载作用下的动应变或动挠度测定,一般用于实桥试验,试验时将单辆或多辆载货汽车辆按不同的车速通过桥梁,有时为了模拟路面的不良情况,还在桥面上设置人工障碍,使行驶车辆产生跳动,以形成对桥梁的冲击作用,此时测出指定断面上的动应变或动挠度,将动态情况下的峰值与相应的静态数值相比,可以求出车辆振动引起的动态增量。用测试的方法确定桥梁的动态增量,是研究车辆对桥梁动力作用的一种手段,由试验求得的数据可以作为确定桥梁冲击系数的依据。

桥梁自振特性的测量对象,可以是实际桥梁,也可以是桥梁模型。测量桥梁模型的自振特性时,一般要对模型进行专门的激励(输入),然后测量模型的响应(输出),在已知激励和响应(或只有响应)的情况下可以求出模型(系统)的自振特性。测量实桥的自振特性时,也可以同模型试验一样,对实桥进行激振,测得输入和结构的响应后可以求出自振特性。有时,也可以不用对实际结构进行专门的激振,而是利用自然因素(如风、水流、地脉动等)作为振源(只要能满足一定的条件),测出实际桥梁在这些自然因素作用下的响应,求出实际桥梁的自振特性。

正确确定桥梁结构的自振特性是进行桥梁动力响应的基础。结构自振特性中除阻尼比外,频率与振型可以用计算力的方法求得,但计算时所采用的计算图与实际结构往往有区别,所以用试验的方法确定桥梁结构的自振特性就很有必要。

在诸如地震荷载和风荷载作用下,测量桥梁结构的动力响应的目的是:研究桥梁结构抗震和抗风性能,确保桥梁结构抵抗突发性自然灾害的能力。这类动力响应的测试分析一般都通过模拟震动台试验和风洞试验进行。在有条件的情况下,也可以在实桥上进行实时测试。

1. 动力荷载试验目的

桥梁结构的动力荷载试验是研究桥梁结构的自振特性和车辆动力荷载与桥梁结构的联合振动特性。这些测试结果数据是判断桥梁结构运营状况和承载特性的重要指标。桥跨结构某振型的振动周期(或频率)与结构的刚度有着确定关系,尤其在研究桥跨结构的横向刚度时,往往以其横向振动周期为指标。在设计时亦要避免引起桥跨结构共振的强迫振动振源(如风、车辆等)的频率与桥跨结构自振频率相合,引起过大的共振振幅危及桥梁。

某一行车速度下,或所谓接近或达到临界速度时,结构的动挠度和动应力会达到最大,在设计中这种动力放大作用是采用冲击系数来考虑的。冲击系数是桥梁设计的重要技术参数,直接影响到桥梁设计的安全与经济性能,实测并积累有关冲击系数的数据,是桥跨结构动力荷载试验的任务之一。在某振动频率下过大的振幅,会使乘客和行人感觉不舒适。当桥梁自振频率处于某些范围时,外荷载(包括行驶车辆、行人、地震、风载、海浪冲击等)也可能会引起桥梁共振。近年来研究的桥梁结构病害诊断,实际也是以桥跨结构或构件固有频率的改变为根据的。因此新建的桥梁,运营一定年限后的桥梁以及对其结构承载能力有疑问的桥梁均需进行动力荷载试验。

2. 试验项目

(1)桥梁结构动力反应的试验测定,主要是测定结构在动力荷载作用下的反应,即结构在动荷载作用下强迫振动的特性,包括动位移、动应力、动力系数等。试验时,一般利用汽车以不同的速度通过桥跨而引起的振动来测定上述各种数据。

(2)测定桥跨结构的自振特性,如自振频率、振型和阻尼特性等应在结构相互连接的各部分布置测点,如悬臂梁与挂梁、上部结构与下部结构、行车道梁与索塔等的相互连接处。

(3)测定动荷载本身的动力特性,主要测定引起桥梁振动的作用力或振源特性,如动力荷载(包括车辆制动力、振动力、撞击力等)的大小、频率及作用规律。动力荷载大小可通过安装在动力荷载设备底架连接部分的荷载传感器直接量测记录,或以测定荷载运行的加速度(或减速度)与质量的乘积来确定。

(4)疲劳性能试验:主要测定结构或构件的疲劳性能。

大多数情况下,动力试验内容往往偏重于(1)、(2)两项内容;对于铁路桥梁,第(3)项内容要实测机车在桥上的制动力和与旅客舒适度有关的列车过桥时车桥联合振动的动位移和动应变的时程曲线,对第(4)项内容一般只在试验室对桥梁构件进行疲劳试验。在现场,只对准备拆除的桥梁进行疲劳试验,但可对现有桥梁进行营运车辆荷载作用下的疲劳性能进行长期观测。

3. 动力试验的荷载

(1)检验桥梁受迫振动特性的试验荷载,通常采用接近运营条件的汽车、列车或单辆载货汽车以不同车速通过桥梁,要求每次试验时车辆在桥上的行驶速度保持不变,或在桥梁动力效应最大的检测位置进行制动(或启动)试验。

(2)进行特殊科学试验项目,如模拟船舶撞击桥墩、汽车撞击防护构造和弹药爆炸等冲击荷载试验。

(3)桥梁在风力、流水撞击和地震力等动力荷载作用下的动力性能试验,只宜在专门的长期观测中实现。

(4)测定桥梁自振特性可利用环境激振进行测试。

(5)疲劳荷载室内试验可采用液压脉动装置,现场试验可采用起振机。

4. 动载试验的量测仪器

动载试验量测动应变可采用动态电阻应变仪并配以记录仪器,量测振动可选用低频拾震器并配低频测振放大器及记录仪器,量测动挠度可选用光电挠度仪或电阻应变位移计配动态电阻应变仪及记录仪器。

5. 动载试验效率

动载试验的效率为

$$\eta_d = \frac{S_d}{S} \tag{5-8}$$

式中:S_d——动载试验荷载作用下控制截面最大计算内力值;

S——标准汽车荷载作用下控制截面最大计算内力值(不计入汽车荷载冲击系数)。

η_d 值一般采用1,动载试验的效率不仅取决于试验车型及车质量,而且取决于实际跑车时的车间距,因此在动载试验跑车时应注意保持试验车辆之间的车间距,并应实际测定跑车时的车间距以作为修正动载试验效率 η_d 的计算依据。

6. 动载试验方案的主要内容

动载试验前,应编制试验方案,其主要包括以下内容。

(1)试验目的,试验项目,试验工况编号,仪器设备准备等。

(2)根据试验目的和要求,确定测试项目、数量、激振安排,设计测点布置,每一测点均应有编号,测点布置应有总图。

(3)根据试验项目和激振及仪器设备绘制测试系统工作方框图,按照系统配置情况将测点号、传感器号、放大器号、记录器号、连接导线号等,一一对应列于表格中,便于仪器安装和测试过程中的核对。

(4)制定试验日程,明确人员分工,使测试过程做到统一指挥,有序进行。

(5)为保证测试工作顺利和正常进行,应对联络方法、安全措施和有关注意事项等作出规定。

7. 准备工作

动载试验前,首先应按照试验方案进行准备工作,包括如下内容:

(1)搜集与试验桥梁有关的设计资料和图纸,详细研究,慎重选择或确定试验荷载。

(2)现场调查桥上和桥两端线路状态、线路容许速度、车辆和列车实际过桥速度和其他激振措施状态。

(3)了解有关试验部位情况,以确定测试脚手架搭设位置、导线的布设方法及仪器安放位置的确定。

(4)对拟测试的项目和测试断面,应按实际荷载和截面尺寸预先算出应力、位移、结构自振频率等,以便及时与实测值进行比较。

8. 测试工作

(1)跑车

动载试验一般安排标准汽车车列(对小跨径桥也可用单排车)在不同车速时的跑车试验,跑车速度一般定为 5、10、20、30、40、50、60(km/h)。当车在桥上时为车桥联合振动,当车跨出桥后为自由衰减振动。对铁路桥跨结构,同样应安排一定轴重装载的车列,以不同车速过桥,应测量不同行驶速度下控制断面(一般取跨中或中支点处)的动应变和动挠度,记录时间一般不少于 0.5h 或以波形衰减完为止。测试时需记录轴重、车速,并在时程曲线上标出首车进桥和尾车出桥的对应时间。动载测试一般应试验三组,在临界速度可增跑几趟,全面记录动应变和动位移。

(2)跳车

在预定激振位置设置一块 15cm 高直角三角木,斜边朝向汽车。一辆满载货车以不同速度行驶,后轮越过三角木由直角边落下后,立即停车。此时桥跨结构的振动是带有一辆满载的载货汽车附加质量的衰减振动。数据处理时,附加质量的影响应给以修正。跳车的动力效应与车速和三角木放置的位置有关。随着车速的增加,桥跨结构的动位移、动应力会增加,从而冲击系数也会加大,跳车记录时间与跑车相同。

(3)制动

制动试验是测定车辆在桥上紧急制动时所产生的响应,用以测定桥梁承受活载水平力的能力。制动试验是以行进车辆突然停止作为激振源,可以用不同车速停在预定位置。制动可以为顺桥向或横桥向。一般横桥向由于桥面较窄,难以加速到预定车速。制动试验数据同样需要进行附加质量影响的修正。由制动的位移时程曲线可读取自振特性和阻尼特性数据。不过此时是有车的质量参与衰减振动,阻尼也是非单纯桥跨结构的阻尼。制动记录项目与跑车相同,对记录的信号(包括振幅、应变或挠度是等)进行频谱分析,可以得到相应的强迫振动频率等一系列参数。

(4)环境试验

当桥跨结构无车辆通过时,桥跨结构处于环境激振之下,做振幅微小的振动。环境测试需记录环境位移或加速度,将记录的信号在高精度的信号分析仪上进行频谱分析,便得到频谱图;将频谱分析的数据再结合跑车、跳车、制动等的测试数据,综合分析便可得到精确而真实的桥跨结构自振特性数据。环境测试要求高灵敏度的传感器和放大器,同时要具备质量较高的信号分析设备及其相应软件。环境法测试记录时间不宜少于 2h,大跨径桥梁测试断面多,对其可分断面记录,但每次应保证有一个参考点不动。

为了尽可能测出高阶频率,应当预先估算结构振型,以便在结构的敏感点布置拾振器。为了进行动力分析或风、地震响应分析,对不同桥型,测量自振频率的阶数可以不同:悬索桥、斜拉桥不少于15阶;连续梁、刚构、拱桥和简支梁均不少于9阶。

9. 动载测试中应特别注意的问题

(1)动态测试仪器,由于存在频响、阻抗匹配及相位等问题,应至少保证一年整机标定一次。在振动台等条件具备的情况下,则最好是在测试前后各标定一次,以便取得准确的响应值,标定内容至少应做频响特性、幅值线性两项试验,并绘成图形。

(2)每次动态测试前应进行现场的灵敏度比对和相位一致性试验。

(3)振动测量应尽量测定位移(动位移)值和加速度值。前者为反应刚度,后者为反应动荷载。因此尽量采用位移传感器和加速度传感器,少用微积分线路(尤其避免二次微积分),以提高测定值精度。

(4)振动测量应包括三维空间值,即桥轴水平向、横桥水平向和横桥垂直向。在记录与分析中亦应明确标明,工况记录要详细准确。

在正式测试之前,项目负责人应检查无荷载状态下应变仪各测点的零点状态是否良好,其变化不超过 $\pm 5\mu\varepsilon$。

10. 动力试验资料的整理

(1)动力试验荷载效率

在公路混凝土桥跨结构动力荷载试验时,宜采用接近设计活载的车列,单车冲击系数较大,动力荷载效率较低,误差也较大。

(2)活载冲击系数(即动力系数)

活载冲击系数(不同速度下)可根据记录的动应变(图5-7)或动挠度曲线(图5-8),进行分析整理而得,可按式(5-9)计算。

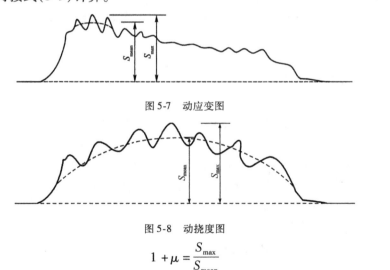

图5-7 动应变图

图5-8 动挠度图

$$1+\mu = \frac{S_{max}}{S_{mean}} \tag{5-9}$$

式中:S_{max}——动载作用下该测点最大应变(或挠度)值,即最大波峰值;

S_{mean}——相应的静载作用下该测点最大应变(或挠度)值(可取本次波形的振幅中心轨迹线的顶点值),$S_{mean} = 1/2(S_{max}+S_{min})$。其中 S_{min} 为与 S_{mean} 相应的最小应变(或挠度)值(即同周期的波谷值)。

不同部位的冲击系数是不同的。一般情况是梁桥给出跨中和支点部位的冲击系数；斜拉桥和悬索桥给出吊点和加劲梁节段中点部位的冲击系数；而刚构梁桥应区别弦杆、腹杆、纵梁、横梁分别给出冲击系数。

(3)强迫振动(不同车速引起)的频率、振幅、加速度

根据各工况的振动曲线，按下式分析，即可算得桥梁的振动频率(图5-9)。

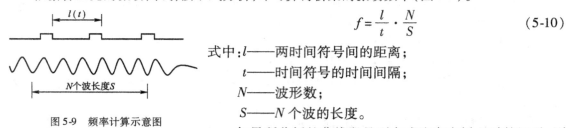

$$f = \frac{l}{t} \cdot \frac{N}{S} \quad (5\text{-}10)$$

式中：l——两时间符号间的距离；
　　　t——时间符号的时间间隔；
　　　N——波形数；
　　　S——N个波的长度。

图5-9　频率计算示意图

如果所分析的曲线段是列车或汽车在桥上时的记录，则所得振动频率为桥梁结构强迫振动频率；如果分析的曲线段是列车或汽车出桥后的记录，则所得频率为桥梁自振频率。

在分析每一测点在动荷载通过时的最大振幅值时，一般是先求得最大振幅处的振动频率，再根据此频率找出系统标定时仪器系统标定灵敏度，即放大倍数，则测点最大振幅值H，可由式(5-11)求出。

$$H = \frac{A}{S} \quad (5\text{-}11)$$

式中：A——实测波形最大峰值；
　　　S——测振系统标定灵敏度。

振动加速度a是桥梁动力特性中一个很重要的指标，它表示列车和车辆运行的安全程度和司机、旅客的舒适度，可用测振仪直接测得，也可根据实测的强迫振动频率和振幅，由下式计算得出。

$$a = 4\pi^2 f^2 A \quad (5\text{-}12)$$

式中：f——强迫振动频率(Hz)；
　　　A——振幅(cm)。

振动加速度应区分部位，给出最大加速度对应的临界速度。

(4)系数与曲线

①活载冲击系数与车速的关系曲线。根据不同车速的活载冲击系数绘制活载冲击系数与车速的关系曲线，并求出活载冲击系数最大值(应区分桥跨不同部位)。

②动力系数与受迫振动频率的关系曲线。

③车速与受迫振动频率的关系曲线。

④卸载后(车辆出桥后)的结构自振频率。

(5)振型曲线

将桥跨结构分为若干区段，在区段的中间或区段的分界处设置拾振器，测取同一瞬间各测点处的振幅和相位差，即可绘出振型曲线。一般情况下，实测混凝土桥跨结构前三个振型对桥跨结构动力特征研究较有意义，特别是第一、二振型。

(6)结构的自振特性

结构的自振频率可根据桥梁承受冲击荷载后产生余振的动应变、动挠度或振动曲线分析而得,也可根据桥上无车时的脉动曲线分析而得,两者应能吻合。当激振荷载对结构振动具有附加质量影响(如用汽车跳车或落锤激振)时,应采用下列近似公式求得自振周期。

$$T_0 = T\sqrt{\frac{M_0}{M_0 + M}} \tag{5-13}$$

式中:T_0——修正后的自振周期;
T——实测有附加质量的周期;
M——车辆的附加质量;
M_0——跳车或制动处,结构的换算质量。

结构的换算质量,可用装载不同质量 M_1、M_2 的载货汽车进行跳车或制动,分别实测自振周期 T_1 和 T_2,可按下式求得 M_0。

$$M_0 = \frac{T_1^2 M_2 - T_2^2 M_1}{T_2^2 - T_1^2} \tag{5-14}$$

(7)结构的阻尼特性

若实测得列车或汽车出桥后,钢桥结构的自由衰减振波如图 5-10 所示。由波形上量得的振幅 $y_n, y_{n+1}, \cdots, y_{n+m}$ 和求得的周期 T,即可由下式得出阻尼特性系数 v

$$v = \frac{1}{mT}\ln\frac{y_n}{y_{n+m}} \tag{5-15}$$

平均阻尼比 ζ

$$\zeta = \frac{v}{\omega} = \frac{1}{2m\pi}\ln\frac{y_n}{y_{n+m}} \tag{5-16}$$

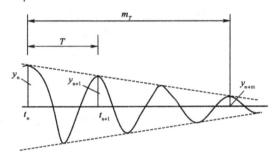

图 5-10 有阻尼自由衰减的振动波形曲线

式中: m——振幅,$y_n \sim y_{n+m}$ 之间波形数;
T——周期,波形振动一周的时间;
$y_n \sim y_{n+m}$——m 个波的初始和终结振幅;
ω——衰减振动圆频率。

与不同振型对应的阻尼比是结构的重要参数,应进行认真分析。产生阻尼的原因有:材料的内阻尼,结构构造及支座形式,环境介质等。阻尼的大小难以计算,只能实测。

(8)结构的振动形式(振动弹性曲线)

结构的振动形式表示沿桥跨各测点的振幅和振动相应的关系。

(9)结构各部分的振动速度和加速度的分布图

(10)桥梁横向振动的资料

对于横向振动,应给出横向有载、无载和强迫振动的自振频率以及强迫振动时的最大横向振幅。横向自振频率对铁路桥梁特别重要,尤其宽跨比小于 1/20 时,测量时必须给予高度重视。

11. 动力试验结果的评定与分析

(1)车辆荷载作用下测定结构的动力系数 δ_{max} 应满足下列关系式。

$$(\delta_{max} - 1)\eta_d \leq \delta - 1 \tag{5-17}$$

式中:δ_{max}——动力系数,即 $1+\mu_{max}$;
　　η_d——动力试验荷载效率;
　　δ——设计取用的动力系数。

根据动力系数与车速的关系曲线,确定动力系数达到最大值的临界车速。

实际测定中,单车试验的动力系数比汽车车列试验的动力系数大,且单车的荷载效率低,因而量测的误差也大,因此应采用与设计荷载相当的试验荷载所引起的动力系数,作为理论动力系数比较的数据。

(2)结构控制截面实测最大动应力和动挠度小于标准的容许值。

(3)结构的最低自振频率应大于有关标准限值,结构最大振幅应小于相应标准限值。

(4)评定桥梁受迫振动特性还必须掌握试验荷载本身的振动特性、桥面行车条件(伸缩缝)和路面局部不平整等的影响。

(5)根据结构振动图形,可分析出结构的冲击现象,共振现象和有无缺陷。

(6)桥梁本身的动力特性的全面资料,可作为评价结构物抗风力和抗地震力性能的计算参数。复杂结构的桥梁动力性能,还需要借助于模型的动力试验或风洞试验进行研究。

(7)定期检验的桥梁,通过前后两次动力结果的比较,可检查结构工作的缺陷,如果结构的刚度降低(单位荷载的振幅增大)及频率显著减小,应查明结构可能产生的损坏。

(8)如果结构动力试验结果不满足上述(1)项条件,应分析动力系数与车速的关系和车速与受迫振动频率的关系,采取适当的措施(如限制车速和改进结构的动力性能等)。

第四节　成桥检测实例

虎背山桥位于广深珠高速公路宝安段,该桥为一跨越山间谷地之高架桥,桥墩高度在12～13m,桥型为30m的连续T形梁,采用先简支后刚构的施工方法。因线路前进方向有一分离式隧道,故该高架桥按左、右线分离式设计,每线均为三车道。该桥右线曾在施工过程中发现盖梁裂缝,并更改设计进行过修补。为保证桥梁运营的可靠性,检验桥梁结构的承载能力及其工作状况,受广深珠高速公路总承包集团委托,铁道部大桥局桥梁科学研究院于1994年对虎背山桥右线进行了静、动载试验检测。

一、静载试验检测

1. 试验目的

(1)验证设计理论,判断结构的强度和刚度能否满足设计要求;
(2)检测盖梁变形行为及受力状态;
(3)检验施工质量。

2. 试验项目

(1)右线第一联第一跨及第三跨跨中截面的挠度及应力检测;
(2)1号、2号墩固结点附近截面由负弯矩而产生的应力检测;
(3)2号固结盖梁跨中弯曲应力检测;

(4) 6号支座盖梁悬臂根部应力检测;
(5) 2号固结盖梁及6号支座盖梁裂缝观测。

3. 测试断面及测点布置

测试断面全部选在右线第一联,梁体测试断面位置如图5-11所示。

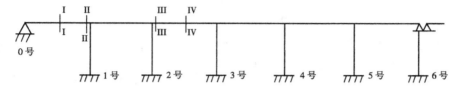

图5-11 梁体测试断面

梁体测试断面、2号固结盖梁、6号支座盖梁及2号墩墩身的测点布置如图5-12所示。

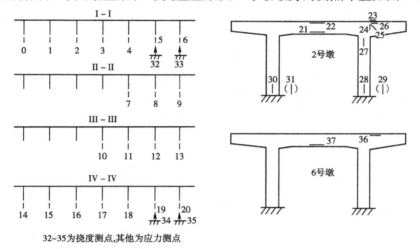

图5-12 测点布置
注:括号内为桥墩背后测点。

4. 试验荷载

采用自重加载,以自重为200kN的载货汽车代替汽车-超20车列作为试验荷载。为弥补没有自重为550kN的载货汽车的不足,采用加大车辆密度(缩小车辆间距)的方法,来达到试验荷载与设计荷载等效的目的。

试验共用8辆载货汽车,经称重计量后,按不同工况进行试验加载。试验时,一次性加在指定轮位,按最不利加载方法,通过计算得出纵向内力影响线,用试验车列和设计车列比较,算出加载效率为90%,符合《大跨径混凝土桥梁试验方法》的要求。每次加载稳定一段时间后,采集各测点检测数据。加载轮位如图5-13所示,分为如下7种工况。

(1) 工况1:第一跨跨中偏载最大弯矩,主测I-I断面应力、挠度。
(2) 工况2:第三跨跨中偏载最大弯矩,主测IV-IV断面应力、挠度。
(3) 工况3:1号墩固结点偏载负弯矩,主测II-II断面应力、挠度。
(4) 工况4:2号墩固结点偏载负弯矩,主测III-III断面应力、挠度。
(5) 工况5:2号墩固结盖梁最大弯矩,主测2号盖梁上各点应力及观测裂缝。
(6) 工况6:6号支座盖梁最大弯矩,主测6号支座盖梁上各点应力及观测盖梁裂缝。

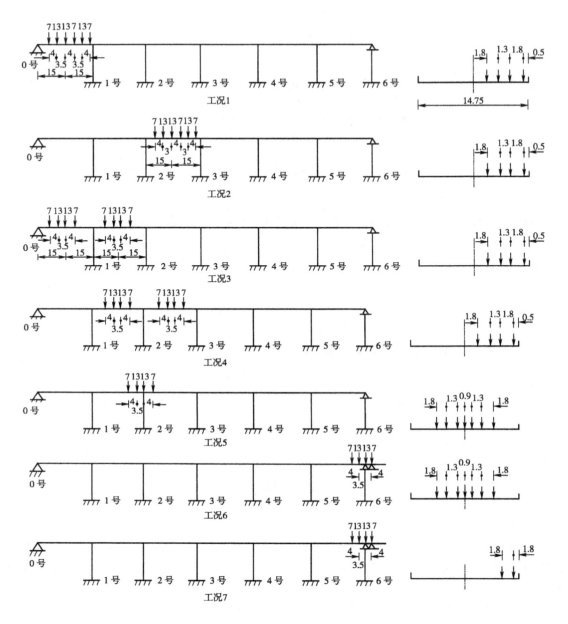

图 5-13 加载轮位
注：轴距单位为 m，轴重单位为 t。

(7) 工况 7：6 号支座盖梁弯矩，主测 6 号支座盖梁悬臂根部应力。

5. 试验结果及分析

(1) 第一跨跨中及第三跨跨中挠度测试结果，如表 5-1 所示。

由表 5-1 可见，在工况 1 荷载作用下，第一跨边梁挠度值最大，达到 6.10mm，但与其跨长之比为 1/4 910 远小于《公路钢筋混凝土及预应力混凝土桥梁设计规范》(JTG D62—2004) 中的 1/600，这表明结构具有足够的刚度。

主梁挠度实测值　　　　　　　　　　表 5-1

工况	1			2		
测点号	32	33	34	32	33	34
挠度(mm)	+6.10	+5.96	+2.03	+2.24	+2.38	+4.85
工况	3			4		
测点号	32	33	34	32	33	34
挠度(mm)	+3.6	+3.56	-0.39	-0.85	-0.91	+2.57
附注	挠度向上为负,向下为正					

(2) 第一跨及第三跨各断面梁体实测应力结果如表 5-2 所示。

梁体实测应力(MPa)　　　　　　　　表 5-2

断面号	测点号 \ 工况	1	2	3	4
I-I	0	-0.07	+0.175	-0.28	+0.035
	1	+0.105	+0.14	-0.14	+0.14
	2	+0.385	—	-0.035	-0.14
	3	+1.225	+0.735	+0.875	-0.245
	4	+2.905	+1.05	+1.54	-0.14
	5	+3.29	+1.19	+1.82	-0.42
	6	+3.115	+1.645	+1.82	-0.42
II-II	7	-1.96	-0.42	-2.38	-0.84
	8	-1.96	-0.595	-2.87	-1.155
	9	-2.24	-0.315	-1.05	-0.525
III-III	10	-0.28	-5.25	—	-0.875
	11	-0.07	-0.77	-0.7	-1.47
	12	-0.245	-0.84	-0.735	-2.31
	13	-0.14	-1.365	-0.945	-2.73
IV-IV	14	+0.35	-0.035	-0.245	-0.035
	15	+0.525	+0.455	+0.105	-0.105
	16	+0.385	+0.72	0	0
	17	+0.91	+1.19	—	+0.42
	18	+1.40	+2.31	+0.175	+1.225
	19	—	+2.695	—	+1.16
	20	+1.155	+2.66	+0.49	+1.47

按实测应力计算该桥 I-I 及 IV-IV 断面的荷载横向分布系数:

$$m_{ic} = \frac{\sigma_{i测} \cdot n}{\sum \sigma_{i测}} \tag{5-18}$$

式中：$\sigma_{i测}$——第 i 片梁跨中实测应力；

n——加载车道数。

①工况 1 荷载作用下 I-I 断面主梁荷载横向分布系数：

$$m_{边c} = \frac{3.115 \times 2}{-0.07 + 0.105 + 0.385 + 1.225 + 2.905 + 3.29 + 3.115} = 0.57$$

$$m_{中c} = \frac{3.29 \times 2}{-0.07 + 0.105 + 0.385 + 1.225 + 2.905 + 3.29 + 3.115} = 0.60$$

②工况 2 荷载作用下 IV-IV 断面主梁荷载横向分布系数：

$$m_{边c} = \frac{2.66 \times 2}{-0.035 + 0.455 + 0.72 + 1.19 + 2.31 + 2.695 + 2.66} = 0.53$$

$$m_{中c} = \frac{2.695 \times 2}{-0.035 + 0.455 + 0.72 + 1.19 + 2.31 + 2.695 + 2.66} = 0.54$$

主梁梁底应力计算：

$$\sigma_h = \frac{M}{W} m_c \tag{5-19}$$

式中：M——一车道试验荷载作用下主梁跨中弯矩。

③工况 1 荷载作用下 I-I 断面主梁计算应力：

$$\sigma_{边h} = \frac{2\,214.54 \times 0.57 \times 10^5}{2.593 \times 10^8 / 7} \times 134.2 \times 10^{-2} = 4.573(\text{MPa})$$

$$\sigma_{中h} = \frac{2\,214.54 \times 0.6 \times 10^5}{2.593 \times 10^8 / 7} \times 134.2 \times 10^{-2} = 4.814(\text{MPa})$$

④工况 2 荷载作用下 IV-IV 断面主梁计算应力：

$$\sigma_{边h} = \frac{1\,799.2 \times 0.53 \times 10^5}{2.593 \times 10^8 / 7} \times 134.2 \times 10^{-2} = 3.455(\text{MPa})$$

$$\sigma_{中h} = \frac{1\,799.2 \times 0.54 \times 10^5}{2.593 \times 10^8 / 7} \times 134.2 \times 10^{-2} = 3.520(\text{MPa})$$

主梁跨中实测应力与计算应力比较，如表 5-3 所示。

主梁实测应力与计算应力比较　　　　表 5-3

主 梁 位 置	第一跨边梁	第一跨中 1 梁	第三跨边梁	第三跨中 1 梁
实测（MPa）	3.115	3.29	2.66	2.695
计算（MPa）	4.573	4.814	3.455	3.52
实测/计算（%）	68.1	68.3	77	76.6

从表 5-3 看出，主梁实测应力与计算应力的比值为 70% 左右，这表明梁体强度有一定的安全储备。

（3）2 号墩墩身实测应力（表 5-4）

由表中可看出，在几种工况荷载情况下，最大拉应力增量位于荷载偏载一侧墩身上方，其值为 0.945MPa。

2 号墩身应力实测值(MPa) 表 5-4

测点号 \ 工况	1	2	3	4	5
27	+0.385	+0.945	-1.47	-0.91	-0.945
28	-0.42	-1.19	-0.07	-1.435	-0.77
29	-0.315	-0.56	-1.155	-1.365	-0.77
30	+0.175	+0.14	+0.175	+0.105	-0.595
31	+0.105	-0.105	+0.385	+0.315	-0.63

(4)盖梁应力实测结果(表 5-5)

26、37 测点试验时被破坏,没有测到有效数据。

从表 5-5 看出,2 号墩固结盖梁跨中最大拉应力增量为 1.98MPa,此值已接近墩身混凝土的抗拉强度。由于试验时照明条件的限制,无法清楚看出在此处有无裂缝产生或扩展,建议在运营过程中注意观测盖梁裂缝扩展情况。在试验荷载作用下,支座盖梁悬臂根部拉应力增量为 0.315MPa,在试验中用肉眼观察,没有发现新裂缝产生。经用读数放大镜观察,既有裂缝没有扩展。

盖梁实测应力(MPa) 表 5-5

测点号 \ 工况	5	6	7
21	+1.98	—	—
22	+0.245	—	—
23	+0.105	—	—
36	—	—	+0.315

二、动载试验检测

1. 环境测试

当桥上无汽车行驶和其他的周期性干扰力时,在风、地面微动等环境因素的作用下,桥梁所受的激励是平稳的各态历经宽带随机力,其响应的主谐量,是在其固有频率附近的振动,从而可通过环境测试以确定结构的固有频率。

2. 行车动力响应测试

本桥跨结构的动载试验检测包括:试验车辆在 40、50、…、90(km/h)速度下的跑车试验检测;7 号墩与 8 号墩之间跨中断面的制动试验检测;以及 8 号墩与 9 号墩之间跨中的越障试验检测。用一辆自重为 200kN 的载货汽车为试验车,越障时的障碍物是 10cm×15cm×300cm 的三角木,汽车分别以 20、30、40(km/h)的行驶速度跳过三角木。制动试验中,汽车的制动方向为顺桥向,制动前速度分别为 20、30、40(km/h)。在行车动力响应检测中,沿汽车行驶的桥南侧车道均布置了传感器。传感器均为 891 型拾振器,测点布置如图 5-14 所示。测试分析流程如图 5-15 所示。

3. 测试结果及分析

(1)通过对脉动响应信号作 FFT 分析,得各测点的位移功率谱,可以看出连续刚构桥的模态较密集,谱成分丰富。进一步进行宽带随机响应的互相关分析,做出第二跨跨中与第三跨跨中的竖向振动的互功率谱,从而识别得到虎背山高架桥的横向基频为 1.1Hz,竖向基频为 4.275Hz。

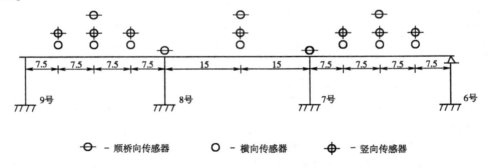

图 5-14 拾振器位置示意图(单位:m)

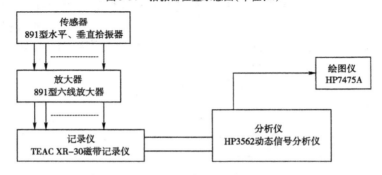

图 5-15 测试分析流程

由于测试过程中,仪器存在零漂以及外界的干扰,分析时对信号作了高低通滤波处理。为保证分析信号不产生混频失真,频率分辨选择为 0.025Hz。

(2)跑车试验检测时,由于路面的粗糙不一和汽车自身振动特性等因素,汽车对桥梁的作用为一随机力叠加一个移动质量块对桥梁的作用。

跑车时,各种车速下桥梁结构主频几乎没有变化,横向振动主频约为 1.075Hz,竖向振动主频约为 4.225Hz。跑车时梁的最大反应竖向动位移列于表 5-6 中,与这些竖向位移响应所对应的冲击系数在 0.15~0.29 之间,冲击系数的大小与车速有一定关系。

跑车试验梁的最大反应竖向位移(mm) 表 5-6

速度(km/h) \ 位置方向	三跨跨中 竖向	三跨跨中 横桥向	二跨跨中 竖向	二跨跨中 横桥向	一跨跨中 竖向	一跨跨中 横桥向
40	0.220	0.186	0.877	0.104	0.116	0.158
50	0.613	0.126	0.246	0.156	0.752	0.137
60	0.321	0.678	0.315	0.450	0.690	0.159
70	0.787	0.269	0.480	0.143	0.880	0.130
80	1.169	0.741	0.683	0.230	0.890	0.145
90	0.976	0.764	0.667	0.229	1.001	0.151

(3)汽车顺桥制动时,振动时程曲线为振幅衰减较快的衰减波,顺桥频率为3.025Hz,改变车速时,该频率基本不变。顺桥向制动时,顺桥动力响应位移如表5-7所示。

制动试验动力响应位移(mm)　　　　　　　　　　　　　　　　　　　表5-7

速度(km/h) \ 位置 方向	8号墩顶 顺桥向	二跨跨中 竖向	二跨跨中 横桥向	二跨跨中 顺桥向	7号墩顶 顺桥向
20	0.185	0.206	0.184	0.166	0.132
30	0.151	0.123	0.240	0.128	0.111
40	0.162	0.127	0.252	0.147	0.124

(4)汽车在桥上越障时,对桥梁的作用为竖向的多个窄脉冲。跳车时竖向频率为4.2Hz,改变车速,该频率值没有改变。动力响应位移,如表5-8所示。

越障试验动力响应位移(mm)　　　　　　　　　　　　　　　　　　　表5-8

速度(km/h) \ 位置 方向	三跨跨中 竖向	三跨跨中 顺桥向	三跨跨中 横桥向	二跨跨中 竖向	一跨跨中 横桥向	二跨跨中 顺桥向
20	2.443	0.112	0.268	1.454	0.228	0.095
30	1.785	0.050	0.346	1.027	0.156	0.053
40	1.238	0.059	0.289	0.963	0.298	0.036

测试结果所给出的跑车、制动、跳车试验检测的动力响应位移,是比较了每种工况下重复的三次测试分析结果而得出的最大动位移值(倍振幅)。

通过各种工况幅频特性分析,推算出跑车时,横桥向阻尼比为0.033,竖向阻尼比为0.013;制动时,顺桥向阻尼比为0.049。

(5)由于司机在制动瞬间制动动作的快慢存在差异,低速行驶下的迅速制动对桥的激励要大于高速行驶下较迟缓的制动所产生的激励,所以纵向位移响应存在低速大而高速时反而低的现象。此外,制动方向存在偏差也是一个影响因素。

越障时的竖向位移响应,也是低速大于高速。该现象产生的主要原因是低速时车辆可以很容易地越过三角木,而高速时车辆先将三角木冲击出一段距离后落下,这样会导致高速越障时对桥梁的竖向激励反而减小。另外,高速越障时三角木被冲移位,又使车辆的行驶方向与三角木不完全垂直,致使左、右轮先后越过,这也是造成激励减小的另一原因。

三、试验检测结论

通过本次试验检测可以得到如下结论。
(1)在试验荷载作用下,主梁的刚度与强度均满足设计要求,表明施工质量良好。
(2)经过加固的支座盖梁在试验荷载作用下,悬臂端根部所产生的拉应力增量为0.315MPa,此处没有产生新的裂缝,既有裂缝也没有扩展,固结盖梁跨中的拉应力增量为1.98MPa,已接近墩身混凝土的抗拉强度,建议在运营过程中注意观察变形行为。
(3)环境试验和行车、越障、制动试验所得到的桥梁竖向自振特性是一致的。其一阶频率为4.2Hz,动态响应较小,行车状态下最大振幅峰值不到1.2mm。桥跨结构的横向自振频率为1.1Hz,跑车时的横向振幅同竖向振幅对比较为接近,这可能是墩身较高使桥跨结构横向刚度降低所致。

第五节 旧桥检测与评估

本章所指的旧桥,就是使用一定年限后的桥梁,即运营一定年限后的既有桥梁。

所谓评估,就是评价估计某一事物的价值或优劣。旧桥评估就是对既有桥梁的各组成部分进行检查、检测并经验算分析后,对其病害情况、损伤程度、承载能力、功能以及是否能正常运营等做出鉴定,给出明确的答案,供业主决策。

由于旧桥评估涉及的范围广、因素多,在对评估内涵的理解上,不同的人往往有所偏重,如有的把评估的重点放在桥梁承载能力方面,有的则把其放在耐久性方面等。一种较为全面的定义是:桥梁评估就是利用特定信息,分析既有桥梁的可靠性并为使桥梁保持一定水平的可靠性而做出相应工程决策的过程。

在实际评估中,人们往往根据不同类型的桥梁采用不同类型的评估。例如,对于大多数早先修建的中小桥梁,常常要求提高桥梁的车辆荷载标准、增加车道等,这常涉及桥梁的承载能力,一般以研究中小桥梁的承载能力评估方法为重点。对于大型桥梁,评估一般与健康监测系统相结合,充分利用健康监测系统长期获得的监测数据,目前主要集中了两个方面,一是损伤评估,主要是研究如何利用监测系统或通过其他方法获得的数据确定结构的损伤部位以及损伤程度,为进一步的承载能力评估奠定一定基础。另一方面是状态评估,即利用监测系统、人工检测获得的数据,综合评定大型桥梁目前的状态,主要是确定结构的工作状态和指导日常养护维修。

桥梁评估并非桥梁运营管理的最终目的,其最终目的是以最经济的运营管理投入获得最好的运营效益。

一、检测与评估的意义

已建桥梁都有使用年限,或称寿命。英国以120年为标准,美国以80年为标准,日本则以100年为标准。虽然有关规范中没有规定桥梁应按使用年限设计,但规范中所采用的标准和年限却处处隐含了使用年限的概念,如活载、容许应力、疲劳损伤积累、防锈钢材最小厚度、混凝土保护层和裂纹限制尺寸等。

在桥梁使用年限内,由于频繁的承载(甚至超载)作用,再加上自然因素乃至自然灾害的侵袭,以及交通事故等人为事故的发生,会造成桥梁损伤和局部破坏。随着使用年限的增长,桥梁损伤种类和损伤部位会越来越多,其程度也会越来越严重。如果因设计和施工质量的不达标,导致桥梁在未开放交通的情况下便存在质量问题,运营中则更会问题丛生,难以维持正常使用状态。

根据1982年全国公路普查资料,当时我国公路桥梁中危桥约占3.54%;国道干线上的危桥约占2.4%。另据2000年11月29日广州《羊城晚报》报道,广东省交通厅组织大批人员对广东省内各地现有、在建路桥技术状况进行普查,结果发现广东省全省1.87万余座桥梁中,属于三、四类不良状况或承载力不足问题的桥梁有 4 244 座,占总桥数的 22.7%,长达 109 616m。虽然这些桥不都是危桥,但却都是有隐患的桥。形成这种状况的原因,一是 20 世纪 70 年代以前建成的桥已无法适应经济快速增长,大吨位汽车发展的形势;二是旧桥的改造与老路的改造不同步,前者慢于后者,遗留不少隐患;三是桥梁工程管理不规范,有些桥梁存在质量缺陷;四是桥梁养护维修不到位,相当数量的桥梁年久失修;五是人为损伤,如一些单位乱采滥挖河段砂石,致使河床下降,造成桥墩基础隐患。

上述情况,在一些发达国家,如美国、日本、西欧和北欧等国也相当严重。例如:美国自 1978～1981 年共用 4 年时间对全国公路桥作了调查,当时美国共有公路桥梁 56.6 万座,调查报告中叙述了 51.4 万座桥的状况,有 40% 以上都有不同程度的损坏。又如:联邦德国于 1978～1979 年 2 年内,对一个州内的 1 500 多座钢筋混凝土和预应力钢筋混凝土公路桥做了全面检查,发现桥龄在 50～60 年的钢筋混凝土桥中,有 27% 的桥梁上部结构至少有一处严重损伤,64% 至少有一处重要损伤,77% 至少有一处中等损伤。在 30～35 年桥龄的钢筋混凝土桥中,有 13% 的桥梁上部结构至少有一处严重损伤,37% 至少有一处重要损伤,53% 至少有一处中等损伤。在 20～30 年桥龄的钢筋混凝土桥中,有 8% 的上部结构至少有一处严重损伤,24% 至少有一处重要损伤,46% 至少有一处中等程度损伤。而预应力混凝土桥的损伤情况比钢筋混凝土桥的损伤情况更为严重,20～30 年桥龄的预应力混凝土桥,有近 50% 的桥梁上部结构至少有一处重要损伤。

综上所述,为了保证旧桥的安全运营和尽可能延长其安全使用年限,应对旧桥进行检查、检测、评估,并应不断地定期进行。只有这样,才能及时提出有针对性的解决实际问题的维修加固方案。

二、桥梁的检查与检测

1. 桥梁检查

桥梁检查属于桥梁养护的范畴。它是为了保证正常运营而进行的。要及时发现桥梁的病害,必须对桥梁各部位进行检查。其目的在于随时掌握桥梁的技术状态和安全状态,为桥梁运营、管理与维修提供依据。

(1)经常检查

经常检查是日常工作。以目测为主,配以简单的量测工具,与日常管理及保养小修结合进行。对特大桥而言,应每天有人员按月计划的安排进行检查。检查的对象主要是桥面,特别注意在弯道和竖曲线部分有无妨碍行车的问题;其次是检查主结构有无异常情况。

检查时,应认真做好记录和描述,必要时应进行摄影和录像。

(2)定期检查

根据桥梁的全长、跨度、结构类型、材质、运营情况及重要性等,可每半年、一年或两年进行一次定期检查。对斜拉桥、悬索桥等结构复杂的桥,可半年进行一次。对预应力混凝土连续梁桥、预应力混凝土连续刚构桥等,就可每一年甚至两年检查一次。每年春秋两季可对桥梁的结构状态各进行一次细致的全面检查。春季时,桥梁经过严寒的冬天,除了应注意检查易受低温影响的部位(如钢梁的主要焊缝),混凝土构件中易于积水冰冻的部位,桥头路基冻融变位等外,还应检查流冰过桥情况,调查上游水库,调节疏浚河道,加强防护,迎接汛期。而秋季在经过夏季洪汛后,检查桥梁的全面技术状态,除须量测基础的水下冲淤,墩台的位置,以及上部结构受到膨胀的影响外,因秋季气候较好,检查上、下部结构时均较方便深入检查,检查的项目可更为全面。

定期检查除目测外,要使用较多的工具及仪器设备。定期检查的内容虽然也包括了某些经常检查的内容,但比经常检查的内容更全面、深入、详细。定期检查后要形成报告,对受检部位和关键数据要进行鉴定,做出评价。定期检查工作应由有相关经验的桥梁高级工程师主持。

2. 桥梁检测

成桥经过长时间运营,例如10年,其实际情况有可能发生了较大变化。这是因为:
(1)科学技术进步使桥梁设计规范有了重大修订和补充;
(2)车辆类型增多及载质量增加,与当初采用的设计和估计荷载有大的差异;
(3)日交通量及车速增加,与当初设计时采用的允许车速和规定的日交通量有了大的变化;
(4)疲劳、侵蚀的累积使桥梁的某个和数个部位或构件有了相当的削弱,此时就有必要对桥梁进行检测。

此外,当遇到特殊情况,如台风进行时和台风过后、地震过后、超重车辆通过和通过后、船只等大漂浮物撞击后、火灾过后和特大交通事故后也均应对桥梁进行检测。

桥梁检测应使用多种专门的仪器设备。一般应由具有相当资质和丰富经验的单位承担,绝非是桥梁的维修养护部门所能承担的。检测完成后要有专门报告,须对某些比较严重的部位及关键部位的技术状态和安全状态做出特别说明,并对全桥的安全状态和过载能力做出正确评估,须对下一步桥梁的维修加固提出建议性意见。

三、检测与评估的内容方法

1. 检测与评估的目的

进行旧桥检测与评估的目的,就是通过检测,了解旧桥存在的各种病害,取得关键部位的受载应力(应变)、变形、变位及沉降等重要数据,经过分析、研究、计算,甚至有时还要辅以相关的试验,找出病害产生的原因和其承载能力以及剩余寿命等。最后得出该桥还能否正常运营,需采取哪些措施(如限载、限速)和需进行哪些维修加固等结论。

2. 检测与评估的步骤

进行旧桥的检测评估一般采取如下步骤。
(1)首先了解该桥的概况、变迁、病害征兆。
(2)搜集和熟悉该桥的设计文件、施工文件、竣工资料和养护维修档案等。进行此项和前项工作时,还可对熟悉该桥情况的人员进行走访。
(3)对全桥及其周边环境作普遍观察量测。
(4)作荷载试验,包括静载和动载试验。
(5)分析、研究、计算,必要时作相关的辅助试验,找出病因,确定其承载能力,得出结论等。下文中将对这些做详细论述。

3. 桥梁概况所涉及的内容

所谓桥梁概况,应包括以下内容。
(1)桥位及自然条件。该桥所在的公路路线名称,所在地名,跨越的江河名称。桥位处的水文、地质、气象和地震等情况。

(2)桥全长,桥型及跨径组成,孔数。

(3)设计标准。大桥功能,桥上线路技术等级,桥上设计车速,桥面净宽,桥梁设计荷载等级、平曲线、竖曲线、桥上纵、横坡,桥下通航净空,地震设防,基本风速,温度影响等。

(4)主要工程材料。

(5)建造年代,日后的变迁。

(6)桥上通过的车辆类型、荷载等级,日交通量及其变化。

(7)如果是病害严重的桥或危桥,应了解主要病害情况,特别是那些可能引起桥梁坍塌落征兆。

4. 搜集和熟悉桥梁的技术档案

对桥梁概况的了解是必要的,但这只是一般性的。对检测与评估能起重要参照和指导作用的是桥的技术档案。技术档案包括建造、大修和加固的设计文件,施工记录,设计变更及隐蔽工程检验,施工总结,监理总结,竣工资料,预制构件的出厂合格证书,材料试验及抽检资料,日常养护维修资料,定期检测及有关资料,河床的变迁等。

应尽量将有关资料搜集齐全,这样有利于研究分析问题,有利于做出科学地恰如其分地评估,否则会给评估工作带来困难。

5. 对全桥进行普遍观察量测

对全桥作普遍观察量测,是对桥梁结构的各个细部和构件等观察了解现状,以及量测一些关键性的数据。只有这样,才能较全面地发现旧桥各部位存在的病害。

1) 桥头引道、河床及桥址的观察量测

观察桥梁的引道、河床和导流物时,须先根据设计资料,了解设计时的要求,然后通过观察量测检查弄清以下情况:桥头引道的构造、河道的变迁,以及河床有无冲刷淤积等。

重点应察看正桥与引桥、引道的衔接处是否正常;桥墩台处的局部冲刷与设计时采用的数据相比是否偏大;河流河道是否改变;桥下净空有无改变;以及两岸的桥头锥坡有无冲刷和损坏等。在必要的情况下,还应进行水流速度的测定,并确定河流水势的流向。

2) 量测全桥的线形和高程

包括上部和下部结构的高程,如墩台的支承垫石或支承板、承台和梁底高程等。如果桥梁的高程和线形良好,说明桥梁无大的病害;如果有变化且变化较大,则表明该桥可能基础发生了沉降、上部结构有较大的损伤和变形,对预应力混凝土结构而言,则有可能是发生了预料之外的收缩徐变等。

3) 圬工拱梁的观察量测要点

(1)观察圬工有无风化、剥落、破损及裂缝,注意变截面处、加固修复处及防水层的情况;对圬工剥落、裂缝处,应注意钢筋的锈蚀情况。

(2)钢筋混凝土梁应重点观察宽度超过0.3mm的竖向裂缝,并注意观察有无斜向裂缝及顺主筋方向的纵向裂缝。

(3)预应力钢筋混凝土梁要观测梁的上拱度变化,并注意观察有无不允许出现的垂直于主筋的竖向裂缝。

(4)拱桥应测量实际拱轴线和拱圈(或拱肋)尺寸,并检查它们有无横向(垂直路线方向)

的裂缝发生。

(5) 对所有宽度等于大于 0.3mm 的裂缝应观察量测其深度以及是否贯穿。

(6) 应用回弹仪和其他办法量测混凝土的实际强度。

(7) 应绘制裂缝分布、走向、长度、宽度及深度图。

4) 钢结构的观察量测要点

(1) 观察油漆涂层的完好程度,有无起皮、剥落、锈斑等。

(2) 观察钢件,特别是容易积水积尘或不通风部位有无锈蚀。锈蚀严重的,应量测钢板或构件的实际剩余厚度,以便考虑断面削弱的影响。

(3) 观察构件有无裂纹、穿孔、硬伤、硬弯、歪扭、爆皮及材料夹层等。要特别注意以下部位有无疲劳裂纹发生:

①承受拉力或反复应力的杆件与节点板连接处或杆(构)件接头处;

②由于损伤造成杆(构)件断面削弱及应力集中处;

③纵梁与横梁的连接角钢;

④无盖板的纵梁上翼缘角钢;

⑤主梁间的纵向联结系的连接处;

⑥单剪铆钉处;

⑦焊缝端部及其附近的基材;

⑧U 形肋与横隔板连接处的焊缝。

(4) 观察钢箱梁工地拼接时的大环形焊缝(即同一截面的顶板、腹板、底板、腹板的圆圈焊缝)和 U 形肋嵌补段焊缝有无异常。

(5) 观察杆件的平直度。在压杆的弯曲矢度大于杆件自由长度的 1/1 000,拉杆的弯曲矢度大于杆件自由长度的 1/500 时,均应注意弯曲的影响。

(6) 观察铆钉头有无锈蚀,铆钉有无松动等。应特别注意杆件连接和接头处;纵梁与横梁连接处;纵梁及上承式板梁上翼缘角钢的垂直肢;承受反复应力杆件的连接和交叉处;联结系斜杆的交叉处等。

(7) 观察高强度螺栓是否完好,有无松动和延迟断裂等情况。

5) 砖石砌体的观察量测要点

砖石砌体不同于钢筋混凝土的一个特点是,抗拉强度小,结构脆性大,开裂荷载比较接近或几乎等于破坏荷载。因此,当砖石砌体出现由于荷载引起的裂缝时,往往是砌体破坏的特征或前兆。

砖石砌体产生裂缝虽然不是唯一的破坏形式,但是为最常见的一种缺陷。裂缝的产生将对结构的耐久性、美观、强度和刚度等方面产生不同程度的影响。

砖石砌体裂缝,根据其产生的原因,主要有以下三种。

(1) 沉降裂缝

沉降裂缝是砖石砌体最常见的一种裂缝。它是由地基基础沉降导致砌体灰缝沉降引起的,有斜面裂缝、垂直裂缝和水平裂缝等。

(2) 温度裂缝

砖石砌体不均匀受热,温差较大时易引起温度裂缝。

(3) 砌体的强度不足及荷载引起的裂缝

由砌体强度不足及荷载引起的裂缝形式有水平裂缝、竖直裂缝及斜向裂缝等。

6）不同类型上部结构观察量测的重要部件及重点部位

不同类型的桥，包括用不同建筑工程材料建成的桥，各部件和各部位的受力情况各异，它们在同一座桥中所起的作用也不同。因此，在进行观察和量测时，对其重要部件和重点部位要特别小心，特别仔细。因为这些重要部件和重点部位比较容易损伤，而一旦损伤积累到一定程度就会影响桥梁的正常运营，甚至危及桥梁的安全。表5-9 示出了不同类型上部结构观察和量测的重要部件及重点部位。

上部结构观察量测的重点部件及部位　　　　表5-9

桥　式	观察量测的重点部件及部位
悬索桥	①主缆、主缆索股及锚头；②主鞍座及散索鞍；③吊索系统包括索夹等；④主塔顶端及塔身；⑤加劲梁；⑥加劲梁支座；⑦防雷设施
斜拉桥	①斜拉索及锚头；②斜拉索在塔和梁上的锚固区；③主梁；④主梁支座；⑤桥塔；⑥防雷设施
钢筋混凝土和预应力钢筋混凝土连续梁、悬臂梁桥	①跨中截面及附近；②反弯点处（一般为跨径的1/5处）及其附近；③桥墩处梁上部及其附近；④梁端部及其附近；⑤支座
钢筋混凝土和预应力钢筋混凝土钢架桥	①跨中截面及附近；②角隅处；③立柱（墩）
拱桥	①跨中截面及附近；②1/4跨径处截面；③拱肋之间的连接处；④对中承式和下承式拱的吊杆；⑤对系杆拱的系杆及其连接；⑥对钢管拱的钢管（包括连接）的焊缝及其支撑端的焊缝
钢筋混凝土和预应力钢筋混凝土简支梁、大孔板桥	①跨中截面及附近；②1/4跨径处截面；③梁、大孔板端部；④支座

7）墩台及基础的观察量测要点

观察墩台及其承台圬工有无风化剥落、裂缝及破损。应对裂缝及破损具体位置、宽度、长度、深度进行量测和描述，绘制成图。

此外，还须了解墩台有无下沉、位移和倾侧变位等情况。尽可能查清地基基础情况，特别是墩台基础埋深有无变化，有无超过设计规定的局部冲刷现象。观察梁端部、支座及墩台的相对位置关系。

将不同类型墩台的观察量测的重点部位示于表5-10 中。

墩台观察量测的重点部件及部位　　　　表5-10

墩台类型	观察量测的重点部件及部位
轻型桥台	①支座底板；②支撑梁；③耳墙
扶壁式桥台	①支座底板；②台身；③底板
重力式桥台	①支座底板；②台身；③前墙
重型桥墩	①支座底板；②墩身；③水位变化部位
柱式墩	①支座底板；②帽梁；③横系梁及其与桩的连接处

8）支座的观察量测

现有桥梁支座,由于其上部结构的类型、跨度、荷载以及建成年代不同等原因,种类型号繁多。因此,在对支座进行观察量测时应根据实际情况进行处理。

总而言之,应观察支座的位置是否仍处于设计位置,能否正常工作,有无锈蚀及损坏,特别是其锚固螺栓有无松动和被剪断或变形等。观察量测的要点可分述为:

(1) 垫层支座的油毡是否老化破裂;
(2) 钢板滑动支座和弧形支座是否干涩、锈蚀;
(3) 摆柱支座各部件相对位置是否正确,受力是否均匀,钢筋混凝土立柱是否损坏;
(4) 橡胶支座是否老化、变形,位置是否正确;
(5) 活动支座是否灵活,实际位置是否正确。

9）桥面的观察量测

一座完好的桥,除了其基础、墩台及上部结构等必须完好外,桥面铺装、伸缩缝、栏杆、防撞装置、照明及排水设施等必须也是完好的。只有这样,才能保证行车安全、顺畅、舒适,才能正常运营。

(1) 桥面铺装

桥面铺装观察量测的重点是桥面的纵坡横坡,桥面平整度、磨耗及损坏等情况。现有的桥面铺装材料主要有水泥混凝土和沥青类材料两大类。

水泥混凝土铺装层常见的缺陷如下。

①磨光:铺装层被车轮磨耗,形成平滑的状态,因铺装层骨料抗磨性能差或交通量过大所致。

②裂缝:因施工不良、温度变化以及上部结构产生过大的挠曲所致。常见裂缝有纵裂、横裂、网裂。

③脱皮露骨:由于施工时没有一次成型,或者由于产生裂缝后在车辆冲击力的作用下,表层产生脱皮或局部破损露骨。

④高低不平:主要出现在桥跨结构物的连接部位,由于结构物与填土部位之间的不均匀沉陷或结构物接头不平,会产生跳车,这不仅降低行车的舒适性、降低行车速度,甚至导致车辆减震装置的损坏。

沥青类铺装层常见的缺陷如下。

①泛油:由于沥青用量过多,集料级配不良,以及沥青材料软化点太低所致。桥面出现泛油后,车辆轮胎黏油,下雨时易打滑,降低了行车安全。

②松散露骨:由于车辆的作用,铺装层表面的细集料慢慢松散、脱离,表面出现锯齿状的粗糙状态。为沥青混合料压实不足或用油量太少所致。

③高低不平:与水泥混凝土铺装层的高低不平类似。

(2) 伸缩缝

伸缩缝的宽度是否合适,有无拉开或挤抵现象,是否平整,有无磨耗、损坏,有关设备、构件是否完善,能否活动自如,工作状况是否正常。

观察的要点:对于锌铁皮 U 形槽伸缩缝要注意是否有杂物嵌入;梳形钢板伸缩缝内是否有异物填塞;钢板伸缩缝有否被振裂振断;橡胶伸缩缝是否被破坏或老化等。所有的伸缩缝应在平行、垂直于桥梁轴线的两个方向均能自由伸缩。

(3) 栏杆及人行道

栏杆是否完整、牢固。除了因交通事故或人为损坏外,有时也会由于桥梁结构线形的改变而导致栏杆变形,甚至破损。

人行道是否完整、符合要求。有时会因桥梁伸缩缝的问题,而将伸缩缝附近的人行道挤压破碎或隆起。

(4) 防撞装置

防撞装置应始终保持完好,应特别注意其锚固螺栓、立柱和横档。油漆要完好、醒目。

(5) 照明设施

照明设施要特别注意行车指示和交通信号灯是否完好。

(6) 排水设施

为迅速排除雨水,防止雨水渗入梁体引起锈蚀而影响桥梁的整体耐久性,确保桥梁的正常使用,应保证排水设施的完好状态。

排水管是否破坏、损伤、脱落、堵塞,以及引水槽是否堵塞、破裂损坏等,均是观察的重点。

10) 材料强度的检测

在对旧桥作观察量测时,也应该对旧桥的材料强度作检测。

(1) 对混凝土和预应力混凝土结构的各主要受力部件或部位,如主桁、主梁、主拱圈、墩台身、帽梁等,应进行材料强度检验。混凝土强度可用回弹仪、超声波探伤仪等设备进行探测。必要时可在结构上钻取试件进行试验。

(2) 钢材强度一般以设计、施工的有关资料为依据,不再检验。无资料可查时,应通过调查桥梁修建年代,钢材外观,材料来源等进行分析判定。确有必要时可在结构上截取试件进行材料试验。

(3) 在结构上钻取、截取材料试件时,应取有代表性的,但应尽量选择结构的次要部位。同时要采取有效措施,确保结构安全,并及时进行补强处理。

11) 地基的检验

(1) 当发现墩台有沉降、倾斜、位移时,一定要对地基作探测。

(2) 查考原设计时的工程地质、水文及地貌等资料;用触探和钻孔取样等方法检验;也可进行荷载板试验。

6. 桥梁的静、动载检测

前面论述的,是对桥梁各组成部分需要进行的观察和量测。这些工作是绝对必需的,不可缺少或省略的。通过这些工作,可在一定程度上了解旧桥的病害情况。如果旧桥的病害不太严重,结构较简单,有关技术资料较齐全,此时进行一些分析计算,便可以对该旧桥进行评估。但是,如果旧桥的病害较多、较严重,在进行了上述的那些工作后,还必须进行静、动载检验。

静、动载检验可以对旧桥的承载能力做出最直接、最准确的判断。

旧桥的静、动载检测的基本内容、方法和使用的仪器设备等,相同于本书中成桥检测部分。这里仅就旧桥静、动载检测特别应注意的几个问题加以说明。

1) 关于桥跨结构在加载时的内力控制截面和检测项目

(1) 简支梁桥

主要有跨中最大正弯矩。

附加有支点最大剪力、墩台最大垂直力。

(2) 连续梁桥

主要有支点最大负弯矩,跨中最大正弯矩。

附加有支点最大剪力、墩台最大垂直力。

(3) 连续刚构桥

主要有节隅点和主梁相连接处的最大负弯矩,跨中最大正弯矩。

附加有墩柱顶的最大弯矩、最大剪力及墩柱的轴向力。

(4) 悬臂梁桥

主要有支点最大负弯矩,锚跨跨中最大正弯矩。

附加有支点最大剪力、墩台最大垂直力,挂梁跨中最大正弯矩。

(5) 无铰拱桥

主要有跨中截面最大正弯矩,支点截面最大负弯矩。

附加有拱脚最大水平推力,1/4 截面最大正弯矩和最大负弯矩。

(6) 斜拉桥

对于斜拉桥,除了对其主梁进行检测外,在作静、动载检测时,尚需检测斜拉索的索力及塔的应力和变位。

(7) 悬索桥

作静荷载检测时,除了对加劲梁的最大挠度、应力进行检测外,还应该对主缆索力、吊索索力、塔的位移和加劲梁的线形进行检测。

2) 关于加载时截面内力的控制

对旧桥,尤其是对有病害的桥,在加活载时应特别注意安全;加载一定要分级,由小到大,循序渐进;随时观测有关数据和桥梁状况,一有异常,应立即停止,以免发生危险;查明原因后才能继续。

四、检测与评估的依据以及应提交的成果

1. 检测与评估的依据

在进行前述的全部检测工作时,以及在全部检测工作完毕后进行评估工作时,一定要有据有序地进行。具有法规效力依据的主要如下。

(1) 委托方(业主)与被委托方签订的有效合同及其附件。

(2) 被检测与评估的桥梁所在地政府、政府主管部门及质检部门对该桥有关的指令、意见、要求等。

(3) 委托方向被委托方提供的该桥的原始设计文件、原始施工文件及竣工验收文件等。

(4) 国家部委颁布的相关规范、标准等,主要有:

①《公路旧桥承载能力鉴定方法(试行)》,中华人民共和国交通部标准,1988 年,北京。

②《公路桥涵设计通用规范》(JTG D60—2004),中华人民共和国交通部发布,2004 年,北京。

③《公路圬工桥涵设计规范》(JTG D61—2005),中华人民共和国交通部,2005 年,北京。

④《公路钢筋混凝土及预应力混凝土桥涵设计规范》(JTG D62—2004),中华人民共和国交通部,2004 年,北京。

⑤《公路桥涵钢结构及木结构设计规划》(JTJ 025—86),中华人民共和国交通部,1986

年,北京。

⑥《公路桥涵地基与基础设计规范》(JTG D63—2007),中华人民共和国交通部,2007 年,北京。

⑦《公路桥涵施工技术规范》(JTG/T F50—2011),中华人民共和国交通部,2011 年,北京。

⑧《铁路桥梁抗震鉴定与加固技术规范》(TB 10116—99),中华人民共和国铁道部,1999 年,北京。

⑨《铁路桥涵设计基本规范》(TB 10002.1—2005),中华人民共和国铁道部,2005 年,北京。

⑩《铁路桥涵混凝土和砌体结构设计规范》(TB 10002.4—2005),中华人民共和国铁道部,2005 年,北京。

⑪《铁路桥涵钢筋混凝土和预应力混凝土结构设计规范》(TB 10002.3—2005),中华人民共和国铁道部,2005 年,北京。

⑫《铁路桥梁钢结构设计规范》(TB 10002.2—2005),中华人民共和国铁道部,2005 年,北京。

⑬《铁路桥涵地基和基础设计规范》(TB 10002.5—2005),中华人民共和国铁道部,2005 年,北京。

⑭《城市桥梁养护技术规范》(CJJ 99—2003),中华人民共和国建设部,2003 年,北京。

除上面列举的外,还会涉及另外一些规范、标准、规程和规定。如《回弹法检测混凝土抗压强度技术规程》(JGJ/T 23—2011)、《超声法检测混凝土缺陷技术规程》(CECS 21—2000)和《铁路混凝土强度检验评定标准》(TB 10425—2003)等,还应注意规范的时效性。这些规范、标准每隔数年会修订,会有新的版本,应及时更新采用新版本。一般来讲,公路桥和公铁两用桥的公路桥采用公路桥的标准和规范,铁路桥和公铁两用桥的铁路桥采用铁路桥的标准和规范。

2.检测评估应提交的成果

1)检测评估报告的主要内容

在进行全面检测、验算和分析的基础上,应对旧桥做出科学评估,得出符合实际情况的结论。所提交的检测评估报告应包括以下内容:

(1)检测目的;

(2)桥梁概况;

(3)桥梁现状,即经过对全桥观察量测后,了解到的桥梁病害情况、损伤情况及存在的主要问题等;

(4)桥梁的静、动载检验(未作荷载检验的桥梁略去此项);

(5)桥梁验算情况;

(6)桥梁承载力的分析评估;

(7)桥梁承载力的鉴定意见及附加条件;

(8)对维修加固工作的建议;

此外,应附有必要的资料、图表、照片等。

2)桥梁承载力的分析与评估

对被检测旧桥的承载力做出评估,是检测与评估工作的最后落脚点。应充分利用调查、检测、荷载检验的资料,根据桥梁的结构特点,按以下几点综合验算、分析、评估桥梁的承载力及其使用条件。

(1)结构的强度与稳定性

①遵照本节所列举的相关规范,采用业主所希望通过的载质量等级,或根据桥梁所在路线近期载质量要求,按规范规定的荷载等级进行结构强度和稳定性验算。

有时为了充分利用旧桥,如按规范要求布置挂车或履带车验算桥梁承载力不能通过时,也可采用限制车辆运行路线(如加大车轮边缘与路缘石间距)、车间距和车速等措施进行桥梁承载力验算。

②根据桥梁的现状,即根据桥梁的实际情况,参考原设计计算资料,可着重对结构主要控制截面、结构薄弱部位进行验算。

验算时,应以实际调查量测到的结构各部位尺寸及材料强度为依据。若实际调查值与设计值相差不大时,仍可按设计值进行检算。有严重质量问题或者有严重病害损伤的构件,应考虑折减。

③桥梁主要构件应按规范要求进行强度及稳定性验算。如桥梁使用状况较好时,可评定桥梁承载力符合验算荷载要求;否则,应降低验算荷载,重新进行验算。

④桥梁的非主要构件,如拱桥拱上建筑、梁桥桥面板、横隔板等的强度和稳定性同样应满足验算要求,如不符合要求,应进行局部补强、加固或改建。

⑤仅由于少数结构构件混凝土有严重质量问题或严重病害损伤,或者是钢构件腐蚀严重、变形过大甚至有裂纹等,影响了桥梁的承载力,致使验算不能通过时,可对少数构件进行补强或更换。

⑥对混凝土结构构件及钢结构构件轻微的质量问题,或位于结构次要部位的一般问题,在基本不削弱结构承载力的情况下,可不予补强。但应采取措施,防止已发生的质量问题继续恶化。如对钢筋混凝土构件要对钢筋采取必要的防锈措施;对钢构件要将锈除掉,涂刷防锈漆等。

(2)对桥梁结构刚度的要求

桥梁结构必须要有足够的刚度,以满足正常运营的需要。通常用限制最大竖向挠度和横向最大振幅的办法来分别满足桥梁结构的竖向刚度和横向刚度。

①公路桥的刚度要求

本节列举的有关公路桥设计规范中,对最大竖向挠度的允许值做了如下规定。荷载检测实测挠度一般应不大于相应的计算值。

a. 按规定的汽车荷载(不计冲击力)计算的砖石及混凝土拱桥上部结构在一个桥跨范围内的正负挠度的最大绝对值之和不大于 $L/1\,000$,用挂车或履带验算时,此挠度可增加 20%。

b. 钢筋混凝土桥梁,以汽车荷载(不计冲击力)计算的上部构造最大竖向挠度,不应超过下列的允许值:梁式桥主梁跨中 $L/600$;梁式桥主梁悬臂端 $L_1/300$;桁架、拱 $L/800$。式中 L 为计算跨径,L_1 为悬臂长度。用平板挂车或履带荷载验算时,上述允许挠度可增加 20%。

荷载在一个桥跨范围内移动产生正负不同的挠度时,计算挠度应为正负挠度的最大绝对值之和。

②对预应力混凝土受弯构件,在短期使用荷载作用下最大竖向挠度的允许值,可按上述①条的规定执行。

③铁路桥的刚度要求

本节列举的有关铁路桥设计规范中,对最大竖向挠度的允许值做了如下规定。荷载检测实测挠度一般应不大于相应的计算值。

a. 简支钢板梁由静活载(不计冲击力)所引起的竖向挠度,不应超过其跨度的1/800。

b. 钢桁梁由静活载引起的竖向挠度(按平面桁架计算),简支桁梁及连续桁梁的边跨不应大于$L/900$,连续桁梁的中跨不应大于$L/750$。其中L为检算跨长。

c. 对钢筋混凝土和预应力混凝土结构,静活载所引起的最大竖向挠度应符合下列规定:简支梁不应超过跨度的1/800;连续梁边跨不应超过跨度的1/800;中跨不应超过跨度的1/700。

d. 拱桥的1/4跨度处,由列车静活载所产生的上下挠度(绝对值)之和,不宜大于计算跨度的1/800。

由于公路桥与铁路桥的活荷载及车行线路(车道)不一样,相对地讲,公路桥要比铁路桥宽得多。因此,在公路桥有关的设计规范中未对桥的宽跨比做出相应规定和要求。而铁路桥为了满足横向刚度的要求,则在有关的设计规范中对桥的宽跨比等做出了规定和要求。

此外,在本节提到的铁路桥梁的相关检定规范,还分别对各类简支梁、钢筋混凝土梁的实测跨中横向最大振幅和最低自振频率做出了规定。

(3)裂缝

桥梁结构在恒载作用下的裂缝宽度,在有关规范中[如《公路养护技术规范》(JTG H10—2009)]有明确规定,可查找相关资料。

裂缝过大,一方面会影响桥梁结构的刚度,另一方面会影响桥梁结构的耐久性。裂缝有可能是结构本身的问题,也有可能是地基基础的原因引起的,应予以重视。

(4)地基与基础

对旧桥而言,其地基基础的评定是重要的。即使上部结构是安全的,地基基础存在问题也是不行的。

一般来讲,判断地基的承载力应以调查、验算资料为主。如果桥梁经过多年运营和洪水考验,墩台未发生明显的不均匀沉陷、倾斜以及由此引起的桥面纵横坡变化,墩台未发生明显的水平位移及由此引起的桥梁伸缩缝过度的分开或抵拢、拱桥拱顶及拱脚的严重开裂等,且地基与基础验算通过时,可评定地基与基础承载力符合要求。要特别注意两点:

①根据观测,若墩台有下沉、滑动或倾斜,并在继续发展,则一定要探明情况并采取措施;

②对水中墩台,一定要探测墩位处的局部冲刷深度是否已超过设计允许值。若已超过,则一定要采取抛填片石等方法进行处理。

(5)综合评定

在实际工作中,根据前述四条可以对旧桥的承载力做出评定。这是最根本的。但为了保证旧桥的正常运营,还要根据已观测的桥面、栏杆、人行道、伸缩缝、支座和排水设施等情况,对桥梁现状做出综合评定。

第六节　桥梁的健康监测

一、桥梁健康监测概论

结构健康监测(Structural Health Monitoring,SHM)技术起源于1954年,最初的目的是进行结构的荷载监测。随着结构设计日益向大型化、复杂化和智能化发展,结构健康监测技术的内容也逐渐丰富起来,不再是单纯的荷载监测,而是向结构损伤检测、损伤定位、结构剩余寿命预测乃至结构损伤的自动修复等方面发展。

目前结构健康监测技术主要应用在一些造价昂贵、对可靠性要求很高的重大工程结构中,如超大跨桥梁、超大跨空间结构、超高层建筑、大坝和海洋平台等,由于它们的使用期长达几十年甚至上百年,环境侵蚀、材料老化和荷载的长期效应、疲劳效应与突变效应等因素的作用将不可避免地导致结构的损伤累积和抗力衰减,进而导致其抵抗自然灾害甚至在正常环境作用下的能力下降,极端情况下将引发灾难性的突发事故。所以,运营过程中桥梁结构的健康诊断和承载能力评估涉及桥梁状态评定、养护与管理、维修与加固等方面,不仅是桥梁工程师的基本职责,也是广大业主非常关心的问题。

美国联邦公路局(FHWA)1989年的统计数据表明:全美578 000座桥梁中的41%在结构上存在缺陷,其中至少有130 000座公路桥梁,限制通过车辆的重量,5 000座桥梁被封闭不能使用,平均每年有150~200跨遭受部分或全部破坏,修复全部受损桥梁的预算起码要900亿美元。

截止1998年底,中国共有公路桥梁210 822座,其中危桥4 105座,还有大量桥梁已服役了相当长一段时间。大量既有桥梁的正常使用功能和安全性存在不同程度的隐患与缺陷,其原因主要来自以下几个方面:其一是桥梁的设计与施工存在质量缺陷;其二是桥梁普遍荷载等级不够,不能满足现代交通的要求;其三是桥梁在长期的使用过程中存在不同程度的损伤(如结构开裂、变形过大、疲劳、支座或桥台沉陷等);其四是超载导致结构的损伤进一步加剧,从而降低了结构的正常使用寿命;其五是在洪水、台风、地震等自然灾害作用下功能受损,成为危桥或发生限载使用等情况。如1994年韩国汉城的圣水大桥断塌;1998年宁波大桥在施工过程中主跨折断;1999年四川彩虹大桥突然倒塌;2001年四川宜宾南门大桥桥面断裂坍塌;2005年贵州珍珠大桥悬拼钢拱架垮塌,这些事故不仅造成了巨大的人员伤亡和经济损失,而且对地区的社会生活也造成极坏的影响。表5-11为部分失效桥梁一览表。

桥梁失效一览表　　　　　　　表5-11

桥　　名	结构形式	事故时间	事　故　简　况	失效原因
美国Kings桥	钢桥	1962	倒塌	疲劳脆断
美国Point Pleasant桥	吊桥	1967	倒塌	疲劳脆断
英国Yuysy Gwas桥	混凝土梁桥	1985	倒塌	预应力筋锈蚀
美国乔治·华盛顿桥	吊桥	1992	纽约侧锚锭内主缆近70%丝股腐蚀严重	主缆腐蚀

续上表

桥　　名	结 构 形 式	事故时间	事 故 简 况	失效原因
韩国圣水大桥	斜拉桥	1994	中孔崩塌	疲劳断裂
广州海印大桥	斜拉桥	1995	一根斜拉索突然断落	斜拉索锈蚀
帕劳岛桥	预应力混凝土梁桥	1996	倒塌	力筋锈蚀
重庆綦江彩虹桥	钢管混凝土拱桥	1999	倒塌	施工质量低下
宜宾小南门桥	劲性骨架箱肋桥	2001	桥面局部倒塌	吊杆断裂
贵州珍珠大桥	钢筋混凝土箱形拱桥	2005	悬拼钢拱架突然发生垮塌	

为了保障大型桥梁的安全性、耐久性与正常使用功能，美国20世纪80年代中后期开始在多座桥梁上设计和安装了不同规模的健康检测与智能诊断系统，监测环境荷载、结构振动和局部应力状态，用以监视施工质量、验证设计假定和评定服役安全状态。例如，1987年，英国在总长522m的三跨变高度连续钢箱梁桥 Foyle 桥上布设传感器，监测大桥运营阶段在车辆与风荷载作用下主梁的振动、挠度和应变等响应，同时检测环境风和结构温度场，该系统是最早安装的较为完整的监测系统之一，它实现了实时监测、实时分析和数据网络共享等功能。此后，日本的明石海峡大桥和南备赞濑户桥、丹麦的 Great Belt 悬索桥、挪威的 Skarsundet 斜拉桥以及泰国的 Rama 8 斜拉桥等典型桥梁均建立了相应的健康监测系统。

在我国，大型桥梁的长期健康监测也已开始受到人们的重视，自20世纪90年代起也在一些大型重要桥梁上建立了不同规模的长期健康监测系统，如香港青马大桥（图5-16）、汀九大桥（图5-17）、汲水门大桥；内地的广东虎门大桥、上海徐浦大桥、江阴长江大桥、润扬长江大桥和苏通大桥等数座大型桥梁在施工阶段已安装了用于环境、结构响应与形变量测的传感装置，旨在获取识别结构主体性能和安全性能的各种记录，进行施工监控和桥梁运营期间的实时健康监测。尤其是青马大桥和江阴长江大桥的检测系统较为完善，传感设施先进、布置合理，并注重对大桥结构的状态监测和可靠性评价。表5-12为国内外部分已安装健康监测系统的桥梁。

图5-16　香港青马桥

图 5-17　香港汀九桥

国内外安装监测系统的桥梁　　　　　　　　　　　　　表 5-12

桥梁名称	结构类型	跨度(m)	监测内容	设置时间	位置
Fred Hartman 大桥	斜拉桥	147 + 381 + 147	桥梁安全状况	1997	美国
Foyle 桥	连续钢箱梁桥	522	主梁的振动、挠度和应变，环境风和结构温度场	1987	英国
Flintshire	独塔斜拉桥				英国
Confedertion	连续刚构				
明石海峡大桥	悬索桥	960 + 1 990 + 960			日本
Great Belt East	悬索桥	535 + 1 624 + 535			丹麦
青马大桥	悬索桥	主跨 1 375	风、车辆和温度等荷载，环境作用		香港
南备赞濑户桥	悬索桥	274 + 1 100 + 274			日本
Namhae	悬索桥	128 + 404 + 128			韩国
Seo-Hae	斜拉桥				韩国
Ting Kau 大桥	斜拉桥	127 + 448 + 475 + 127			香港
Kap Shun Mun 大桥	斜拉桥	160 + 430 + 160			香港
Skarsundet 桥	斜拉桥	240 + 530 + 240			挪威
Sunshine Skyway 桥	斜拉桥	主跨 440			
Rama 8 桥	独塔斜拉桥	166 + 450 + 166			泰国
柜石岛大桥	斜拉桥	700			日本
New Haengju	斜拉桥	160 + 120 + 100			韩国
Jindo	斜拉桥	70 + 344 + 70			韩国
Storek's Bridge	斜拉桥	63 + 61			瑞士
Faroe 桥	斜拉桥	—			丹麦
Tampico 桥	斜拉桥				墨西哥
HAM42-0992	连续梁	17 + 24 + 17			美国
徐浦大桥					中国
卢浦大桥					中国
南京长江二桥					中国
江阴长江大桥	悬索桥	1 388		1999	中国

桥梁健康监测的基本内涵是通过先进的监测系统对桥梁结构的工作状态及整体行为进行实时监控,并对桥梁结构安全健康状况做出评估,使桥梁在特殊气候、交通条件下或桥梁运营状况严重异常时触发预警信号,为桥梁安全运营与维护管理提供科学的决策依据和指导。为此,健康监测系统主要对以下几方面进行监控。

(1)通过测量结构各种响应的传感装置获取反映结构整体行为的各种记录,重点是在车辆和风力作用下桥梁主体结构(主塔、主梁、主缆、主索等)的振动、位移和应变等;

(2)桥梁重要的非结构部件(如支座、伸缩缝等)和附属设施(如振动控制器等)的工作状态;

(3)结构构件的损伤识别和确切部位;

(4)桥梁所处气候环境条件(环境风和结构温度场等)。

桥梁健康监测不只是传统的桥梁检测技术的简单改进,而是运用先进的检测手段(现代传感技术)与现代通信技术相结合,对桥梁结构的整体行为进行不间断的连续扫描,迅速而准确地对记录信息作出判断,保证桥梁安全运营。人们把这种监控系统称之为"现场试验室"。

二、桥梁健康监测的意义和作用

随着全球经济的迅猛发展和对交通运输的迫切需求,各国的高速公路得以大规模建设,由此许多跨江河和跨海大跨度桥梁应运而生,尤其是悬索桥和斜拉桥以其跨度大,造型优美,节省材料而成为大跨度桥梁的首选。但随着桥梁跨度的增大(目前最大跨度1991m),梁的高跨比越来越小(1/40~1/300),安全系数也随之下降,由以前的4~5倍下降为2~3倍。另外,由于其柔性大,频率低,对风和地震力的作用很敏感,而且由于缺乏必要的监测和相应的维护,世界各地出现大量桥梁损坏事故,给社会经济和人们生命财产安全造成了很大损失。

1940年完工的主跨853m的塔可马大桥(Tacoma Narrows),只使用了3个月,便在19m/s的风速时垮塌;1951年主跨1280m的美国旧金山金门大桥在遭遇1520m/s的风速下因振动而造成桥体损坏;1994年韩国汉城横跨汉江的圣水大桥跨中断塌50m,造成车辆落江,32人死亡的重大事故。据报道造成桥梁在行车高峰突然断裂的原因是长时期超负荷运营,钢梁螺栓和杆件疲劳破坏所致。2001年11月我国四川宜宾主跨250m的系杆拱桥垮塌,该桥1990年建成通车,仅使用了11年。据调查也是严重超负荷运营所致,原设计日通行车辆为6000辆,而破坏时实际日通行量为3万辆。据报道,美国现有约50万座公路桥中,有20万座以上存在不同程度的损伤。

我国早期建造的斜拉桥,由于拉索的防护不合理而引起斜拉索的严重锈蚀,如1982年建成的济南黄河大桥和1988年建成的广州海印大桥的斜拉索在分别使用13年和7年以后,于1995年被迫全部更换,造成很大的经济损失和不良的社会影响。

在过去十几年里,我国已建成一批举世瞩目的大跨度桥梁,如南京长江二桥、铜陵长江大桥、上海南浦、杨浦、徐浦等大桥均为具有世界先进水平的斜拉桥,另外江阴长江大桥、香港青马大桥和虎门大桥都是我国新建的大跨度悬索桥。近几年我国沿海地区交通发展迅速,经过可行性论证,还要建设很多大跨度桥梁。为了确保这些耗资巨大,与国计民生相关的大桥的安全,必须对它们进行长期连续的安全监测。

因此,大型桥梁的健康安全监测越来越受到重视,国内外许多专家学者致力于桥梁的监测研究,尤其是大型桥梁的健康监测正日益成为土木工程学科领域中一个非常活跃的研究方向。

桥梁健康监测的研究,不仅要求在测试技术上具有连续、快速和大容量的结构信息采集与通信能力,而且力求对桥梁的整体行为进行实时监控,并准确及时地评估桥梁的健康状况,保证桥梁安全运营。另外,更重要的是,大跨度桥梁设计中还存在许多未知和假定,通过健康监测获得的运营中的桥梁动力、静力行为和气候环境的真实信息,可验证大桥的理论模型和计算假定,以进一步完善大跨度桥梁的设计。因此,大型桥梁的健康监测概念不只是传统的桥梁检测加结构评估,而是涵盖了结构监控与健康评估、设计验证和桥梁结构理论研究与发展等三大方面的内容。

三、监测仪器的现状和存在问题

健康监测有别于传统的桥梁检测过程。传统的检测手段只是对桥梁的外观及其结构特性进行监测,而且只能在特定的时间和空间下进行。其检测结果一般只能部分地反映结构的当前状态,因而难以全面反映桥梁的健康状况,尤其难以对桥梁的安全储备以及退化的过程做出系统的评估。另外,常规的检测技术也难以发现隐蔽构件(支座、伸缩缝和锚具等)的损伤,四川宜宾大桥垮塌后所发现的一些重要部件的损伤就是典型实例。其主要原因是测试仪器的不合理,对大桥不能连续实时监测。例如目前用于监测结构位移的仪器主要是经纬仪、位移传感器、加速度传感器和激光位移计等,在实际应用时存在许多缺陷。

上海杨浦大桥监测采用的是全站仪自动扫描法,对各测点进行每7s一次的连续扫描,其缺点是各测点不同步及大变形时不可测。

位移传感器是一种接触式位移计,必须与测点相接触,所以对难以接近点无法测量,对横向位移测量有难度,而且时间长了接触点会脱粘。

加速度传感器存在频率响应问题,对于低频静态位移测量效果差,而且为了获得位移必须对测得的加速度值进行两次积分,误差大,且无法实时监测。激光位移测试精度较高,但在桥梁晃动大时,无法捕捉光点,也无法测量。

由于存在上述缺陷,健康监测必须寻找更好的测试方法。近几年出现了利用 GPS(Global Positioning System) 进行测试的新手段,国内1996年对深圳地王大厦,1998年对香港青马大桥,1999年对广州虎门大桥进行了实地测试。1999年对南京长江二桥主跨628m的国内最大斜拉桥和高度195m的索塔进行了施工尺寸控制,均获得了成功。目前 GPS 测试方法仅限于位移监测。对于桥梁振动测试,GPS 方法还有难度。目前得到普遍认同的另一种最有发展前途的方法就是结合振动理论、振动测试技术、系统识别技术、信号采集与分析等跨学科技术的试验模态分析法。

四、健康监测新技术

1. GPS 监测系统

(1)GPS 的基本概念

GPS 监测系统是一套实时监测系统,主要由4部分组成:

①GPS 测量系统;

②信息收集系统;

③信息处理和分析系统;

④系统运作和控制系统。

其硬件包括:GPS 测量仪(包括 GPS 天线和 GPS 接收器)、监测站、信息收集总控制站(基准站)、光纤网络通信、GPS 电脑系统和显示屏幕等。

GPS 接收器配备有 6 个以上卫星跟踪通道,与大桥上布置的 GPS 测量仪同步进行定点位移测量,以 10 次/s 的测点更新率提供独立的实时测点量测结果,从接收信息、数据和图像处理到桥梁位移图像屏幕显示之过程在 2s 内完成。GPS 监测系统可以在无人值守的情况下进行 24h 全天候连续作业,完成桥梁的实时健康监测。

(2)GPS 位移监测原理

采用卫星定位系统监测大桥运营中的位移,利用接收导航卫星载波相位进行实时相位差即 RTK 技术(Real Time Kinematic),实时地对大桥位移进行测量,并通过固定光纤网络传输数据而进行运作。

GPS、RTK 差分系统是由 GPS 基准站、GPS 监测站和通信系统组成。基准站将接收到的卫星差分信息经过光纤实时传递到监测站。监测站接收卫星信号及 GPS 基准站信息,进行实时差分后,可实时测得站点的三维空间坐标,此结果将送到 GPS 监控中心。然后监控中心对接收机的 GPS 差分信号结果进行桥梁、桥面、桥塔的位移、扭转角的计算,给出实时的桥形变化提供给大桥管理部门进行安全性分析。

(3)GPS 监测位移的特点

①由于 GPS 接收卫星运行定位,所以大桥上各测点只要能接收到 6 颗以上 GPS 卫星基准站传来的 GPS 差分信号,即可进行 RTK 差分定位,各监测站得到的是相互独立的观测值。

②GPS 定位受外界大气影响小,可以在暴风雨和大雾中进行监测。

③GPS 测量位移自动化程度高。从接收信号,捕捉卫星到完成 RTK 差分位移都是由仪器自动完成,所测结果自动地存入监控中心。

④GPS 定位速度快,精度高。

2.试验模态分析法

试验模态分析法的应用已有十多年历史,其原理是通过对结构在不确定的动荷载下振动参数实测和模态分析,结合系统识别技术对结构进行评估。其中对振动参数进行模态分析和系统识别是关键技术。

系统参数识别目前普遍采用两种方法:频域法和时域法。频域法利用所施加的激励,对桥梁来说主要是车载和风力激励,由此得到的响应,经过 FFT(Fast Fourier Transform)分析仪得到频响函数,然后采用多项式拟合方法得到模态参数。而时域识别法是利用随机或自由响应数据来识别模态参数,比频域法更趋于完善,它不必进行 FFT 分析,从而清除了 FFT 分析带来的误差,但也存在一些缺陷。由于参数识别时运用了所测振动信号的全部信息,而不是选取有效频段,往往使得其中一些重要的模态信息未被充分收集。

传统的模态识别方法是基于试验室条件下的频率响应函数进行的参数识别方法,它要求同时测得结构上的激励和响应信号。但是,结构的运行条件和试验室测试条件明显不同,在试验室中结构的特性可以较为准确的模拟,同时结构激励已知。但是对于正常使用的结构来讲,激励往往是不可测量的,同时大部分情况下是非稳态的。例如波浪作用下的海岸结构、飞行状况下的航空结构、风荷载作用下的高耸电视塔以及环境激励下的桥梁结构。同时地脉动作用下结构不同点处所受作用不同,风荷载作用下结构不同高度受力不同,这些都导致要想完全获得激励的信息是非常困难的。在工程结构的动态识别中,输入信号往往是未知的,因此模态参数的识别过程仅是基于输出信号的。其次,对一些大型结构无法施加激励或施加激励费用很昂贵,因此要求识别结构在工作条件下的模态参数。工作模态参数识别方法与传统模态参数识别方法相比有如下特点。

(1) 仅根据结构在环境激励下的响应数据来识别结构的模态参数,无需对结构施加激励,激励是未知的,如无需对大桥、海洋结构、高层建筑等大型结构进行激励,仅需直接测取结构在风力、交通等环境激励下的响应数据就可以识别出结构的模态参数。该方法识别的模态参数符合实际工况及边界条件,能真实地反映结构在工作状态下的动力学特性,如高速旋转的设备在高速旋转的工况下和静态时结构的模态参数有很大差别。

(2) 该种识别方法不施加人工激励完全靠环境激励,节省了人工和设备费用,也避免了对结构可能产生的损伤问题。

(3) 利用环境激励的实时响应数据识别结构参数,能够识别由于环境激励引起的模态参数变化。尽管传统的模态参数方法已在许多领域得到了广泛应用,但近年来,环境激励下模态参数识别方法得到了航天、航空、汽车及建筑领域的研究人员的极大关注,如美国 SADIA 国家试验室的 JAMES 和 CARNE 在 1995 年提出 NExT 方法,并将该方法用于高速汽轮机叶片在工作状态下固有频率和阻尼比的识别。欧共体 1997 年批准的 EUPOKH 项目的主要研究内容是环境激励下(如大桥在风力与交通激励)大桥结构的工作模态参数的识别。1997 年丹麦对 Vestvrj 大桥进行了环境激励下的模态参数识别和模态参数测试。总之,基于环境激励下响应的结构模态参数识别方法,正在受到工程界的高度重视。对于环境激励下结构工作模态的研究早在 20 世纪 60 年代就已开始,经过几十年的研究,特别是近几年来,人们已经提出了多种环境激励下模态参数识别的方法。大致分类如下:

①按识别信号域分:时域识别方法、频域识别方法和联合时频域识别方法;

②按激励信号分:平稳随机激励和非平稳随机激励(有的方法假设环境激励为白噪声激励);

③按信号的测取方法分:单输入多输出和多输入多输出;

④按识别方法特性分:时间序列法、随机减量法、NExT、随机子空间法、模态函数分解法、峰值拾取法、频域分解法及联合时频方法。

下面按照时域、频域和时频域识别方法的顺序对目前研究出的几种方法进行论述。

1) 基于环境激励响应的结构模态参数识别的时域方法

(1) 时间序列法

时间序列法是一种利用参数模型对有序的随机采样数据进行处理,从而进行模态参数识别的方法,具体模型包括:AR 自回归模型、MA 滑动均值模型和 ARMA 自回归滑动均值模型。1969 年 Akaile 首次利用自回归移动均值模型进行了白噪声激励下的模态参数识别。

对于线性系统建立时间序列模型,用时间序列模型进行参数识别无能量泄漏,分辨率高,但时序建模的关键问题是正确确定模型阶次,目前已有多种模型定阶的准则,但还没有一种是完全成熟的,因此,模型定阶问题仍是需要进一步研究的问题。

(2) 随机减量法

随机减量法是利用样本平均的方法,去掉响应中的随机成分,而获得初始激励下的自由响应,然后利用 IDT 法进行参数识别,该方法仅适用于白噪声激励的情况。随机减量法最先由

Cole用于航天飞机结构,并成功地用于识别空间飞行器模型结构的振动模态参数的识别。Ibrahim在19届国际模态会议上对此进行了详细论述,同时强调了该方法仅适用于白噪声激励。

（3）NExT(Natural Excitation Technique)

NExT法的基本思想是在白噪声环境激励下结构两点之间响应的互相关函数和脉冲响应函数有相似的表达式,求得两点之间响应的互相关函数后,运用时域中模态识别方法进行模态参数识别。James等人在这方面的研究最多,他们在1993年的一份研究报告和1994年的两次会议论文中多次提到这种方法并称之为NExT法。

NExT法识别模态参数的程序是:首先,进行采样;然后对采样数据进行自相关和互相关计算,需要选取测量点作为参考点;最后,将计算的相关函数作为脉冲响应函数。利用传统的模态识别方法进行参数识别,对于单输入多输出采用IDT法或单参考点复指数法(SRCE);对于多输入多输出可采用多参考点复指数法(PRCE)或特征系统实现(ERA)法。

NExT法是假设激励为白噪声,对输出的环境噪声有一定的抗干扰能力。目前,该方法已广泛运用于桥梁、汽轮机、飞机和汽车的工作模态参数识别。

（4）随机子空间法

随机子空间法是基于线性系统离散状态空间方程的识别方法,适用于平稳激励。1995年由Peeters等人首次提出,随机子空间法适用于线性结构平稳激励下参数识别,对输出噪声有一定的抗干扰能力,但计算量大。具体体现在Hankel矩阵和状态空间方程的阶数选取,同时注意识别虚假模态。

（5）模态函数分解法

模态函数分解法是基于NExT法求得白噪声环境激励的响应后,利用响应与结构模态函数的固有关系进行参数识别的一种方法。具体是:通过NExT法求得结构白噪声环境激励的响应,对其进行模态函数分解得到各阶模态函数,然后通过Hilbert变换得到模态参数。

2）基于环境激励响应的结构模态参数识别的频域方法

（1）峰值拾取法

峰值拾取法是根据频率响应函数在固有频率附近出现峰值的原理,用随机响应的功率谱代替频率响应函数。该方法假定响应功率谱峰值仅有一个模态确定,这样系统的固有频率由功率谱的峰值得到,用工作挠度曲线近似替代系统模态振型。该方法不能识别密集模态和阻尼比,但由于操作简单、识别快,在建筑领域经常使用。

（2）频域分解法

频域分解法是白噪声激励下的频域识别方法,是峰值拾取法的延伸,克服了峰值拾取法的缺点。主要通过对响应的功率谱进行奇异值分解,将功率谱分解为对应多阶模态的一组单自由度系统功率谱。该方法识别精度高,有一定的抗干扰能力。

以上几种环境激励下模态参数辨识方法假设激励为白噪声,这是考虑到人工白噪声具有频率范围宽能很好覆盖结构模态频率范围的特点,以及许多实际情况可以近似为白噪声,如稳定的气流对飞行器的激励、风对桥梁和建筑物的激励等,另外也便于结构响应的数值分析。同时这些识别方法是假设环境激励是白噪声或非白噪声的平稳激励,对非平稳随机激励不能很好地识别,而实际工程中很多环境激励是不能近似成平稳激励的。因此,这种方法仅局限于线性的定常系统,其原因是因为傅氏变换是一种时间域与频率域之间的全局性变换,是以牺牲全部时间信息为代价而获得完美的频率分辨率,且变换是以信号平稳性假设为前提的,时变系统的响应信号往往包含瞬态信号及时变的信息,对这种时变系统的参数辨识问题,不仅要识别系统含有哪些频率成分,而且要了解这些频率的时间特性。基于传统谱分析的系统模态参数辨识方法已无法解决这类问题。

由于反映非平稳随机过程统计特性的指标是随时间变化的。结构响应信号的频率成分也是随时间变化的,而信号在时间和频率二维平面上的表示能够反映出频率成分随时间变化的特性。模态参数识别的联合时频域方法就是通过对信号进行时频变换直接识别参数。

自 20 世纪 90 年代以来,出现了一些新的时频分析方法即小波变换,它是一种时频分析工具,它继承了傅氏变换以简谐函数来逼近任意信号的思想,但变换所用的函数族是一系列尺度可变的函数,这使得小波变换具有良好的时频局部化特性,拥有一般谱分析所不具备的时域和频域同时定位的能力。因此,许多学者展开了此方面的研究。

3)结构损伤检测定位技术

对于结构损伤检测定位方法,目前常用的有模型修正法和指纹分析法两种。

(1)模型修正法

模型修正法在桥梁监测中主要用于把试验结构的振动反应记录与原先的有限元模型计算结果进行综合比较,利用直接或间接测量到的模态参数、加速度时程记录、频响函数等。通过条件优化约束,不断地修正模型中的刚度和质量信息,从而得到结构变化的信息,实现结构的损伤判别和定位。其主要修正方法有:矩阵型修正法、子矩阵修正法和灵敏度修正法。这些方法的具体操作详见相关专业文献。

(2)指纹分析法

指纹分析法是通过与桥梁动力特性有关的动力指纹及其变化来判断桥梁结构的真实状态。

在桥梁振动监测中,频率是最容易获得的模态参数,而且精度较高,因此通过监测结构频率的变化来识别结构是否损伤是最简单的。此外,振型也可用于结构损伤的发现,尽管振型的检测精度低于频率,但振型包含更多的损伤信息,利用振型判断结构的损伤是否发生的方法有柔度矩阵法(详见相关文献)。

但大量的模型和实际结构的试验表明,结构损伤导致的固有频率变化很小,但振型形式变化比较明显,而一般损伤使结构自振频率的变化都在 5% 以内,从对有关桥梁长期观测的记录发现,在一年期间里桥梁的自振频率变化不到 10%,因此一般认为自振频率不能直接用来作为桥梁监测的指纹。而振型对结构整体刚度,特别是局部刚度比较敏感,所以通过实测振幅模态参数确定振型作为桥梁监测的指纹来判断桥梁损伤状态是有可能的。虽然精确测量比较困难,但可以通过增加测点,特别是增加主要控制断面的测点来弥补。

五、桥梁健康监测系统的设计

1. 监测系统设计准则和测点布置

大型桥梁健康监测系统的设计准则主要考虑两方面的因素,第一是建立该系统的目的和功能;第二是投资成本和效益分析。桥梁健康监测项目与桥梁规模有关,不同桥梁的监测项目存在着较大差异。这些差异除了桥型和桥位环境因素外,主要是由于各自建立监测系统的功能要求和目的不同,所以监测项目和测点数量也不完全相同,同时投资成本也是重要的影响因素。

对于特大型桥梁,建立健康监测系统一般是以桥梁结构整体行为安全监控与评估和设计验证为目的,有时也包含研究和探索。一旦建立系统的目的确定,系统的监测项目亦可相应确定。但系统中各监测项目的规模、测点数量、所采用的传感仪器和通信设备等的确需要考虑投资成本的限度。因此,为了建立高效合理的监测系统,在系统设计时必须对监测系统方案进行成本—效益分析。

根据功能要求和成本—效益分析,可以将监测项目和测点数量优化到所需要的最佳范围。这就是桥梁健康监测系统设计的两准则。

2. 监测项目

根据上述设计准则,不同的桥梁和不同的监测目的所要求的监测项目尽管不完全相同,但绝大多数大跨度桥梁监测系统都选择了以下具有代表性的监测项目。

(1)风力效应监测

根据大桥监测系统的风速、风向监测,利用GPS监测系统得出的桥身、塔顶、主缆索的三维位移实时监测资料,对大桥进行风力效应监测和桥梁结构的抗风振验算,监测大桥所处位置特定风速的持续周期,用以检验桥梁的涡激共振平均周期。

(2)桥梁结构温度场监测

结构温度场与太阳辐射强度、材料热能散发率、环境温度、风速、风向等因素有关。监测大桥环境温度和桥梁结构的温度场,可以用作推算大桥的有效桥梁温度和温度差,进而确定温度荷载产生的影响。利用GPS监测系统长时间监测大桥整体结构的位移变化,来验证因环境温度而引发的日夜和季节性的位移变化周期,再与监测的结构有效温度和温差变化互相验证,增强对结构温度应力的监控。

(3)交通荷载效应监测

发生交通堵塞是交通车辆荷载的主要设计考虑因素,其中每天交通堵塞的次数、交通堵塞发生的位置、持续时间及车辆分布模式和交通流量等设计假设,是大桥交通荷载监测的主要项目。通过实际监测验证设计假定的有效性。利用GPS监测系统得出的桥梁各主要部位的位移资料与实测交通荷载和车辆分布状况的监测资料相互验证。

(4)大桥主缆索的索力监测

利用GPS监测系统得出的桥梁主缆索的三轴向位移资料,运用有关的索力公式推算缆索承受的拉力。

(5)大桥主要构件的应力监测

大桥结构设计普遍采用导量位移,任何索塔和主梁偏移设计轴线,都会影响桥梁结构的内力分布和承载力。因此应力监测主要是利用GPS监测系统得出的桥身截面中轴线位置,将其输入模拟桥身的等效刚度结构分析模型,得出全桥整体结构的内力分布。

总之,桥梁监测系统涉及结构、计算机、通信等多个领域,需要多学科的研究。桥梁监测系统反映了一个国家的结构试验技术和桥梁管理的综合实力,是国际上的前沿热点研究领域,目前正迅速发展。为此还需要做大量的研究工作,如拉索的无损识别检测、材料耐久性和疲劳因素引起的原因及其检测方法研究、桥梁整体性与损伤识别研究、桥梁结构劣化模型研究、自动的载运系统识别和数据处理方法研究等。

【思 考 题】

1. 桥梁试验的任务主要包括哪几个方面？
2. 桥梁荷载试验如何分类？
3. 桥梁荷载试验的目的和对象是什么？
4. 检验桥梁承载能力的静力荷载试验至少应观测那些内容？
5. 何为静力试验荷载效率？它有哪些作用？
6. 桥梁静载试验的分级控制的原则有哪些？
7. 桥梁静载试验的测点布置应注意哪些问题？
8. 桥梁静载试验终止加载控制的条件有哪些？
9. 简述桥梁动力荷载试验目的。
10. 桥梁动力荷载试验的测试工作都包括哪些内容？
11. 桥梁动载测试中应特别注意哪些问题？
12. 何为旧桥评估？旧桥检测与评估的意义是什么？
13. 旧桥与成桥后的桥梁动、静载试验有何区别？
14. 何为桥梁健康监测？桥梁健康监测的意义有哪些？
15. 健康监测系统主要对哪些方面进行监控？
16. 工作模态参数识别方法与传统模态参数识别方法相比有何特点？
17. 基于环境激励响应的结构模态参数识别方法有哪些？

第六章
地基基础工程现场检测技术

【学习目的与要求】

通过对地基承载力检测技术和道路桥梁基桩质量检测技术的学习,要求掌握地基承载力的检测技术,掌握桥梁桩基质量检测技术,包括灌注桩的成孔质量检测、桩基完整性检测和桩基承载力检测的内容以及方法,熟悉公路软土地基与路堤施工现场的监测技术。

地基基础工程也是道路桥梁工程重要的组成部分,地基基础工程的质量好坏是道路桥梁工程构造物能否正常使用和是否安全的关键。地基基础工程属于隐蔽工程,受地形、地质、水文等综合因素的影响,问题复杂且变异性大,通过地基基础工程检测技术进行现场监测和检测是确保地基基础工程质量的重要手段。

第一节 地基承载力检测

地基承载力检测则是地基检测中一项关键的内容,小桥涵的地基检测可以采用触探和土质试验的方法,大、中桥的地基土质复杂,结构对地基有特殊要求的,一般采用触探和钻探(钻深至少4m)取样做土工试验,或按设计的特殊要求进行荷载试验。

检测地基承载力之前,首先要确定桥涵地基的容许承载力,桥涵地基的容许承载力可根据地质勘测、原位测试、野外荷载试验以及邻近旧桥涵调查对比,由经验和理论公式计算综合分析确定。当缺乏上述资料时可按《公路桥涵地基与基础设计规范》(JTG D63—2007)推荐的方法确定地基容许承载力,对地质和结构复杂的桥涵地基应根据现场荷载试验确定容许承载力。地基承载力的原位评价方法有:承载板法、标准贯入式法、触探试验法等。

一、土及碎石地基承载力检测

1. 黏性土地基承载力检测

对于黏性土和黄土地基来说,可在现场取有代表性的土样(一般每个基础的地基不少于4个土样)进行土工试验,得到地基土的有关物理力学指标,根据相关规范求出承载力。对于老黏性土和残积黏性土地基,可取土样进行压缩试验,求得土样压缩模量按表6-1和表6-2确定容许承载力。对于一般黏性土和新近沉积黏性土地基,测土样含水率、湿密度、液限、塑限和颗粒密度,求出土样天然孔隙比和液性指数,再按表6-3和表6-4确定容许承载力。对于新近堆积黄土地基,按土的含水比(天然含水率 ω 和液限 ω_L 的比值)确定容许承载力,对于一般新黄土地基来说,亦可按天然含水率和液限比(液限与天然孔隙比的比值)确定容许承载力。对于老黄土地基,按天然孔隙比和含水率确定容许承载力。

老黏土的容许承载力 $[\sigma_0]$ 表6-1

E_s(MPa)	10	15	20	25	30	35	40
$[\sigma_0]$(kPa)	380	430	470	510	550	580	620

注:老黏性土是指第四纪晚更新世(Q_3)及其以前沉积的黏性土。一般具有较高的强度和较低的压缩性。

残积黏性土的容许承载力 $[\sigma_0]$(kPa) 表6-2

E_s(MPa)	4	6	8	10	12	14	16	18	20
$[\sigma_0]$(kPa)	190	220	250	270	290	310	320	330	340

注:本表适用于西南地区碳酸盐类岩层的残积红土,其他地区可参照使用。

一般黏性土的容许承载力 $[\sigma_0]$(kPa) 表6-3

$[\sigma_0]$ / I_L / e	0	0.1	0.2	0.3	0.4	0.5	0.6	0.7	0.8	0.9	1.0	1.1	1.2
0.5	450	440	430	400	400	380	350	310	270	240	220	—	—
0.6	420	410	400	360	360	340	310	280	250	220	200	180	—
0.7	400	370	350	310	310	290	270	240	210	190	170	160	150
0.8	380	330	300	290	260	240	230	210	180	160	150	140	130
0.9	320	280	260	240	220	210	190	180	160	140	130	120	100
1.0	250	230	230	210	190	170	160	150	140	120	110	—	—
1.1	—	—	160	150	140	130	120	110	100	90	—	—	—

注:1. 一般黏性土是指第四纪全新世(Q_4)(文化期以前)沉积的黏性土,一般为正常沉积的黏性土。
2. 土中含有的粒径大于2mm的颗粒质量超过全部质量30%以上时,$[\sigma_0]$ 可酌量提高。
3. 当 $e<0.5$ 时,取 $e=0.5$,$I_L<0$ 时,取 $I_L=0$。此外,超过表列范围的一般性黏土,$[\sigma_0]$ 可按下式计算:

$$[\sigma_0]=57.22E_s^{0.57}$$

式中:E_s——土的压缩模量(MPa)。

新近层积黏性土的容许承载力 $[\sigma_0]$ (kPa)　　　　表6-4

$[\sigma_0]$ \ I_L \ e	≤0.25	0.75	1.25	$[\sigma_0]$ \ I_L \ e	≤0.25	0.75	1.25
≤0.8	140	120	100	1.0	120	100	90
0.9	130	110	90	1.1	110	90	—

注：最新层积黏性土是指自文化期以来层积的黏性土，一般为欠固结，且强度较低。

2. 砂土、碎石地基承载力检测

对于砂类土、碎石土地基承载力可按其分类和密实度确定，表6-5和表6-6给出其容许承载力，砂类土和碎石土的分类可以按规定确定。砂土的密实度可用相对密度表示，碎石土的密实度根据钻探情况按相关规范而定。土的密实度一般可用孔隙比 e 表示，但对砂类土和碎石土只用孔隙比一个指标还不够，密实度还和颗粒的形状、大小以及级配有关，即使天然孔隙比相同的几种砂土，由于级配不同可能处于不同的密实状态。因此引入相对密度的概念，如用一定的试验方法测得砂土最紧密状态的孔隙比 e_{min} 和最疏松状态的孔隙比 e_{max}（最大孔隙比），则相对密度 D_r 可由下式求得。

$$D_r = \frac{e_{max} - e}{e_{max} - e_{min}} \qquad (6-1)$$

式中：e——砂土天然状态的孔隙比。

如 $D_r = 0$，则 $e = e_{max}$，表示砂土处于最疏松的状态；如 $D_r = 1$，则 $e = e_{min}$，表示砂土处于最紧密的状态。

砂土的容许承载力 $[\sigma_0]$ (kPa)　　　　表6-5

土 类	[σ_0] \ 密实度 \ 湿度	密 实	中 密	松 散
粗砂、砾砂	与湿度无关	550	400	200
中砂	与湿度无关	450	350	150
细砂	水上	350	250	100
	水下	300	200	—
粉砂	水上	300	200	—
	水下	300	200	—

不同矿物成分、不同级配和不同粒度成分的砂土，最大孔隙比和最小孔隙比都是不同的，因此相对密度 D_r 比孔隙比 e 能更全面地反映上述各因素对密实度的影响。从理论上讲，用相对密度划分砂土的密实度的概念是比较理想的，但是难以准确测定 e_{min} 和 e_{max}，所以实际工程中直接测试相对密度并不普遍，而是通过标准贯入试验，测得地基标准贯入撞锤击数来确定相对密度和密实度。

二、现场荷载试验

现场荷载试验是一种测定地基土或桩基承载能力的原位测试方法。试验原理是在试验土面上逐级加以荷载并观测各级荷载下土的变形，根据试验结果绘制荷载—沉降曲线（P-S 曲线)和沉降—时间曲线(S-T曲线)直接确定地基土承载力和变形模量等数据。它模拟建筑物地基的受力条件,能反映地基土的应力状态和应变。

碎石土的容许承载力[σ_0](kPa)　　　　表6-6

[σ_0] 密实度 土类	密 实	中 密	松 散
卵石	1 200～1 000	1 000～600	500～300
碎石	1 000～800	800～500	400～200
圆砾	800～600	600～400	300～200
角砾	700～500	500～300	300～200

注:1. 由硬质岩组成,填充砾土取高值,由软质岩组成,填充黏性土取低值。
　　2. 半胶结的碎石土,可按密实的同类土的[σ_0]值提高10%～30%取值。
　　3. 松散的碎石土在天然河床中很少遇见,需特别注意鉴定。
　　4. 漂石、块石的[σ_0]值,可参照卵石、碎石适当提高。

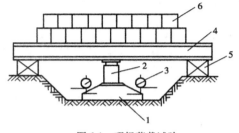

图6-1　现场荷载试验
1-荷载板;2-千斤顶;3-百分表;4-反力梁;5-枕木垛;6-压重

1. 仪器设备

(1)荷载试验设备

荷载试验设备包括刚性承载板、加卸荷装置、量测荷载及沉降的仪器等,现场荷载试验如图6-1所示。

(2)刚性承载板应符合下列要求

刚性承载板可为圆形或方形,其面积A应符合下列要求:

①在软弱地基中试验时,A不得小于5 000cm²;

②在坚实土地基中试验时,A不得小于1 000cm²;

③在碎石类土地基中试验时,承压板直径或边长应大于受压层最大颗粒粒径的10倍;

④在复合地基中试验时,承压板面积宜根据桩土面积比选定。

(3)要求加荷装置应符合的条件

①加(卸)载使用的千斤顶的额定量程不应小于预计极限荷载的1.4倍。当使用重物堆载时,重物应一次备齐并不应小于预计极限荷载的1.2倍;当使用千斤顶和重物联合加载时,其加载总能力不得低于极限荷载的1.4倍。

②使用地锚反力装置时,地锚反力总和应大于预计极限荷载的1.5倍且每个地锚反力应基本相等;反力梁的刚度应与千斤顶量程相匹配。反力装置也可采用斜撑(板)结构,以利用坑壁土提供反力。

③压重平台的平面尺寸和刚度应满足试验和堆载的要求;当使用压重平台堆载时,应于平台下试坑角点部位,设置防止荷载偏心导致重物倾倒的支柱。

④无论采用何种加、卸荷方式,应至少设置一个监测荷载量值的测力装置。测力装置可采用压力传感器、压力表或测力钢环,测力装置的检测精度应达到荷载增量的2%。

(4)百分表或位移传感器

观测沉降用的百分表或位移传感器,全量程不宜小于50mm,检测误差不得大于0.01mm。当百分表或位移传感器不能居中置于承压板形心时,所用百分表或位移传感器不得少于2只。

图 6-2 为荷载强度与沉降量的关系示意图。

2. 试验要点

（1）荷载试验的试坑开挖要求

①在基础底面设计高程处试验时，试坑底面宽度应不小于 $3b$（b 为承压板直径或宽度）；在自然地面下 0.5m 处试验时，试坑底面宽度可取 $(1~1.2)b$。试验前应保持坑底土层的天然湿度和原状结构。

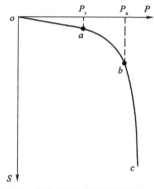

图 6-2　荷载强度与沉降量的关系

②试验点位于地下水位以下时，开挖试坑及安装设备前，应先将坑内地下水位降到试坑底面以下。安装设备，待水位恢复后再进行试验。

③根据需要，试验前在坑边、试验后在承压板下 $(0.5~1)b$ 处不扰动土样进行有关试验分析。

④试验过程中应避免试坑受冻、暴晒和雨淋。

（2）试验设备的安装

①安置承压板前，应整平板下的试坑面并用水平尺找平后，铺 2~3cm 的中粗砂垫层，轻轻拍实找平，使承压板与试坑面平整接触。

②依次安装传力柱、千斤顶、荷载台架及反力装置时，应逐一检查、调整对承压板中心的垂直度和同心度，并应避免对承压板施加冲击力和预应力。

③安装沉降观测装置应符合下列要求。

用于观测承压板沉降的百分表或位移传感器，当不能居中安置时，必须对称设置于承压板的板面上，且应使伸缩杆垂直于板面；百分表应带有磁性表座，并应在保证百分表测头垂直承压板板面的前提下具有便利定位的能力；使用的位移传感器连同其托梁，也应具有相应的能力；表座托梁的支点（固定点）与承压板中心的距离应大于 $1.5b$，与地锚反力装置之反力点的距离不得小于 0.8m；根据需要，用于观测承压板周围地面垂直位移的百分表或位移传感器，宜在过承压板形心的两条相互垂直的直线上，且距压板边缘的距离为 $(0.2~1.0)b$ 的范围内按等间距布置 4~5 个。

（3）试验荷载分级施加

试验荷载应分级施加，施加荷载时应保持静力条件及荷载对承压板中心的竖向传递。各级荷载增量可按下列方法确定：

①第一级荷载（含设备自重）宜接近坑底以上土的有效自重压力。

②后续各级荷载增量可取预估极限荷载的 1/7~1/10。

（4）试验方法

根据工程需要试验方法可采用慢法（沉降相对稳定法）或快法（沉降非稳定法）。慢法主要用于饱和软黏性土及对变形有明确要求的建筑物；快法一般适用于可塑—坚硬状粉质黏土、粉土、砂类土和碎石类土及软质岩。

（5）沉降量观测

施加荷载 P 后，应按时观测相应沉降量 S。每级荷载下的沉降观测时间 t 及其稳定标准和试验终止条件应符合下列规定。

①对于慢法，自加荷开始按 1、2、2、5、5、15、15、15（min）间隔，以后每隔 30min 观测沉降一

次,直至连续2h内1h的沉降量小于0.1mm时,可施加下一级荷载。

②对于快法,每施加一级荷载后,隔15min观测一次沉降,累积观测达2h时,再施加下一级荷载。

③试验总加载重量不宜小于设计值的2倍。出现下列情况之一时,可终止试验;末级荷载的前一级荷载可定为极限荷载。

承压板周围的土有明显的侧向挤出或裂缝;荷载增加很小,但沉降急剧增加,或累积沉降量已大于压板宽度或直径的10%;在荷载不变的情况下,24h内沉降随时间近于等速增加。

(6) 记录观测数据

在现场试验过程中,应及时记录观测数据。当需观测卸荷回弹时,每级卸荷量可取每级加荷量的2倍或3倍,每级卸荷后每隔15min观测一次回弹量,1h后再卸下一级荷载。荷载全部卸除后,宜继续观测2~3h。

(7) 数据整理

荷载试验的资料整理工作应根据现场记录,绘制荷载—沉降曲线($P-S$曲线)以及沉降—时间对数曲线($S-\log t$曲线)。地基破坏时所对应的荷载称为破坏荷载。破坏荷载的前一级荷载称为极限荷载。

(8) 基本承载力的确定方法

①当 $P-S$ 曲线上有明显的直线段时,可取比例界限所对应的荷载。

②在设备条件许可的情况下,应加荷至破坏荷载。当极限荷载能确定,而其值又小于对应比例界限荷载值1.5倍时,可取极限荷载的一半;如若总加载量已为设计要求值的两倍以上,取总加载量的一半。

③按相对变形值确定:对以黏性土为主的地基,可取 $s/b = 0.02$ 所对应的荷载(b 为承压板宽度或直径);对以粉土或砂土为主的地基,可取 $s/b = 0.015$ 所对应的荷载。

现场荷载试验结果除了可用于评价地基土的承载力以外,还可以确定地基土的变形模量、估算地基土的不排水强度、确定地基土基床反力系数、估算基础实际沉降量等,具体确定方法可参考相关规范。

三、静力触探试验

触探是通过探杆用静力或动力将金属探头贯入土层,并且量测能表征土对触探头贯入的阻抗能力的指标,从而间接地判断土层及其性质的一类勘探方法和原位测试技术。触探一般分为静力触探和动力触探两类。

静力触探试验(CPT)靠静压力将触探头压入土层,利用电测技术测得贯入阻力来判定土的力学性质。静力触探既是一种原位测试手段,同时又是一种勘探手段,它和常规的钻探—取样—室内试验的勘察程序相比,具有快速、准确、经济、节省人力等优点。特别是对于地层变化较大的复杂场地以及不易取得原状土样的饱和砂土、高灵敏度的软黏土地层和桩基工程的勘察,静力触探更有其独特的优越性。

按照提供静压力的方法,常用的静力触探仪可分为手摇轻型链式、液压式和电动机械式三类。可用单叶片螺旋状地锚或重压来取得反力,应用最多的是将仪器固定在汽车上,利用车身自重或载质量来平衡反力。液压式静力触探仪的主要组成部分,如图6-3所示。图6-4为液压连续贯入静力触探车。

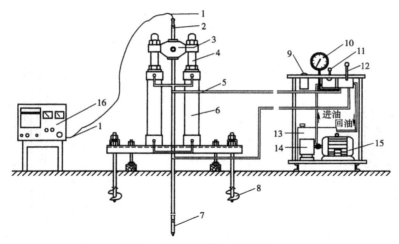

图 6-3 双缸油压式静力触探设备

1-电缆;2-触探杆;3-卡杆器;4-活塞杆;5-油管;6-油缸;7-触探头;8-地锚;9-开关;10-压力表;11-节流阀;12-换向阀;13-油箱;14-油泵;15-马达;16-记录器

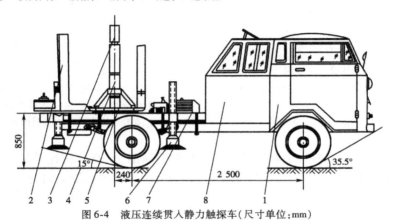

图 6-4 液压连续贯入静力触探车(尺寸单位:mm)

1-汽车驾驶室;2-悬臂;3-卡孔组;4-贯入油缸;5-回转油缸;6-支腿;7-附加大梁;8-操纵室

  静力触探设备中的核心部分是触探头。触探杆将探头匀速贯入土层时,一方面引起尖锥以下局部土层的压缩,于是产生了作用于尖锥的阻力。另一方面又在孔壁周围形成一圈挤实层,从而导致作用于探头侧壁的摩阻力。探头的这两种阻力是土的力学性质的综合反映。因此,只要通过适当的内部结构设计,使探头具有能测得土层阻力的传感器的功能,便可根据所测得的阻力大小来确定土的性质。如图 6-5 所示,当探头贯入土中时,顶柱将探头套受到的土层阻力传到空心柱上部,由于空心柱下部用丝扣与探头管连接,遂使贴于其上的电阻应变片与空心柱一起产生拉伸变形,这样,探头在贯入过程中所受到的土层阻力就可以通过应变片转变成电讯号并由仪表量测出来。探头按其结构可分为单桥和双桥两类。

  单桥探头(图 6-6)所测到的是包括锥尖阻力和侧壁摩阻力在内的总贯入阻力 $P(\mathrm{kN})$。通常用比贯入阻力 $p_s(\mathrm{kPa})$ 表示,即

$$p_s = \frac{P}{A} \tag{6-2}$$

式中:A——探头截面面积(m^2)。

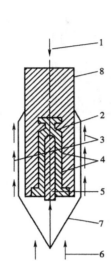 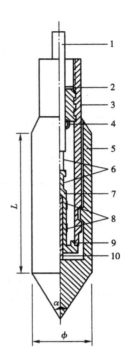

图6-5 触探头工作原理示意图
1-贯入力;2-空心柱;3-侧壁摩阻力;4-电阻片;5-顶柱;6-锥尖阻力;7-探头套;8-探头管

图6-6 单桥探头结构示意图
1-四心电缆;2-密封圈;3-探头管;4-防水塞;5-外套管;6-导线;7-空心柱;8-电阻片;9-防水盘根;10-顶柱;φ-探头锥底直径;L-有效侧壁长度;α-探头锥

利用双桥探头可以同时分别测得锥尖阻力和侧壁摩阻力,其结构比单桥探头复杂。双桥探头可测出锥尖总阻力 Q_c(kN)和侧壁总摩阻力 P_f(kN)。通常以锥尖阻力 q_c(kPa)和侧壁摩阻力 f_s(kPa)表示

$$q_c = \frac{Q_c}{A} \tag{6-3}$$

$$f_s = \frac{P_f}{F_s} \tag{6-4}$$

式中:F_s——外套筒的总表面积(m^2)。

根据锥尖阻力 q_c 和侧壁摩阻力可计算同一深度处的摩阻比 R_s。

$$R_s = \frac{f_s}{q_c} \times 100\% \tag{6-5}$$

在现场实测以后进行触探资料整理工作。为了直观地反映勘探深度范围内土层的力学性质,可绘制深度(z)与各种阻力之间的关系曲线(包括 z-p_s、z-q_c、z-f_s 和 z-R_s 曲线),图6-7 绘出用双桥探头测得的有关曲线。

地基土的承载力取决于土本身的力学性质,而静力触探所得的贯入阻力等指标在一定程度上也反映了土的某些力学性质。根据静力触探资料可间接地按地区性的经验关系估算土的承载力、压缩性指标和单桩承载力等。

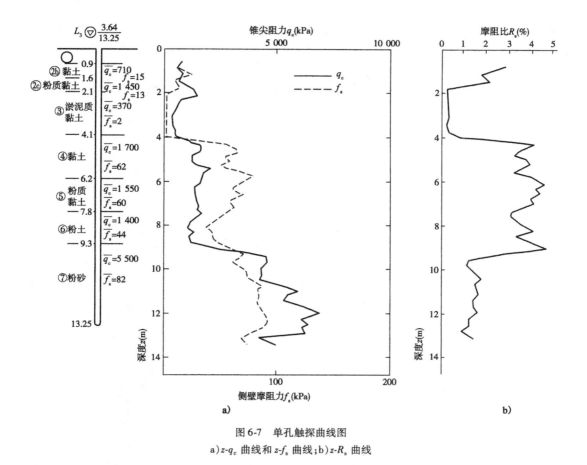

图 6-7 单孔触探曲线图
a) z-q_c 曲线和 z-f_s 曲线; b) z-R_s 曲线

四、动力触探试验

动力触探一般是将一定质量的穿心锤,以一定的高度(落距)自由下落,将带有圆锥形实心探头或对开管式贯入器贯入土中,然后记录贯入一定深度所需的锤击次数,并依此判断土的性质,动力触探根据落锤质量和探头形式等方面的不同,可分为轻型、中型、重型和超重型四种。公路工程常用的有轻型触探、重 I 型标准贯入试验(SPT)和重 II 型动力触探三种方法。

1. 轻型动力触探

轻型动力触探由尖锥探头、触探杆和穿心锤几部分组成(图 6-8),锤质量为 10kg,落距 50cm,整体质量约 20kg(包括 1m 长探杆四根),只需两人操作(包括记录在内),现场操作几分钟,即可确定结果。该仪器具有轻便、简易、快速、准确等特点。

试验时,使穿心锤自由下落,落距 50cm,记录每打入土层 30cm 的锤击数 N_{10}。一般轻型动力触探适用于小于 4m 的土层,不考虑影响因素的校正。

应用轻型动力触探指标 N_{10},可确定黏性土和素填土的承载力,并可按不同位置的 N_{10} 值的变化情况判定地基持力层的均匀程度。

2. 标准贯入试验

标准贯入试验(SPT)是动力触探的一种,试验设备如图 6-9 所示。它利用一定的锤击能量(锤质量为 63.5kg±0.5kg,落距为 76cm±2cm),将一定规格的对开管式贯入器打入钻孔孔底的土中,根据打入土中的贯入阻力的大小,判别土层的变化情况和土的工程性质。贯入阻力的大小以贯入器贯入土中30cm的锤击数$N_{63.5}$来表示。试验后拔出贯入器,取出其中的土样进行鉴别描述。

标准贯入试验一般结合钻探进行,钻杆直径42mm。标准贯入试验具有设备简单、操作方便、土层适用性广等优点。

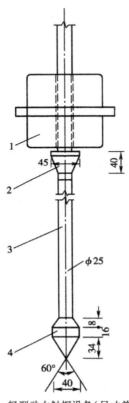

图6-8 轻型动力触探设备(尺寸单位:mm)
1-穿心锤;2-锤垫;3-触探杆;4-尖锥头

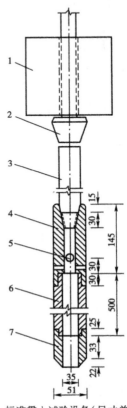

图6-9 标准贯入试验设备(尺寸单位:mm)
1-穿心锤;2-锤垫;3-钻杆;4-贯入器头;5-出水孔;6-由两半圆形管合并而成的贯入器身;7-贯入器靴

标准贯入试验应采用自动脱钩的落锤法,并设法减小导向杆与锤间的摩阻力,以保持锤击能量的恒定。标准贯入试验所用钻杆应定期检查,钻杆相对弯曲应小于1/1 000,接头应牢固,否则受锤击后钻杆会产生侧向晃动,影响试验精度。

标准贯入试验中,随着钻杆入土长度的增加,杆侧土层的摩阻力以及其他形式的能量消耗也增大了,因而使测得的锤击数值偏大。当钻杆长度大于3m时,锤击数应按下式校正。

$$N = \alpha N' \qquad (6-6)$$

式中:α——标准贯入试验钻杆长度修正系数,取值可参考表6-7。

标准贯入试验钻杆长度修正系数值　　表6-7

钻杆长度(m)	3	6	9	12	15	18	21
α	1.00	0.92	0.86	0.81	0.77	0.73	0.70

根据标准贯入试验记录,绘制标贯击数N随深度变化的曲线。

标准贯入试验不仅用于砂土,亦可用于黏性土的测试。标准贯入锤击数 N,可用于判定砂土的密实度、黏性土的稠度、地基土的容许承载力、砂土的振动液化、桩基承载力等,也是检验地基处理效果的重要手段。

3. 重Ⅱ型动力触探

重Ⅱ型检验设施主要由触探头(图6-10)、触探杆及穿心锤三部分组成。重Ⅱ型探头直径74mm,锥角60°,截面积43cm²,落距76cm,锤质量63.5kg,钻杆直径42cm。重Ⅱ型动力触探采用连续贯入方式,用提架拉绳提升重锤并自由落体,测定贯入10cm 深的锤击数,在软土层中,也可采用测量每振击(一般1~5击)的贯入度,再换算贯入10cm 的实测锤击数 N,按下式计算。

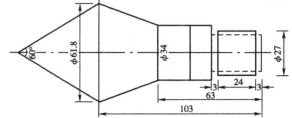

图6-10 重Ⅱ型动力触探头构造图(尺寸单位:mm)

$$N = \frac{10n}{\Delta_s} \tag{6-7}$$

式中:N——贯入10cm 时的锤击数(击/10cm);
n——每振击的锤击数(击);
Δ_s——每振击相应的贯入度(cm)。

当触探杆长度大于2m 时,需按下式进行校正。

$$N_{63.5} = \alpha \cdot N \tag{6-8}$$

式中:$N_{63.5}$——重Ⅱ型锤击数;
α——触探杆长度校正系数,按表6-8确定;
N——贯入10cm 的实测锤击数。

重Ⅱ型检验触探杆长度校正系数 表6-8

触探杆长度(m) 实测锤击数	≤2	4	6	8	10	12	14	16
1	1.00	0.93	0.96	0.93	0.90	0.87	0.84	0.81
5	1.00	0.96	0.93	0.90	0.86	0.83	0.80	0.77
10	1.00	0.95	0.91	0.87	0.83	0.79	0.76	0.73
15	1.00	0.94	0.89	0.84	0.80	0.76	0.72	0.69
20					0.77	0.73	0.69	0.66

对地下水位以下,锤击数按下式进行地下水影响校正。

$$N_{63.5} = 1.1 N'_{63.5} + 1.0 \tag{6-9}$$

式中:$N_{63.5}$——进行地下水影响校正后的锤击数;
$N'_{63.5}$——未经地下水影响校正的触探杆长度影响校正的锤击数。

第二节 桥梁桩基质量检测技术

桥梁工程建设中,广泛采用桩基础。桩基础是历史悠久、应用广泛的一种基础形式。随着桩基础应用领域的扩宽,机械设备和施工技术不断得到改进与发展,产生了各种新桩型和新方法，方便了桩在复杂地质条件和环境条件下的质量检测。由于桩基工程属于隐蔽工程，施工复杂，特别对于钻(挖)孔灌注桩，由于施工中综合因素的影响，桩基往往会出现桩身断裂、裂缝、缩颈、夹泥、离析、蜂窝、松散等现象，因此，进行桩基质量检测，保证桥梁桩基质量就成为桥梁桩基工程建设中的重要环节。

桩基质量检测包括施工前的检测、施工中的检测和施工后的检测。施工前的检测，目的是为设计及施工方案提供校核、修改的依据；施工中的检测，目的是监督施工过程，保证施工质量，达到设计要求；施工后的检测，目的是对施工质量进行验收、评估和为质量问题的处理提供依据。

施工前的检测有：对桩基放样的位置、材料性能品质(钢筋、砂石、混凝土等)、钢筋笼尺寸等的调查和检测等。

施工过程中的检测内容主要包括成孔质量检测，钢筋笼顶面与底面高程检测等。成孔质量内容包括桩孔位置、孔深、孔径、垂直度、沉渣厚度、泥浆强度指标。

施工过后的检测主要有桩的几何受力条件检验，桩身质量检验。

桩的几何受力条件主要指有关桩位的平面布置、桩身倾斜度、桩顶桩底高程等，检验这些内容是否满足设计要求，是否在容许误差的范围之内。

基桩质量，主要指标是桩身完整性、单桩承载力和桩身强度。桩基的承载力和完整性检测是基桩质量现场检测技术中的两项重要内容。

桩身完整性是指桩身长度和截面尺寸、桩身材料密实性和连续性的综合状况。常用的方法有低应变动力测桩法、超声波法和钻芯法。

低应变动力测桩法是在桩顶施加低能量冲击荷载，实测加速度(或速度)响应时程曲线，运用一维线性波动理论的时域和频域进行分析，对被检桩的完整性进行评判的检测方法。超声波法是根据超声波透射或折射原理，在桩身混凝土内发射并接收超声波，通过实测超声波在混凝土介质中传播的历时、波幅和频率等参数的相对变化来判定桩身完整性的检测方法。钻芯法是采用岩芯钻探技术和施工工艺，在桩身上沿长度方向钻取混凝土芯样及桩端岩土芯样，通过对芯样的观察和测试，用以评价成桩质量的检测方法。

大桥及重要工程，地质条件复杂或成桩质量可靠性较低的桩基工程，均需做单桩承载力检验，桩承载能力现场检测的常用方法有静荷载试验法、高应变动测法等，对于大直径桩承载能力检测可采用自平衡法。

静荷载试验法就是利用堆载或锚桩等反力装置，由千斤顶施力于单桩，并记录被测对象的位移变化，通过获得的力与位移曲线(Q-S)，或位移时间曲线(S-$\log t$)等资料判断桩基承载力。静载试验确定桩的承载力，可为设计提供依据，也可以为工程验收提供依据，是获得桩轴向抗压、抗拔以及横向承载力的最基本、最可靠的方法。

高应变动测法是在桩顶施加高能量冲击荷载，实测力和速度信号，运用波动理论反演来推算被检桩的完整性、轴向抗压极限承载力或选择桩型和桩长、监控桩锤工作效率和打入桩桩身承受的最大锤击应力的方法。

自平衡法静载试验技术是将千斤顶放置在桩的底部，向上顶桩身的同时，向下压桩底，使桩的摩阻力和端阻力互为反力，分别得到荷载—位移曲线，叠加后得到桩顶的承载力和位移关系的曲线资料，判断桩基承载力的方法。

具体检测方法和检测目的如表6-9所示。

桩基检测方法及检测目的 表6-9

检测方法		检测目的	检测时间
泥浆性能指标检测		相对密度、黏度、静切力、含砂率、胶体率、失水率、酸碱度	施工时
各类成孔检测法		孔径,垂直度,沉渣厚度	成孔后立即检测
单桩竖向抗压静载试验		确定单桩竖向抗压极限承载力; 判定竖向抗压承载力是否满足设计要求; 通过桩身内力及变形测试,测定桩侧,桩端阻力; 验证高应变法的单桩竖向抗压承载力检测结果	桩身混凝土强度达到设计要求;休止期:砂土,7d;粉土,10d;黏土,非饱和土,15d;饱和土,25d
单桩竖向抗拔静载试验		确定单桩竖向抗拔极限承载力; 判定竖向抗拔承载力是否满足设计要求; 通过桩身内力和变形测试,测定桩身的抗拔阻力	同上
单桩水平静载试验		确定单桩水平临界和极限承载力,确定土抗力参数; 判定水平承载力是否满足设计要求; 通过桩身内力及变形测试,测定桩身弯矩和挠曲	同上
钻芯法		检测灌注桩桩长,桩身混凝土强度,桩底沉渣厚度; 判定或鉴别桩底岩土性状,判断桩身完整性类型	28d以上
低应变法		检测桩身缺陷及其位置,判定桩身完整性类别	混凝土强度达到设计强度的70%,约14d左右
高应变法		分析桩侧和桩端土阻力,推算单桩轴向抗压极限承载力; 检测桩身缺陷位置、类型及影响程度,判定桩身完整性类别; 试打桩及打桩应力监测	同静载试验
声波透射法	透射法	检测灌注桩中声测管之间混凝土的缺陷位置及影响程度,判定桩身完整性类别	混凝土强度达到设计强度的70%左右,约14d左右;或达到一定的强度
	折射法	检测灌注桩钻芯孔周围混凝土的缺陷位置及影响程度	

为保证检测结论的可靠性,可根据不同被检对象和检测要求,选用多种测试方法进行综合分析判断。根据检测目的和任务,充分考虑各检测方法的适用条件和局限性,结合场地工程地质条件、施工工艺及工程重要性等状况,选定多种检测方法进行检测,以保证检测结论的可靠性。

公路工程基桩的形式多以单桩单柱、独立承台为主,公路穿越路线长且地质情况一般较为复杂,因此,为全面了解工程基桩的质量必须对其进行检测。

对于桥梁基础长桩,桩身完整性尤为重要。当应力波在混凝土中传播时,能量消耗较大,桩底反射信号微弱,这样会给桩身完整性的全面评判带来困难。因此,必须选取一定比例的基桩,用超声波法对其进行完整性检测。

高应变动测法具有激振能量大,深部和桩端的质量信息在实测信号中能够反映,且可用软件对桩身和地基土的物理力学参数进行定量拟合分析,从而使得工程技术人员能够较为深刻地了解被检桩的工程性状。但高应变动测法进行现场检测所需的条件还是相当的严格和烦琐,因此不能像低应变反射波法那样高比例地进行抽样检测。

《公路工程基桩动测技术规程》(JTG/T F81-01—2004)规定桩的检测数量应符合下列

规定。

(1)公路工程基桩应进行100%的完整性检测,各种方法的选定应具有代表性和满足工程检测的特定要求。

(2)重要工程的钻孔灌注桩应埋设声测管,检测的桩数不应少于50%。

(3)高应变动测法的抽检率可由工程设计或监理单位酌情决定,但不宜少于相近条件下总桩数的5%且不少于5根。

(4)检测前的准备,被检工程应进行现场调查,搜集其工程地质资料、基桩设计图纸和施工记录、监理日志等,了解施工工艺及施工过程中出现的异常情况。

(5)检测方法和制定检测方案应根据调查结果和检测目的合理选用。

(6)检测时间应满足拟用检测方法对混凝土强度(或龄期)和地基土休止期的规定。

(7)检测报告应用词规范,结论明确。其内容应包括工程概况、岩土工程勘察、检测技术及方法、桩位平面布置图、测试曲线、检测结果汇总表、结论及评价等。

(8)现有基桩动力检测方法主要依据一维弹性杆件中的应力波理论。对于水泥土桩(包括水泥搅拌桩和粉喷桩)和石灰桩等柔性桩,由于其桩身强度低和波速低、内部质量均匀性差,与一维弹性杆件模型相差较为悬殊,因此不能简单地套用现有混凝土桩的动测方法进行质量检测。

(9)基桩工程的安全与否,除与基桩本身的质量有关外,还与工程地质条件、桩的承载性状以及施工方法等因素有关。另外,检测信号也受地基土条件、桩身材料等因素的影响,这就要求所选择的检测方法必须具有适用性和科学性。因此,综合考虑地质、设计、施工等因素的影响,对正确地评价基桩质量是十分重要的。

(10)为了确保动测结果的可靠性和合法性,所用仪器设备的生产和使用必须执行国家标准计量法规,因此规定不在有效计量检定周期内的计量器具不得用于基桩动测。

第三节 灌注桩成孔质量检测

灌注桩的施工分为成孔和成桩两部分,成孔作业由于是在地下、水下完成,质量控制难度大,复杂的地质条件和施工的失误,都有可能产生塌孔、缩颈、桩孔偏斜、沉渣过厚等问题。因此桩基施工过程中应重点检测成孔质量,内容有:桩孔位置、孔深、孔径、垂直度、沉渣厚度、泥浆强度指标。

《公路桥涵施工技术规范》(JTG/T F50—2011)中对钻、挖孔混凝土灌注桩的成孔质量检验内容、检验标准及检查方法做出了如下规定。

(1)钻、挖孔在终孔和清孔后,应进行孔位、孔深检验。

(2)孔径、孔形和倾斜度宜采用专用仪器测定,当缺乏专用仪器时,可采用外径为钻孔桩钢筋笼直径加100mm(不得大于钻头直径),长度为4~6倍外径的钢筋检孔器吊入钻孔内检测。

(3)钻、挖孔成孔的质量标准如表6-10所示。

桥梁工程中常用的灌注桩施工方式主要有钻孔、冲击成孔、冲抓成孔和人工挖孔等。人工挖孔为干作业施工,成孔后孔壁的形状、孔深、垂直度、孔底沉淀厚度以及钢筋笼的安放位置等均可通过目测或人下到孔内进行检查,成孔质量较易控制。钻孔、冲击成孔或冲抓成孔等灌注桩,通常以泥浆进行护壁,为湿作业施工。成孔后孔中充满泥浆而无法目测或人下到孔内进行检查,孔壁的形状、垂直度和沉淀土厚度等只能通过仪器进行检测。

钻、挖孔成孔质量标准　　　　　　　　　　　　　表 6-10

项　目	允　许　偏　差
孔的中心位置(mm)	群桩:100;单排桩:50
孔径(mm)	不小于设计桩径
倾斜度	钻孔:小于 1%;挖孔:小于 0.5%
孔深	摩擦桩:不小于设计规定 支承桩:超过设计深度不小于 50mm
沉淀厚度(mm)	摩擦桩:符合设计要求,当设计无要求时,对于桩径≤1.5m,沉淀厚度≤300mm;对桩径>1.5m 或桩长>40m 或土质较差的桩,沉淀厚度≤500mm 支承桩:不大于设计规定
清孔后泥浆指标	相对密度:1.03~1.10;黏度:17~20Pa·s;含砂率<2%;胶体率>98%

注:清空后的泥浆指标,是从桩孔的顶、中、底部分别取样检验的平均值。本项指标的测定,限制大直径桩或有特定要求的钻孔桩。

1. 桩位偏差检查

基桩施工前应按设计桩位平面图落放桩的中心位置,施工结束后应检查中心位置的偏差,并应将其偏差值绘制在桩位竣工平面图中,检测时可采用经纬仪对纵、横方向进行量测。

2. 孔径检查

桩径是影响基桩承载能力的重要因素。要保证桩径满足设计要求,必须检验桩的孔径不小于设计桩径。

桩孔径可用简易的钢筋笼检孔器(图 6-11、图 6-12)、专用球形孔径仪(图 6-13)、伞形孔径仪和声波孔壁测定仪等测定。

图 6-14 为伞形孔径仪,其由测头、放大器和记录仪三部分组成。测头为机械式的,测头放入测孔之前,四条测腿合拢并用弹簧锁定,测头放入孔内到达孔底时,四条测腿立即自动张开,当测头往上提升时,由于弹簧力作用,腿端部紧贴孔壁,随着孔壁凹凸不平状态相应张开或收拢。带动密封筒内的活塞杆上下移动,使四组串联滑动电阻来回滑动,将电阻变化转化为电压变化,经信号放大并记录,即可自动绘出孔壁形状而测出孔径尺寸。

3. 桩倾斜度检查

在灌注桩的施工过程中,能否确保基桩的垂直度,是衡量基桩能否有效地发挥作用的一个关键因素。因此,必须认真地测定桩孔的倾斜度。桩倾斜度的检测可采用图 6-12 所示简易方法。在孔口沿钻孔直径方向设一标尺,标尺上 0 点与钻孔中心重合,并使滑轮、标尺 0 点和钻孔中心在同一铅垂线上,其高度为 H。穿过滑轮的测绳一端连接于用钢筋弯制的圆球,另一端通过转向滑轮用手拉住。将圆球慢慢放入钻孔中,并测读测绳在标尺上的偏距,即可反算得到倾斜角。

当检查的桩孔较深且倾斜度较大时,可采用声波孔壁测定仪测绘出连续的孔壁形状和垂直度如图 6-15 所示。

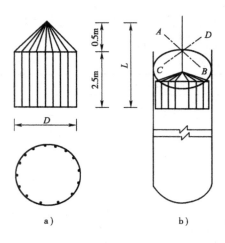
图 6-11　钢筋笼检孔器测量孔径

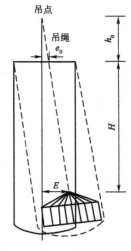
图 6-12　钢筋笼检孔器测量孔斜

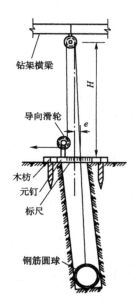
图 6-13　桩的倾斜度检查

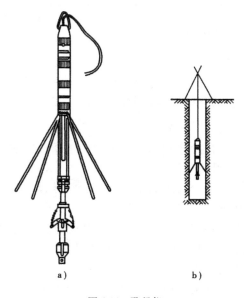
图 6-14　孔径仪
a) 测头；b) 孔径仪检测装置

4. 孔底沉淀土厚度检查

孔底沉渣的厚度直接影响桩端承载力的发挥，沉渣太厚将使桩的承载能力大大降低，因此桩孔在灌注混凝土之前必须对沉渣厚度进行检测，必要时须进行再次清孔，直到沉渣厚度满足要求。工程中试用的几种方法如下。

(1) 垂球法

垂球法是一种惯用的简易测定沉淀土厚度的方法。其将质量约 1kg 的铜制锥体垂球，顶端系上测绳，把垂球慢慢沉入孔内，凭人的手感判断沉淀土顶面位置，其施工孔深和量测孔深之差值即为沉淀土厚度。

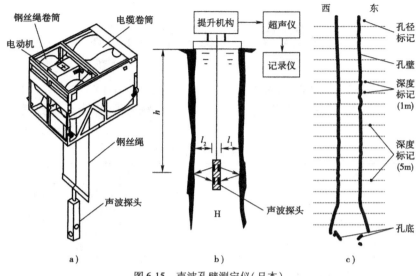

图 6-15　声波孔壁测定仪（日本）

（2）电阻率法

电阻率法沉淀土测定仪由测头、放大器和指示器组成。它是根据介质的不同，如水、泥浆和沉淀颗粒具有不同的导电性能，由电阻阻值变化来判断沉淀土厚度。

（3）电容法

电容法测定沉淀土厚度的原理是当金属两极板间距和尺寸固定不变时，其电容量和介质的电解率成正比关系，水、泥浆和沉淀土等介质的电解率有较明显差异，从而由电解率的变化量测定沉淀土的厚度。

电容法测定仪器如图 6-16 所示，由测头、放大器、蜂鸣器和电机驱动源等组成。测头装有电容极板和小型电机，电机带动偏心轮可产生水平振动。一旦测头极板接触到沉淀土表面，蜂鸣器发出响声，同时面板上的红灯亮，当测头重力不足，继续沉入沉淀土深部时，可开启电机使水平激振器产生振动，把测头沉入更深部位。

（4）声纳法

声纳法测定沉淀土厚度的原理是声波在传播中，遇到不同界面产生反射而制成的测定仪。同一测头具有发射和接收声波的功能，声波遇到沉淀土表面时，部分声波被反射回来由接收探头接收，另

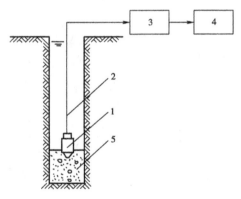

图 6-16　电容法测定沉淀+土厚度
1-测头；2-电缆；3-放大器；4-指示器；5-沉渣

一部分声波穿过沉淀土直达孔底原状土后再产生反射和接收，由相应的时间差及沉淀土波速即可求得沉淀土的厚度。

5. 孔深检查

终孔时必须检查孔底高程是否达到设计要求。检查时可利用钻杆或冲锥、抓锥的提升钢丝绳等来量测孔深。

第四节 桩基完整性检测

桩身完整性是指桩身长度和截面尺寸、桩身材料密实性和连续性的综合状况。常用的桩身完整性检测方法有低应变动力检测、超声波检测方法和取芯法。桩身完整性类别应按表6-11划分。

桩身完整性类别划分　　　　　　　　　　　　　　　　表6-11

桩身完整性类别	特 征	桩身完整性类别	特 征
Ⅰ类桩	桩身完整,可正常使用	Ⅲ类桩	桩身有明显缺陷,对桩身结构承载力有影响
Ⅱ类桩	桩身基本完整,有轻度缺陷,不影响正常使用	Ⅳ类桩	桩身有严重缺陷,对桩身结构承载力有严重影响

一、低应变反射波检测方法

桩基完整性低应变动力检测方法有:反射波法、机械阻抗法、水电效应法、动力参数法、共振法、球击法等。目前应用最为广泛的有低应变反射波法和机械阻抗法,机械阻抗法又可分为稳态激振和瞬态激振,目前应用最为广泛的是采用瞬态激振获取桩顶响应,然后分别在时域和频域范围内进行分析。因为时域分析的反射波法比较直观,物理机理明确;但机械阻抗法从另一个角度描述桩身频域特性,受外界干扰小,可以做很好的补充。由图6-17可见应力波是在具有一个阻抗变化截面自由桩中的传播。图6-18为一个桩顶反射波的时域波形及其波谱示例。以下详细介绍这两种方法的技术原理和分析方法。

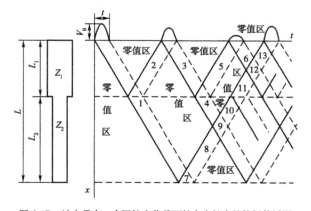

图6-17 波在具有一个阻抗变化截面的自由桩中的特征传播图

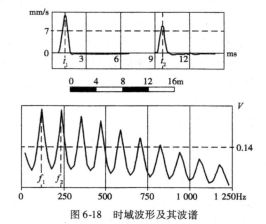

图6-18 时域波形及其波谱

低应变反射波法是指在桩顶施加低能量冲击荷载,实测加速度(或速度)响应时程曲线,运用一维线性波动理论的时域和频域分析,对被检桩的完整性进行评判的检测方法。

1. 适用条件

基桩反射波法通过在桩顶施加激振信号产生应力波,该应力波沿桩身传播过程中,遇到不连续界面(如蜂窝、夹泥、断裂、孔洞等缺陷)和桩底面时,将产生反射波,检测分析反射波的传播时间、幅值和波形特征,就能判断桩的完整性。

低应变反射波法可以通过分析实测桩顶速度响应信号的特征来检测桩身的完整性,判定桩身缺陷位置及影响程度,判断桩端嵌固的情况。适用于混凝土灌注桩和预制桩等刚性材料桩的桩身完整性检测。由于桩侧土和桩身材料本身的阻尼效应和能量耗散,反射波在桩身传播过程中会逐渐衰减,有时候由于桩身过长,存在被检桩的桩端无接收反射信号的情况,因此检测的有效桩长度要有一定要求,故此方法只适用于被检桩的桩端信号能有效识别的条件下。

2. 检测仪器与设备

检测系统包括信号采集及处理仪、传感器、激振设备和专用附件。

基桩动测仪是用于冲击或振动荷载作用下,对工程桩的桩身质量进行测试分析的仪器,应具备增益高、噪声低、频带宽的特点。

传感器是安装在被检桩顶面用以接收桩身和桩端反射波信号的重要器件,其性能评价的主要指标为频响特性、稳定性、量程、灵敏度等。速度传感器由于生产工艺等方面的原因,其高频响应受到限制,动测时传感器的安装刚度会导致强烈的谐振,使传感器的可测范围变窄而影响检测效果。目前基桩动测所使用的主要是压电式加速度传感器,它无论从频响还是输出特性方面均有较大的优点,更适合于低应变反射波法测桩。图 6-19 为压电加速度计的结构原理。

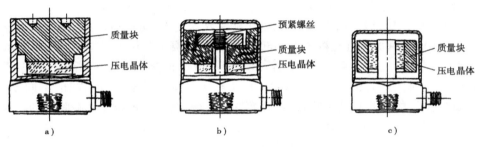

图 6-19　压电加速度计结构原理
a)直接压缩型;b)单端(机座隔离)压缩型;c)剪切型

激振设备的材料及激振能量应综合考虑到被检桩的类型及检测目的。宜选择不同材质和质量的力锤或力棒,以获得所需的激振频率和能量。当检测短桩或桩身浅部缺陷时,冲击脉冲的有效高频分量宜选择 2kHz 左右,采用刚性好且脉冲宽度约为 1ms 的铁锤、铜锤激振,便可满足检测要求。若采用轻锤激发高频信号检测桩土阻尼大的长桩或大直径桩,则桩身深部缺陷或桩端反射信号必然太弱,其真实信号将被噪声所淹没,因此一般应采用数十至数百千克质量的力棒和铁球激振,其产生的波能量大、脉冲宽、衰减小、反射强,以便正确地判别桩身的完整性和桩端的质量状态。

基于以上原因,《公路工程基桩动测技术规程》(JTG/T F81-01—2004)规定,信号采集及处理仪数据采集装置的模—数转换器不得低于 12bit。采样间隔宜为 $10 \sim 500\mu s$,且可以调节。单通道采样点不少于 1 024 点。放大器增益宜大于 60dB,可调、线性度良好,其频响范围应满足 $5Hz \sim 5kHz$。

传感器宜选用压电式加速度传感器或磁电式速度传感器,频响曲线的有效范围应覆盖整个测试信号的频带范围。加速度传感器的电压灵敏度应大于 100mV/g,电荷灵敏度应大于 20PC/g,频率不应小于 5kHz,安装谐振频率不应小于 6kHz,量程应大于 100g。速度传感器的固有谐振频率不应大于30Hz,灵敏度应大于200mV/cm·s^{-1},频率不应小于1.5kHz,安装谐振频率不应小于1.5kHz。

3. 现场检测技术

(1)检测前应对被检工程进行现场调查,搜集工程的地质资料、基桩设计图纸和施工记录,监理日志,了解施工工艺及施工过程中出现的异常情况,且确定检测时间满足混凝土强度(龄期)和地基土休止期的规定,混凝土灌注桩的检测宜在成桩14d以后进行,打入或静压式预制桩的检测应在相邻桩打完后进行。

(2)然后根据现场实际情况选择合适的激振设备、传感器及检测仪,检查测试系统各部分之间是否连接良好,确认整个测试系统是否处于正常工作状态。

(3)桩顶凿至新混凝土面,并用打磨机将测点和激振点磨平。

(4)测量并记录桩顶截面尺寸。

(5)安装传感器。传感器的安装可采用石膏、黄油、橡皮泥等耦合剂,黏结应牢固,并与桩顶面垂直。对混凝土灌注桩,传感器宜安装在距桩中心1/2～2/3半径处,且距离桩的主筋不宜小于50mm。当桩径不大于1 000mm时不宜少于2个测点;当桩径大于1 000mm时不宜少于4个测点。对混凝土预制桩,当边长不大于600mm时不宜少于2个测点;当边长大于600mm时不宜少于3个测点。对预应力混凝土管桩不应少于2个测点。

(6)安装完传感器,启动信号采集仪,处于触发状态后,即可进行激振,激振时混凝土灌注桩、混凝土预制桩的激振点宜在桩顶中心部位;预应力混凝土管桩的激振点和传感器安装点与桩中心连线的夹角不应小于45°。传感器安装点,锤击点布置如图6-20所示。激振锤和激振参数宜通过现场对比试验选定。由图6-21可以看到不同的锤击工具引起的不同动力响应。短桩或浅部缺陷桩的检测宜采用轻锤短脉冲激振;长桩、大直径桩或深部缺陷桩的检测宜采用重锤宽脉冲激振,也可采用不同的锤垫来调整激振脉冲宽度,采用力棒激振时,应自由下落;采用力锤敲击时,应使其作用力方向与桩顶面垂直。

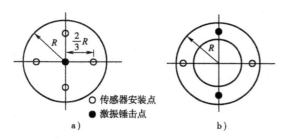

图6-20 传感器安装点、锤击点布置示意图
a)实心桩;b)空心桩

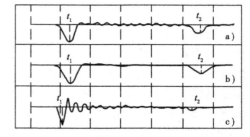

图6-21 不同的锤击工具引起的不同动力响应(40cm×40cm方桩)
a)手锤;b)带尼龙头力锤;c)细金属杆

(7)信号采集时,采样频率和最小的采样长度应根据桩长和波形分析确定。各测点的重复检测次数不应少于3次,且检测波形具有良好的一致性。当干扰较大时,可采用信号增强技术进行重复激振,提高信噪比;当信号一致性差时,应分析原因,排除人为和检测仪器等干扰因素,重新检测。对存在缺陷的桩应改变检测条件重复检测,相互验证。

4. 检测数据分析与判定

桩身完整性分析以时域曲线为主,辅以频域分析,并结合施工情况、岩土工程勘察资料和波形特征等因素进行综合分析判定。

首先应确定桩身波速平均值。

(1) 当桩长已知、桩端反射信号明显时,选取相同条件下不少于 5 根 I 类桩的桩身波速按下式计算其平均值。

$$c_m = \frac{1}{n}\sum_{i=1}^{n} c_i \tag{6-10}$$

$$c_i = \frac{2L \times 1\,000}{\Delta T} = 2L \cdot \Delta f \tag{6-11}$$

式中:c_m——桩身波速平均值(m/s);

c_i——第 i 根桩的桩身波速计算值(m/s);

L——完整桩桩长(m);

ΔT——时域信号第一峰与桩端反射波峰间的时间差(ms);

Δf——幅频曲线桩端相邻谐振峰间的频差(Hz),计算时不宜取第一峰与第二峰;

n——基桩数量($n \geqslant 5$)。

(2) 当桩身波速平均值无法按上述方法确定时,可根据本地区相同桩型及施工工艺的其他桩基工程的测试结果,并结合桩身混凝土强度等级与实践经验综合确定。

(3) 桩身缺陷位置应按下式计算。

$$x = \frac{1}{2\,000} \cdot \Delta t_x \cdot c = \frac{1}{2} \cdot \frac{c}{\Delta f_x} \tag{6-12}$$

式中:x——测点至桩身缺陷之间的距离(m);

Δt_x——时域信号第一峰与缺陷反射波峰间的时间差(ms);

Δf_x——幅频曲线所对应缺陷的相邻谐振峰间的频差(Hz);

c——桩身波速(m/s),无法确定时用 c_m 值替代。

混凝土灌注桩采用时域信号分析时,应结合有关施工和岩土工程勘察资料,正确区分由扩径处产生的二次同相反射与因桩身截面渐扩后急速恢复至原桩径处的一次同相反射,以避免对桩身完整性的误判。

对于嵌岩桩,当桩端反射信号为单一反射波且与锤击脉冲信号同相时,应结合岩土工程勘察和设计等有关资料以及桩端与相反反射波幅的相对高低来推断嵌岩质量,必要时采取其他合适方法进行核验。

桩身完整性的分析当出现下列情况之一时,宜结合其他检测方法进行检测。

(1) 超过有效检测长度范围的超长桩,其测试信号不能明确反映桩身下部和桩端情况。

(2) 桩身截面渐变或多变,且变化幅度较大的混凝土灌注桩。

(3) 当桩长的推算值与实际桩长明显不符,且又缺乏相关资料加以解释或验证。

(4) 实测信号复杂、无规律,无法对其进行准确的桩身完整性分析和评价。

(5) 对于预制桩,时域曲线在接头处有明显反射,但又难以判定是断裂错位还是接桩不良。

桩身完整性类别应按下列原则判定。

(1) I 类桩:桩端反射较明显,无缺陷反射波,振幅谱线分布正常,混凝土波速处于正常范围。

(2) Ⅱ类桩:桩端反射较明显,但有局部缺陷所产生的反射信号,混凝土波速处于正常范围。

(3) Ⅲ类桩:桩端反射不明显,可见因缺陷引起的两次反射波信号,或有桩端反射但波速明显偏低。

(4) Ⅳ类桩:无桩端反射信号,可见因缺陷引起的多次强反射信号,或按平均波速计算的桩长明显短于设计桩长。

图 6-22 ~ 图 6-26 为完整桩和有不同类型缺陷的桩的时域和频域信号特征。

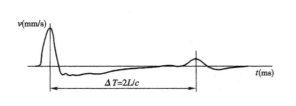

图 6-22　完整桩典型时域信号特征

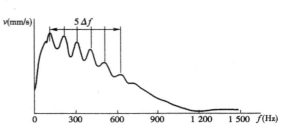

图 6-23　完整桩典型速度幅频信号特征

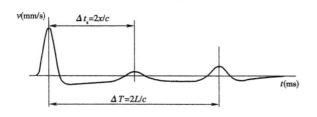

图 6-24　缺陷桩典型时域信号特征

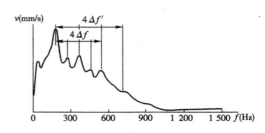

图 6-25　缺陷桩典型速度幅频信号特征

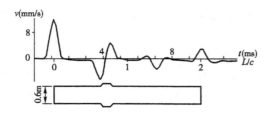

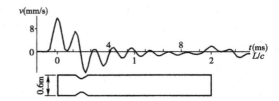

图 6-26　波在两个阻抗变化截面(扩径)自由桩中的特征线传播图

检测报告应包括下列内容。

(1) 桩身混凝土波速值。

(2) 桩身完整性描述,包括缺陷位置、性质及类别。

(3) 时域曲线图,并注明桩底反射位置。

(4) 桩位编号及平面布置示意图和地质柱状图。

5. 实测曲线判读解释的几个问题

(1) 根据一维弹性杆件波动理论,对由桩顶锤击产生的压缩波来说,当桩身某处波阻抗发生变化时将产生上行反射波。从广义讲,在某一桩身截面处波阻抗的降低,则表现为反射波与入射波的相位相同,如夹泥、离析、缩颈甚至断裂等;反之则表现为相位相反,如扩径等。因此,仅仅通过反射波的相位特征来判定桩身缺陷的具体类型具有一定的困难。因此,应用中尚需结合岩土工程地质和施工技术资料,通过综合分析来对桩身和桩端存在的缺陷及其类型和影响程度做出定性判定。

(2)由于桩身反射信号复杂和桩端反射不易识别,低应变反射波法既不能应用于水泥土桩等非刚性材料桩,也不能用于混凝土竹节桩等异型刚性材料桩。由于桩身材料和地基土的阻尼及辐射阻尼效应,波的能量将随着传播距离的增大而衰减,当被检桩超过一定的长度后,不易测得清晰易辨的深部桩身缺陷和桩端反射波,因此本检测方法受到了一定的限制。

对于嵌岩桩,由于桩端嵌入基岩之中,往往存在桩材料与基岩广义波阻抗相接近的情况,使得在时域曲线上桩端反射不明显或基本无法识别,这时就应结合岩土工程勘察资料和实测时域曲线来判断桩端嵌固情况。

(3)被检桩顶面条件的好坏直接影响着测试信号的质量和对桩身完整性判定的准确性,因此,要求被检桩顶面的混凝土质量、截面尺寸应与桩身设计条件的基本相同。检测前必须清理干净,以露出坚硬的混凝土表面为准;对于混凝土预应力管桩,当法兰盘与桩身混凝土之间结合紧密时,可不进行处理,若有损裂现象,则必须用电锯或电砂轮将其截除磨平后方可进行检测。检测前将被检桩顶部与相连的垫层或承台断开,避免因垫层或承台造成波的散射使实测波形复杂化,影响对被检桩完整性的分析和判断。

(4)对于打入或静压式混凝土预制桩,大部分采用接桩形式。在同一承台或相邻承台的打桩或压桩过程中,会对周围产生不同程度的挤土影响,严重时将会引起土体隆起或接桩部位脱焊,因此,应在桩基施工完成后再进行完整性检测。

(5)为了能够获得高质量检测信号而对传感器的安装提出了要求:传感器越轻,与桩顶表面安装得越贴近,接触刚度越大,所测得的振动信号越接近于桩顶表面的质点振动信号,因此,传感器的安装技巧以及黏合剂的合理选择在现场检测工作中至关重要。稠度低的黄油、油性橡皮泥、颗粒粗的黏土以及调得过干或过稀的石膏均不能使用,更不得采取用手按住传感器的方法进行检测,避免由此产生实测信号的严重寄生振荡而不能真实地反映桩身质量的实际信息。特别应该提出的是,传感器应在远离钢筋笼主筋处安装,以减少外露主筋振动或晃动对测试信号产生干扰。当确认周围钢筋笼对信号存在干扰时,应将钢筋截除后再进行检测。

(6)对于直径大且桩身短的混凝土灌注桩,要求在桩中心激振,而将传感器安装于桩的 $1/2 \sim 2/3$ 半径处,是因为此处由激振引起的表面波从桩侧来回反射产生的干扰信号为最小;而规定测点数随被检桩直径的增大而增多,主要是为了避免桩顶面材料不均匀所产生的不利影响及桩身可能存在局部缺陷的遗漏。

需特别指出的是,由于公路工程基桩的直径一般较大,在测试分析过程中应充分考虑到传感器和激振点之间的距离给波速计算带来的误差。当激振点与接收点距离大于 200mm 时,实测波速和缺陷位置应进行修正。时差 $\Delta T'$ 可以通过计算两次 $S<200mm$ 的实测时程之差来求得。

对于预应力混凝土管桩,根据实践经验,传感器安装点和激振点与桩顶面中心的连线夹角宜不小于 $45°$,以减少桩顶局部高频振动对桩身缺陷和桩端反射信号的影响程度。

(7)用锤击方式激振时,可以通过改变激振锤的质量及锤头材料,来改变初始入射波的脉冲宽度或频率成分。刚度较小的重锤,入射波脉冲较宽,含低频成分较多,加上激振能量较大,弹性波衰减较慢,适合于获取长桩深部缺陷或桩端反射信号;刚度较大的轻锤,入射波脉冲较窄,高频成分较多,若激振能量较小,更适合于桩身浅部缺陷的识别及定位。

(8)反射波法判别桩身完整性,主要是以时域波形为主、频域分析为辅。由于多种干扰成分的存在,时域信号通常须采用滤波和平滑处理来突出其中的有效信息,而不恰当的滤波往往会导致漏判和波形畸变。与时域信号一致性差或干扰严重时,可结合频域曲线中相邻谐振峰所对应的频率差来进行缺陷估判。

(9)同一工地完整桩桩身波速平均值的准确确定,是检测分析桩身质量和桩身缺陷的可靠前提。当某根桩露出地面且具有一定高度时,可沿桩长方向且满足量测精度要求的间隔距离安置两个振动传感器,测出该桩段的波速值,并可作为该桩波速的参考取值;当无法获取本工地实测桩身平均波速时,可按类似工程的检测数据或经验取值初步分析判定被检桩的桩身缺陷。

(10)对于公路工程中大量使用的嵌岩灌注桩,从理论上讲可以用低应变反射波法有效地检测出桩端的嵌岩质量,即在桩端波形呈反相反射时,则认为嵌岩状况良好,反之则认为在桩端处存在低劣混凝土或沉渣的可能性较大,或者存在软弱夹层或岩溶孔洞等。实际检测中,当嵌岩桩桩端出现较强的同相反射波,应采用频域曲线的嵌固系数辅助分析,结合岩土工程勘察和施工资料进行综合判断,必要时采用其他有效的方法进行校核,以确保桩基础工程使用的安全性。

(11)判别Ⅰ类桩的重要标准是实测时域信号规则和桩端反射清晰易辨,振幅谱相邻峰间隔 Δf 基本相等,同时满足 $\Delta f = c/(2L)$。在分析桩的时域信号时,可能存在的反射波应区分出是由桩身波阻抗变化或缺陷引起的还是由桩侧土的分层交界面引起的。一般来说,若桩身截面和质量沿深度方向的均匀性好,则由桩侧土分层交界面引起的反射波是不强烈的。因此,在分析中应综合考虑多方面的因素,以避免将完整桩误判为缺陷桩。由于工程地质或施工工艺等原因,有些桩在时域曲线中反映为反向的扩径特征,甚至可见到两次的同向反射,并且从施工记录中得到验证,此类桩一般不应视为有缺陷,应判为基本完整的Ⅱ类桩。对于缺陷桩,其实测时域波形和频域曲线均呈现出一定程度的复杂性,当桩身截面形状和材料均匀性沿深度的变化严重时更是如此。判别桩身存在严重缺陷的主要依据是在实测时域波形上桩身某处的反射波强烈,并伴有多次反射,一般情况无法识别桩端反射信号。

(12)目前通常是根据反射波信号峰值的大小来判定桩身缺陷的程度,它除受缺陷程度高低的影响外,还与桩侧土性质及缺陷所处的深度有关,相同程度的缺陷因桩侧土性或埋深不同,其反射波峰值的大小存在明显的差异,因此,如何正确判定桩身缺陷的严重程度并确定属于何类质量的桩,应仔细认真对照设计桩型、工程地质条件和施工情况等进行综合分析判断。不仅如此,缺陷桩的类别划分还应结合基础和上部结构形式对桩的沉降和承载力的要求,考虑桩身缺陷引发桩身结构破坏可能性的大小,不宜单凭测试信号定论。如果对缺陷程度和质量类别的判别确有困难,除了进行复测以确认曲线的真实性外,还应及时与委托单位联系,采用其他有效方法进一步验证。

二、机械阻抗法

1. 基本原理

机械阻抗法是目前常用的桩顶信号频域分析方法,在基桩检测中,有稳态激振和瞬态激振两种方式,适用于检测桩身混凝土的完整性,推定缺陷类型及其在桩身中的部位。

机械阻抗的定义如图 6-27 所示,设一机械系统或桩土系统,在某种动力 $f(t)$ 激励下必将产生一定的反应(响应),如位移响应 $x(t)$、速度响应 $v(t)$、加速度响应 $a(t)$,且施加的激励力和所测量到该响应量之间具有一定的关系,该关系反映了系统的动态特性。同时,不论对系统施加的是不同频率

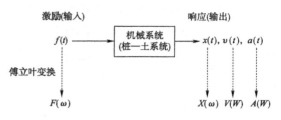

图 6-27 系统的激励和响应示意

(或称扫频)的正弦力还是一个冲击脉冲力或随机力,其所得响应量与激励力之间的关系不会变,即一定系统的动态特性是固定的,所不同的是测试方法和信号处理方法不同而已。

机械阻抗法通常在频率域里研究问题,办法是将时域信号通过傅立叶变换成为频率信号,如 $F(\omega)$、$X(\omega)$、$V(\omega)$、$A(\omega)$(F,X,V,A 代表不同频率时它们各自的幅值)。这样,机械阻抗可定义为在频域里激励力与响应量(常取速度响应)之比,即

$$Z(\omega) = \frac{F(\omega)}{V(\omega)} \tag{6-13}$$

式中:$Z(\omega)$——机械阻抗,速度阻抗,或阻抗函数。

机械阻抗的倒数称机械导纳,即

$$N(\omega) = \frac{V(\omega)}{F(\omega)} \tag{6-14}$$

式中:$N(\omega)$——机械导纳,速度导纳,导纳函数,频响函数,或传递函数。

稳态激振机械阻抗法是指在桩顶用电磁激振器激振,该激振力是幅值恒定,频率从 20 ~ 1 000Hz变化的简谐力。量测桩顶的速度响应信号。作用在简谐振动体系上的作用力 F,与该体系上某点的速度 V 之比,即机械阻抗,机械阻抗的倒数称为导纳,可用记录的力和速度经仪器合成,描绘出导纳曲线,还可求得应力波在桩身混凝土中的波速、特征导纳、实测导纳及动刚度等动参数。据此可判断是否有断桩、缩径、鼓肚、桩底沉渣太厚等缺陷,并可由动刚度估算单桩容许承载力。

瞬态激振机械阻抗法则是指用力棒等对桩顶施加一个冲击脉冲力,这个脉冲力包含了丰富的频率成分,通过力传感器和加速度传感器,记录力信号和加速度信号,然后把两种信号输入信号处理系统,进行傅立叶变换,把时域变成频域,信号合成后同样可得到桩的导纳曲线,从而判断桩的质量。

2. 仪器设备

稳态激振由于设备较复杂,一般包括电磁激振器(稳态激振设备)、力传感器、测量响应的传感器、数据记录与处理设备等,目前广泛采用瞬态激振机械阻抗分析方法,设备与反射波低应变检测一致,简单轻便,只是在分析时将采集的时域响应信号进行傅立叶变换,变成频域信号,信号合成后同样可得到桩的导纳曲线,从而依据桩基导纳的频域特性判断桩的质量。

3. 各种激振下桩的典型导纳曲线

系统在动态力作用下的阻抗(或导纳)是以激振频率 ω 为自变量的复函数 $Z(i\omega)$ 或 $N(i\omega)$。对不同的 ω 值,阻抗(或导纳)的幅值和幅角也就不同,这就提供了用阻抗和导纳随频率变化的图像来研究系统(如桩基础)动态特性的可能性。

机械阻抗法得到的导纳函数或频响函数描述了桩—土系统的动力特性。它与激振和响应量的性质无关,即不论是用简谐稳态激振(图 6-28)、瞬态冲击激振(图 6-29)或随机激振,得到的导纳函数都是一样的,都能得到相同的导纳曲线,包括幅频曲线、相频曲线、实频曲线、虚频曲线等。差别仅仅在于激振方法不同、检测仪器不同和分析原理不同可能带来的精度不同而已。

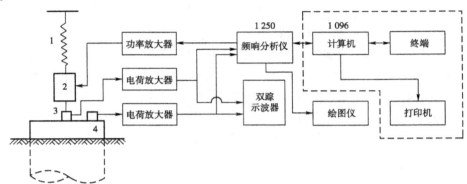

图 6-28　稳态激振机械阻抗检测系统
1-弹性绳;2-激振器;3-力传感器;4-加速度传感器

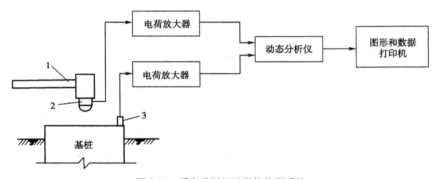

图 6-29　瞬态激振机械阻抗检测系统
1-力锤;2-力传感器;3-加速度传感器

在一般情况下,桩的竖向振动包含了低频的刚体运动和高频的波动。同时,由于阻尼的存在,实际从桩顶上检测到的导纳函数的典型曲线形式应如图 6-30 所示。

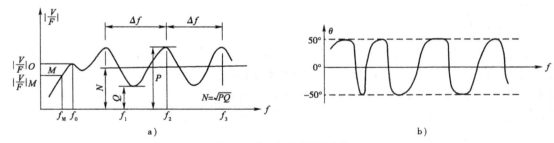

图 6-30　典型的速度导纳曲线
a)幅频图;b)相频图

一根理想的桩,桩顶在经受频率由低至高的正弦稳态扫频竖向激励下,桩体的振动必将首先在较低的频率范围内出现桩的刚体运动,并在某一频率时桩顶振幅出现一个峰值,对应这一峰值的频率即为这一桩土系统的一阶固有频率(或称谐振频率)。随着激励频率逐渐增高,桩体内将出现与激振频率同步的纵向拉伸和压缩变形,形成桩身波动,桩顶振幅亦将依次出现多个峰值,此时所对应的频率依次为二阶、三阶、…、n 阶固有频率,统称为高阶固有频率。各谐振频率点之间的频率差均相等。

桩的刚体运动和波动两种状态之间是一种过渡过程,没有明显的分界频率。一般来说,桩周土质越软,或者说土的支承刚度越小,两者在导纳曲线图上区分愈明显,如果桩底支承在岩层上或嵌固在岩层中,则桩身将不会发生刚体运动,只有波动,导纳曲线上亦不存在谐振频率其相应的导纳峰。

在相频曲线上,各谐振点的相角都应是零度。

4. 判别基桩质量的依据

导纳函数反映了桩土系统的动力特性,依据导纳曲线所具备的各种特征,可作为判别基桩质量,包括完整性和承载力的依据。

(1) 桩的波速和测量桩长

当已知桩长时,可根据导纳曲线量得的频率差 Δf,来判断桩的波速:

$$c = 2h\Delta f \tag{6-15}$$

若已知波速或假定波速已知时,则可以判断实际桩长 h_m:

$$h_m = \frac{c}{2\Delta f} \tag{6-16}$$

(2) 计算导纳 N_c 和实测导纳 N_m

$$\left. \begin{array}{l} N_c = \dfrac{1}{\rho A c} \\ N_m = \sqrt{QP} \end{array} \right\} \tag{6-17}$$

式中:P,Q——速度导纳曲线上的谐振峰值和谷值,可由实测速度导纳曲线量得。

将测得的 N_m 与理论值 N_c 相比较,如 $N_m > N_c$,表示桩身可能有截面减缩或混凝土质量较差;反之,若 $N_m < N_c$,则可能存在扩径。正常的桩一般为 $N_m = N_c$。

(3) 动刚度 k_d

$$k_d = \frac{2\pi f_m}{\left| \dfrac{V}{F} \right|_m} \tag{6-18}$$

其中,f_m 和 $|V/F|_m$ 分别为速度导纳曲线初始部分接近直线段上任意点 m 的频率值及其对应的导纳值。若取通过原点导纳曲线的切线上任意点的频率值和导纳值,所求刚度则可作为静力参数的桩周土支承刚度 k。

由于过原点的切线难以取准确,所以常用式(6-18)计算动刚度来代替静刚度,但只要曲线上的 M 点尽量取在频率较低的近似直线段上,则动刚度 k_d 与静力参数 k 两者基本接近。

(4) 第一谐振频率(基频)f_{n1} 可直接从速度导纳曲线上读取。

有了上述依据,就可以判断桩身结构的完整性。然而,桩埋入土中,尤其是灌注桩,其断面不太规则,或桩侧土有硬夹层等均可能产生应力波的反射,各种干扰亦可能使波形掺杂虚假因素,给判断带来困难。因此对桩质量的评价,需积累一定的波形分析经验并熟悉桩的施工工艺。采用瞬态激振时,可同时获得桩顶速度响应的时域曲线,将它和速度导纳的幅频曲线和相频曲线结合起来分析,有助于提高判断的准确度。表6-12给出了机械阻抗法判断桩身结构完整性的参考判据。

机械阻抗法桩身结构完整性判据　　　　表6-12

设计桩长 h, 测量桩长 h_m	实测导纳 N_m, 计算导纳 N_c	动刚量 k_d	完整性
$h \approx h_m$	$N_m \approx N_c$	一般	完整性
		高	桩尖嵌固好的完整桩
		低	桩尖嵌固差的完整桩
	$N_m < N_c$	高	扩底桩
	$N_m > N_c$	低	缩径或低质混凝土
$h < h_m$	$N_m < N_c$	很高	扩径
	$N_m \gg N_c$	很低	断桩
多种 h_m	$N_m < N_c$	高	断面不规则(扩大)
	$N_m > N_c$	低	断面不规则(缩小)

三、超声波法

超声波法检测桩身完整性是指根据超声波透射或折射原理,在桩身混凝土内发射并接收超声波,通过实测超声波在混凝土介质中传播的历时、波幅和频率等参数的相对变化来判定桩身完整性的检测方法。

检测过程具体情况如下(图6-31)所示。

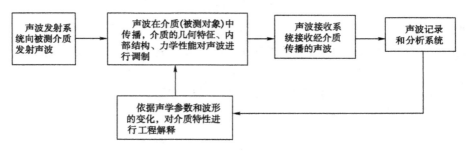

图6-31　超声波法检测过程

1. 适用条件与检测方式

超声波法适用于直径不小于800mm的混凝土灌注桩的完整性检测,它包括跨孔透射法和单孔折射法。

在桩身预埋一定数量的声测管,通过水的耦合,超声波从一根声测管中发射,在另一根声测管中接收,或单孔中发射并接收,可以测出被测混凝土介质的声学参数。由于超声波在混凝土中遇到缺陷时会产生绕射、反射和折射,因而到达接收换能器的声时、波幅及主频发生了改变。超声波法就是利用这些声波特征参数来判别桩身的完整性。

对跨孔透射法,当桩径较小时,声测管间距也较小,其测试误差相对较大,同时预埋声测管可能引起附加的灌注桩施工质量问题。因此,《公路工程基桩动测技术规程》(JTG/T F81-01—2004)规定声波透射法只适用于桩径不小于800mm的灌注桩。

单孔折射波法是根据公路桥梁对桩基的质量要求,检测钻芯孔孔壁周围的混凝土质量。

为了使超声脉冲能横穿各个不同深度的横截面,必须使超声探头深入桩体内部,为此,须事先预埋声测管,作为探头进入桩内的通道。根据声测管埋置的不同情况,有如下三种检测方法。

(1)跨孔透射法检测

在桩内预埋两根以上的管道,把发射探头和接收探头分别置于两根管道中(图6-32)。检测时超声脉冲穿过两管道之间的混凝土,实际有效范围即为超声脉冲从发射到接收探头所扫过的面积。为了尽可能扩大在桩横截面上的有效检测控制面积,必须使声测管的布置合理。双孔测量时根据两探头相对高程的变化,又可分为平测、斜测、扇形扫测等方式,在检测时应视实际情况灵活运用。

(2)单孔折射法检测

在某些特殊情况下,只有一个孔道可供检测使用,例如在钻孔取芯后需进一步了解芯样周围混凝土的质量,以扩大取芯检测后的观察范围,这时可采用单孔测量方式(图6-32b),换能器放置在一个孔中,探头之间用隔声材料隔离。这时声波从水中及混凝土中分别绕射到接收换能器,接收信号为从水及混凝土等不同声通路传播而来的信号的叠加,分析这一叠加信号,并测出不同声通路的声时及波高等物理量,即可分析孔道周围混凝土的质量。

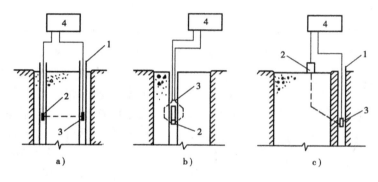

图6-32 钻孔灌注超声脉冲检测方式
a)双孔检测;b)单孔检测;c)桩外孔检测
1-声测管;2-发射探头;3-接受探头;4-超声波检测仪

运用这一检测方式时,必须运用信号分析技术排除管中的混响干扰。当孔道内有钢质套管时,不能用此法检测。

(3)桩外孔检测

当桩的上部结构已施工,或桩内未预埋管道时,可在桩外的土基中钻一孔作为检测通道。检测时在桩顶上放置一较强功率的低频探头,向下沿桩身发射超声脉冲,接收探头从桩外孔中慢慢放下。超声脉冲沿桩身混凝土并穿过桩与测孔之间的土进入接收探头,逐点测出声时波高等参数,作为判断依据(图6-33)。这种方式的可测深度受仪器发射功率的限制,一般只能测到10m左右。

图6-33 超声波脉冲

以上三种方式中,双孔检测是桩基超声脉冲检测的基本形式,其他两种方式在检测和结果分析上都比较困难,只能作为特殊情况下的补救措施。

2. 判断桩内缺陷的基本物理量

在钻孔灌注桩的检测中所依据的基本物理量有以下四个。

(1) 声时值

由于钻孔桩的混凝土缺陷主要是由于灌注时混入泥浆或混入自孔壁坍落的泥、砂所造成的。缺陷区的夹杂物声速较低，或声阻抗明显低于混凝土的声阻抗。因此，超声脉冲穿过缺陷或绕过缺陷时，声时值增大。增大的数值与缺陷尺度大小有关，所以声时值是判断缺陷有无和计算缺陷大小的基本物理量。

(2) 波幅 (或衰减)

当波束穿过缺陷区时，部分声能被缺陷内所含物吸收，部分声能被缺陷的不规则表面反射和散射，到达接收探头的声能明显减少，反映为波幅降低。实践证明，波幅对缺陷的存在非常敏感，是在桩内判断缺陷有无的重要参数。

(3) 接收信号的频率变化

当超声脉冲穿过缺陷区时，超声脉冲中的高频部分首先被衰减，导致接收信号主频下降，即所谓频漂，其下降百分率与缺陷的严重程度有关。接收频率的变化实质上是缺陷区声能衰减作用的反映，它对缺陷也较敏感，而且测量值比较稳定，因此，也可作为桩内缺陷判断的重要依据。

(4) 接收波形的畸变

接收波形产生畸变的原因较复杂，一般认为是由于缺陷区的干扰，部分超声脉冲波被多次反射而滞后到达接收探头。这些波束的前锋到达接收探头的时间参差不齐，相位也不尽一致，叠加后造成接收波形的畸变。因此，接收波形上带有混凝土内部的丰富信息。如能对波形进行信息处理，搞清波束在混凝土内部反射和叠加的原理，则可确切地进行缺陷定量分析。但目前，波形信息处理方法未能解决，一般只能将波形畸变作为缺陷定性分析依据以及判断缺陷的参考指标。如图6-33与图6-34所示超声波传播过程中的畸变。

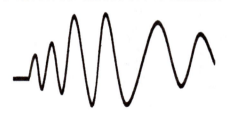

图 6-34 超声波传播过程中的畸变

在检测时，探头在声测管中逐点测量各深度的声时、波幅(或衰减)、接收频率及波形畸变位置等。然后，可绘成"声时—深度曲线"、"波幅—深度曲线"及"接收频率变化率—深度曲线"等，供分析使用。

3. 检测仪器与设备

检测仪系统应包括信号放大器、数据采集及处理存储器、径向振动换能器等。检测仪器有一发双收功能。声波发射应采用高压脉冲或矩形脉冲，其电压最大值不应小于1 000V，且分档可调。

接收放大与数据采集器应符合下列规定。

(1) 接收放大器的频带宽度为 5~200kHz，增益不应小于100dB，放大器的噪声有效值不大于 $2\mu V$；波幅测量范围不小于80dB，测量误差小于1dB。

(2) 计时显示范围应大于 $2\,000\mu s$，精度优于 $0.5\mu s$，计时误差不应大于2%。

(3) 采集器模—数转换精度不应低于8bit，采样频率不应小于10MHz，最大采样长度不应小于32kB。

径向振动换能器应符合下列规定。

(1) 径向水平面无指向性。

(2) 谐振频率宜大于25kHz。

(3) 在1MPa水压下能正常工作。

(4) 收、发换能器的导线均应有长度标注，其标注允许偏差不应大于10mm。

(5) 接收换能器宜带有前置放大器，频带宽度宜为5~60kHz。

(6) 单孔检测采用一发双收一体型换能器，其发射换能器至接收换能器的最近距离不应小于30cm，两接收换能器的间距宜为20cm。圆环式径向换能器原理及构造如图6-35所示。

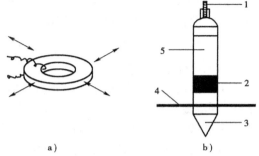

图6-35　圆环式径向换能器原理及构造
a) 薄圆环径向振动；b) 圆环式径向换能器构造
1-引出电缆；2-压电圆环；3-下锥体；4-扶正器；
5-前置放大器

目前常用的检测装置有两种。一种是用一般超声检测仪和发射及接收探头所组成。探头在声测管内的移动由人工操作，数据读出后再输入计算机处理。这套装置与一般超声检测装置通用，但检测速度慢、效率较低。

另一种是全自动智能化测桩专用的检测装置（图6-36）。它由超声发射及接收装置、探头自动升降装置、测量控制装置、数据处理计算机系统等四大部分所组成。

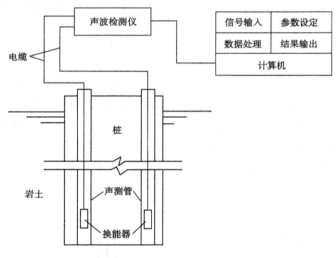

图6-36　超声波测桩系统示意图

数据处理计算机系统是测控装置的主控部件，具有人机对话，发布各类指令，进行数据处理等功能。它通过总线接口与测量控制装置连接，发出测量的控制命令，以及进行信息交换；升降机构根据指令通过步进电机进行上升、下降及定位等动作，移动探头至各测量点；超声发射和接收装置发射并接收超声波，取得测量数据，传送到数据处理计算机，进行数据处理、存储、显示和打印。

由于测试系统由计算机控制，测量过程无须人工干预，因此可自动、迅速地完成全桩测量工作。

在桩基超声脉冲检测系统中,换能器在声测管内用水耦合,因此换能器必须是水密式的径向发射和接收换能器。常用的换能器一般是圆管式或增压式密型换能器,换能器宜装有前置放大器,换能器的水密性应满足在1MPa水压下不漏水。发射换能器的长、频带宽及水密性能与接收换能器的要求相同,各仪器的具体技术指标见前文。

4. 现场检测技术

(1)声测管的埋设

①用声波透射法检测试件时,超声波特征值仅与收、发检测管间连线两边窄带区域(声测剖面)的混凝土质量密切相关。当灌注桩的直径增大时,每组声测管间超声波的混凝土检测范围占桩截面积比例减小,不能反映桩身截面混凝土的整体质量状况,因此,声测管的数量及布置方法决定了桩身混凝土实际的检测面积和检测范围,对直径大的桩必须增加声测管的数量。

声测管布置,当桩径不大于1 500mm时,应埋设3根管;当桩径大于1 500mm时,应埋设4根管。3根管应按等边三角形均匀布置(构成3个声测剖面),4根管则应按正方形均匀布置(构成六个声测剖面)。以上三种布置方式,如图6-37所示。

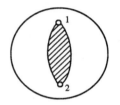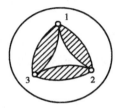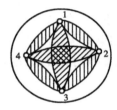

图6-37 声波透射埋管编组

注:图中数字为检测管埋设位置。

②检测管的内径宜比换能器外径大15mm,是为了便于换能器在管中上下移动。当对换能器加设定位器时,检测管内径可比换能器外径大20mm,公路基桩大多数是大桩、长桩,由于混凝土的水化热作用及钢筋笼安放和混凝土浇筑过程中存在较大的作用力,容易造成检测管变形、断裂,从而影响检测工作的顺利进行。因此,建议声测管采用强度较高的金属管。在安装检测管时,为避免产生漏浆和因焊渣造成管内堵塞等问题,检测管不应采用对焊方法连接。管的连接宜采用螺纹连接(图6-38),且不漏水。

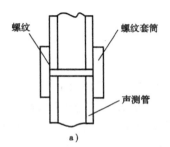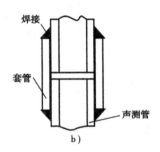

图6-38 声测管的连接

a)螺纹连接;b)套筒连接

③由于声测管间距随深度的变化难以确定,各深度处的声速只能采用桩顶2根声测管的距离来计算,因此,必须将声测管埋设得相互平行。为减少偏差可在相邻声测管之间焊接等长水平撑杆。声测管应牢固焊接或绑扎在钢筋笼的内侧,定位准确,并埋设至桩底,管口宜高出桩顶面300mm以上。声测管的安装方法可如图6-39所示。

④声测管管底封闭,管口应加盖。

⑤声测管的布置以路线前进方向的顶点为起始点,按顺时针旋转方向进行编号和分组,每两根编为一组。

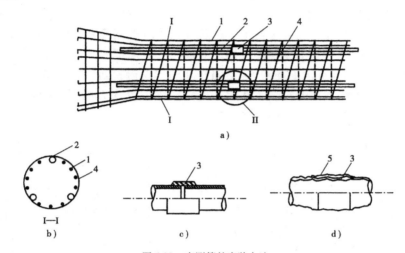

图6-39 声测管的安装方法
1-钢筋;2-声测管;3-套接管;4-箍筋;5-密封胶布

根据公路工程的特点和便于了解桩身缺陷存在的方位,规程规定检测管编号按前行方向的顶点为起始点顺时针编号。因此,声测管埋设时宜将其中一根对准线路前行方向。

（2）检测前的准备

①被检桩的混凝土龄期应大于14d。

②声测管内应灌满清水,且保证畅通。

③标定超声波检测仪发射至接受的系统延迟时间 t_0。

④准确量测声测管的内、外径和两相邻声测管外壁间的距离,量测精度为±1mm。

⑤取芯孔的垂直度误差不应大于0.5%,检测前应进行孔内清洗。

（3）检测方法

①测点间距不宜大于250mm。发射与接收换能器以相同高程同步升降,其累计相对高差不应大于20mm,并随时校正。

②在对同一根桩的检测过程中,声波发射电压应保持不变。

③对于声时值和波幅值出现异常的部位,应采用水平加密、等差同步或扇形扫测等方法进行细测,结合波形分析确定桩身混凝土缺陷的位置及其严重程度。

声测管中的浑浊水将明显甚至严重加大声波衰减和延长传播时间,给声波检测结果带来误差。因此,检测前应冲洗检测管并灌满清水作为耦合剂。

声波从发射至接收仪器产生的系统延迟时间为 t_0,测试方法如下。

将发、收换能器平行置于清水中的同一高度,其中心间距从400mm左右开始逐次加大两换能器之间的距离,同时定幅测量与之相应的声时;再分别以纵、横轴表示间距和声时作图,在声时横轴上的截距即为 t_0。为保证测试精度,两换能器间距的测量误差不应大于 0.5%,测量点不应少于 5 个。

在声波透射法检测中,应随时校准收、发换能器所在的深度是否相同,以避免由于过大的相对高差而产生较大的测试误差。为防止漏检桩身混凝土的缺陷,上、下相邻两测点的间距不宜超过 250mm。

声时和波幅是声波透射法检测混凝土灌注桩质量中的两个重要指标,其中波幅对混凝土内部缺陷的反应往往比声时更具敏感性。在实际检测中,波幅是一个相对量,而声时又是根据波形的起跳点来确定的。因此,为了使不同位置处的检测数据具有可比性和应用价值,在同一根桩的检测过程中,声波发射电压和放大器增益等参数应恒定,并进行等幅测试。

对可疑缺陷处的细测有水平加密、等差同步和扇形扫测三种方法。其中水平加密细测是基本方法,而等差同步测和扇形扫测主要用于确定缺陷位置和大小,其发、收换能器连线的水平夹角一般为 30°~40°,如图 6-40 ~ 图 6-42 所示。

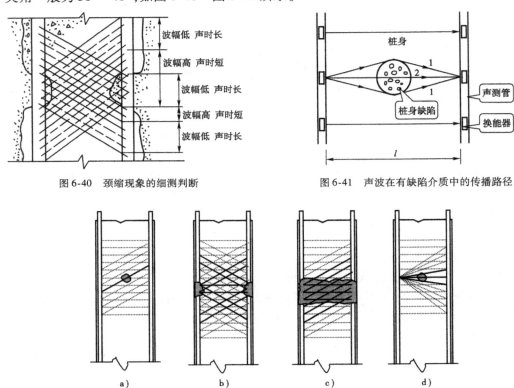

图 6-40　颈缩现象的细测判断

图 6-41　声波在有缺陷介质中的传播路径

图 6-42　灌注桩的交叉斜测和扇形扫描

a)局部缺陷;b)缩颈或声测管附着泥团;c)层状缺陷(断桩);d)扇形扫描

5. 检测数据分析与判定

1)声时修正值计算

$$t' = \frac{D-d}{v_t} + \frac{d-d'}{v_W} \tag{6-19}$$

式中：t'——声时修正值（μs）（t 为声波在混凝土中的传播时间，简称声时）；
D——声测管外径（mm）；
d——测管内径（mm）；
d'——换能器外径（mm）；
v_t——声测管管壁厚度方向声速值（km/s）；
v_w——水的声速值（km/s）。

2）声时、声速和声速平均值计算

声时、声速和声速平均值应按下列公式计算，并绘制声速—深度曲线、波幅—深度曲线。

$$t = t_i - t_0 - t' \tag{6-20}$$

$$v_i = \frac{l}{t} \tag{6-21}$$

$$v_m = \sum_{i=1}^{n} \frac{v_i}{n} \tag{6-22}$$

式中：t——声时值（μs）；
t_i——超声波第 i 测点声时值（μs）；
t_0——声波检测系统延迟时间（μs）；
t'——声时修正值（μs）；
v_i——第 i 个测点声速值（km/s）；
l——两根检测管外壁间的距离（mm）；
v_m——混凝土声速平均值（km/s）；
n——测点数。

3）单孔折射法的声时、声速值计算

$$\Delta t = t_2 - t_1 \tag{6-23}$$

$$v_i = \frac{h}{\Delta t} \tag{6-24}$$

式中：Δt——两个接收换能器间的声时差（μs）；
t_1——近道接收换能器声时（μs）；
t_2——远道接收换能器声时（μs）；
v_i——第 i 测点的声速值（km/s）；
h——两个接收换能器间的距离（mm）。

4）桩身混凝土缺陷综合判定

（1）声速判据

当实测混凝土声速值低于声速临界值时应将其作为可疑缺陷区。

$$v_i < v_D \tag{6-25}$$

式中：v_i——第 i 个测点声速值（km/s）；
v_D——声速临界值（km/s）。

声速临界值采用正常混凝土声速平均值与 2 倍声速标准差之差，即

$$v_D = \bar{v} - 2\sigma_v \tag{6-26}$$

$$\bar{v} = \sum_{i=1}^{n} \frac{v_i}{n} \tag{6-27}$$

$$\sigma_v = \sqrt{\sum_{i=1}^{n} \frac{(v_i - \bar{v})^2}{n-1}} \tag{6-28}$$

式中：$\bar{v}$——正常混凝土声速平均值(km/s)；

σ_v——正常混凝土声速标准差；

v_i——第 i 个测点声速值(km/s)；

n——测点数。

当检测剖面 n 个测点的声速值普遍偏低且离散性很小时，宜采用声速低限值判定。即实测混凝土声速值低于声速低限值时，可直接判定为异常。

$$v_i < v_L \tag{6-29}$$

式中：v_i——第 i 个测点声速值(km/s)；

v_L——声速低限值(km/s)。

声速低限值应由预留同条件混凝土试件的抗压强度与声速对比试验结果，结合本地区实际经验确定。

声速临界值的确定基于概率法，即无缺陷的混凝土声速测值虽因其本身的不均匀性造成一定的离散性，但符合正态分布；由缺陷造成的低声速值异常值不符合正态分布。因此，确定临界值时必须采用正常混凝土的声速平均值及标准差，否则，求得的声速平均值将偏小，易造成漏判。同时还应分析考虑声测管间不平行产生的误差影响。

声速是材料的基本物理量之一，它与混凝土强度相关，实测声速应大于或等于声速低限值。声速低限值由同条件混凝土试件做强度和速度对比试验，结合地区经验确定。声速低限值相对应的混凝土强度不宜低于 $0.9R$（R 为混凝土设计强度），若试件为钻孔芯样，则不宜低于 $0.85R$。

（2）波幅判据

用波幅平均值减 6dB 作为波幅临界值，当实测波幅低于波幅临界值时，应将其作为可疑缺陷区。

$$A_D = A_m - 6 \tag{6-30}$$

$$A_m = \sum_{i=1}^{n} \frac{A_i}{n} \tag{6-31}$$

式中：A_D——波幅临界值(dB)；

A_m——波幅平均值(dB)；

A_i——第 i 个测点相对波幅值(dB)；

n——测点数。

波幅是相对测试，也曾有人试图用概率统计理论来确定临界值，但由于桩身混凝土内部结构的变异性很大而难以找出较强的波幅统计规律性，因而实际中多是根据实测经验将波幅值的一半定为临界值。

（3）PSD 判据（相邻测点间声时的斜率和差值乘积判据）

采用斜率法作为辅助异常判据，当 PSD 值在某测点附近变化明显时，应将其作为可疑缺陷区。

$$PSD = \frac{(t_i - t_{i-1})^2}{z_i - z_{i-1}} \tag{6-32}$$

式中：t_i——第 i 个测点声时值（μs）；
　　t_{i-1}——第 $i-1$ 个测点声时值（μs）；
　　z_i——第 i 个测点深度（m）；
　　z_{i-1}——第 $i-1$ 个测点深度（m）。

对支承桩或嵌岩桩，宜同时采用低应变反射波法检测桩段的支承情况。

对钢质声测管，波速一般可取 5 800m/s；20℃时水的声速可取 1 483m/s。

PSD 法是由于缺陷处声时的变化引起声时深度曲线的斜率明显增大，而声时差的大小又与缺陷程度密切相关，因此两者之积对缺陷的反映更加明显，即

$$\text{PSD} = K \cdot \Delta T = \frac{(t_i - t_{i-1})}{\Delta H} \cdot (t_i - t_{i-1}) \tag{6-33}$$

对声速、波幅和 PSD 值超越临界值，异常或突变时，应对缺陷处进行细测。同时结合波形、施工工艺和施工记录等有关资料进行综合分析，以确定桩身混凝土缺陷的位置和程度。当声速普遍低于低限值时，应通过钻孔取芯法检验基桩的混凝土强度。鉴于目前所用的换能器频带窄和用频率判定桩身混凝土缺陷的方法还不成熟。因此，规程未将声波频率—深度曲线作为桩身混凝土完整性的主要判定指标之一。

桩身混凝土缺陷判别主要依据于实测声速、波幅及其随深度的变化曲线及声速判据、波幅判据和 PSD 判据进行综合分析后得出。图 6-43 为桩身混凝土超声波检测的声参数变化曲线。由图中声参数的变化可以明确看到桩身混凝土的缺陷位置。

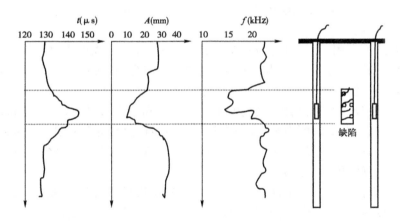

图 6-43　声参数变化曲线

由于超声波只能检测桩身部分的混凝土质量，对于支承桩或嵌岩桩，宜同时采用低应变反射波法检测桩端的支承情况，确保基桩承载力满足设计要求。

5）桩身完整性类别判定

（1）Ⅰ类桩：各声测剖面每个测点的声速、波幅均大于临界值，波形正常。

（2）Ⅱ类桩：某一声测剖面个别测点的声速、波幅略小于临界值，但波形基本正常。

（3）Ⅲ类桩：某一声测剖面连续多个测点或某一深度桩截面处的声速、波幅值小于临界值，PSD 值变大，波形畸变。

（4）Ⅳ类桩：某一声测剖面连续多个测点或某一深度桩截面处的声速、波幅值明显小于临界值，PSD 值突变，波形严重畸变。

检测报告应包括每根被检桩各剖面的声速—深度、波幅—深度曲线及各自的临界值,声速、波幅的平均值,桩身缺陷位置及程度的分析说明。

四、钻芯法简介

1. 概述

采用岩芯钻探技术和施工工艺,在桩身上沿长度方向钻取混凝土芯样及桩端岩土芯样,通过对芯样的观察和测试,用以评价成桩质量的检测方法称为钻孔取芯法,简称钻芯法。

钻芯法所适用的检测内容如下:

(1)验证桩身完整性,如桩身混凝土胶结状况,有无气孔、松散或断桩等;

(2)检测桩身混凝土强度是否符合设计要求;

(3)桩底沉渣是否符合设计或相关规范的要求;

(4)桩底持力层的岩土性状(强度)和厚度是否符合设计或相关规范要求;

(5)施工记录桩长是否真实。

钻芯法是检测现浇混凝土灌注桩成桩质量的一种有效手段,不受场地条件的限制,特别适用于大直径混凝土灌注桩。钻芯法不仅可以直观测试灌注桩的完整性,而且能够检测桩长,桩底沉渣厚度以及桩底岩土层的性状。在多种桩身完整性的检测方法中,钻芯法最为直观可靠。但该法取样部位有局限性,只能反映钻孔范围内的小部分混凝土质量,存在较大的盲区,容易以点代面造成误判或漏判。钻芯法对查明大面积的混凝土疏松、离析、夹泥孔洞等比较有效,而对局部缺陷和水平裂缝等判断就不一定十分准确。另外,钻芯法还存在设备庞大、费工费时、价格昂贵的缺点。

因此,钻芯法不宜用于大批量检测,而只能用于抽样检查,或作为对无损检测结果的验证手段。实践经验表明,采用钻芯法与超声法联合检测、综合判定的办法评定大直径灌注桩的质量,是十分有效的办法。

钻芯取样方法分三大类:钢粒钻进、硬质合金钻进和金刚石钻进,钻芯法检测应优先采用金刚石钻进。金刚石钻头切削刀细、破碎岩石平稳、钻具孔壁间隙小、破碎孔底环状面积小,且由于金刚石较硬、研磨性较强,高速钻进时,芯样受钻具磨损时间短,容易获得比较真实的芯样,是取得第一手真实资料的好办法。

钻孔机具的操作以及芯样试件的加工,均应由有资质的熟练操作人员完成。应有专业人员在现场检查、校核、编录芯样,并及时处理发生的问题。对混凝土的胶结状况、骨料的种类及其均匀性、混凝土芯样上的气孔、蜂窝、夹泥、离析、裂缝以及持力层的性状,均应作详细记录,以便做出符合实际的判断。

2. 检测设备

钻孔取芯法检测灌注桩质量是岩芯钻探方法在工程施工质量检测中的应用,主要设备是芯钻机。如要检测灌注桩混凝土的抗压强度,则还需有锯切芯样的锯切机,加工芯样的磨平和专用补平装置,以及进行混凝土强度试验的压力机。

3. 钻孔取芯的步骤

(1)钻进前的准备

钻进前,要了解场地水文工程地质条件,桩底持力层和桩周地层情况、桩身结构、桩的施工情况、桩身内部有无落入物、混凝土养护时间和强度等资料。钻芯受检桩的混凝土龄期需达到

28d 或预留同条件养护试块强度应达到设计强度。

(2)确定钻孔的数量和位置

灌注桩的钻孔位置应根据需要与委托方共同商议确定。因为它只对钻头通过部分的混凝土进行检验,所以在一根桩上,桩径为 0.8~1.0m 的一般钻 2~3 个孔,桩径大于 1m 的钻 4 个孔。

岩芯直径有 55mm、71mm、91mm 和 100mm 等几种,钻进过程中,钻头和芯样筒在一定外加压力下同时旋转,使芯样周围磨出一道沟槽,压力水进入芯样和钻头,通过循环水将岩屑带出孔外。

另外,如钻芯是为了对其他检测方法的检测结果进行验证,则钻芯位置应尽可能定在能钻到缺陷的部位。

为准确确定桩的中心点,桩头宜开挖裸露;来不及开挖或不便开挖的桩,应由经纬仪测出桩位中心。

卸取的芯样应保护好断口形状,按自上而下的顺序置于芯样箱中,岔口对上,芯样侧面上应标明回次数、块号、本回次总块数(宜写成带分数的形式),以便检验。

当单桩质量评价满足设计要求时,桩上留下的孔洞应及时修补;否则应封存钻芯孔,留待处理。钻芯孔用水泥浆回灌封闭。终孔后下入钻杆,向钻孔内泵入清水,将孔内岩粉、桩底沉渣冲洗干净,排出孔外;洗孔后用钻杆向孔内泵压配制好的水泥净浆,将孔内清水压出孔外;孔口返出水泥浆后,逐渐减少孔内钻杆数,继续向孔内压浆,充满全孔后起拔套管。灌浆压力视孔深而定,一般为 0.5~1.0MPa。

在灌注桩上钻孔取芯后,应抽取一定数量的混凝土芯样,将芯样加工成抗压强度试验试件,在压力机上作抗压强度试验,验证桩身混凝土的实际强度。

4.检测报告

检测报告除应包括通常内容外,还应包括:

(1)钻芯设备情况;

(2)检测桩数、钻孔数量,架空、混凝土芯进尺、岩芯进尺,总进尺,混凝土试件组数、岩石试件组数、动力触探或标准贯入试验结果;

(3)各钻孔的柱状图;

(4)芯样抗压强度试验结果;

(5)芯样彩色照片;

(6)异常情况说明。

第五节 桩的静载试验

现常用确定基桩承载力的检测方法有两种,一种是静荷载试验,另一种是各种桩的高应变动力检测方法。

静荷载试验法就是利用堆载或锚桩等反力装置,由千斤顶施力于单桩,并记录被测对象的位移变化,通过获得的力与位移曲线(Q-S),或位移时间曲线(S-$\log t$)等资料判断基桩承载力。静载试验确定桩的承载力,是获得桩承载力的最基本、最可靠的方法。可为设计提供依据,也可以为工程验收提供依据。

单桩竖向抗压静载试验确定单桩竖向抗压承载力,单桩竖向抗拔静载试验确定单桩竖向抗拔承载力,单桩水平静载试验确定单桩水平承载力。不同情况下的静载试验,目的有所不同。

试桩的位置应符合设计要求,如设计无要求时,宜选择在地质条件有代表性的地方,并尽量靠近地质钻孔或静力触探孔,其间距一般不宜大于 5m 或小于 1m。试桩的桩径、测试内容应符合设计要求。勘测设计阶段的试桩数量由设计部门确定,施工阶段的试桩数量规定如下。

(1)静压试验应按施工合同规定的数量进行试桩,可按下列规定进行:在相同地质情况下,按桩总数的 1% 计,并不得少于 2 根;位于深水处的试桩,根据具体情况,由主管单位研究确定。

(2)工艺试验由施工单位拟定,报主管单位批准。

试桩前应进行下列准备工作。

①试桩的桩顶如有破损或强度不足时,应将破损和强度不足段凿除后,修补平整。

②为便于在原地面处施加荷载,在承台底面以上部分或局部冲刷线以上部分设计不能考虑的摩擦力应予扣除。

③做静压的试桩,桩身需通过尚未固结新近沉积的土层或湿陷性黄土、软土等土层对桩侧产生向上的负摩擦力部分,应在桩表面涂设涂层,或设置套管等方法予以消除。

④在冰冻季节试桩时,应将桩周围的冻土全部融化,其融化范围:静压、静拔试验时,离试桩周围不小于 1m;静推试验时,不小于 2m。融化状态应保持到试验结束。

在结冰的水域做试验时,桩与冰层间应保持不小于 100mm 的间隙。

一、基桩的垂直静载试验

桩基静载试验通常用来确定单桩承载力和荷载与位移的关系,以及校核动力公式的准确程度。

1. 试验装置

对于钻(挖)孔灌注桩,须待混凝土达到能承受的设计要求荷载后,才可进行试验;试验加载装置一般采用油压千斤顶加载。千斤顶的反力装置可根据现场的实际条件选用下列三种形式之一。

(1)锚桩承载梁反力装置:锚桩承载梁反力装置能提供的反力,应不小于预估最大试验荷载的 1.3~1.5 倍。

锚桩一般采用 4 根,如入土较浅或土质松软时可增至 6 根。锚桩与试桩的中心间距,当试桩直径(或边长)小于或等于 800mm 时,可为试桩直径(或边长)的 5 倍;当试桩直径大于 800mm 时,上述距离不得小于 4m。

(2)压重平台反力装置:利用平台上压重作为对桩静压试验的反力装置。压重不得小于预估最大试验荷载的 1.2 倍,压重应在试验开始前一次加上。

试桩中心至压重平台支承边缘的距离与上述试桩中心至锚桩中心距离相同。

(3)锚桩压重联合反力装置:当试桩最大加载量超过锚桩的抗拔能力时,可在承载梁上放置或悬挂一定重物,由锚桩和重物共同承受千斤顶反力。

测量位移的仪表必须精确,一般使用 1/20mm 光学仪器或力学仪表,如水平仪、挠度仪、偏移计等。支承仪表的基准架应有足够的刚度和稳定性。基准梁的一端在其支承上可以自由移动,不受温度影响引起上拱或下挠。基准桩应埋入地基表面以下一定深度,不受气候条件等影响。基准桩中心与试桩、锚桩中心(或压重平台支承边缘)之间的距离宜大于等于4倍试桩的直径或边长且大于等于2.0m[若试桩直径$d>800$mm时,基准桩中心至试桩中心(或压重平台支承边)的距离不宜小于4.0m]。

2. 加载方法与沉降观测

试验方法采用慢速维持荷载法,若设计无特殊要求时,用单循环加载试验。

(1)加载重心应与试桩轴线相一致。加载时应分级进行,使荷载传递均匀,无冲击。加载过程中,不使荷载超过每级的规定值,如图6-44所示。

(2)加载分级:每级加载量为预估最大荷载的1/15~1/10。当桩的下端埋入巨粒土、粗粒土以及坚硬的黏质土中时,第一级可按2倍的分级荷载加载,如图6-45所示。

(3)预估最大荷载:对施工检验性试验,一般可采用设计荷载的2.0倍。

(4)下沉未达稳定时不得进行下一级加载。

(5)每级加载的观测时间规定为:每级加载完毕后,每隔15min观测一次;累计1h后,每隔30min观测一次。

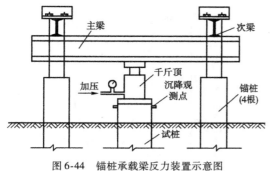

图6-44 锚桩承载梁反力装置示意图

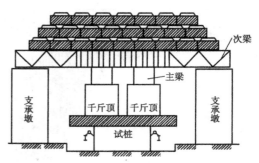

图6-45 压重平台反力装置示意图

3. 稳定标准

每级加载下沉量,在下列时间内如不大于0.1mm时即可认为稳定。

(1)桩端下为巨粒土、砂类土、坚硬黏质土,最后30min内下沉量不超过0.1mm。

(2)桩端下为半坚硬和细粒土,最后1h内下沉量不超过0.1mm。

4. 加载终止及极限荷载取值

(1)总位移量大于或等于40mm,本级荷载的下沉量大于或等于前一级荷载的下沉量的5倍时,加载即可终止。比取此终止时荷载小一级的荷载为极限荷载。

(2)总位移量大于或等于40mm,本级荷载加上后24h未达稳定,加载即可终止。比取此终止时荷载小一级的荷载为极限荷载。

(3)巨粒土、密实砂类土以及坚硬的钻质土中,总下沉量小于40mm,但荷载已大于或等于设计荷载×设计规定的安全系数,加载即可终止。取此时的荷载为极限荷载。

(4)施工过程中的检验性试验,一般加载应继续到桩的2倍的设计荷载为止。如果桩的总沉降量不超过40mm,及最后一级加载引起的沉降不超过前一级加载引起的沉降的5倍,则该桩可以停止。

(5)极限荷载的确定有时比较困难,应绘制荷载—沉降曲线(p-s曲线)、沉降—时间曲线(s-t曲线)确定,必要时还应绘制s-$\log t$曲线、s-$\log p$曲线(单对数法)、s-$[1-p/p_{max}]$曲线(百分率法)等综合比较,确定比较合理的极限荷载取值。试验示例曲线如图6-46~图6-49所示。

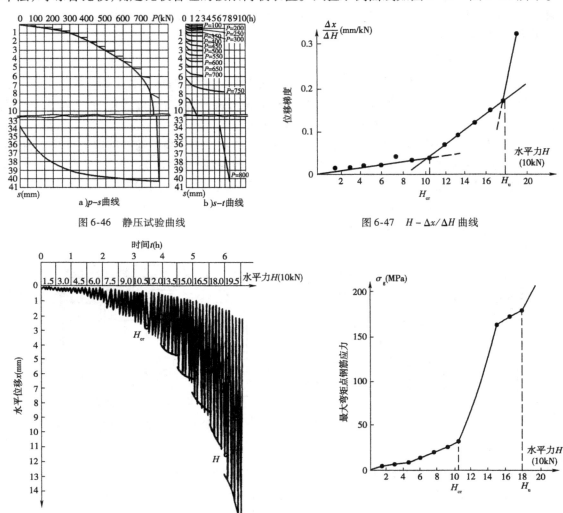

图6-46 静压试验曲线　　　　　　　　图6-47 $H-\Delta x/\Delta H$ 曲线

图6-48 H-t-x 曲线　　　　　　　　图6-49 H-σ_g 曲线

5. 桩的卸载和回弹量观测

(1)卸载应分级进行,每级卸载量为两个加载级的荷载值。每级荷载卸载后,应观测桩顶的回弹量,观测办法与沉降相同。直到回弹稳定后,再卸下一级荷载。回弹稳定标准与下沉稳定标准相同。

(2)卸载到0后,至少在2h内每30min观测一次,如果桩尖下为砂类土,则开始30min内,每15min观测一次;如果桩尖下为黏质土,第一小时内,每15min观测一次。

(3)试验记录:所有试验数据应按附表及时填写记录,绘制静压试验曲线,并编写试验报告。

二、静拔试验

在个别桩基中设计承受拉力时,用以确定单桩抗拔容许承载力。一般可按规定的"休止"

时间以后进行。对于钻(挖)孔灌注桩,须待灌注的混凝土强度达到设计要求的强度后才可进行。静拔试验也可在静压试验后进行。可采用油压千斤顶加载。千斤顶的反力装置一般采用两根锚桩和承载梁组成,试桩和承载梁用拉杆连接,将千斤顶置于两根锚桩之上,顶推承载梁,引起试桩上拔。试桩与锚桩间中心距离利用静压规定来确定。一般采用慢速维持荷载法进行。施加的静拔力必须作用于桩的中轴线。加载应均匀、无冲击。每级加载量不大于预计最大荷载的 1/10～1/15。位移量小于或等于 0.1mm/h,即可认为稳定。勘测设计阶段,总位移大于或等于 25mm,加载即可终止;加载不应大于设计容许抗拔荷载。图 6-50 为单桩竖向抗拔静载荷载试验示意图。

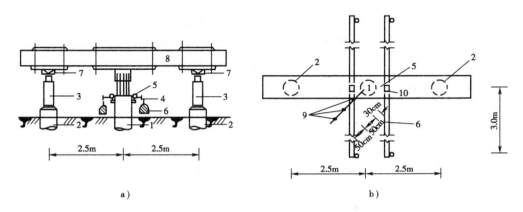

图 6-50　单桩竖向抗拔静载荷试验示意图
1-试桩;2-锚桩;3-液压千斤顶;4-表座;5-测微表;6-基准;7-球铰;8-反力梁;9-地面变形测点;10-10cm×10cm 薄铁板

三、静推试验

静推试验的目的是确定桩的水平承载力、桩侧地基土水平抗力系数的比例系数。对于承受反复水平荷载的基桩,采用多循环加卸载方法;对于承受长期水平荷载的基桩,采用单循环加载方法。

1. 加载装置

(1)一般采用两根单桩通过千斤顶相互顶推加载;或在两根锚桩间平放一根横梁,用千斤顶向试桩加载;有条件时可利用墩台或专设反力座以千斤顶向试桩加载。在千斤顶与试桩接触处宜安设一球形铰座,保证千斤顶作用力能水平通过桩身轴线。

(2)加载反力结构的承载能力应为预估最大试验荷载的 1.3～1.5 倍,其作用方向的刚度不应小于试桩。反力结构与试桩之间的净距按设计要求确定。

(3)固定百分表的基准桩宜设在桩侧面靠位移的反方向,与试桩净距不小于试桩直径的 1 倍。图 6-51 为单桩水平荷载试验装置示意图。

2. 多循环加卸载试验法

(1)加载分级:可按预计最大试验荷载的 1/10～1/15 加载,一般可采用 5～10kN,过软的土可采用 2kN 级差。

(2)加载程序与位移观测:各级荷载施加后,恒载 4min 测读水平位移,然后卸载至零,2min 后测读残余水平位移,至此完成一个加载循序,如此循环 5 次,便完成一级荷载的试验观测。加载时间应尽量缩短,测量位移间隔时间应严格准确,试验不得中途停歇。

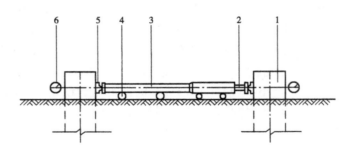

图 6-51 单桩水平静荷载试验装置
1-桩;2-千斤顶及测力计;3-传力杆;4-滚轴;5-球支座;6-百分表

(3)加载终止条件:当出现下列情况之一时即可终止加载。
① 桩顶水平位移超过 20～30mm(软土取 40mm);
② 桩身已经断裂;
③ 桩侧地表明显裂纹或隆起。

(4)多循环加卸载法的资料整理。由试验记录绘制水平荷载—时间—桩顶位移关系曲线（H-t-x 曲线），如图 6-48 所示,水平荷载—位移梯度关系曲线,当桩身具有应力量测资料时,尚应绘制应力沿桩身分布和水平力最大弯矩截面钢筋应力关系曲线。

(5)多循环加卸载临界荷载、极限荷载及水平抗推容许承载力。

临界荷载相当于桩身开裂,受拉混凝土不参加工作时的桩顶水平力,其数值可按下列方法综合确定:
① 取 H-t-x 曲线出现突变点的前一级荷载;
② 取 H-$\Delta x/\Delta H$ 曲线的第一直线段的终点所对应的荷载;
③ 取 H-σ_g 曲线第一突变点对应的荷载。

极限荷载其数值可按下列方法综合确定:
① 取 H-t-x 曲线明显陡降的前一级荷载;
② 取 H-t-x 曲线各级荷载下水平位移包络线向下凹曲的前一级荷载;
③ 取 H-$\Delta x/\Delta H$ 曲线第二直线终点所对应的荷载;
④ 桩身断裂或钢筋应力达到极限的前一级荷载。

水平抗推容许荷载:为水平极限荷载除以设计规定的安全系数。

3. 单循环加载试验法

单循环加载试验法可按下列规定执行:
(1)加载分级与多循环加卸载试验方法相同;
(2)加载后测读位移量与静压试验测读的方法相同;
(3)静推稳定标准:如位移量小于或等于 0.05mm/h 时即可认为稳定;
(4)终止加载条件:勘测设计阶段的试验,水平力作用点处位移量大于或等于 50mm,加载即可终止;施工检验性试验,加载不应超过设计的容许荷载;
(5)试验记录:所有试验观测数据应填写记录,并绘制曲线图。将水平位移量改为横坐标,荷载改为纵坐标。

第六节 高应变动测法

一、概述

高应变动测法是指在桩顶施加高能量冲击荷载,实测力和速度信号,运用波动理论反演来推算被检桩的完整性、轴向抗压极限承载力或选择桩型和桩长、监控桩锤工作效率和打入桩桩身承受的最大锤击应力的桩基动力检测方法。

当桩顶受到强烈的轴向锤击力作用时,波将由上而下地在桩身和地基中传播,两者之间由于阻抗的显著差别,而会被激发出较大的塑性相对位移和地基对桩身的阻力。高应变动测法就是根据桩顶实测的力和振动速度信号,通过波动理论反分析来推算桩身阻抗、应力和桩侧土阻力分布、桩端阻力等工程力学性指标,并由此推定被检桩的完整性、轴向抗压极限承载力,或选择桩型和桩长(统称为试桩)、监控桩锤工作效率和在打桩施工过程中桩身承受的最大锤击应力(统称为打桩监测)。

高应变动力试桩的分析有如下方法。

(1)打桩公式法:用于预制桩施工时的同步测试,采用刚体碰撞过程中的能量守恒原理,打桩公式法以工程新闻公式和海利打桩公式最为流行。

(2)锤击贯入法:简称锤贯法,曾在我国许多地方得到应用,仿照静载法获得动态打击力与相应沉降之间的曲线,通过动静对比系数计算静载力,也有人采用波动方程法和经验公式法计算承载力。

(3)Smith 波动方程法:设桩为一维弹性杆,桩土间符合牛顿黏性体和理想弹塑性体模型,将锤、冲击块、锤垫、桩垫、桩等离散化为一系列单元,编程求解离散化系统的差分方程组,得到打桩反应曲线,根据实测贯入度,考虑土的吸附系数,求得桩的极限承载力。

(4)波动方程半经验解析解法:也称 CASE(凯斯)法,凯斯法以现代波动理论为基础,导出了一套简捷的分析计算公式,借助于现代的振动测量和信号处理技术,在锤击桩的过程中检测桩头的受力和运动响应信息,借助计算机分析技术,较全面地考虑桩和土及其相互作用的各种因素,获得桩的承载力。

(5)波动方程拟合法:即 CAPWAP 法,该算法是根据行波理论基于达朗贝尔解法发展而来的一种计算方法,由美国的 Rausche 及 Goble 提出,是目前广泛应用的一种较合理的方法,用实测曲线拟合法(CAPWAP 法)分析时,须先对桩体以及桩端、桩侧岩土阻力建立计算模型,然后再应用波动理论对实测信号数据进行反演计算而求出这些桩、土模型中的参数值,最后由此推算出被检桩的极限承载力和评判桩身的完整性。在反演计算的每一循环中,先假定各桩单元和地基土的模型参数,并将实测速度(或力、上行波、下行波)信号曲线作为输入边界条件,然后用数值方法求解波动方程得出相应的桩顶的力(或速度、下行波、上行波)信号计算曲线。若这一计算曲线与实测曲线不吻合,说明所假设的某些模型参数不合理需要调整。在这些参数被调整后,再重复进行上述循环的计算,直至计算与实测曲线的吻合程度符合一定的要求为止,此时贯入度的计算值与实测值也应基本相同。

由于所用分析模型的非线性并且包含了诸多参数,上述反演计算的结果一般来说是不唯一的,且需进行大量的拟合反演运算。

(6)静动法(STATNAMIC):其意义在于延长冲击力作用时间(100ms),使之更接近于静载荷试验状态,但此方法成本高,理论分析和现场试验尚需进一步提高。

锤击贯入法属经验法,主要适用于中小直径的摩擦型桩,但目前已基本被波动方程法取代,静动法始于20世纪80年代末,从减少波传播效应、提高承载力检测结果可靠性角度上讲,是对波动方程法的合理改进,但该法试验所需的配重和费用偏高,因此,实际上波动方程法是我国目前最广泛采用的方法,即CASE法和CAPWAP法,《公路工程基桩动测技术规程》(JTG/T F81-01—2004)也规定采用这两种波动方程法推算单桩承载力。CASE法和CAPWAP法推算桩基承载力的分析原理具体可见相关书籍。

由高应变动测法推算被检桩的轴向抗压极限承载力时,所用的锤击力必须能够使桩产生一定的贯入度和使桩侧、桩端岩土阻力得以充分发挥。对超长、桩端无沉渣的大直径扩底和嵌岩混凝土灌注桩,由于其截面积大和实际极限承载力高等多种原因,激振用的锤重往往显得不够且与桩的匹配能力下降,深部桩身、桩端位移和岩土阻力难以得到充分的发挥,因而不能满足高应变动测法推算被检桩轴向抗压极限承载力的基本条件。因此,超长桩、大直径扩底桩和嵌岩桩不宜采用高应变动测进行单桩的轴向抗压极限承载力检测。

对于大直径桩,可考虑采用在桩身中预埋荷载箱进行自平衡静荷载试验确定单桩承载力。

二、检测仪器与设备

检测系统包括信号采集及分析仪、传感器、激振设备和贯入度测量仪等。

信号采集器和传感器的性能应符合下列规定。

(1)信号采样点数不应少于1 024点,采样间隔宜取100~200μs。当用曲线拟合法推算被检桩的极限承载力时,信号记录长度应确保桩端反射后不小于20ms或达到$5L/c$。

(2)信号采集器的采样频率应可调,其模—数转换精度不应低于12bit,通道之间的相位差不应大于50μs;

(3)力信号宜采用工具式应变传感器测量,其安装谐振频率应大于2kHz,在1 000μs范围内的非线性误差不应大于±1%;

(4)速度信号宜采用压电式加速度传感器测量,其安装谐振频率应大于10kHz,且在1~3 000Hz范围内灵敏度变化不大于±5%,在冲击加速度量程范围内非线性误差不大于±5%;

(5)传感器的灵敏度系数应计量检定。

激振宜采用由铸铁或铸钢整体制作的自由落锤。锤体应材质均匀、形状对称、底面平整,高径比不得小于1。检测单桩轴向抗压承载力时,激振锤的重量不得小于基桩极限承载力的1.2%。桩的贯入度采用精密仪器测定。高应变动力桩现场测试示意可见图6-52。

三、现场检测

1. 检测时间

检测混凝土预制桩和钢桩的极限承载力的最短休止期应满足砂土7d,粉土10d,非饱和黏性土15d,饱和黏性土25d的条件。这主要是因为预制混凝土和钢桩在沉桩施工过程中不可避免地会因挤土效应而降低周围地基土体的强度,从而在一定的时间内使桩的极限承载力下降。但由于土的蠕变效应和土体重新固结等因素的影响,土体强度乃至桩的极限承载力会随时间的变化而逐渐恢复甚至提高,在饱和软黏土地区更为明显。因此,高应变法动测距沉桩的最短时间间隔必须满足以上规定的休止期。

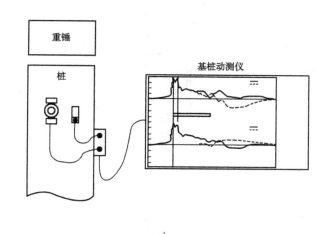

图 6-52 高应变动力桩现场测试示意图

检测混凝土灌注桩的极限承载力时,其桩身混凝土强度等级应达到设计要求,且应满足上面规定的最短休止期。

2. 检测前桩头处理

桩顶面应平整,桩头高度应满足安装锤击装置和传感器的要求,锤重心应与桩顶对中。以避免检测时击碎桩头和锤击偏心。另外,为了解被检桩的基本性状和提高高应变法动测工作的成功率,在桩头加固处理前应对其完整性进行低应变法检测。

加固处理桩头时应满足下列要求:

(1)新接桩头顶面应平整且垂直于被检桩轴线,侧面应平直,截面积应与被检桩相同,所用混凝土的强度应高于被检桩的强度。

(2)被检桩主筋应全部接至新接桩头内,并设置间距不大于 150mm 的箍筋及上下间距不应大于 120mm 的 2~3 层钢筋网片。

检测时在桩顶面应铺设锤垫。锤垫宜由 10~30mm 厚的木板或胶合板等匀质材料制作,垫面略大于桩顶面积。以避免击碎桩头和减小落锤偏心的影响,同时还可以适当调整锤击力的作用时间继而提高锤击能量的传递比和实测信号的质量。

3. 传感器的安装(图 6-53)

(1)桩顶下两侧面应对称安装加速度传感器和应变传感器各 1 只,其与桩顶的距离不应小于 1.5 倍的桩径或边长。传感器安装面应平整,所在截面的材质和尺寸与被检桩相同。

(2)应变传感器与加速度传感器的中心应位于同一水平线上,同侧两种传感器间的水平距离不宜大于 100mm。传感器的中轴线应与桩的轴线保持平行。

(3)安装应变式传感器时,应对初始应变进行监测,其值不得超过规定的限值。

在距顶面一定远处的桩侧对称安装两组力和加速度传感器,主要是为了使获得的实测信号接近于桩身一维杆件假设条件,同时减小锤击力在桩顶可能产生的塑性变形的影响和对偏心激振进行平均法修正,减小新旧混凝土交界面对实测信号的影响,从而提高测试信号的有效性。

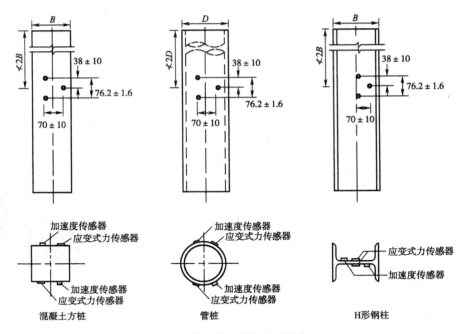

图 6-53 传感器安装示意图(尺寸单位:mm)

4. 被检桩基本参数的设定

(1)测点以下桩长和截面积可根据设计文件或施工记录提供的数据设定。

(2)桩身材料质量密度宜按表 6-13 取值。

桩身材料质量密度 ρ (kg/m³)　　表 6-13

混凝土灌注桩	混凝土预制桩	预应力混凝土管桩	钢　桩
2 400	2 450 ~ 2 500	2 550 ~ 2 600	7 850

(3)桩身平均波速可结合本地经验或按同场地同类型已检验桩的平均波速初步设定,现场检测完成后按规程规定予以调整。

(4)传感器安装位置处的桩身截面面积应按实际直径或边长计算确定,波速的设定宜综合考虑材料的设计强度和龄期的影响。

(5)桩身材料的弹性模量应按式(6-34)计算。

$$E = \rho \cdot c^2 \tag{6-34}$$

式中:E——桩身材料弹性模量(Pa);

　　c——桩身波速(m/s);

　　ρ——桩身材料质量密度(kg/m³)。

桩顶锤击力 F 是通过应变传感器测量的应变 ε 按式(6-35)换算得到的。

$$F = AE\varepsilon \tag{6-35}$$

其中,A 和 E 分别是测点处桩身截面积和材料弹性模量,且 E 可由设定的该处桩身波速换算得到。显然,测点处桩参数的选定是否符合实际将直接影响到锤击力的精度,同时还影响力和速度信号起始段是否应该重合的判定。

测点下桩长是指桩侧传感器安装点至桩端的距离,一般不包括桩尖部分。关于桩身平均波速,对普通钢桩可直接设定为 5 120m/s,但对 C20～C80 的钢筋混凝土桩,其值变化范围因与集料品种、粒径级配、成桩工艺(导管灌注、振捣、离心)及龄期等因素有关而为 3 000～4 300 m/s。混凝土预制桩(含管桩)可将沉桩前实测无缺陷桩的桩身平均波速作为设定值,而灌注桩则应结合本地区混凝土波速的经验值或同场地已知值初步设定,在后续计算分析时再根据实测信号进行修正。

5. 激振

(1)采用自由落锤为激振设备时,宜重锤低击,锤的最大落距不宜大于 2.0m。

(2)对于斜桩,应采用相应的打桩机械或类似装置沿桩轴线激振。

(3)实测桩的单击贯入度应确认与所采集的振动信号相对应。用于推算桩的极限载力时,桩的单击贯入度不得低于 2mm 且不宜大于 6mm。

(4)检测桩的极限承载力时,锤击次数宜为 2～3 击。

根据动力学理论,桩顶沿其轴线的最大锤击力随着激振锤冲击桩顶时初速度的增大而增大,但其主频却是随着锤质量的增大而减小。激振锤的落距越高,它冲击桩顶时的初速度和所产生的锤击应力及其偏心的可能性越大,桩头就越容易被击碎。但若采用重锤低击方式激振,往往能够有效地改善波在桩身传播的不均匀性,降低桩侧和桩端岩土阻力发挥过程中的动力学效应,从而可以显著地提高传递给桩的锤击能量和增大桩顶位移。因此,"重锤低击"是保障高应变法动测被检桩承载力准确性的重要原则之一。

贯入度的大小与桩端刺入深度或持力层压密塑性变形量相对应,是反映桩侧、桩端土阻力是否得以充分发挥的一个重要度量指标。国内外动—静对比试验和工程实践表明,当被检桩的单击贯入度过小或过大时,桩侧和桩端土在检测中表现出的力学行为与后续分析所依据的计算模型均会产生较大的差别,继而使被检桩的轴向抗压极限承载力推算结果的可靠性下降且变得更难以对其进行评估。一般对纯摩擦桩可取低值,而对具有一定端承作用的大直径桩,则一般宜取高值。

高应变动测法所用的激振能量高,每次锤击均会对桩侧、桩端土产生明显的扰动,后续锤击力下发挥出的岩土阻力及其沿深度的分布与开始时的将会有所差别。因此,当检测桩的极限承载力时,为了能够真实地反映其原有的特性,锤击次数应加以限制,其中可用于后续分析计算的有效信号规定一般不宜少于 2 次。

检测桩身完整性和承载力时,应及时分析实测信号质量、桩顶最大锤击力和动位移、贯入度以及桩身最大拉(压)应力、桩身缺陷程度及其发展情况并由此综合判定本次采集信号的有效性。每根被检桩的有效信号数不应少于 2 组。

出现下列情况之一时,采集的信号不得作为有效信号。

(1)传感器安装处混凝土开裂或出现严重的塑性变形,使力信号最终未归零。

(2)信号采集后发现传感器已有松动或损坏现象。

(3)锤击严重偏心,一侧力信号呈现严重的受拉特征。

除柴油锤激振的长桩信号外,力信号曲线必须最终归零。对于混凝土桩,高应变动测信号质量往往同时受传感器安装好坏及在检测时是否松动、锤击偏心程度、传感器安装面处混凝土是否开裂或是否出现明显塑性变形的影响。应变传感器测得的力信号对这些影响尤其敏感。锤击严重偏心是指两侧力信号之一超过了其平均值的 30%。由于锤击偏心通常很难避免,故而严禁用单侧力信号进行被检桩工程性状的分析计算。

四、检测数据分析与判定

1. 锤击信号选取与调整

分析被检桩的承载力时,宜在第一和第二击实测有效信号中选取能量和贯入度较大者。桩身波速平均值可根据已知桩长、力和速度信号上的桩端反射波时间或下行波上升沿的起点到上行波下降沿的起点之间的时差确定。传感器安装位置处原设定波速可不随调整后的桩身平均波速而改变。力和振动速度信号的上升沿重合性差时,应分析原因,不得随意调整。

推算被检桩的极限承载力前,应结合工程地质条件和设计参数,利用实测信号特征对桩的荷载传递性状、桩身缺陷程度和位置及连续锤击时缺陷的逐渐扩大或闭合情况进行定性判别。

2. 采用实测曲线拟合法推算被检桩的极限承载力

采用实测曲线拟合法推算被检桩的极限承载力应符合下列规定。

(1)采用的桩和土的力学模型应能分别反映被检桩和地基土的物理力学性状。在各计算单元中,所用土的弹性极限位移不应超过相应桩单元的最大计算位移。

(2)曲线拟合时间段长度在 $t_1 + 2L/c$ 后的延续时间不应小于 20ms 或 $3L/c$ 中的较大值。

(3)分析所用的模型参数应在岩土工程的合理范围内,可根据工程地质和施工工艺条件进行桩身阻抗变化或裂隙拟合。

(4)拟合曲线应与实测曲线基本吻合,贯入度的计算值应与实测值基本一致,且整体曲线的拟合质量系数宜控制在合适的范围之内。图 6-54 为某桩高应变动力检测实测波形、拟合曲线和静动对比 Q-s 曲线图。

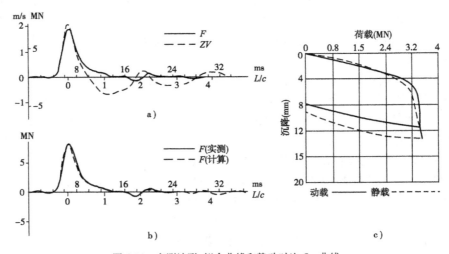

图 6-54 实测波形、拟合曲线和静动对比 Q-s 曲线
a)高应变实测波形;b)拟合曲线;c)静载与动载模拟的 Q-s 曲线

3. 采用凯司法推算单桩的极限承载力

采用凯司法推算单桩的极限承载力时,应符合下列规定。

(1)只适用于桩侧和桩端土阻力均已充分发挥的摩擦型桩。

(2)用于混凝土灌注桩时,桩身材质、截面应基本均匀。

(3)单桩轴向抗压极限承载力可按下式计算。

$$Q_{uc} = \frac{1}{2}\left\{(1-J_c)\cdot[F(t_1)+Z\cdot V(t_1)] + (1+J_c)\cdot\left[F\left(t_1+\frac{2L}{c}\right)-Z\cdot V\left(t_1+\frac{2L}{c}\right)\right]\right\}$$
(6-36)

$$Z = \frac{EA}{c} \tag{6-37}$$

式中：Q_{uc}——单桩轴向抗压极限承载力(kN)；

J_c——凯司法阻尼系数；

t_1——速度信号第一峰对应的时刻(ms)；

$F(t_1)$——t_1 时刻的锤击力(kN)；

$V(t_1)$——t_1 时刻的振动速度(m/s)；

Z——桩身截面力学阻抗(kN·s/m)；

E——桩身材料弹性模量(kPa)；

A——桩身截面面积(m^2)；

c——桩身波速(m/s)；

L——测点以下桩长(m)。

(4) J_c 应根据基本相同条件下桩的动—静载对比试验结果确定，或由不少于 50% 被检桩的曲线拟合结果推算，但当其极差相对于平均值大于 30% 时不得使用。对于等截面桩，测点下第一个缺陷可根据桩身完整性系数 β 值按表 6-14 判定，其位置 x 按下式计算。

$$x = \frac{c\cdot(t_x-t_1)}{2\,000} \tag{6-38}$$

式中：x——测点至桩身缺陷之间的距离(m)；

t_1——速度信号第一峰对应的时刻(ms)；

t_x——缺陷反射峰对应的时刻(ms)。

桩身完整性判定　　　　　　　　　表 6-14

类　别	β 值	类　别	β 值
I	$0.95<\beta\leq1.0$	III	$0.6\leq\beta<0.8$
II	$0.8\leq\beta\leq0.95$	IV	$\beta<0.6$

出现下列情况之一时，应按工程地质和施工工艺条件，采用实测曲线拟合法或其他检测方法综合判定桩身完整性：

(1)桩身有扩径、截面渐变或多变的混凝土灌注桩。

(2)桩身存在多处缺陷的桩。

(3)力和速度曲线在上升沿或峰值附近出现异常，桩身浅部存在缺陷波阻抗变化复杂的桩。

试打桩分析时，桩端持力层的判定应综合考虑岩土工程勘察资料，并应对推算的单桩极限承载力进行复打校核。

4. 桩身最大锤击拉应力和桩身最大锤击压应力

桩身最大锤击拉应力和桩身最大锤击压应力可分别按下式计算。

(1)桩身最大锤击拉应力

$$\sigma_\mathrm{t} = \frac{1}{2A}\max\left\{Z\cdot V\left(t_1+\frac{2L}{c}\right)-F\left(t_1+\frac{2L}{c}\right)-Z\cdot V\left(t_1+\frac{2L-2x}{c}\right)-F\left(t_1+\frac{2L-2x}{c}\right)\right\} \tag{6-39}$$

式中：σ_t——桩身最大锤击拉应力(kPa)；

x——测点至计算点之间的距离(m)；

A——桩身截面面积(m^2)；

Z——桩身截面力学阻抗($\mathrm{kN\cdot s/m}$)；

c——桩身波速(m/s)；

L——完整桩桩长(m)。

(2)桩身最大锤击压应力

$$\sigma_\mathrm{P} = \frac{F_{\max}}{A} \tag{6-40}$$

式中：σ_P——桩身最大锤击压应力(kPa)；

$F_{\max}$——实测最大锤击力(kN)；

A——桩身截面面积(m^2)。

桩锤实际传递给桩的能量可按下式计算。

$$E_\mathrm{n} = \int_0^T FV\mathrm{d}t \tag{6-41}$$

式中：E_n——桩锤传递给桩的实际能量(J)；

T——采样结束的时刻(S)；

F——桩顶锤击力信号(N)；

V——桩顶实测振动速度信号(m/s)。

5.检测报告

检测报告格式应符合相关规程规定，并应包括下列内容。

(1)实测力和速度信号曲线及由加速度信号经两次积分后得到的桩顶位移信号曲线、拟合曲线、模拟的静荷载—沉降曲线、土阻力和桩身阻抗沿深度的变化曲线。

(2)凯司法中所取定的 J_c 值。

(3)试打桩和打桩监控所采用的桩锤和锤垫类型，监测得到的锤击数、桩侧和桩端阻力、桩身锤击拉(压)应力、能量传递比等随入土深度的变化关系。

(4)试桩附近的地质柱状图及土的物理力学性能指标。

6.分析判断中的几个问题

(1)若能根据实测力和速度信号的特征对被检桩的承载特性以及相关的动力学性质有一个大体的认识，则在进一步分析中对模型及其参数选取乃至计算结果的合理性判定等方面将起到十分重要的作用。这就要求高应变法动测分析人员应该具备扎实的基础理论和专业知识，并具有丰富的检测工程实践经验。

(2)为提高分析结论的可靠性，在实测曲线拟合(CAPWAP法)时，应根据实测信号特征和施工、地质技术条件综合分析判定所反算出的桩、土参数的合理性，而其中的要点就是看这些参数的取值是否在岩土工程常见合理的取值范围之内。

(3)凯司法推算被检桩轴向抗压极限承载力的公式(6-36)是基于以下三个假定推导

出的：

①桩身阻抗沿深度保持不变；

②土的全部动阻力集中于桩端且只与桩端质点运动速度成正比；

③土阻力在时刻 $t_2 = t_1 + 2L/c$ 已充分发挥。

显然，它较适用于摩擦型中、小直径的非超长预制桩以及桩身波阻抗沿深度较均匀的灌注桩。公式结构还表明，除实测信号外，阻尼系数 J_c 的经验取值是否合理将在很大程度上决定着凯司法推算被检桩极限承载力的可靠性。由于具有这些局限性，在公路工程中，凯司法只能被用以检测群桩中单桩的极限承载力，而不得用于检测一柱一桩等重要部位的工程桩。

为了提高凯司法检测分析结果的可靠性，检测机构和技术人员应该对 J_c 的合理取值已经积累了大量的相同或相近条件下的动—静对比验证资料和实际工程经验。以此为前提条件，在相近的实际工程中，大可以由部分被检桩的曲线拟合法结果来加以推算，但在其值明显异常时不得使用。

在目前国内外的实际工程应用中，J_c 的取值通常仅与桩端土的性质有关，一般是土的黏性越强则其值越大。例如，上海地区 J_c 的参考经验取值是：中粗砂和细砂为 0.1～0.2，粉砂为 0.2～0.3，砂质粉土和黏质粉土为 0.3～0.5，粉质黏土和黏土为 0.4～1.0。但当桩的单击贯入度达不到规程规定数值或桩—土体系不满足上述三个基本假定时，J_c 值实际上变成了一个毫无明确物理力学意义的综合调整系数，由凯司法推算的被检桩极限承载力也就没有任何实际应用价值。

公式(6-36)给出的被检桩极限承载力仅包含 $t_2 = t_1 + 2L/c$ 时刻之前所发挥的土阻力信息。但除桩长较短的摩擦型桩外，通常土阻力在 $2L/c$ 时刻是不会充分发挥的，端承型桩尤其显著。为解决这一问题，可先对 t_1 进行多次延时并用式(6-36)求出相应的承载力计算值，然后将其中的最大值作为该受检桩的极限承载力，这就是常说的 RMX 法。对于长度和侧摩阻力较大而荷载作用持续时间相对较短的桩，桩身在 $2L/c$ 之前会产生较强的向上回弹，继而使得桩身从顶部逐渐向下明显地产生土阻力卸载（而此时桩的中、下部土阻力仍属于加载），将这种卸载的土阻力对式(6-36)进行补偿修正的方法称为 RSU 法。除此以外，还有其他几种修正凯司法（如 RAU 法、RA2 法和 RMN 法等），只是它们都有各自的适用范围，必须积累成功的经验后方可采用。

第七节　高速公路软土地基与路堤施工现场监测技术

一、概述

软土是地质作用和人工活动形成的产物，在我国尤其是沿海发达地区广泛分布，大量存在。同黄土、盐渍土一样，软土的工程特性也甚为特殊，具有明显的区域性。一般来说，软土具有典型的"三高两低"特征，即它的含水率、孔隙比和压缩性均比较高，而渗透性和抗剪强度却较低，常处于软塑或流塑状态。另外软土还具有明显的触变和流变性质。给软土地区高速公路路堤的设计和施工带来困难，甚至影响软土地区高速公路建设进度和影响正常运营。

在公路工程的软土地基处理中，最突出的问题是软基的稳定和沉降。由于高等级公路设计车速高,路面平整性要求也高而且设计使用年限较长,因此,软土地基路堤应特别注意监测施工过程中及施工后的地基动态变形。《公路路基施工技术规范》(JTG F50—2011)规定施工中必须进行沉降和稳定的监测。

软基处理施工期及之后的监测项目包括变形观测(沉降观测和水平位移观测)、应力观测(土压力观测和孔隙水观测)、强度观测(地基承载力观测)。具体的观测项目见表 6-15。若工程需要还可增加其他必要的观测项目。

检测项目及目的　　　　　　　　　　　表 6-15

观测项目		仪表名称	观测目的
沉降观测	地表沉降	地表型沉降计(沉降板)	测定地表以下土层沉降总量,常规观测项目
	地基深层沉降	深层沉降表	测定地基某一层位以下的沉降量
	地基分层沉降	深层分层沉降表	测定地基不同层位分层沉降量
水平位移	地面水平位移	水平位移边桩	测定路堤侧向地面水平位移量和地面沉降或隆起量,多用于稳定检测
	地基土体水平位移	地下水平位移标(测斜仪)	测定地基各层位土体侧向位移量,用于稳定监测和了解土体各土层侧向变位以及附加应力增加过程中的变位发展情况
应力	地基孔隙水压力	孔隙水压力计	观测地基孔隙水压力变化,分析地基土固结情况
	土压力	土压力盒	测定测点位置的土应力及应力分布情况
	承载力	荷载试验仪	用于地基或桩的承载能力测定,桩、土复合地基应进行此项观测
其他	地下水	地下水位观测计	观测地基处理后地下水位的变化情况,校核孔隙水压力计读数
	出水量	单孔出水量计	检测单个竖向排水井排水量,了解地基排水情况

有关各观测项目测试点的布置如图 6-55(平面布置示例图)和图 6-56(立面布置示例图)所示。

二、沉降观测

软土路堤工程的测试中,变形观测是最有意义和最常用的项目之一,其成果可直接用于指导施工、验证设计,评价路堤与地基的稳定性。

沉降观测是在路堤的天然地面或一定深度位置埋设沉降仪器进行高程测量,以确定路基或构造物在一定时间内的沉降量。在施工期间沉降观测的时间应严格按设计或合同文件要求同步进行,每填筑一层应观测一次;如果两次填筑间隔时间较长时,每 3d 至少观测一次。路堤填筑完成后,堆载预压期间一般半月或每月观测一次,直至预压期结束。

公路工程进行沉降观测的目的一般有以下几点:
①调整填土速率,预测沉降趋势,以保证路堤的稳定;
②确定预压卸载时间和路面施工时间;
③提供施工期间沉降土方量的计量依据。

1.地表沉降观测

(1)沉降板观测

施工路段的地表沉降观测常用的方法是在原地面上埋设沉降板进行高程观测。公路工程地表的沉降观测设施由沉降板、水准点和水准仪三部分组成。

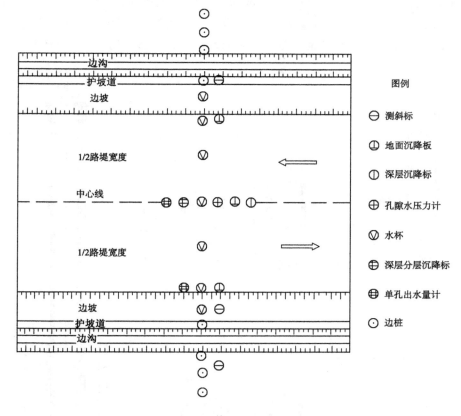

图 6-55 测点平面布置示例图

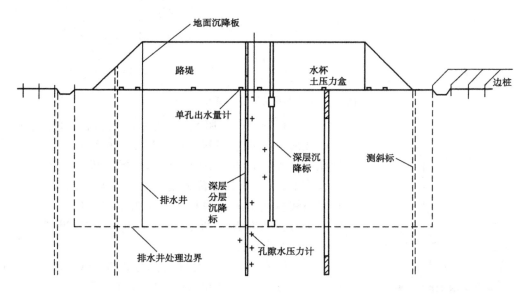

图 6-56 测点立面布置示例图

沉降板埋置于路中、路肩及坡趾的基底。沉降板由钢或钢筋混凝土底板、金属测杆和保护套管组成。底板尺寸不小于50cm×50cm×3cm,测杆直径以4cm为宜,保护套管尺寸以能套住测杆并使标尺能进入套管为宜。随着填土的增高,测杆和套管亦相应接高,每节长度不宜超过50cm。接高后的测杆顶面应略高于套管上口,套管上口应加盖封住管口,避免填料落入管内而影响测杆下沉自由度,盖顶高出碾压面高度不宜大于50cm。沉降板的构造图可如图6-57所示。

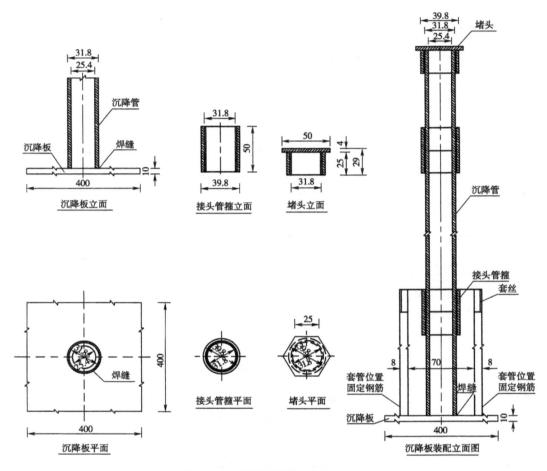

图6-57 沉降板构造图(尺寸单位:mm)

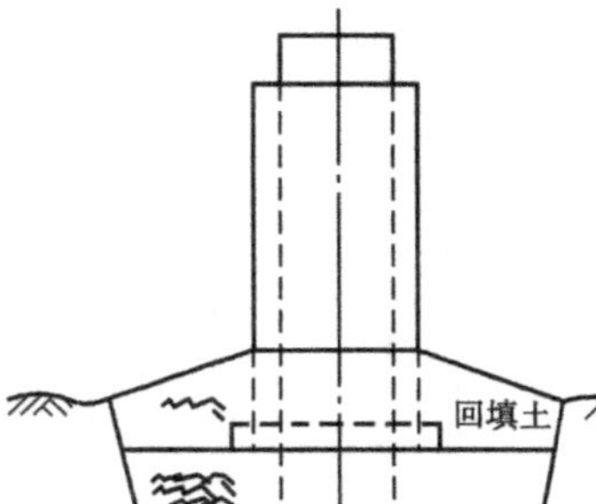

沉降板观测应采用S_1、S_3型水准仪,以二级中等精度要求的几何水准测量高程,观测精度应小于1mm。水准点应设在不受垂直向和水平向变形影响的坚固的地基上或永久建筑物上,其位置应尽量满足观测时不转点的要求,每三个月以路线测设中设置的水准点作为基准点校正一次。为保证观测数据的准确性,要求每个月校正一次水准仪。

(2)埋设方法

①如图6-58所示,在埋设点地面挖500mm×500mm×200mm的土坑,坑内铺厚30~50mm的黄砂,整平压实。

②将沉降板平放在坑内,四周用黄砂填实并用水准尺校

图6-58 埋设示意图

正板面水平,再回填土整平压实。

③将套管垂直套进测杆放于土面上,使其与测杆底板保持10cm以上距离,在套管四周用土堆实使其立稳。

④待所有沉降板埋设完毕后,用水准仪测量沉降板内测杆起始高程,然后旋上盖板保护。连续测量数日取初始高程。

⑤第一次铺料时,应保护沉降板,先用人工在沉降板周围堆料,范围1m左右。

⑥随填土增高,测杆和套管亦相应增长,每加一根需重新测量测杆高程一次。

(3)观测要求

①沉降观测要求按三等水准规定测量,以二等水准规定进行校核,并定期校正基点的高程。

②在施工期间沉降观测的时间应严格按设计或合同文件要求同步进行,每填筑一层应观测一次,如果两次填筑间隔时间较长时,每3d至少观测一次。路堤填筑完成后,堆载预压期间一般半月或每月观测一次,直至预压期结束。

③测量结果当天记录入册,并绘制沉降与时间及荷载曲线和沉降速率与时间及荷载变化图。

2. 分层沉降观测

地基分层沉降观测,其目的在于了解地基土的有效压缩层厚度及各土层的变形特征,其观测方法有分层标或深层沉降标两种。

分层标可以在同一根测标上,分别观测土体沿深度方向不同层次的沉降量;深层标可测得某一土层顶面的沉降量。分层沉降一般采用磁环式沉降仪观测;深层标采用在被测土层中埋设标杆并用水准仪测量标杆顶端高程的方法进行观测,测量仪器和精度与沉降板要求相同。分层标由导管和套有感应线圈的波纹管组成。导管为硬塑料管,要求具有一定的刚度,管杆直挺,两端配有接口装置;波纹管为塑料软管,要求横向能承受土体挤压不变形,纵向能自由伸缩。波纹管套在导杆外面,管上感应圈位置即为测点位置。

深层标由主杆和保护管组成。主杆采用金属杆或塑料硬管,杆底端需有50~100cm长的以增加阻力的标头;保护管可采用废弃的钻孔钢管。

分层标的工作原理是将感应线圈固定到需要测定深度的土层中,在波纹管中放入探测头,当探测头接近感应线圈处,仪器电磁感应发出信号,就可从标尺上测出线圈的位置,由此计算出各区段地基土的沉降。

分层和深层沉降标埋设要点如下。

(1)采用钻孔导孔埋设,钻孔垂直偏差率应不大于1.5%,并无塌孔缩孔现象存在,遇到松散软土层应下套管或泥浆护壁。钻孔深度:对分层标即为埋置深度;对深层标为埋置深度以上50cm。成孔后必须进行清孔。

(2)分层标埋设时先埋置波纹管,第一节波纹管底部必须封死,至一定深度后,插入导管与波纹管一并压至孔底。当埋置深度较大时,波纹管与导管均应随埋随接,接口必须牢固,但不能采用磁感材料作固定件。波纹管露出地面15~20cm,并用水泥混凝土固定;导管外露30~50cm,并随填土增高,接出导管并外加保护管。

(3)深层标埋设时先下保护管,再下主杆,到位后再将保护管拔离主杆标头30~50cm。随填土增高,接长主杆和保护管。

（4）当分层标和深层标至孔底定位后,用砂子填塞钻孔孔壁与波纹管或保护管之间的隙缝。待孔侧土回淤稳定后,测定初始读数。对于分层标应先用水准仪测出导管管口高程,并用磁性测头自上向下依次逐点测读管内各感应线圈至管顶距离,换算出各点高程;连续测读数日,稳定读数即为初始读数。

分层沉降标埋设难度较大,且外露标管对施工影响较大,又易遭碰撞,一般埋设于路中心,一个观测断面埋设1~2根分层标。深层标按需要测试的深度在路中设点埋设,但不宜埋设于车道位置。图6-59、图6-60分别为分层沉降示意图和分层标示意图。

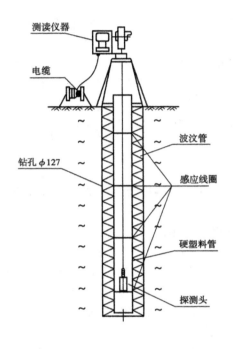 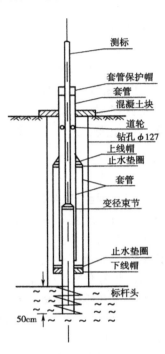

图6-59 分层沉降示意图　　　　　　图6-60 分层标示意图

三、水平位移观测

1.地表水平位移观测

公路工程进行稳定观测可通过监测地表水平位移及隆起状况来实现,确保路堤施工的稳定。稳定观测可用布设位移观测的方法进行,位移观测点(位移木桩)布设在路堤两侧的坡脚处。基桩(水泥混凝土桩)必须布设在坡脚外路堤沉降影响范围以外,一般布设在离坡脚30m以外。

地面水平位移观测测点布置,一般路段沿纵向每隔100~200m设置一个观测断面,桥头路段应设置2~3个观测断面。桥头纵向坡脚、填挖交界的填方端、沿河等特殊路段应酌情增设观测点。

边桩的埋设深度以地表以下不小于1.2m为宜,桩顶露出地表的高度不应大于10cm,可采用打入或开挖方法埋设。边桩的高程观测与沉降板的观测方法相同。

位移桩和基桩设置好以后,采用钢尺量测位移桩与基桩之间的距离,量测钢尺的拉力为

5kg 或保证以后观测在同样的拉力下,有条件时也可用红外测距仪量测。

观测工作在路堤填高超过极限高度后,应每天观测一次,在路堤填高未达到极限高度之前可适当减少。观测必须持续到路堤达到预压施工高程。

对于重要工程部位和特殊工程还需进行测斜观测。

2. 软土地基内部水平位移观测

土体内部水平位移观测一般是在观测点埋设测斜管,采用测斜仪进行观测,测斜仪观测地基水平变形的特点是可以测出不同深度的变形,便于对地基变形进行分层研究。根据绘制的观测曲线可以直观地了解地基的滑动趋势及滑动面位置,有效地指导路堤的施工。

(1)测斜仪的组成

①测斜器。其内部装有加速度计,上下配置两组导轮,便于沿测斜管的导槽升降和定位。

②电缆。是一种附有标尺的特制电缆,连接测斜器与显示器,向测斜器供电,给显示器传递信号,并兼绳索牵引测斜器升降。

③显示器。显示器包括蓄电池组,电源变换线路等附件构成。

④测斜导管。可采用铝合金或为模铸成形的塑料管,材料有聚乙烯管和PVC管两种,其弯曲性能应以适应被测土体的位移情况为宜。接头有固定式和活动式两种,管径71mm,壁厚6mm,内壁开有四条对称导槽,作为测斜器滑动轨道,槽宽5mm、槽深3mm,导槽要求垂直、光滑,测斜管内纵向的十字导槽应润滑顺直,管端接口密合。

测斜管应埋设于地基土体水平位移最大的平面位置,一般埋设于路堤边坡坡趾或边沟上口外缘1.0m左右的位置。测斜管埋设时应采用钻机导孔,导孔要求垂直,偏差率不大于1.5%。测斜管底部应置于深度方向水平位移为零的硬土层中至少50cm或基岩上,管内的十字导槽必须对准路基的纵横方向。图6-61为测斜仪工作原理示意图。图6-62为TGCX1—6型水平位移测试仪(滑动式测斜仪)。

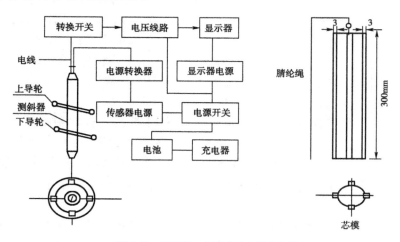

图6-61 测斜仪工作原理示意图及芯模

(2)导管埋设

①根据埋设位置,钻机定位成孔,一般采用中108钻具开孔,钻孔时,每次进尺大小视不同土质决定,避免出现塌孔或缩孔现象。

②当钻孔至预定深度后,必须立即进行导管埋设,第一根导管管底需封死。如使用固定接头导管,应在导管外涂抹润滑油,两管连接时需用芯模将两管槽口对准,再涂抹黏合剂,减小槽口纵向扭曲,须将导管槽口对准所测的水平位移方向。

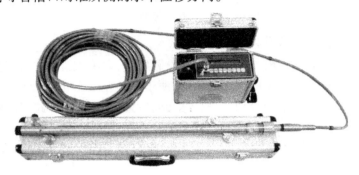

图 6-62　TGCX1—6 型水平位移测试仪(滑动式测斜仪)

③一般应将导管埋入硬土层作为固定端,如软土层深厚难以进入硬土层时,应将导管至足够深度(该深度不产生水平位移),视该管端的水平位移为零,作为固定端,否则导管顶端应校正。

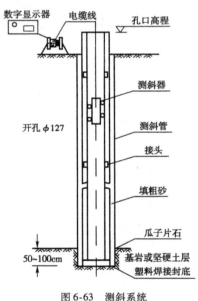

图 6-63　测斜系统

④导管埋至预定深度后,在导管与钻孔壁之间需用砂或瓜子片石填充。

一般在导管埋设完成后需停留一段时间,使钻孔中填土密实紧贴导管,然后进行零点读数的测试。图 6-63 为埋设完成的测斜系统示意图。

⑤待所有测点埋设完毕后测管口的高程。

(3)测试

①连接与检查。将电缆一端插入测斜器内,拧紧螺帽以防漏水,电缆另一端则插入显示器内并拧紧螺帽,开电源,将功能开关置于电压位置,检查电池电压是否正常,正常后再将功能开关置于工作位置,将测斜器竖起来并向正反两个方向倾斜,看显示器数字变化,且倾角增大数字亦增加,表示仪器正常。

②测读。将测斜器感应方向对准水平位移方向导槽内,将测斜器轻轻滑入管底,停止片刻使其稳定,提起测斜器测量管底至管口距离,并测其读数,以后每隔 0.5m 测读一次。直至管口,然后将测斜器旋转 180°,再按上述方法进行测试,这样可以消除仪器本身误差。

③零点读数测试。按上述步骤连续测读数日,作为加载前的零点读数。最好自行加工一支形同测斜器一样的探头,首先在测斜导管槽内滑动数次,确认测斜导管无异常时再正式测读,以免仪器卡入管内。

(4)资料整理

根据显示器读数进行计算,得出每个区段的位移量,以底部固定端值为零点,自下而上将

各区段的位移量 δ_1 累加起来,得出水平位移曲线。

水平位移量计算:

差值 = 读数 N – 读数 S(或读数 E – 读数 W);

δ_1 = 本次差值 – 零点值。

水平位移曲线如图 6-64 所示。

四、土压力监测与布置

1. 软土内部的土压力测试

土压力测试系统由土压力计和量测仪器两部分组成。土压力计是测定土压力及其变化的仪器,按原理结构来分国内常用的有差动电阻式和钢弦式。土压力计选型必须与被测土体应力状况相适应。土压力计埋设位置按试验要求而定,可水平向埋置,可竖向埋置,以测定被测地基的应力状态。

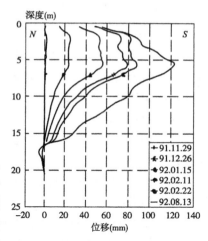

图 6-64 水平位移曲线

一般软土内部的土压力测试可采用土压力计进行测量。

2. 土压力计及其主要技术性能

差动电阻式土压力计又称卡尔逊仪。由两部分组成,测头部分包括原理作用的感应部件(膜盒)和电转换部件(电阻应变计);测量部分是指示器(比例电桥)。

如图 6-65 所示,钢弦式土压力计由承受土压力的膜盒和压力传感器组成。压力传感器是一根张拉的钢弦,一端固定在薄膜的中心上,另一端固定在支承框架上。土压力作用于膜盒上,膜盒变形,使膜盒中的液体介质产生压力,液体介质将压力传递到传感器的薄膜上,薄膜中心产生挠度,钢弦的长度发生变化,自振频率随之发生变化,测定钢弦的自振频率,换算出土压力值。

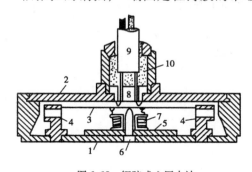

图 6-65 钢弦式土压力计

1-金属薄膜;2-外壳;3-钢弦;4-支架;5-底座;6-铁芯;
7-线圈;8-接线栓;9-屏蔽线;10-环氧树脂封口

衡量仪器性能的主要技术指标是重复性、迟滞、非线性误差及精度。钢弦式土压力计的钢弦频率随温度而变化,故需进行温度率定,以求得温度补偿系数等指标。

土压力计的基本条件如下。

(1)必须有足够的强度和耐久性。土压力计一旦埋入土体中,就要进行长期观测,如果发生故障就不能检修。因此,要求土压力计能抵抗各种因素的作用,如土的压力、水压力、温度变化、电解作用等。

(2)能够灵敏、准确地反映压力的变化,并具有再现性。

(3)加压、减压时线性良好。

(4)应力集中的影响要小。要有合理的结构形式,即受压板的有效直径比板中心变形要大,对土中土压力计一般为 2 000,对接触式土压计为 1 000。

(5)对温度变化的影响要稳定。

(6)在整个测量过程中,土压力计和仪表均应稳定可靠。

3. 埋设要点

土压力盒的埋设是一项技术性很强的工作,埋设的好坏将直接关系到测试成果的可靠与否。当土压力盒运至工地后,首先对其进行分类编号,接着进行接线初读数的室内检查。以确定准确的初读数。为保证仪器的埋设精度,浅层的仪器采用人工开挖的方法埋设。难于开挖的深度采取钻机埋设。

(1)埋设土压力计时,应该注意尽量避免对土体的扰动,保证膜盒与土的良好接触,并作详细记录。

(2)土压力计的埋设特别要注意的是,回填土的性状应与周围土体一致,否则,会引起土压力的重新分布。

(3)除膜盒的埋设外,电缆线的埋设也是至关重要的。否则,在施工中容易遭受破坏。各测头电缆按一定路线集中于观测站中,并将土压力计的编号、规格及埋设位置、时间等,记入考证表内。

(4)采用挖坑埋设法。坑槽底面应平整密实,埋设后的土压力计必须位置正确而稳固,上下四周约20cm范围用细砂填实。

(5)埋设时每只土压力计外引电缆均应编好测点号码,集中引入观测箱,同时记录各测点编号与其对应引线长度;每埋完一只就应及时进行测试,发现问题应及时纠正或调换。

(6)外引电缆均应有可靠的保护措施,以避免遭受损坏。

(7)埋设后的土压力计在初读数稳定后,才可进行其上的填筑工作。

测试频率按试验要求而定,也可与沉降和水平位移同步观测。

4. 观测和资料整理

(1)钢弦式土压力计的观测,一般采用数字式频率接收仪。

(2)计算公式:

$$p = K(f_0^2 - f_1^2) \tag{6-42}$$

式中:p——土压力值(kPa);

K——土压力盒率定系数(厂家提供);

f_0——零点压力时钢弦自振频率(厂家提供);

f_1——某一压力下钢弦自振频率。

(3)绘制荷载—土压力—时间关系曲线和土压力沿断面分布图。

五、土中孔隙水压力的测试

孔隙水压测试系统由孔隙水压力计和量测仪器两部分组成。孔隙水压力计(简称孔压计)是测定饱和软黏土内孔隙水压力的专用仪器,所测得的孔隙水压力作用以分析地基的固结速率,来控制施工加载速率,保证施工期路堤的稳定性。

孔隙水压力计包括传感器、环形透水石、锥头拉杆、电缆线和护管等;量测仪器为数字显示频率仪。孔隙水压力值由频率仪测得的频率值换算得出。

1. 选用的孔隙水压力计的条件

(1) 有足够的强度和耐久性;

(2) 读数稳定,测量延滞时间短;

(3) 外形光滑平整,体积小;

(4) 测量方便,精度应符合观测要求。

2. 孔隙水压力计埋设技术要求

孔隙水压力计的平面布设点宜集中于路中心,并与沉降、水平位移观测点位于同一观测断面上。孔隙水压力测点沿深度布设应根据试验分析需要而确定,一般每种土层均应有测点,土层较厚时一般每隔 3~5m 设一个测点,埋置深度应至压缩层底。

为使现场测得孔隙压力值正确可靠,除仪器性能良好外,埋设方法及技术也是很重要的,孔隙水压力计采用钻孔埋设,埋设方法步骤基本与土压力盒的埋设相同。所不同的是钻机成孔后,在套管下至预埋高程以下 20cm 时,投入黏土泥球捣实,作为下封层。并投入适量粗砂作为下滤层,然后用钻杆将孔隙水压力计送到预定的深度,接着,慢慢提升套管,使孔隙水压力计移出套管,此时继续投入适量粗砂,使仪器周围和上部用砂填充,作为滤层,再投入黏土泥球捣实作为上封层,最后边填土边捣实,边提套管,直到孔口为止。

主要技术要求如下:

(1) 钻孔垂直、孔壁完好、测点到位;

(2) 孔隙水压力计紧密贴合测点土层,不许与外界水源串通;

(3) 保护孔隙水压力计导线完好不受损坏,保证孔降水压准确传递。

3. 孔隙水压力计埋设方法及步骤

(1) 埋设前的准备工作

①对孔隙水压力计应进行试压检测,测定每一孔隙水压力计埋设前的基本参数,确保性能良好。检测方法是将孔隙水压力计放入三轴仪压力室内,电缆线从压力室顶部排气孔内引出(加工一只止水螺丝),加无气洁净水入压力室内,然后逐级由围压系统加压,检查孔隙水压力计零点读数、率定系数。

②备足直径 2cm 左右干燥的黄泥球($I_p > 17$),供钻孔封孔用。

③加工埋设压具如图 6-66 所示,可用钻杆接头在其下端电焊两块长 8~10cm、宽 3cm 的弧形钢条。

(2) 安装

①孔隙水压力计上端安装一根 ϕ41mm、长 40cm 的护管,如图 6-67所示。

护管作用是在埋设时提拉孔隙水压力计,保护电缆使其与钻杆压具连接,另外使孔隙水压力计能垂直压入土层中。

②护管内装入 25cm 高过 5mm 筛的干燥黄黏土粉末,稍加捣实,加入清水使之湿润,上部再装入 5cm 湿水泥封口,护管上部留出 10cm 空间便于插入压具。

③将透水石洗净,煮沸排气,沸腾后再煮 30~60min。

④将安装好护管的孔隙水压力计放入清水桶内,取一塑料食品袋装满清水,将煮沸过的透

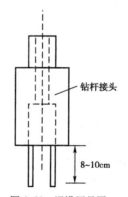

图 6-66 埋设压具图

水石在水中放入塑料袋内,再将其放入清水桶内,在水下顺次安装大橡皮垫圈、透水石、小橡皮垫圈、锥体,拧紧各部件,安装完毕后的孔隙水压力计仍浸没在水中。

⑤测定埋前初始读数。

⑥在护管上部两小孔中,各接一根长度大于测点埋深的18号铅丝,用于提拉孔隙水压力计用。

(3)埋设

①根据各测点位置图,在场地上放样,对于砂井地基,根据测点位置选择砂井中心定位,不同深度的测点应保持相距约2倍的砂井间距,防止相互影响。

②开孔钻探,钻机开孔一般采用φ91mm或φ108mm钻头开孔,孔深达测点以上20~50cm为止,开孔过程中描述并记录土层变化情况。

③钻孔完成后,将浸入清水中的孔隙水压力计连同装满清水的塑料袋迅速提出放入钻孔内,当透水石浸入钻孔水中时,撕破塑料袋。

④埋设孔隙水压力计,钻杆接土压具,用管夹住钻杆垂直平稳压入20~50cm到所需深度为止,如图6-68所示。

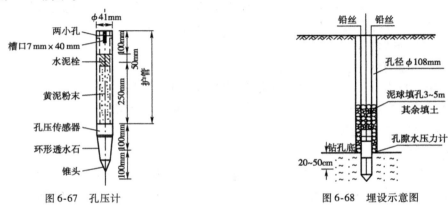

图6-67 孔压计　　　　　图6-68 埋设示意图

⑤检测孔隙水压力计埋设后性能,小心提起钻杆(勿将孔隙水压力计带上),稍等片刻,用频率仪检查频率变化是否正常,直到无异常情况为止,如发现孔隙水压力计无读数显示,这可能是电缆被弄断,可利用铅丝将孔隙水压力计拔起,检查原因或另换孔隙水压力计重新埋设。

⑥详细记录该测点埋设情况及埋后频率值。

⑦封孔是隔开孔隙水压力计与外界水源的有效方法,要求泥球粒投入并不断摇动铅丝使泥球封至孔底,不可成堆倒入。

(4)电缆线的保护

①各测点孔隙水压力计埋设完毕后,理顺电缆线,归拢成一束,用编织布缠绕扎紧,向观测房或者测点聚集井方向,挖一深为30cm、宽为20cm的沟,沟底铺垫5~10cm厚的黄砂,将归拢成一束的电缆呈波浪形摆好,铺上20cm厚的黄砂,上面再回土填平,如用测点聚集井而不用观测房,则应用砖砌成窨井加盖加锁保护。

②必要时在电缆沟旁作些标记,以防施工时截断电缆线。

(5)埋设地下水位管及地下水位孔隙水压力计

①远离应力影响范围外,埋设一地下水位孔隙水压力计,埋设方法同孔隙水压力计方法一样,孔深视该地区地下水位变化范围而定,一般在地面以下2~3m处埋设,埋设完毕应测该点

地面高程。

②地下水位管采用 $\phi 60 \sim 70$mm 钢管或聚氯乙烯管(废测斜管),长 $2.5 \sim 3.0$m,一端用 $\phi 5 \sim 6$mm 钻头打数排小孔长度约 50cm,用铜丝布包一层,再用尼龙窗纱包两层,用细铅丝扎紧,孔底封死。

③用 $\phi 108$mm 提土器开孔,孔深 $2.0 \sim 2.5$m,在孔底依次倒入洗净粗砂和小瓜子片石,厚约 20cm,水位管有小孔一端向下放入钻孔内,到底后在水位管四周用洗净粗砂或小瓜子片石填实,钻孔口处留 $30 \sim 40$cm 水位管作观测用,待钻孔淤实后,用水准仪测量水位管管口高程,并用砖砌成井加盖加锁保护,以后定期测量管口高程,借以修正地下水位高程,如图 6-69 所示。

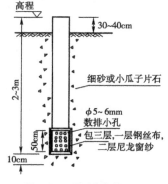

图 6-69 地下水位管

4.观测和资料整理

(1)测试步骤

①埋设完毕后,待钻孔淤积和埋设时的超孔隙水压力消散,才可测读所有孔隙水压力计的初始读数,一般需要 $3 \sim 4$d 的稳定时间。初读数时需连续测读数天,直至读数稳定为止,以稳定的读数作为初始读数,同时测读地下水位高程。

②将各测点孔隙水压力计按编号顺序插入接线盒,分别测读各测点的频率值,如个别测点频率值异常,待各测点测读完毕后再测,或检查插头焊接是否松动等。

③测地下水位。

(2)计算与绘图

钢弦式孔隙水压力值:

$$\mu = K(f_0^2 - f_1^2) \tag{6-43}$$

超孔隙水压力值:

$$\Delta \mu = \mu - \mu_0 \tag{6-44}$$

式中:μ——孔隙水压力值;

$\Delta \mu$——超孔隙水压力值;

K——孔隙水压力计率定系数(厂家提供);

f_0——零点压力时钢弦自报频率(厂家提供);

f_1——某一压力下时钢弦自振频率;

μ_0——静孔隙水压力值。

孔隙水压力计(简称孔压计)是测定饱和软黏土内孔隙水压力的专用仪器,所测得的孔隙水压力用以分析地基的固结速率,来控制施工加载速率,保证施工期路堤的稳定性。

水位观测管用于观测路堤施工及预压期间地下水位的变化。水位资料在计算实测土压力及孔隙水压力时是必需的。此外根据施工过程的变化幅度,也可以从侧面了解到路堤的稳定状态。

水位管采取钻机成孔的方法埋设,钻孔达到设计深度后,把准备好的水位管垂直放入,管周围用中砂充填,管口配制了管塞或管盖。水位的观测采用接触式水位有声发光测量仪,也可用皮尺直接量测。

六、监测资料的分析与具体应用

1. 地基监测结果

基于以上观测,可获得以下地基监测结果(表6-16)。

地 基 监 测 结 果　　　　　　　　表6-16

观 测 项 目		观 测 结 果
沉降观测		荷载—时间—沉降过程线
		路基横向沉降盆图
水平位移观测	地面位移	荷载—时间—水平位移过程线
		地面横向位移分布图
	土体内部水平位移观测	水平位移—深度变化曲线
孔隙水压力		荷载—孔隙水压力—时间曲线
		孔隙水压力等值线
基底土压力观测		荷载—时间—土压力变化过程线
搅拌桩承载力观测		荷载—沉降变化过程线
		沉降—时间变化过程曲线
单孔出水量观测		荷载—时间—出水量变化过程线
地下水位井水位观测		全年时间—地下水位变化线

2. 资料分析

所有观测数据应及时记录在表内,随时计算、校核、汇总并整理分析,发现问题应及时复查或复测并处理。观测期间应及时记录当地气象资料及地下水位的变化情况。及时计算沉降和水平位移速率。当速率骤增时,应及时进行动态跟踪观测,及时分析原因,并提出减缓填筑速率或停止填筑等有效措施,以避免地基变形过大、路堤失稳而遭破坏。

所有观测资料应绘制成果曲线图,应有如下曲线。

(1)沉降观测

①荷载—时间—沉降(地面综合沉降或分层沉降)过程线。

②路基横向沉降盆图(不同观测时间,相应的沉降盆线)。

(2)水平位移观测

①地面位移:荷载—时间—水平位移过程线。

②土体内部水平位移:水平位移随深度变化曲线。

(3)孔隙水压力观测

①荷载—孔隙水压力—时间关系曲线。

②孔隙水压力等值线(必要或可能)。

(4)基底土压力观测

荷载—时间—土压力变化过程线。

(5)搅拌桩承载力观测

①荷载—沉降变化过程线。

②沉降—时间变化过程线。

(6) 单孔出水量观测

荷载—时间—出水量变化过程线。

(7) 地下水位井水位观测

全年时间—地下水位变化线。

除上述成果曲线外，试验研究者还可根据其他观测资料绘制其他曲线。

利用实测的荷载—时间—沉降过程线和荷载—孔隙水压力—时间关系曲线可推测 t 时沉降和最终沉降 S_∞，或反算地基的固结系数 C_v、C_H。

3. 成果报告

自地质勘察开始至试验研究结束，随着工作的深入，各阶段均应及时提交成果报告，这些报告应包括以下部分：

(1) 路基地质勘察报告；

(2) 材料试验成果（包括填筑材料和地基处理材料）；

(3) 试验工程施工计划书；

(4) 施工质量管理情况报告；

(5) 动态观测报告（分观测内容写）；

(6) 各阶段试验工作的阶段报告；

(7) 试验研究工作报告。

总报告的主要内容：

(1) 试验研究工作全过程情况；

(2) 针对地基处理所用材料、方法、设计参数及取值、施工工艺等提出实效性、适用性及经济性分析意见；

(3) 提出科研、设计与施工的结论性意见和建议。

试验研究成果均应在通过上级有关部门组织专家进行的评审或鉴定后，才可用于指导设计和施工。

4. 软土路堤与地基稳定性分析

1) 位移监测数据的综合运用

在垂直荷载作用下地基不仅产生垂直变形，还会产生侧向变形，软黏土地基在大面积荷载且荷载值较大的情况下侧向变形更为显著。

在路堤填筑过程中，如果加荷过快，在地基中一定范围的剪应力达到某一临界值时，将使地基由以弹性变形为主进入以塑性变形为主，此时侧向变形及由其产生的沉降将明显增大，如果荷载再盲目增加，地基中塑性区将继续扩大，乃至于有可能发生地基的整体破坏。

从地基的变形看，沉降和侧向水平位移的绝对值并不能表明地基的稳定程度，重要的指标是地基的沉降速率和侧向水平位移速率。如发现沉降速率和水平位移速率急剧增加，同时路堤外地表已有外移和隆起迹象，表明路堤濒临破坏。应立即停止加载，并采取一天数次跟踪观测等措施。控制地基的位移，在恒载预压几个月后，地基达到了一定的固结度，强度和稳定性得到了改善，再进行加载。可以看出地基的沉降速率和水平位移速率的变化是地基稳定的外在反映。图 6-70 为侧向变形随时间变化图。

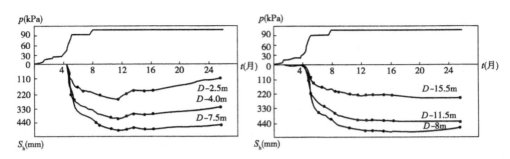

图 6-70　侧向变形随时间变化

沉降和水平位移是地基变形的两个方面,它们之间一般表现出一种近似线性的关系,但当地基承受的荷载达到一定程度,地基接近失稳时,地基内的软土明显地向外挤出,从而使地基内的水平位移显著增大,并使原来的沉降与水平位移关系发生突变。水平位移相对于沉降越大,表明软土的侧向挤出越严重,地基有失稳的危险;越小则表明地基变形以固结为主,稳定性好。因此,沉降与水平位移关系的变化可以反映出地基的稳定情况。

一般可参考的控制参数有:水平位移与沉降量的绝对值、侧向位移和沉降的速率控制。侧向位移增量与沉降增量的比较等。

侧向位移增量与沉降增量的比值随加载过程的变化是地基强度和稳定状况的一种反映。说明当水平位移与沉降比值相对急剧增大,地基就有失稳的危险。在变形监测中,严格控制侧向位移速率尤为重要,当沉降速率小于控制速率,而水平位移超出了控制速率时,必须以水平位移指标控制为主。反之,当沉降速率超标,而水平位移未超标时,就需要进行原因分析。

2) 孔隙水压力的运用

孔隙水压力观测的目的主要是监测路堤软基孔隙水压力消散速率,判别地基的固结状态;监视地基稳定性的发展,防止地基破坏;此外还可通过观测结果反算地基的固结参数,应用于工程设计。某试验段观测结果,分别整理成孔隙水压随时间变化曲线(u-t-p 曲线)和孔隙水压力与荷载增量变化曲线($\sum \Delta u - \sum \Delta p$),分别如图 6-71 和图 6-72 所示,其变化特点如下。

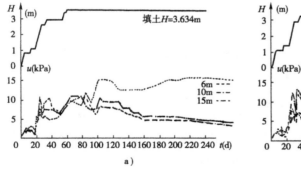
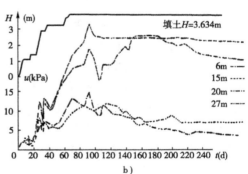

图 6-71　孔隙水压力与时间关系曲线
a) 试验段右路肩; b) 试验段线路中心

根据土力学原理,当地基处于稳定状态,在地基中某一测点,孔的降水压力增量与荷载增量的关系式为

$$\Delta u = K_u \cdot \Delta p \tag{6-45}$$

式中：K_u——荷载孔隙水压力系数，与测点的应力系数和孔隙水压力系数有关；
Δu、Δp——孔的降水压力增量和对应的荷载增量。

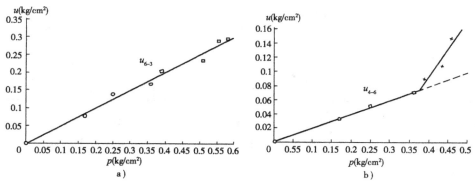

图 6-72　孔隙水压力增量与荷载增量关系曲线

由式可知：当地基处于稳定状态，孔隙水压力增量与荷载增量成线性关系；当地基中孔隙水压力与荷载关系出现非线性转折，K_u 增大则表示地基出现剪切破坏。

3）路堤的稳定与沉降分析

（1）稳定和沉降分析的基本要求

在软土地基上修筑路堤，应进行稳定验算与沉降计算。根据软土地基的地质条件、土层强度以及路堤高度的不同划分计算段落，分段长度宜取 300～500m；桥头路堤及构筑物附近，应按 30～50m 分段。

稳定验算与沉降计算按成层地基进行，不得简化为均质地基，对用于计算沉降的压缩层，其底面应在附加应力与有效自重应力之比不大于 0.15 处。行车荷载对稳定验算的影响按静止的土柱作用考虑；行车动荷载对沉降的影响不予考虑。稳定验算时，应采用圆弧条分法按路堤施工期及公路营运期的荷载分别计算稳定安全系数，路堤施工期荷载只考虑路堤自重，营运期荷载应包括路堤自重、路面的增重及行车荷载。稳定验算与沉降计算应考虑路堤在施工期及预压期由于地基沉降而多填筑的填料增重的影响。

（2）稳定验算

地基、路堤整体稳定验算应采用圆弧条分法；宜用总应力法或有效固结应力法，有条件时可用有效应力法计算稳定安全系数 F。具体计算方法参见《公路路基施工技术规范》（JTG F10—2006）的相关内容。稳定安全系数的计算图，如图 6-73 所示。

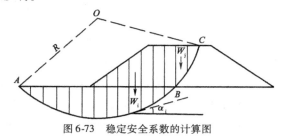

图 6-73　稳定安全系数的计算图

根据以上算法求得的计算断面的最小稳定安全系数 F 必须等于或大于表 6-17 规定的容许值。

5. 固结参数的推算

固结参数及分析结果：利用实测的孔隙水压力和沉降资料反算地基土的固结系数，早已为许多工程所采用，并获得了有意义的结果。反分析的方法有多种，比较简便而有效的有如下几种。

最小稳定安全系数表 表6-17

采用的计算公式和指标		稳定安全系数容许值
总应力法	快剪指标	1.10
	十字板剪切强度	1.20
有效固结应力法	快剪与固结快剪指标	1.20
	十字板剪切强度	1.30
有效应力法	有效剪切指标	1.40

①三点法,即在沉降与时间关系曲线(S-t-p 曲线)在恒载的时段内任意取三个等时点的沉降 S_1、S_2、S_3 且 $t_3 - t_2 = t_2 - t_1$。则根据固结理论可得固结指数公式(6-46)。

$$\beta = \frac{1}{\Delta t}\ln\frac{S_2 - S_1}{S_3 - S_2} \tag{6-46}$$

对于袋装砂井或排水带地基,可用式(6-47)反算地基土的固结系数。

$$\beta = \frac{8C_h}{(F_n + J + \pi G)d_e^2} \tag{6-47}$$

$$C_h = \frac{\beta \cdot (F_n + J + \pi G)d_e^2}{8} \tag{6-48}$$

式中:F_n——井径比函数 $F_n = \ln(n) - \frac{3}{4}$;

J——涂抹因子 $J = \ln S\left(\frac{K_h}{K_s} - 1\right)$,一般 $J = 3 \sim 4$,反算时可取 3;

G——井阻因子 $G = \frac{q_h}{q_\omega/F_s} \cdot \frac{L}{4d_\omega}$,反算时可设定 $\pi G = 1$。

②孔隙水压力两点法,可在(u-t-p)曲线恒载时段取两点 u_1、u_2。用式(6-49)计算得固结指数,即

$$\beta = \frac{1}{\Delta t}\ln\frac{u_1}{u_2} \tag{6-49}$$

同理用式(6-49)反算固结系数。这个方法由于直接采用两点孔降水压比值,计算误差往往较大。

6. 最终沉降的预测

1)地基沉降曲线的作用

由于在地基沉降计算中往往通过实测绘制沉降观测曲线,不仅可以直观地从图上看出各测点曲线变化趋势、全面了解与分析地基土质的变化情况,而且可以由实测的成果曲线反算地基固结系数或推算地基最终沉降量,以指导施工。

2)常用的推算方法

沉降推算方法有双曲线法、星野法、指数曲线法,沉降速率法、三点法、浅岗法等,常用的有双曲线法、星野法和指数曲线法。以下仅介绍双曲线法,其他推算方法可参见相关书籍。

双曲线法是假定下沉平均速度以双曲线形式减少的经验推导法。从填土开始到任意时间 t 的沉降量 S 可用下式求得,如图6-74所示。

$$S_t = S_a + \frac{t - t_a}{\alpha + \beta(t - t_a)} \quad (6\text{-}50)$$

式(6-50)可改写成

$$\frac{t - t_a}{S_t - S_a} = \alpha + \beta(t - t_a) \quad (6\text{-}51)$$

式中：t_a，S_a——分别为拟合计算起始参考点的时间与沉降值；

t，S_t——分别为拟合曲线上任意点的时间与对应的沉降值；

α，β——从实测值求出的系数，化为直线时分别表示直线的截距与斜率。

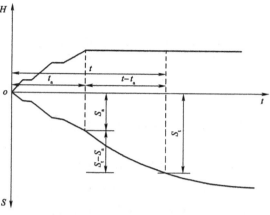

图 6-74 双曲线法 $S\text{-}t$ 关系图

这样，$(t - t_a)/(S_t - S_a)$ 与 $(t - t_a)$ 的关系，正是斜率为 β 截距为 α 的直线，据此可用图解法求出系数 α 和 β，具体步骤如下。

①先选定 t_a 和 S_a（一般选路堤填筑结束后的第一个观测点的时间和沉降量），由实测数据计算出 $(t - t_a)/(S_t - S_a)$ 与 $(t - t_a)$ 并绘制图 6-75。

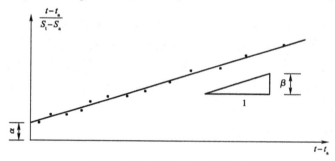

图 6-75 双曲线法参数 α、β 的确定

②确定参数 α，β 的值。

③将以上确定的 α，β，t_a 和 S_a 代入式(6-50)，即可计算任意时间 t 下的沉降量 S_t。

由导数的数学定义可知，任意时间 t 所对应的沉降速率 $v = S'_t$，即得到双曲线法的沉降速率公式：

$$v = S'_t = \left(S_a + \frac{T}{\alpha + \beta T}\right)' \cdot T'$$

$$= \frac{T'(\alpha + \beta T) - T(\alpha + \beta T)'}{(\alpha + \beta T)^2} \cdot T'$$

$$= \frac{\alpha + \beta T - \beta T}{(\alpha + \beta T)^2} \times 1 = \frac{\alpha}{(\alpha + \beta T)^2} \quad (T = t - t_a)$$

因此，可以得到双曲线法任意时间 t 所对应的沉降速率的计算式

$$v = \frac{\alpha}{[\alpha + \beta(t - t_a)]^2} \tag{6-52}$$

当式(6-50)中 $t \to \infty$ 时,便可得到双曲线法计算最终沉降量的公式:

$$S_\infty = S_a + \frac{1}{\beta} \tag{6-53}$$

七、地基处理检测工作简介

1. 水泥搅拌桩的施工现场检测

水泥搅拌桩施工过程中应随时进行现场常规检查,检查项目包括桩径、桩距、桩长、垂直度、掺灰数量、桩体强度和完整性检测。交通部《公路路基施工技术规范》(JTJ F10—2006)规定桩体强度和完整性检测采用钻探取芯法检验。现场常规项目按2%抽查,钻探取芯法现场按5%抽查。

由于钻探取芯费用较高,在有条件的情况下可以配合以轻型动探、静力触探、现场足尺桩身无侧限抗压强度试验(压桩头法)或小应变等物理勘探方法,作为检测工作的补充,以减少钻探取芯的工作量。

2. 挤密砂桩的施工现场检测

挤密砂桩的检验项目包括现场常规检测、压实度检测和荷载试验检测。

挤密砂桩施工过程中应随时进行现场常规检查,检查项目包括桩径、桩距、桩长、垂直度及投砂量的检查。检查方式采用现场开挖量测及检查施工记录,对于不合格的桩应根据其位置和数量等具体情况,分别采取补桩或加强邻桩等措施,检查数量2%。挤密砂桩的压实度用标准贯入试验方法进行检测或重型动力触探检验。

3. 爆破挤淤工作施工现场检测

(1)体积平衡法

该法适用于具备抛填计量条件且抛填石料流失量较小的工程。其计算方法是根据实抛方量及断面测量资料推算置换范围及深度。采用该方法时可适当辅以钻孔探测。

(2)断面测量

爆炸挤淤前后均需对抛填断面进行测量以确定爆炸后填石的下沉量,竣工后每隔20m测量一完整的横断面。

(3)钻孔探测

钻孔是探明石体下界面的最直观、最可靠的手段。按横断面布置钻孔,断面间距宜取100~500m,但每个工点不少不3个断面;每断面布置钻孔1~3个,全断面布置3个钻孔的断面数不少于总断面的一半。钻孔探测应查明抛填体厚度、混合层厚度,并深入下卧层的深度不少于2m。

(4)物探

物探可采用浅层地震勘探法中的反射波法,通过地面人工激发和接受地震波进行,按纵横断面布置测线。纵断面在路线中心、路肩、坡脚和坡脚外适当位置布测线,横断面布线间距宜取50~100m。

物探法适用于检测工作量大的工程,一般应有适量的钻孔资料配合。

4.强夯法的施工现场检测

采取强夯法处理砂土液化应在强夯结束7d后进行施工质量检验,检验采用标准贯入试验和静力触探试验方法。

(1)检测目的

对比强夯前后实测标贯击数和静力触探曲线变化情况,以判断各土层强度增长情况和可液化土层是否完全消除液化势。

(2)检测频率

按3点/5 000m²时的频率进行。当工点施工面积小于5 000m²时,应不少于3点,特殊地段适当加密。

检验孔位随机布置,检验孔深度为穿透液化土层1m。

(3)检测标准

对标贯试验,液化土层中实测标准贯入击数$N_{63.5}$不小于该路段的临界标准贯入击数N_c(不同路段的临界标贯击数由先期勘探工作确定)。

对静力触探测试,粉细砂层中实测桩尖阻力q_c不小于10MPa,砂土、亚砂土层中实测桩尖阻力q_c不小于7MPa,亚黏土、黏土层中实测桩尖阻力q_c不小于1.5MPa,淤泥质黏土层中实测桩尖阻力q_c不小于1.0MPa(静力触探测试标准仅供参考)。

采取强夯法治理湿陷性黄土施工结束后,应按下列要求对强夯处理地基的质量进行检验:

(1)检查强夯施工记录,基础内每个夯点的累计夯沉量,不得小于试夯时各夯点平均夯沉量的95%。

(2)在每500~1 000m²面积内任选一处,采取挖探井或钻探方法,自夯面下5~8m的深度内每隔50~100cm取土样,测定土的干密度、湿陷系数等指标。

(3)当需要采用静力触探等方法测定地基承载力时,宜在强夯结束一个月后进行。

根据检验结果,应对不合格处进行补夯,或采用其他补救措施。

5.旋喷桩的施工现场检测

旋喷桩施工质量检查内容主要有以下几方面的内容:

①固结体的整体性和均匀性;
②固结体的有效直径;
③固结体的垂直度;
④固结体的强度特性;
⑤固结体的溶蚀和耐久性能等。

旋喷桩质量的检验包括如下方法。

(1)开挖检查

旋喷完毕,待凝固具有一定强度后,即可开挖。这种检查方法,因为开挖工作量很大,一般限于浅层。由于固结体完全暴露出来,因此能比较全面地检查旋喷固结体的质量,也是检查固结体垂直度和固结体形态的良好方法。

(2)钻孔取芯检查

钻孔检查主要是钻取旋喷桩固结体的岩芯,通过在已旋喷好的固结体中钻取岩芯,观察判断其固结整体性和固结体的长度,并将所取的岩芯做成标准试件,进行室内物理力学性质试验,以检查旋喷桩施工质量,鉴定其是否符合相关设计要求。

钻孔的位置在旋喷桩直径的1/4处。

(3)室内试验

在设计过程中,先进行现场地质调查,并取得现场地基土,在室内制作加固土的标准试件,进行无侧限抗压强度试验,以求得设计所需的理论配合比。在施工完成后,对桩身强度进行室内试验,以得到相关参数。

(4)荷载试验

荷载试验一般都采用平板静荷载试验。以检测承载力是否达到设计要求。

(5)旋喷桩无破损检测

用小应变法检测桩身质量和桩径、桩长,大应变法检测桩身承载力。

6.挤密碎石桩的施工现场检测

首先检查施工记录,如碎石填量(单桩碎石贯入量应不小于$0.224m^3/m$)、沉管振动时间、振升速度和高度、挤密时间、桩位偏差等,然后按下述方法进行随机抽查。

(1)检测方法:标准贯入试验、静力触探和动力触探测试。

(2)检测目的:检验碎石桩施工质量(即桩身密实度大小),对比挤密碎石桩处治前后桩间土实测标贯击数和静力触探曲线变化情况,以判断各土层强度增长情况和可液化土层是否消除液化势。

(3)检测频率:标准贯入试验、静力触探测试为3点/$5\,000m^2$。当工点施工面积小于$5\,000m^2$时,应不少于3点,特殊地段适当加密,孔位随机布置,孔深为穿透液化土层及软土层1m。桩身密实度检测以桩数的1%控制,特殊地段适当加密。

(4)检测标准:对标贯试验,液化土层中实测标准贯入击数$N_{63.5}$不小于该路段的临界标准贯入击数N_c,软土层中实测标准贯入击数$N_{63.5}>6$击,即认为处理效果达到设计要求;对静力触探测试,粉细砂层中实测桩尖阻力q_c不小于10MPa,砂土、亚砂土层中实测桩尖阻力q_c不小于7MPa,亚黏土、黏土层中实测桩尖阻力q_c不小于1.4MPa,淤泥质黏土层中实测桩尖阻力q_c不小于0.9MPa,淤泥层中实测桩尖阻力不小于0.7MPa(静力触探测试标准仅供参考)。

重Ⅱ型动力触探检测桩身密实度时,其连续5击时的下沉量应小于7cm。

(5)检测时间:成桩后15d进行。

【思 考 题】

1.何为地基承载力?地基承载力的检测有哪几种方法?

2.现场检测的刚性承载板面积应符合哪些要求?

3.地基承载力的确定方法有哪些?

4.在何种情况下可以终止静载试验?

5. 简述静力、动力触探试验测试原理。
6. 静力触探、动力触探与标准贯入试验适用性有何不同？
7. 孔底沉淀土厚度检查有哪些方法？
8. 何为机械阻抗？简述机械阻抗法测试基桩完整性的原理。
9. 超声检测中声测管的埋设应符合哪些规定？
10. 桩的水平承载力可以通过何种方法确定？
11. 高应变动力试桩的分析方法有哪些？
12. 土中孔隙水压力的测试采用哪种仪器？试说明其测试原理。
13. 地基最终沉降的预测常用的方法有哪些？

参 考 文 献

[1] 曹雪琴,刘必胜,吴鹏贤.桥梁结构动力分析[M].北京:中国铁道出版社,1987.
[2] 陈凡,徐天平,等.基桩质量检测技术[M].北京:中国建筑工业出版社,2003.
[3] 谌润水,胡钊芳.公路桥梁荷载试验[M].北京:人民交通出版社,2003.
[4] 程耀东.机械振动学(修订版)[M].杭州:浙江大学出版社,2005.
[5] 邓学钧.路基路面工程[M].北京:人民交通出版社,2005.
[6] 杜功焕,朱哲民,龚秀芬.声学基础[M].3版.南京:南京大学出版社,2012.
[7] 郭振芹.非电量电测技术[M].北京:中国计量出版社,1986.
[8] 贺安之,阎大鹏.现代传感器原理及应用[M].北京:宇航出版社,1995.
[9] 贺怀建.应力波理论与动测实用技术[M].武汉:武汉测绘科技大学出版社,1997.
[10] 贺栓海,谢仁物.公路桥梁荷载横向分布计算方法[M].北京:人民交通出版社,1996.
[11] 胡大琳.桥涵工程试验检测技术[M].北京:人民交通出版社,2000.
[12] 黄启远,文景良,陈伟儿,等.人造卫星定位系统在桥梁结构健康监测中的应用—第十四届全国桥梁学术会议论文集(南京)[M].上海:同济大学出版社,2000.
[13] 黄生文.公路工程地基处理手册[M].北京:人民交通出版社,2005.
[14] 张留俊,王福胜,李刚.公路地基处理设计施工实用技术[M].北京:人民交通出版社,2004.
[15] 蒋泽汉,盛安连.土木工程电测技术[M].北京:人民交通出版社,1985.
[16] 江正战.常用电子测试仪器[M].北京:水利电力工业出版社,1988.
[17] 李德寅,王邦媚,林亚超.结构模型实验[M].北京:科学出版社,1996.
[18] 李方泽,刘馥清,王正.工程振动测试与分析[M].北京:高等教育出版社,1992.
[19] 李家伟,陈积懋.无损检测手册[M].2版.北京:机械工业出版社,2012.
[20] 李宇峙,邵腊庚.路基路面工程检测技术[M].北京:人民交通出版社,2003.
[21] 李忠献.工程结构试验理论与技术[M].天津:天津大学出版社,2004.
[22] 黎霞,李宇峙.路面路基工程试验[M].北京:人民交通出版社,1998.
[23] 梁新政,潘卫育,徐宏.路面无损检测技术新发展[J].公路,2002(9).
[24] 林宗元.岩土工程试验监测手册[M].沈阳:辽宁科学技术出版社,2005.
[25] 刘宝有.钢弦式传感器及其应用[M].北京:中国铁道出版社,1986.
[26] 刘兴禄.桩基工程与动测技术500问[M].北京:中国建筑工业出版社,2013.
[27] 刘自明,陈开利.桥梁工程检测手册[M].2版.北京:人民交通出版社,2010.
[28] 卢文祥,杜润生.工程测试与信息处理.武汉:华中科技大学出版社,2010.
[29] 罗骐先.桩基工程检测手册[M].2版.北京:人民交通出版社,2010.
[30] 马良.应变电测与传感技术[M].北京:中国计量出版社,1993.
[31] 南京水利科学研究院土木研究所.土工试验技术手册[M].北京:人民交通出版社,2003.
[32] 倪振华.振动力学[M].西安:西安交通大学出版社,1989.
[33] 潘景龙.混凝土结构性能评定和检测.哈尔滨:黑龙江科学技术出版社,1997.

［34］ 秦权.桥梁结构的健康监测[J].中国公路学报,2000,13（2）:37-42.

［35］ 上海市标准.钻孔灌注桩动力测试技术规程（DBJ 08-218—96）[S].上海:1996.

［36］ 盛安连.路基路面检测技术[M].北京:人民交通出版社,1996.

［37］ 孙圣和,王延云,徐影.光纤测量与传感技术[M].哈尔滨:哈尔滨工业大学出版社,2000.

［38］ 孙月明,唐任仲.机械振动学[M].杭州:浙江大学出版社,1993.

［39］ 宋一凡.公路桥梁荷载试验与结构评定[M].北京:人民交通出版社,2002.

［40］ 宋一凡.公路桥梁动力学[M].北京:人民交通出版社,2000.

［41］ 佟景伟.实验应力分析[M].长沙:湖南科学技术出版社,1988.

［42］ 唐贤强,谢英,等.地基土工程原位测试技术[M].北京:中国铁道出版社,1993.

［43］ 汪凤泉.基础结构动态诊断[M].南京:江苏科学技术出版社,1992.

［44］ 闻邦椿,李以农,张义民,等.振动利用工程[M].北京:科学出版社,2005.

［45］ 王杰贤.动力地基与基础[M].北京:科学出版社,2001.

［46］ 王保群.钻孔灌注桩孔径倾斜度简易测法[J].华东公路,1994(6).

［47］ 王立忠.岩土工程现场监测技术及其应用[M].杭州:浙江大学出版社,2000.

［48］ 王雪峰,吴世明.基桩动测技术[M].北京:科学出版社,2001.

［49］ 夏才初,李永盛.地下工程测试理论与监测技术[M].上海:同济大学出版社,1999.

［50］ 夏连学,宁金成.公路与桥梁结构检测[M].郑州:黄河水利出版社,1999.

［51］ 徐莜在,刘兴满.桩的动测新技术[M].北京:中国建筑工业出版社,2002.

［52］ 徐培华,陈忠达.路基路面试验检测技术[M].北京:人民交通出版社,2000.

［53］ 徐日昶,王博义,赵家奎.桥梁检验[M].北京:人民交通出版社,1984.

［54］ 徐犇.桥梁检测与维修加固百问[M].北京:人民交通出版社,2002.

［55］ 徐祯祥.地下工程试验与测试技术[M].北京:中国铁道出版社,1984.

［56］ 姚祖康.路面管理系统[M].北京:人民交通出版社,1993.

［57］ 杨学山.工程振动测量仪器和测试技术[M].北京:中国计量出版社,2001.

［58］ 杨文渊,徐犇.桥梁维修与加固[M].北京:人民交通出版社,1997.

［59］ 杨位犇.地基基础[M].北京:中国建筑工业出版社,1998.

［60］ 姚谦峰,陈平.土木工程结构试验[M].北京:中国建筑工业出版社,2001.

［61］ 余瑞芬.传感器原理[M].北京:航空工业出版社,1995.

［62］ 余天庆,李德寅,熊建民,等.工程材料与桥梁结构的力学性能测试[M].北京:国防工业出版社,1997.

［63］ 袁振明.声发射技术及其应用[M].北京:机械工业出版社,1985.

［64］ 张俊平.桥梁检测与维修加固[M].北京:人民交通出版社,2010.

［65］ 张启伟,袁万城,范立础.大型桥梁结构安全监测的研究现状与发展[J].同济大学学报,1997,25（增刊）:76-81.

［66］ 张如一,陆耀祯.实验应力分析[M].北京:机械工业出版社,1981.

［67］ 张喜发.工程地质原位测试[M].北京:地质出版社,1989.

［68］ 章关永.桥梁结构试验[M].北京:人民交通出版社,2003.

［69］ 郑秀缓,谢大吉.应力应变电测技术[M].北京:国防工业出版社,1985.

[70] 周明华. 土木工程结构试验与检测[M]. 3版. 南京:东南大学出版社,2013.
[71] 祝龙根,刘利民,耿乃兴. 地基基础测试新技术[M]. 北京:机械工业出版社,2002.
[72] 中华人民共和国国家标准. GB/T 50269—97 地基动力特性测试规范[S]. 北京:中国计划出版社.
[73] 中华人民共和国行业标准. JTJ F80/1—2004 公路工程质量检验评定标准[S]. 北京:人民交通出版社,1998.
[74] 中华人民共和国交通部标准. JTG E60—2008 公路路基路面现场测试规程[S]. 北京:人民交通出版社,1995.
[75] 中华人民共和国交通部标准. JTJ 017—96 公路软土地基路堤设计与施工技术规范[S]. 北京:人民交通出版社,1996.
[76] 中华人民共和国行业标准. JTG/T D31-02—2013 公路桥涵施工技术规范细则[S]. 北京:人民交通出版社,2013.
[77] 中华人民共和国交通部标准. JTJ/T F81-01—2004 公路工程基桩动测技术规程[S]. 北京:人民交通出版社,2004.
[78] 中华人民共和国行业标准. JTG E40—2007 公路土工试验规程[S]. 北京:人民交通出版社,2007.
[79] 中华人民共和国行业标准. JTG H10—2009 公路养护技术规范[S]. 北京:人民交通出版社,2009.
[80] 中华人民共和国行业标准. JTJ 073.2—2001 公路沥青路面养护技术规范[S]. 北京:人民交通出版社,2001.
[81] 中华人民共和国行业标准. JTJ 073.1—2001 公路水泥混凝土路面养护技术规范[S]. 北京:人民交通出版社,2001.
[82] 中华人民共和国行业标准. JGJ/T 93—95 基桩低应变动力检测规程[S]. 北京:中国建筑工业出版社,1995.
[83] 中华人民共和国行业标准. JGJ/T 93—95 基桩高应变动力检测规程[S]. 北京:中国建筑工业出版社,1997.
[84] 中华人民共和国行业标准. JGJ 94—94 建筑桩基技术规范[S]. 北京:中国建筑工业出版社,1995.
[85] 中华人民共和国行业标准. JGJ 106—2003 建筑基桩检测技术规范[S]. 北京:中国建筑工业出版社,2003.
[86] 中华人民共和国行业标准. JGJ 83—91 软土地区工程地质勘察规范[S]. 北京:中国建筑工业出版社,1992.
[87] 中国工程建设标准化协会标准. CECS 21—2000 超声法检测混凝土缺陷技术规程[S]. 北京:中国建筑工业出版社,2000.
[88] Bay, J A, K H Stokoe, et al. Development and preliminary investigation of rolling dynamic deflectometer. Transportation Research Record, 1995:p43-54.
[89] Johnson, R F, P D Bondurant, et al. A Rolling Weight Deflectometer for Quantitative Pavement Measurements, in Review of Progress in Quantitative Nondestructive Evaluation. D. Thompson and D. Chimenti, Springer US,1996:p1823-1830.

[90] Johnson, R F, J W Rish. *Rolling weight deflectometer with thermal and vibrational bending compensation.* Transportation Research Record, 1996(1540): p77-82.

[91] Flintsch, G, et al. *Assessment of Continuous Pavement Deflection Measuring Technologies.* Transportation Research Board. 2013: p108.

[92] Elseifi, M, A M Abdel-Khalek, et al. *Implementation of Rolling Wheel Deflectometer (RWD) in PMS and Pavement Preservation* 2012. Louisiana: Louisiana Transportation Research Center.

[93] Greenwood Engineering A/S. *The sixth TSD was delivered to RIOH in China.* 2013; Available from: http://www.greenwood.dk/tsdnewschina.php.

[94] Baltzer, S, et al. *Continuous bearing capacity profile of 18,000 km Australian road network in five months.* ARRB CONFERENCE, 24TH, 2010, MELBOURNE, VICTORIA, AUSTRALIA, 2010: p10.

[95] Pedersen, L. *Viscoelastic Modelling of Road Deflections for use with the Traffic Speed Deflectometer* 2013. Nyborg, Denmark: Greenwood Engineering.

人民交通出版社股份有限公司公路教育出版中心
土木工程/道路桥梁与渡河工程类本科及以上教材

一、专业基础课

1. 材料力学(郭应征) ························· 25元
2. 理论力学(周志红) ························· 29元
3. 理论力学(上册)(李银山) ················· 52元
4. 理论力学(下册)(李银山) ················· 50元
5. 工程力学(郭应征) ························· 29元
6. 结构力学(肖永刚) ························· 32元
7. 材料力学(上册)(李银山) ················· 49元
8. 材料力学(下册)(李银山) ················· 45元
9. 材料力学(石晶) ··························· 42元
10. 材料力学(少学时)(张新占) ············· 36元
11. 弹性力学(孔德森) ······················· 20元
12. 水力学(第二版)(王亚玲) ··············· 25元
13. 土质学与土力学(第五版)(钱建固) ····· 35元
14. 岩体力学(晏长根) ······················· 38元
15. 土木工程制图(第三版)(林国华) ······· 39元
16. 土木工程制图习题集(第三版)(林国华) ·· 22元
17. 土木工程制图(第二版)(丁建梅) ······· 42元
18. 土木工程制图习题集(第二版)(丁建梅) ·· 19元
19. ◆土木工程计算机绘图基础(第二版)
 (袁 果) ···································· 45元
20. ▲道路工程制图(第五版)(谢步瀛) ····· 46元
21. ▲道路工程制图习题集(第五版)(袁 果) ·· 28元
22. 交通土建工程制图(第二版)(和丕壮) ·· 38元
23. 交通土建工程制图习题集(第二版)
 (和丕壮) ···································· 17元
24. 工程制图(龚 伟) ······················· 38元
25. 工程制图习题集(龚 伟) ··············· 28元
26. 现代土木工程(第二版)(付宏渊) ······· 59元
27. 土木工程概论(项海帆) ················· 32元
28. 道路概论(第二版)(孙家驷) ············· 20元
29. 桥梁工程概论(第三版)(罗 娜) ······· 32元
30. 道路与桥梁工程概论(第二版)(黄晓明) ·· 40元
31. 道路与桥梁工程概论(第二版)(苏志忠) ·· 49元
32. 公路工程地质(第四版)(窦明健) ······· 30元
33. 工程测量(胡伍生) ······················· 25元
34. 交通土木工程测量(第四版)(张坤宜) ·· 48元
35. ◆测量学(第四版)(许娅娅) ············· 45元
36. 测量学(姬玉华) ························· 34元
37. 测量学实验及应用(孙国芳) ············ 19元
38. 现代测量学(王腾军) ···················· 55元
39. ◆道路工程材料(第五版)(李立寒) ····· 45元
40. ◆道路工程材料(第二版)(申爱琴) ····· 48元
41. ◆基础工程(第四版)(王晓谋) ·········· 37元
42. 基础工程(丁剑霆) ······················· 40元
43. ◆基础工程设计原理(袁聚云) ·········· 36元
44. 桥梁墩台与基础工程(第二版)(盛洪飞) ·· 49元
45. ▲结构设计原理(第三版)(叶见曙) ····· 59元
46. ◆Principle of Structural Design(结构设计原理)
 (第二版)(张建仁) ························ 60元
47. ◆预应力混凝土结构设计原理(第二版)
 (李国平) ···································· 30元
48. 专业英语(第三版)(李 嘉) ············· 39元

49. 土木工程材料(孙 凌) ··················· 48元
50. 道路与桥梁设计概论(程国柱) ········· 42元
51. 道路建筑材料(第二版)(黄维蓉) ······· 49元
52. 钢结构设计原理(任青阳) ··············· 48元

二、专业核心课

1. ◆路基路面工程(第五版)(黄晓明) ······ 65元
2. 路基路面工程(何兆益) ··················· 45元
3. ▲路基工程(第二版)(凌建明) ··········· 25元
4. 道路勘测设计(第四版)(许金良) ········ 49元
5. 道路勘测设计(第三版)(孙家驷) ········ 52元
6. 道路勘测设计(裴玉龙) ··················· 38元
7. ◆公路施工组织及概预算(第三版)(王首绪) ·· 32元
8. 公路施工组织与概预算(靳卫东) ······· 45元
9. 公路施工组织与管理(赖少武) ·········· 36元
10. 公路工程施工组织学(第二版)(姚玉玲) ·· 38元
11. 公路施工组织与管理(吕国仁) ········· 45元
12. ◆桥梁工程(第二版)(姚玲森) ·········· 62元
13. 桥梁工程(土木、交通工程)(第四版)
 (邵旭东) ···································· 65元
14. ◆桥梁工程(上册)(第三版)(范立础) ·· 54元
15. ◆桥梁工程(下册)(第三版)(顾安邦) ·· 49元
16. ▲桥梁工程(第三版)(陈宝春) ·········· 49元
17. 桥梁工程(道路桥梁与渡河工程)
 (刘龄嘉) ···································· 69元
18. ◆桥涵水文(第五版)(高冬光) ·········· 35元
19. 水力学与桥涵水文(第二版)(叶镇国) ·· 46元
20. ◆公路小桥涵勘测设计(第五版)(孙家驷)
 ··· 35元
21. ◆现代钢桥(上)(吴 冲) ··············· 34元
22. ◆钢桥(第二版)(徐君兰) ··············· 45元
23. 钢桥(吉伯海) ···························· 53元
24. ▲桥梁施工及组织管理(上)(第三版)
 (魏红一) ···································· 45元
25. ▲桥梁施工及组织管理(下)(第二版)
 (邬晓光) ···································· 39元
26. ◆隧道工程(第二版)(上)(王毅才) ···· 65元
27. 公路工程施工技术(第二版)(盛可鉴) · 38元
28. 桥梁施工(第二版)(徐 伟) ············ 49元
29. ▲隧道工程(丁文其) ···················· 55元
30. ◆桥梁工程控制(向中富) ··············· 38元
31. 桥梁结构电算(周水兴) ················· 35元
32. 桥梁结构电算(第二版)(石志源) ······ 35元
33. 桥梁施工(王丽荣) ······················· 58元
34. 桥梁墩台与基础工程(盛洪飞) ········· 49元

三、专业选修课

1. 土木规划学(石 京) ······················ 38元
2. 土木工程(第二版)(严作人) ············· 46元
3. 道路工程(第三版)(凌天清) ············· 42元
4. 高速公路(第三版)(方守恩) ············· 34元

注:◆教育部普通高等教育"十一五"、"十二五"国家级规划教材
 ▲建设部土建学科专业"十一五"、"十三五"规划教材

5. 高速公路设计(赵一飞) …………… 38 元
6. 城市道路设计(第二版)(吴瑞麟) …… 38 元
7. 公路施工技术与管理(第二版)(魏建明) … 40 元
8. ◆公路养护与管理(第二版)(侯相琛) … 45 元
9. 路基支挡工程(陈忠达) …………… 42 元
10. 路面养护管理与维修技术(刘朝晖) … 42 元
11. 路面养护管理系统(武建民) ……… 22 元
12. 公路计算机辅助设计(符锌砂) …… 30 元
13. 测绘工程基础(李芹芳) …………… 36 元
14. 现代道路交通检测原理及应用(孙明云) … 38 元
15. 道路与桥梁检测技术(第二版)(胡昌斌) … 40 元
16. 软土环境工程地质学(唐益群) …… 35 元
17. 地质灾害及其防治(简文彬) ……… 28 元
18. ◆环境经济学(第二版)(董小林) … 40 元
19. 桥梁钢—混凝土组合结构设计原理(第二版)
    (黄侨) …………………………… 49 元
20. ◆桥梁建筑美学(第二版)(盛洪飞) … 24 元
21. 桥梁抗震(第三版)(叶爱君) ……… 26 元
22. 钢管混凝土(胡曙光) ……………… 38 元
23. ◆浮桥工程(王建平) ……………… 36 元
24. 隧道结构力学计算(第二版)(夏永旭) … 34 元
25. 公路隧道运营管理(吕康成) ……… 28 元
26. 隧道与地下工程灾害防护(张庆贺) … 45 元
27. 公路隧道机电工程(赵忠杰) ……… 40 元
28. 公路隧道设计CAD(王亚琼) ……… 40 元
29. 地下空间利用概论(叶飞) ………… 30 元
30. 建设工程监理概论(张爽) ………… 35 元
31. 建筑设备工程(刘丽娜) …………… 39 元
32. 机场规划与设计(谈至明) ………… 35 元
33. 公路工程定额原理与估价(第二版)
    (石勇民) ………………………… 39.5 元
34. Theory and Method for Finite Element Analysis
    of Bridge Structures(刘扬) ……… 28 元
35. 公路机械化养护技术(丛卓红) …… 30 元
36. 舟艇原理与强度(程建生) ………… 34 元
37. ◆公路施工机械(第三版)(李自光) … 55 元

四、实践环节教材及教参教辅
1. 土木工程试验(张建仁) …………… 38 元
2. 土工试验指导书(袁聚云) ………… 16 元
3. 桥梁结构试验(第二版)(章关永) … 30 元
4. 桥梁计算示例丛书—桥梁地基与基础(第二版)
    (赵明华) ………………………… 18 元
5. 桥梁计算示例丛书—混凝土简支梁(板)桥
    (第三版)(易建国) ……………… 26 元
6. 桥梁计算示例丛书—连续梁桥(邹毅松) … 20 元
7. 桥梁计算示例丛书—钢管混凝土拱桥
    (孙潮) …………………………… 32 元
8. 结构设计原理计算示例(叶见曙) … 40 元
9. 土力学复习与习题(钱建固) ……… 35 元
10. 土力学与基础工程习题集(张宏) … 20 元
11. 桥梁工程毕业设计指南(向中富) … 35 元
12. 道路勘测设计实习指导手册(谢晓莉) … 15 元

13. 桥梁工程综合习题精解(汪莲) …… 30 元

五、研究生教材
1. 路面设计原理与方法(第三版)(黄晓明) … 68 元
2. 道面设计原理(翁兴中) …………… 45 元
3. 沥青与沥青混合料(郝培文) ……… 35 元
4. 水泥与水泥混凝土(申爱琴) ……… 30 元
5. 现代无机道路工程材料(梁乃兴) … 42 元
6. 现代加筋土理论与技术(雷胜友) … 24 元
7. 高等桥梁结构理论(第二版)(项海帆) … 70 元
8. 桥梁概念设计(项海帆) …………… 68 元
9. 桥梁结构体系(肖汝诚) …………… 78 元
10. 工程结构数值分析方法(夏永旭) … 27 元
11. 结构动力学讲义(第二版)(周智辉) … 38 元

六、应用型本科教材
1. 结构力学(第二版)(万德臣) ……… 30 元
2. 结构力学学习指导(于文萍) ……… 22 元
3. 结构设计原理(黄平明) …………… 47 元
4. 结构设计原理学习指导(安静波) … 35 元
5. 结构设计原理计算示例(赵志蒙) … 40 元
6. 工程力学(喻小明) ………………… 55 元
7. 土质学与土力学(赵明阶) ………… 30 元
8. 水力学与桥涵水文(王丽荣) ……… 27 元
9. 道路工程制图(谭海洋) …………… 28 元
10. 道路工程制图习题集(谭海洋) …… 24 元
11. 土木工程材料(张爱勤) …………… 39 元
12. 道路建筑材料(伍必庆) …………… 37 元
13. 路桥工程专业英语(赵永平) ……… 44 元
14. 工程测量(朱爱民) ………………… 30 元
15. 道路工程(资建民) ………………… 30 元
16. 路基路面工程(陈忠达) …………… 46 元
17. 道路勘测设计(张维全) …………… 32 元
18. 基础工程(刘辉) …………………… 26 元
19. 桥梁工程(第二版)(刘龄嘉) ……… 49 元
20. 工程招投标与合同管理(第二版)
    (刘燕) …………………………… 39 元
21. 道路工程CAD(第二版)(杨宏志) … 35 元
22. 工程项目管理(李佳升) …………… 32 元
23. 公路施工技术(杨渡军) …………… 64 元
24. 公路工程试验检测(第二版)(乔志琴) … 55 元
25. 工程结构检测技术(刘培文) ……… 52 元
26. 公路工程经济(周福田) …………… 22 元
27. 公路工程监理(朱爱民) …………… 33 元
28. 公路工程机械化施工技术(第二版)
    (徐永杰) ………………………… 32 元
29. 城市道路工程(徐亮) ……………… 29 元
30. 公路养护技术与管理(武鹤) ……… 58 元
31. 公路工程预算与工程量清单计价(第二版)
    (雷书华) ………………………… 40 元
32. 基础工程(第二版)(赵晖) ………… 32 元
33. 测量学(张龙) ……………………… 39 元

教材详细信息,请查阅"中国交通书城"(www.jtbook.com.cn)
咨询电话:(010)85285865
道路工程课群教学研讨QQ群(教师) 328662128　　桥梁工程课群教学研讨QQ群(教师) 138253421
交通工程课群教学研讨QQ群(教师) 185830343